船舶主体工种岗位培训教材

船 舶 起 重 工

主编　邱隆宝

主审　刘集善

国防工业出版社

·北京·

内 容 简 介

本书由基础知识、常用工具及额定负荷、常用索具及额定负荷、物体的重量与重心、常用起重机械、起重吊装及运输的操作方法、船舶起重的较大工程及部分实例操作要领、起重吊运指挥、起重作业的现场操作规程和安全规定等共九章组成。着重讲解了常用吊索具和辅助工具的作用、操作要领；物体的重量和重心；强调了起重吊装操作的规范性；各种设备吊运、分段翻身起重工艺以及起重作业的现场操作规程和安全规定。

本书作为新入行的船舶起重工的上岗培训教材，也适用于已有数年起重作业经历且对此专业有兴趣的人员。

图书在版编目（CIP）数据

船舶起重工/邱隆宝主编 . —北京：国防工业出版社，2012.10 重印
船舶主体工种岗位培训教材
ISBN 978-7-118-05843-7

Ⅰ. 船… Ⅱ. 邱… Ⅲ. 甲板起重机－技术培训－教材

Ⅳ. U664.4

中国版本图书馆 CIP 数据核字（2008）第 100635 号

※

国防工业出版社出版发行
（北京市海淀区紫竹院南路 23 号 邮政编码 100048）
天利华印刷装订有限公司印刷
新华书店经售
*
开本 787×1092 1/16 印张 22½ 字数 507 千字
2012 年 10 月第 3 次印刷 印数 9501—12500 册 定价 38.00 元

（本书如有印装错误，我社负责调换）

国防书店：（010）88540777 发行邮购：（010）88540776
发行传真：（010）88540755 发行业务：（010）88540717

船舶主体工种岗位培训教材
编著委员会

序

经过改革开放三十年，特别是新世纪以来近八年的发展，我国造船工业不仅在造船产量、能力规模方面实现了跨越式发展，而且在产品结构、造船效率、技术研发等方面有了长足进步，取得了令世人瞩目的历史成就。作为我国船舶工业的主力军，中船集团公司用短短几年时间提前实现了"五强"、"三强"目标，2007年造船完工量、新船接单量和手持定单量均跃居世界造船集团第二位。

当前，中船集团公司已经站在了从做大迈向更加注重做强的历史新起点。集团公司第六次工作会议明确提出，到2015年，我们不仅要成为世界第一造船集团，全面实现"五三一"目标，而且要推动做强的新跨越，达到"五个世界领先"。这个宏伟目标，既为我们各项工作进一步指明了方向，也提出了新的要求。其中，人才队伍世界领先更具战略意义，需要付出更多努力。我们要紧紧围绕集团公司改革发展实际需要，创新人力资源管理机制，以建设职业化的管理经营人才队伍、创新型科技人才队伍以及技艺精湛的高技能人才队伍为重点，建设世界领先的人才队伍。

加强员工培训，是提高人才队伍素质的重要手段。深入系统地开展岗位技能培训，提升企业员工尤其是造船生产一线员工的技能水平和业务素质，对于不断壮大集团公司技艺精湛的高技能人才队伍，更好地适应集团公司新的跨越式发展具有重要意义。为此，集团公司委托上海地区公司组织编著了《船舶主体工种岗位培训教材》系列丛书。这套书比较完整地汇集了集团公司各单位造船技术和工艺的精华，凝聚着集团公司造船专家们的经验和智慧，是一套难得的员工技能培训教材。希望集团公司各单位结合工作实际，真正学好、用好，取得实效。

谨向编著本套教材的专家和同志们表示衷心感谢。

中国船舶工业集团公司总经理

2008 年 4 月 10 日

编 者 的 话

近年来,随着我国船舶工业的快速发展,各造船企业的造船能力和产量迅速提升,各类新建造船企业如雨后春笋般涌现,由此带来造船员工队伍尤其是劳务工队伍的需求持续增长。伴随造船员工队伍总量的迅猛扩大,员工队伍的技能素质越来越难以适应造船总量的快速提升,在一定程度上已成为我国造船工业进一步发展的瓶颈。为了适应我国造船工业的快速发展,满足造船企业培训技能员工尤其是劳务工的需求,全面提升企业员工队伍整体技能素质,编写一套造船主体工种岗位培训教材已成为当务之急。

受中国船舶工业集团公司的委托,上海船舶工业公司从 2005 年开始筹划,并组织上海地区所属江南造船(集团)有限责任公司、沪东中华造船(集团)有限公司、上海外高桥造船有限公司、上海船厂船舶有限公司、中船澄西船舶修造有限公司等造船企业的几十名造船专家开展了船舶主体工种岗位培训教材的编写。

本套岗位培训教材共 10 本,囊括了造船生产中员工相对需求量较大的所有工种的岗位培训要求,是一套主体工种齐全、内容全面的上岗培训教材。它们是《船舶切割工》、《船体装配工》、《船舶电焊工》、《船舶管系工》、《船体火工》、《船体冷加工》、《船舶除锈涂装工》、《船舶起重工》、《船舶钳工》、《船舶电工》。

本套岗位培训教材的编写,以造船企业对技能人才的需求为导向,以造船工种岗位技能需求为依据,以现代造船流程和工艺为标准,以新入企业员工(劳务工)培训为对象,以模块化教学为单元。在编著过程中着力把握以下原则:一是实用性。突出标准操作流程和作业要领,教会员工正确的作业方法和操作步骤,并辅以基础理论知识。二是通用性。在内容上以现代造船模式的流程和新技术、新工艺、新设备为主,兼顾传统生产管理模式、流程和老设备。在深度上以适用文化程度较低的劳务工初级培训为主,兼顾已掌握一定技能员工进一步提高的再次培训。三是先进性。以建立现代造船模式为基础,广泛吸收国内外先进造船理念、技术和工艺,体现技术、管理和生产一体化思想,结合"HSE"和"5S"要求,使员工充分了解和掌握先进、规范的作业要求以及安全生产和产品质量的基本知识。

如有可能,我们还将陆续制作影像教学光盘,以便使教学更直观、更形象、更生动。我们真诚希望本套教材的出版,为加速培养我国造船工业更多、更优技能人才起到积极的推动和促进作用,同时衷心希望从事造船岗位培训教学人员和广大读者对本套教材提出宝贵意见和建议。

船舶主体工种岗位培训教材编著委员会

2008 年 3 月

前 言

近些年来,我国的造船事业蓬勃发展,各造船企业需要补充大量的新员工。因此如何使新员工尽快掌握生产技能,就成了当务之急。本书就是在这样的背景下根据中国船舶工业集团公司岗位培训教材编著委员会审定的《船舶主体工种岗位培训教材》编写大纲,在编委会的统一部署和领导下组织编写的。作为船舶行业起重工岗位培训教材,同时也可作为有一定工作年限的员工再培训或岗位复训教材,其中部分内容已经达到甚至超过了中级工的水平。

本书在编写过程中,按照编写大纲的要求,紧密结合各船厂目前的实际情况,同时贴近现代造船模式转换的要求,使培训教材既有实用性,又有前瞻性。书稿编写时,考虑到多数学员的实际要求,采用了通俗易懂的叙述方法。如关于质量与重量的概念、关系问题,本书在第四章作了基本且详尽的描述。在具体使用时,编者为了尊重船厂广大老师傅们的使用习惯,采用了更易接受的表述方式。

本书在编写过程中曾得到上海船厂船舶有限公司陈德诚教授、鲍晓亮高级技师等专家的帮助,在此向两位专家深表感谢。并向支持和关心本书编写工作的主审及其他所有参与者表示感谢,尤其想借此机会对为本教材的编写和出版做了大量工作的黄永锡、周振柏、曾爱兰、董国强、薛冬梅等各级领导和同事表示由衷的敬意和感谢。

由于编者长期从事职工培训的业余教学活动,因而不可避免地留有其他书籍的痕迹。在此一并向其作者表示敬意和感谢。再者本人的学识水平和生产实践经验有限,编写时间十分仓促,书中若有错误和取舍不当之处,恳请广大读者给予批评和指正。

编 者
2008 年 3 月

目　录

第一章 基础知识

基础知识包括文化基础和专业基础。万丈高楼源于基础，因此我们必须重视这一章的学习。

第一节 船舶概述

船舶是水上、水面及水中的运载工具的统称。从远古时代的独木舟、纸莎草船、13世纪中国帆船开始，发展到现代的集装箱船、石油气化船、石油勘探船、高速客船、豪华游轮等各种类型的船舶。目前船舶种类很多，一般可根据船舶的用途、结构材料、航行状态和区域、动力装置及推进方式进行分类。

一、一般的船舶分类方式

（一）按船舶用途分类

船舶按其用途可分为军用船舶和民用船舶两大类。用于军事方面的船舶通常称为军舰或舰艇；用于运输、捕捞、科学调查、工程作业及海洋开发等方面的船舶称为民用船舶。军用船舶根据其所担负的战斗任务分为战斗舰艇和辅助舰船两类，战斗舰艇又可分为水面战斗舰艇和水下战斗舰艇（潜艇）。还可根据其战斗能力分为巡洋舰、驱逐舰、航空母舰、核舰艇等。民用船舶根据其业务用途分为：运输船、工程船、渔业船、工作船、海洋开发船等类型。具体分类如下：

1. 军用船舶

（1）战斗舰艇

①水面战斗舰艇：航空母舰、巡洋舰、驱逐舰、护卫舰、鱼雷艇、导弹艇、猎潜艇、布雷舰、猎（扫）雷舰、两栖攻击舰、登陆舰等。

②水下战斗舰艇：攻击型潜艇、弹道导弹潜艇、辅助潜艇等。

（2）辅助舰船

侦察舰、训练舰、供应舰、补给舰、运输舰、交通船、救生船、医疗船、修理船、浮桥舟、研究试验船、靶船等。

2. 民用船舶

①运输船：客船、客货船、货船、旅游船、渡船、驳船等。

②工程船：挖泥船、起重船、打捞救助船、布缆船、敷管船、打桩船、浮船等。

③渔业船：网类渔船、钓类渔船、渔业加工船、渔政船、渔业调查船、冷藏运输船、特种渔船等。

④海洋开发船：海洋石油钻井装置、海洋地质勘探船、海底采矿船、海洋能源开发船、

生物资源开发船、海洋调查船、深潜器等。

⑤工作船：破冰船、消防船、引航船、供应船、交通船、助航工作船、港作拖船、带缆船、海关艇等。

⑥其他：农用船、供电船、环境保护船、游艇等。

其中货船包括了杂货船、散货船、集装箱船、滚装船、载驳船、油船、液化气船、化学品船、冷藏船、多用途船等。在所有建造的民用船舶中，运输船占很大的比例，运输船又以散货船、集装箱船、油船、滚装船为主。而目前世界上公认设计和建造技术难度最高的船舶为液化天然气船和豪华游轮。下面简单介绍一下散货船、集装箱船、油船的概况。

1. 散货船

散货船是专门用来运输煤、矿砂、盐、谷物、钢材、木材、纸等散装货物的船舶。

运输不同货物的船舶其结构会有些不同。但总体布置和特点基本相同。

散货船的船体结构可分为五大部分，即机舱、货舱、首部、尾部和上层建筑。其上层建筑和机舱都设在船舶的尾部；货舱区内底板与舷侧用斜旁板连接组成底边水舱，外板与甲板用斜旁板连接组成顶边水舱；使用和在建中的散货船的舷侧均为单壳，但随着对生态环境和船舶安全性要求的提高，将会提出散货船设计成双壳结构的要求。目前，国际公约已提出燃油舱双壳保护要求，并将于 2010 年 7 月 1 日生效，因而正在进行设计和建造的散货船已着手作相应的修改。

图 1-1-1　74500t 散货船

2. 集装箱船

集装箱运输是将货物预先装在标准的由金属制成的货箱内，这种货箱称为集装箱，装货时将其直接装在船上，然后运到目的地，这种船舶称为集装箱船。从装货的种类来分主要有常温集装箱和冷藏集装箱两种，常温集装箱简称为集装箱。根据长度来分主要有符合 ISO 标准的 20 英尺、24 英尺、30 英尺、49 英尺集装箱，但还有欧共体标准的 40 英尺及非标的 35、43、45、48、49、53 英尺的集装箱，其中最常用的是 20 英尺和 40 英尺集装箱。集装箱船的载箱量一般以 20 英尺的标准集装箱来衡量，其符号为 TEU。

集装箱船的特点是货舱区域为双壳结构，内部均成阶梯形，每一货舱中间都设有空心舱壁，所有舱壁上都设有导轨架，用于集装箱的导入和固定；货舱舱口特别大，故船体结构必须有足够的强度,所以两舷外板大都采用高强度钢板;货舱上的舱口盖上方也装载集装箱,8530TEU 船甲板上最高的舱可堆八层,舱口盖均为吊离式,故舱盖的重量受到港口起重量的限制;甲板上方还设有绑扎桥,也是集装箱船特有的舾装设施,作用是固定甲板上的集装箱;货舱区域的横舱壁都是双层结构,长度一般为二档肋距,与散货船、油船不同;集装箱船是运输船舶中航速最高的船,一般都在 24 节(kn)~26 节(kn),而散货轮一般在 16kn 左右,所以集装箱船的主机功率特别大,对于相同载重量的船舶,集装箱船的主机功率是散货船的 4 倍多。

与一般货船相比,集装箱船有许多优点,如装卸效率高、周转速度快、运输成本低,简化了货物的包装、装卸和理货等手续,便于实现搬运机械化;能减少或杜绝货物的损坏、遗失和混装等现象。在集装箱运输发展的初期存在的一些问题,如建造专用码头、专用的运输工具、配置集装箱及集装箱固定附件、空箱回收、集装箱空间不能充分利用等,随着集装箱运输的发展都得到了解决。

图 1-1-2　5688TEU 集装箱船

3. 油船

油船可以分为原油船、成品油船,有的油船可能还有部分舱装载液态的化学品。与散货船、集装箱船的最大区别:一是它装载的是液货,而前者装载的都是干货;二是油船的不安全因素较大,容易发生火灾;三是油料的卸载依靠船上的设备来进行,因而设有专门的油泵舱;四是油船甲板上的管路较多,输油管系贯穿整个上甲板。由于油船的海损会造成极大的不安全因素和污染海洋,因而除了新建的油船都为双底双壳结构外,世界船级社还制定了共同规范并已生效,新建船舶必须执行新的规范要求。

除了按船舶用途分类外,船舶还可按航行区域分为远洋船、近海船、沿海船、内河船和港湾船,前三种船舶统称为海船;按造船的主要材料分有钢质船、木船、钢筋水泥船、铝合金船、玻璃钢(塑料)船和钢木混合船等;按推进方式分有机动船和非机动船,机动船按推进装置的种类分为柴油机船、海油机船、电力推进船、燃气轮机船和核动力装置船;按航行状态分有浮行船、滑行船(滑行艇、水翼船)和腾空飞行船(气垫船)。

(二)按造船材料的发展分类

众所周知,最早期的船舶是独木舟,这种用木材制造的船舶延续了很长一段历史时期,几乎江河湖海里航行的都是木船。后来大型船舶的材料由铆钉连接钢板所代替,现在普遍使用钢材焊接造船。而有些小艇为减轻重量采用铝合金和玻璃钢等轻质材料,也有

3

图 1-1-3　63000t 油船

一些用钢丝网水泥或采用橡皮等制作的小船、艇等。

（三）按航行状态分类

一般来说，船舶有潜入水下航行的潜水船，也有航行在水面的船舶。

我们通常所说的船，是指漂浮于水中航行的，被称为排水型船的船舶。它的重量是靠排开的水所提供的浮力来支持的。由于水中阻力比较大，排水型船的航行速度受到了很大限制。为提高船舶的航行速度，出现了滑行艇、水翼艇、气垫船和掠海地效应船（冲翼艇）等新型高性能船。它们分别利用水动力、空气垫和地面（水面）效应来支持部分或全部船舶重量，使船舶部分或全部脱离水面，减少航行时阻力，提高航行速度。而潜入水下的船艇是靠自身的体积及排水、吸水来控制的。它的主要特点是隐蔽性强，若作为军事用途则攻击性明显，作为科技考察用途也很显著，它可以在海底航行。

（四）按航行区域分类

根据船舶航行区域的不同，可分为海船和内河船。

1. 海船

海船主要分为沿海船、远洋船。沿海船主要航行于沿海一定区域内；远洋船航行于各大洋之间的国际航线上，航程远、抗风浪要求高。除远洋船和沿海船外，航行于海峡两岸港口间的船舶，称海峡船，典型的有运载旅客和车辆的海峡渡轮；航行于北冰洋或南极海域的船舶，为极区船，由于极区内存有大量浮冰，极区船的结构一般比较牢固，并具有破冰能力。我国《海船稳性规范》将海域分为三个等级：I 类航区，即无限航区；Ⅱ 类航区，一般指离海岸不超过 200 海里（n mile）；Ⅲ 类航区，一般指离海岸不超过 20 海里（n mile）。不同航区的船舶结构强度和稳性等性能要求有所不同。

2. 内河船

内河船主要航行于江、河、湖泊中，由于内河风浪小，结构和稳性要求相对弱些；受内河航道条件的限制，内河船吃水相对较小，显得扁胖一些；同时，内河航道相对拥挤、急弯多，对内河船的操纵性能要求较高。我国长江水系，分成 A、B、C 三级航区和急流航段，对不同航区的船，稳性和结构强度标准有些差别。通常可以认为，内河 A 级的船舶稳性最好，C 级的船要求吃水不能深，激流航段的操纵系统要求比较高。

（五）按动力装置分类

1. 人力划桨及风帆作为动力

船舶出现初期，主要靠人力划桨和以风为动力（风帆）。

2. 蒸汽机作为动力

1807年美国人富尔顿，首先在"克雷门特"号明轮船上用蒸汽机作为推进动力，开创了蒸汽机船的时代。蒸汽机机构简单，造价低，但是热效率低、笨重、工作条件差，随着汽轮机和内燃机的出现，蒸汽机逐步被淘汰。

3. 汽轮机作为动力

20世纪初，汽轮机是大型船舶动力的主流，许多大功率船广泛采用汽轮机作为动力装置，单机功率大，运转平稳无振动，使用可靠，可燃烧劣质油，但燃油量比柴油机高出近40%。柴油机热效率高，在20世纪初应用于船舶作为动力时，单机功率较小，所以让汽轮机抢占了大功率动力装置的市场。

4. 柴油机作为动力

随着柴油机技术的提高，燃料消耗低，能使用廉价的渣油，热效率高，单机功率、可靠性都大为提高，这些突出的优点使之逐步取代了汽轮机。目前以柴油机为动力装置的船舶应用最为广泛。

5. 燃气轮机作为动力

燃汽轮机主要应用于军用舰艇，它单机功率大，体积小，重量轻，加速性能好，能随时启动并很快发出最大功率，很适合于军舰的需求。

6. 核燃料装置作为动力

核动力装置主要用于大型军舰和潜艇，用核燃料代替普通燃料产生蒸汽推动轮机装置从而推进舰船。航行时所需携带的燃料大大减少，有利于远距离环球航行，无需添加燃料。

7. 电作为动力

电力推进是利用各种动力装置发电或用燃料电池和蓄电池的电力，由电动机带动螺旋桨推进船舶。电力推进有启动快、过载能力强等优点，适合负载变动较大的船采用。利用燃料电池和蓄电池作电力推进的船舶安静性好，常规潜艇水下航行时，通常利用蓄电池推进方式。超导推进是电力推进的一种，由于近年来超导技术的突破而出现的超导推进船，现正处于研究阶段。日本研制的一艘超导推进船舶曾于20世纪90年代初成功地进行了试航。超导推进从原理上讲可分为两类：一类是利用超导特性将推进电动机制成的超导电磁线圈，将其安放在船底。它所产生的磁力线垂直海面，再环链电磁线圈。同时在船体外面水下放一对通直流电流的电极，海水导电，这样就在磁场中流过电流，海水电流与磁场成垂直方向，在与电磁线圈平行的海平面上产生推力，这个力推动船舶运动。磁流体推进方式无需传统的螺旋桨。目前超导电磁推进仍处于研究和试验阶段，尚有不少问题有待解决。

（六）其他分类方式

除了以上所述的分类外，船舶还可以按推进的形式分为：螺旋桨船、明轮船、直叶推进器船、喷水推进器船和风帆助航船等。也可按机舱位置分为：中机型船、中尾机型船和尾机型船。按船主体数目分为：单体船、双体船和多体船等。按船型分为：肥大型船、瘦长型船。随着经济的发展和水上作业的各种不同需求，还会出现各种不同类型的船舶。

二、船舶的发展概况

（一）古代的造船业

大约在七八千年或一万年前，也就是在新石器时代出现了独木舟。这在恩格斯的《家庭、私有制和国家的起源》一文中得到考证。那时的中国、埃及、希腊和罗马,都是世界造船和航海领域的先进国家。如在公元前 3000 年,古埃及的帆船已成雏型。在公元前 1500 年,埃及女王曾用帆船远征。欧洲的古希腊,在公元前 500 年就建有三层桨的帆船,公元前 4 世纪以后,罗马帝国代替希腊成为地中海区域的大国,更是在造船领域有了很大发展。公元前 200 年罗马商船的主要特点是首低尾高,中部挂一方帆,首部有一倾斜的小桅,并挂一小方帆。出现了双桅双帆,航行的能力和技术都有了较大的进步。

中国古代的造船技术在世界上长期处于领先地位,在世界船船发展的历史长河中,曾作出过重大贡献。在新石器时代就能利用火和石斧来制造独木舟和船桨。大约到了春秋战国时期(公元前 770 年至公元前 221 年),随着冶铁业的发展,也促进了造船业的发展。当时在我国的黄河、长江都有相当规模的水上运输。不仅在长江流域发生过多次水战,舟师的活动范围更扩展到我国沿海。这在春秋史书上都有记载。公元前 215 年,秦始皇发兵 30 万北击匈奴,次年又发兵 50 万南攻岭南,都曾征集过海船。到了汉代,我国的船舶不仅有甲板,而且左右两舷还有两块长板条可供使篙和通行,船舶首尾还有伸出板,叫前出艄和后出艄。并有长短不一,形式不同的上层建筑。这比起公元前 100 年北欧的无甲板、无上层建筑的维京式帆船,要先进的多。

到了唐、宋时期,中国的造船技术和航海技术已日趋成熟。为日后的郑和七下西洋打下了坚实基础。

郑和于 1405 年到 1433 年(明朝永乐年间)的 28 年间,受遣于政府的使命,统帅大型水师七下西洋。每次出洋海员多达 27000 余人,船舶一二百艘,最大船长达 44 丈 4 尺,船宽 18 丈,排水量达 14000t 以上。郑和的船队不但到了南洋群岛的主要国家,而且一直到了非洲东岸,总航程十万余里。无论其规模、人数、船舶技术的先进性还是航行的海域,都创下了历史奇迹。即便是大名赫赫的航海家哥伦布,不但比郑和下西洋晚了 87 年,其旗舰的排水量仅有 233t,航海人数只有 120 余人。

6 年后葡萄牙人达·伽马,率船队(总人数近 160 人)从里斯本出发,绕过好望角沿非洲东海岸北上,由阿拉伯人领航,到达印度西海岸。当他返回里斯本时,仅剩下两只小帆船,海员生还者还不到半数。

又过了 11 年,西班牙国王派遣麦哲伦率 5 艘船、海员达 260 多人,由圣罗卡启航,越过大西洋,经南美洲大陆与火地岛之间的海峡(后来定名为麦哲伦海峡)入太平洋,于 1521 年 3 月到达菲律宾。当"维多利亚"号完成了环球航行返回圣罗卡时,生还者只有 18 人。

日本的学者寺田隆信对此曾有过客观的评价,他说:哥伦布、达·伽马、麦哲伦等人造成那样的结果,这是因为他们不仅在航海的操船技术上存在问题,而且与所乘坐的船舶经不起大洋的风浪也有关联。也就是说,他们的航海,是一种探险、冒险的活动。寺田隆信认为:"造船技术的优劣,是一个国家生产技术水平的反映,15 世纪初的中国,以高超的传统造船技术,建造了难以置信的巨大船舶,郑和下西洋,达到了这一航海历史阶段的高峰。"由此可见,中国的古代造船技术和能力是一流的。

(二) 近代的造船业

随着 17 世纪欧洲自然科学的发展,到 18 世纪英国的产业革命并逐步建立了现代造船科学,欧洲人对船舶的航海性能有了更深刻的认识,因此欧洲的帆船也有了显著的进步。至 19 世纪初美国人富尔顿完成了第一艘蒸汽机明轮船"克雷门特"号。30 年后,英国的新型蒸汽机明轮客船"大东方"号问世,它的船长达 207.13m,排水量已有 18915t,采用风帆、明轮和螺旋桨联合推进。

19 世纪 40 年代以后,中国的国力日益衰弱,洋人的枪炮到处横行。中国封建统治者中的一些代表人物曾国藩、左宗棠、李鸿章等人,奏请清政府操办洋务运动。于 1861 年开办安庆内军械所,1865 年在上海创办了制造军火和轮船的综合企业——江南制造总局,接着又在福建马尾设立专门从事造船的福州船政局,船政局设"前学堂"培养造船、造机人才,后来又创办了招商局。洋务运动虽然以"自强"、"御海"为其出发点,但是在帝国主义压迫下,加上洋务派官僚的封建买办性,最终也未能建成中国自己的民族造船业。从科学技术史的发展进程看,洋务运动毕竟引起了资本主义的生产技术,客观上促进了古老中国的生产力的发展,开创了中国近代造船业的先河。

这期间主要制造了我国第一艘蒸汽机船"黄鹄"号,该船长 17.6m,航速约 6kn。木壳桨轮船"恬吉"号,船长 56.4m,载重 600t,功率 288kW(392HP),航速约 9.5kn。木壳运输舰"万年青"号,船长 72.6m,排水量 1450t,功率 426kW(580HP),航速约 10kn。我国最初的几艘蒸汽机船,从技术上看,虽然要比英国等技术先进的欧洲国家落后很多,但这毕竟揭开了中国近代造船工业新的篇章。

由于我国内河较多,旅客及运输的需求又很大。因而发展内河航运较为有利。1879 年上海船厂的前身祥生船厂建成了载重 763t 的长江铁壳螺旋桨轮船"公和"号。该船具有载货量大、燃料消耗省的特点。1905 年建造的钢质长江客货轮"江新"号,船舶垂线间长 99m,吃水 3.66m,载重 1900t,载客 326 人。动力机器采用火管锅炉 3 座,三膨胀式蒸汽机两部,指示功率共 1596kW,航速 12.5kn。1912 年建造的"江华"号,这两艘船在我国解放后分别于 1954 年和 1951 年经过改建,作为长江客运的主力一直营运到 20 世纪 70 年代。武汉至重庆的长江上游,滩多水急,自古视为险道。航行在该江段的船要求吃水浅、船体轻、航速快,而且要操纵灵活。江南造船所于 1919 年至 1922 年的 4 年间造了 10 艘与"隆茂"号同型的船。该船船长 59m,载重量 330t,载客 200 余人,航速达 13.79kn。1918 年夏,第一次世界大战正如火如荼地进行着,美国急需远洋运输船,遂与我国签订了承造 4 艘万吨级运输船的合同。由此可见,我国的近代造船业已经得到了西方的认可。

抗战胜利后的 1948 年在上海中华造船厂和江南造船厂分别制造的"民俗"号、"民铎"号,其设计和制造的水平均已反映了我国内河船的建造能力。自洋务运动起到旧中国政府统治的 80 多年中,我国虽然也建造了一批钢质的轮船,但处在半殖民地半封建社会,在帝国主义和本国官僚买办势力的双重压迫下,造船业的发展相当缓慢,造船科学技术也由于其他工业基础的落后而无法达到先进的水平。

(三) 中国现代造船工业的发展

建国初期,首先恢复和建设了一大批修造船厂,以修为主。在不断提高修造船能力的同时,还建设了许多专业配套设备厂,在全国逐渐形成比较完整的船舶配套协作网。其次,组建船舶专业科研设计机构,扩大科研设计队伍。再次,发展造船专业高等教育,建立了多层次的造船专业人才教育培训系统。近 20 年来,中国船舶工业成功地实现了由军转民的战略大调整,造船生产获得较大发展。船舶工业总公司造船产量由 1982 年刚成立时的 42 万吨提高到 1997 年 220 万吨翻了两番多。到 2006 年,更是提高到 1400 多万吨。

占世界造船产量的份额由 1982 年的 0.8%，世界第 17 位，提高到 1997 年的 5%以上，再提高到 2006 年的 20%以上，连续 12 年成为仅次于日本、韩国之后的世界第 3 造船大国（见表 1-1-1）。建造船舶的品种，从一般散货船、油船、干货船发展到具有国际先进水平的成品油船、化学品船、滚装船、大型冷风集装箱船、液化石油气船和高速水翼客船等；船舶吨位从万吨级提高到 30 万吨级的船舶造修能力。中国已经成为发展中的造船大国。

表 1-1-1　船舶总公司造船产量名次演变

	名次	造船产量超过船舶工业总公司的国家或地区
1982 年	第 17 位	日本、韩国、联邦德国、西班牙、巴西、中国台湾省、丹麦、英国、民主德国、南斯拉夫、挪威、瑞典、芬兰、法国、荷兰、波兰
1983 年	第 12 位	日本、韩国、联邦德国、西班牙、法国、丹麦、英国、波兰、中国台湾省、民主德国、瑞典
1984 年	第 7 位	日本、韩国、中国台湾省、联邦德国、丹麦、英国
1985 年	第 6 位	日本、韩国、巴西、联邦德国、西班牙
1986 年	第 5 位	日本、韩国、联邦德国、巴西
1987 年	第 3 位	日本、韩国
1988 年	第 8 位	日本、韩国、联邦德国、中国台湾省、民主德国、丹麦、波兰
1989 年	第 4 位	日本、韩国、南斯拉夫
1990 年	第 6 位	日本、韩国、德国、中国台湾省、南斯拉夫
1991 年	第 5 位	日本、韩国、德国、中国台湾省
1992 年	第 5 位	日本、韩国、德国、中国台湾省
1993 年	第 4 位	日本、韩国、德国
1994 年	第 3 位	日本、韩国
1995 年	第 3 位	日本、韩国
1996 年	第 3 位	日本、韩国
1997 年	第 3 位	日本、韩国
2006 年	第 3 位	日本、韩国

另一方面，近 20 年来，船舶工业积极为国防现代化建设服务。在继续完成导弹核潜艇等第一代海军武器装备研制生产任务的同时，又成功完成了包括导弹驱逐舰、导弹护卫舰、新型常规潜艇、导弹快艇和新型鱼水雷等在内的第二代海军主战装备以及综合补给船、远洋测量船等军辅船舶的研制生产，使海军装备现代化建设上了一个新台阶，增强了海军战斗力。在 1995 年秋、1996 年初的军事演习和 1997 年的舰队出访中，这些战斗舰艇一展英姿，树国威扬军威，令世人瞩目，使国人扬眉，受到高度赞扬。

此外，近十几年来针对造船技术的落后，我国锲而不舍地开展造船技术、造船工艺、工艺技术装备的研究开发，先后开发了数控切割机、肋骨冷弯机、新型节能焊机、高效焊机、钢板预处理技术、分段预舾装技术、计算机技术及计算机系统技术和集成技术。在技术开发的同时更注重新工艺、新技术的推广应用，如船舶建造系统软件的应用年产生经济效益近千万元；船舶管系系统软件的应用，节约管路放样工时 20%～30%；船舶完工计算系统软件的应用，提高完工计算工效 10 倍，缩短完工计算周期 1 个月以上；高效焊接率从"六五"时 25%提高到"八五"的 68%。新工艺、新技术的推广应用缩短了造船周期，1991 年船舶工业总公司所属 8 大船厂 21 艘重点完工船舶平均建造周期 559 天,船台周期 177 天,码头周期 202 天,每个船台建造船舶 2.1 艘。1995 年 8 大船厂 28 艘重点完工船舶的平均建造周期为 478 天,船台周期 139 天,码头周期 151 天,每个船台建造 2.6 艘船。船舶建造周期、船台周期、码头周期分别比 1991 年缩短了 81 天、38 天、51 天。2006 年的造船水平与 10 年前已经不可同日而语,有了质的飞跃。船台周期已经控制在 60 天以内,船坞周期控制在 50 天以内,码头周期控制在 100 天左右。

近十几年的科技进步,促进了中国造船技术与国际市场的接轨,增强了船舶工业市场竞争能力和发展后劲。尤其是国务院决定于 1999 年 7 月 1 日在原中国船舶工业总公司的基础上分别成立了中国船舶工业集团公司、中国船舶重工集团公司,这一重大举措给中国的造船业注入了兴奋剂。之后,中国的造船进入了稳定、快速发展时期。

中国船舶重工集团公司下属 48 个企业,28 个科研院所及 15 个控股、参股公司。中国船舶工业集团公司属下约有 60 家独资和持股企事业单位,在 2000 年初时提出了"五三一"的奋斗目标。勾画了未来 15 年的宏伟蓝图。2005 年、2010 年分别进入世界造船集团的"五强、三强",并在此基础上再经过 5 年的努力,把造船产量提高到 1400 万总吨,成为世界造船第一集团公司,从而推动中国成为世界第一造船大国。产品涵盖液化天然气(LNG)船、豪华游轮等高新技术船舶。船舶出口进入世界五大洲 50 多个国家和地区,包括希腊、挪威、美国、香港、英国等世界航运大国(和地区)以及日本、韩国、德国、丹麦、波兰、意大利等造船国家。2006 年,全球造船市场空前的火爆,牛气冲天。我国的沿海、沿江省市对发展船舶工业的呼声很高。上海、辽宁、江苏、山东、浙江、福建、湖北等省市纷纷提出将船舶工业列入本地区优先发展行列,积极制订措施,把船舶工业培育成重要的经济增长点或区域性支柱产业,带动地区经济的发展。

2006 年,中国造船产量近全球 1/5,中国造船完工 1452 万载重吨,同比增长 20%,至此,中国已连续 12 年位居世界第三造船大国。与此同时,中国去年新承接船舶订单达 4251 万载重吨,同比增长 150%;手持船舶订单 6872 万载重吨,同比增长七十三个百分点;全年出口船舶 1171 万载重吨,创汇 81.1 亿美元,同比增长 74%;船舶工业全年完成工业总产值 1722 亿元人民币,实现利润总额 96 亿元人民币,同比分别增长 37% 和 102%。与 12 年前相比,中国船舶工业综合竞争力有很大提高,去年中国造船产量的增速虽然较前两年略有放缓,但全行业经济效益大幅提高,造船利润总额高于"十五"期间船舶工业利润总和,创历史最好水平。这表明,中国船舶工业整体发展形势正由"快"转变为"又好又快",增长方式则由"做大"转变为"大强并举"。中国去年新承接船舶订单实现"井喷式"增长,成交量超过"十五"造船完工量总和,创历史最高水平。中国船舶工业手持订单充足,有的已经承接到 2010 年以后。上海江南长兴造船基地、广州龙穴造船基地、青岛海西湾造修船基地等正在建设的大型造船基地已陆续接单,将推动中国造船产量产生巨大飞跃。中国船舶工业产品结构还得到进一步优化,不仅主流船型大型化、批量化、系列化特点更加突出,而且船舶技术含量和附加值大幅提高:中国去年承接油船比例大幅上升,其中新承接超大型油船 40 艘,手持订单已达 55 艘,超过全球总量的 1/3;集装箱船已形成系列化建造;高新技术船舶比重明显增加,首次承接万箱级集装箱船和 30 万吨级矿砂船;成功进入海洋工程国际高端市场,承建的美国康菲石油公司 30 万吨超大型海上浮式生产储油船(FPSO)设计建造项目正顺利进行,还首次承接了第六代深水半潜式钻井平台改装工程。种种迹象表明,中国将成为世界第一造船大国指日可待。

第二节　船舶建造流程

对于一名船厂的起重工来说,了解一些船舶的基本概况和建造流程,对以后做好一名优秀的起重工是有益处的。

一、船体主尺度、尺度比和船型系数

船体的主尺度、尺度比及船型系数是表示船体大小及肥瘦程度的几何参数。

（一）船体主尺度

船舶的大小用船长、型宽、型深和吃水等主要尺度来度量(见图1-2-1),这些特征尺度的定义如下:

(1)船长(L)——通常选用的船长有3种,即总长、垂线间长和设计水线长。

总长(L_{OA}):自船首最前端至船尾最后端平行于设计水线的最大距离。

垂线间长(L_{PP}):首垂线(F. P)与尾垂线(A. P)之间的水平距离。一般情况下,如无特别说明,习惯上所说的船长常指垂线间长。

设计水线长(L_{WL}):设计水线面与船体型表面首尾端交点之间的水平距离。

(2)型宽(B)——指船体型表面(不包括船体外板厚度)之间垂直于中线面方向度量的最大距离,一般指船长中点处的宽度。对于设计水线或满载水线处分别称为设计水线宽或满载水线宽。

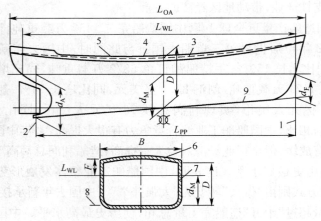

图 1-2-1　船体主尺度

1—首垂线;2—尾垂线;3—甲板道线;4—舷墙顶线;
5—甲板边线;6—甲板;7—外板;8—基线;9—龙骨线。

最大宽度是指包括外板和伸出两舷的永久性固定突出物(如护舷材等)在内的垂直于中线面的最大水平距离。

(3)型深(D)——在船舶型表面的甲板边线最低点处,自平板龙骨上表面至上甲板边板的下表面的垂直高度。通常,甲板边线的最低点在中舯剖面处。

(4)吃水(d)——龙骨基线至设计水线的垂直高度,在有设计纵倾时,首尾吃水不同,

则取其平均值,即:

$$d_M = \frac{1}{2}(d_F + d_A)$$

式中　　d_M——平均吃水,也就是中剖面处吃水;

　　　　d_F——首吃水,沿首垂线自设计水线至龙骨线的延长线之间的距离;

　　　　d_A——尾吃水,沿尾垂线自设计水线至龙骨线的延长线之间的距离。

（5）干舷（F）——指船浮静止水面时自船舷最低处至水面的垂向距离。民用船需按有关规范勘定干舷,是在船舷处从甲板边线上缘量到有关载重线上缘的垂向距离。

（二）尺度比

船舶主要尺度比进一步说明了船体的几何特征,现介绍与船的航行性能密切关系的几个主要尺度比。

（1）长宽比$\left(\dfrac{L}{B}\right)$——与船的快速性有关。该比值越大,船越细长,在水中航行时所受的阻力越小,特别是高速航行时。

（2）宽度吃水比$\left(\dfrac{B}{d}\right)$——与船的稳性、快速性和航向稳定性有关。

（3）型深吃水比$\left(\dfrac{D}{d}\right)$——与船的稳性、抗沉性以及船体内部的容积密切有关。

（4）船长吃水比$\left(\dfrac{L}{d}\right)$——与船的回转性有关,比值越小,船越短小,回转越灵活。

（5）船长型深比$\left(\dfrac{L}{d}\right)$——与船体总强度有关,长深比小,船短而高,强度好。

（三）船型系数

船型系数是表示船体水下部分面积或体积肥瘦程度的无因次系数。

（1）水线面系数（C_{WP},α）——与基平面相平行的任一水线面面积A_W与垂线间长L型宽B所构成的长方形面积之比[图1-2-2(a)],即:

$$C_{WP} = \frac{A_W}{LB}$$

C_{WP}的大小表示了水线面的肥瘦程度。

（2）舯剖面系数（C_M,β）——舯剖面在水线以下的面积A_M与型宽B相应吃水d所构成的长方形面积之比[见图1-2-2(b)],即:

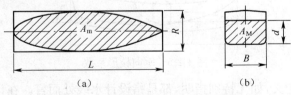

图1-2-2　水线面系数和舯剖面系数

$$C_M = \frac{A_M}{Bd}$$

C_M的大小表示了水线以下的舯剖面的肥瘦程度。

（3）方形系数（C_B,δ）——船体设计水线下的实际排水体积V与水线框处下的长方体

11

体积(船长 L、船宽 B、吃水 d)之比,即 $\delta = V/LBd$(见图 1-2-3),即:

$$C_B = \frac{V}{LBd}$$

C_B 的大小表示船体水下体积的肥瘦程度。

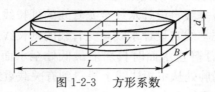
图 1-2-3　方形系数

(4)棱形系数(C_P，ϕ)——又称纵向棱形系数。船体水线以下的型排水体积 V 与相应水线下舯剖面浸水面积 A_M 和船长 L 所构成的棱柱体体积之比(见图 1-2-4),即:

$$C_P = \frac{V}{A_M L}$$

或

$$C_P = \frac{C_B LBd}{C_M BdL} = \frac{C_B}{C_M}$$

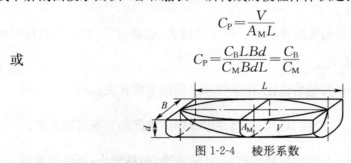
图 1-2-4　棱形系数

C_P 大小表示了排水体积沿船船长方向的分布情况。C_P 大,表示 V 沿船长方向分布较均匀;C_P 小则表示 V 主要分布于船中,两端较尖瘦。

(5)垂向棱形系数(C_{VP}，ϕ_v)——船体水线以下排水体积 V 与相应水线面面积 A_w 和吃水 d 所构成的棱形体体积之比(见图 1-2-5),即:

$$C_{VP} = \frac{V}{A_w d}$$

或

$$C_{VP} = \frac{C_B LBd}{C_{WP} LBd} = \frac{C_B}{C_{WP}}$$

C_{VP} 的大小表示了排水体积沿吃水方向分布情况。C_{VP} 大,表示 V 沿吃水分布较均匀;C_{VP} 小,则表示 V 主要分布于水线附近。

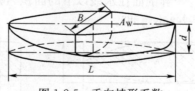
图 1-2-5　垂向棱形系数

上述各系数的定义,如无特别指明,都是指设计水线处而言。在计算不同水线处的各系数时,其船长、船宽常用垂线间长(或设计水线长)和设计水线宽。

二、船舶的建造工艺流程

船舶建造的生产过程相当复杂,从船舶设计到交船验收这样一个漫长的阶段包括了各种材料和设备的准备、材料的成形加工、船体的装配焊接、涂装及各种系统、机械设备、仪表等的制造和安装调试,以及舱室绝缘、装饰、家具等的制作和安装,最后还要进行整体性的试验、验收与船舶交接工作(包括各种技术资料)。

（一）现代造船的设计、生产和管理的相互关系

按现代造船模式建立的生产作业体系其生产作业流程,如图 1-2-6 所示,其特点是:

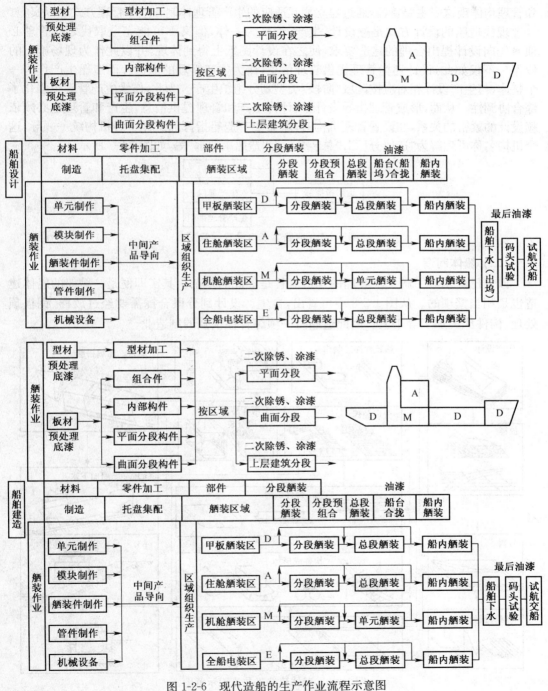

图 1-2-6　现代造船的生产作业流程示意图

13

（1）壳舾作业既分道，又结合；

（2）涂装作业渗透在壳舾作业的各个阶段进行，体现壳舾涂一体化作业；

（3）各类中间产品固定在各自的施工区域进行封闭作业（指图中的各作业框）；

（4）各作业框内的生产作业实施流水定位，或流水定员作业。

上述生产特点以中间产品按区域作业为其主要特征。可以认为，现代造船的设计、生产和管理均体现这一主要特征，通过建立相互适应的生产管理体制和生产管理方式加以实施。

现代造船的设计方式是融设计、生产、管理为一体，但又不可能完全取代之。管理必须事先向设计提出合理的建造要求，使之在设计图纸上得到体现，并以此作为现场施工的依据。不仅如此，设计还为管理提供管理信息，作为生产管理的依据。而造船生产作为一个整体，与生产设计相对应按区域/阶段/类型划分组织生产。为此，作为生产管理也强化了综合协调性。从而，形成管理指导设计，设计为生产和管理提供信息，生产和管理也必须依赖设计的紧密的关系，在设置管理机构时，就需要有造船指挥部这样一级机构统一领导，这个机构名称可理解为"造船分厂"、"总装分厂"、"造船事业部"等，如图 1-2-7 所示。

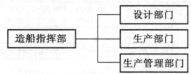

图 1-2-7　造船生产口设置示意图

（二）船体制造

以上已经基本了解了一艘船的建造流程是如此的复杂。其实即便是一艘船的船体建造也是相当繁琐的。从图 1-2-8 中可看出，自生产设计到分段合拢需要经过放样、钢板预处理、构件成型加工等工艺。因此造船是一项综合性很强的制造业。

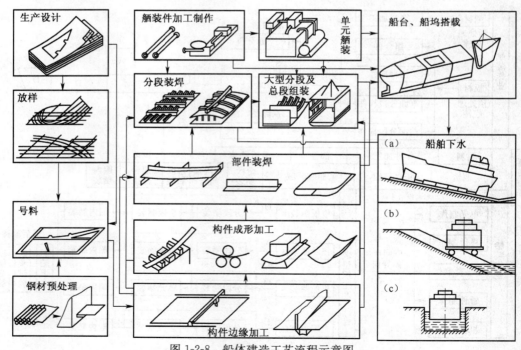

图 1-2-8　船体建造工艺流程示意图
（a）倾斜滑道下水；（b）机械下水；（c）船坞下水。

第三节 起重作业的由来、现状和未来

起重技术在我国可以说已经有很悠久的历史了。早在远古时代人类为求生存,使用起重最原始的方法如扛、搬、抬等来达到存活的目的。后来逐步懂得了利用杠杆原理作一些简单的起重工作。到公元前 1000 多年,我们的祖先已经能用石块做配重,利用木杆和绳索制成简单的提升机械从井中取水,后来又发明了辘轳。这种简单的起重机械,是由支架、卷筒、摇柄、绳索组成的。由人力摇动木柄,起到卷扬的目的。进而发展为由气或电驱动的卷扬机。当它结合各种桅杆的使用后,经演变衍生成为现在看到的各种起重机。随着国民经济的发展,提高生产效率的要求愈加强烈。总是依靠轻型、小型化的起重运输机械,零敲碎打,小打小闹无法满足生产力的需求。因此,这几年起重机的大型化趋势愈演愈烈,尤其是造船业发展很快。几十年前,起重能力 100t 级的门座式起重机还威震上海各大船厂,500t 的浮吊雄霸黄浦江。如今 600t 或者 800t 的龙门吊相继投产,1000t、1200t、1600t 的浮吊纷纷为上海船舶公司的各大船厂作贡献。昔日流行的起重作业的重要工具——杠棒,现在已难觅踪影。往年常用的撬杠、榔头等已渐渐淡出造船起重舞台,就连手拉葫芦的使用频率也大大降低了。所以若说起重业的发展史,就是一部人类的发展史,一部文明史并不为过。起码是和人类的进步休戚相关,和社会的发展紧密联系的。国民经济的迅猛提升,离不开起重业的快速发展。这一点也可以反过来证明,即凡是国民经济发达的国家,如美国、德国、日本等,他们的起重能力都很强大。反之,凡起重能力差的国家,一般工业都比较落后。

所谓起重作业,就是根据科学原理,利用各种设备(吊运工具及辅助设施)将 50 公斤(kg)以上的物体根据生产需要从 A 处移至 B 处的活动。近些年来,由于种种原因,造船业的重心已从欧洲移至亚洲。当前亚洲三杰日本、韩国、中国的造船业位居世界前三。从未来走势看,用不了多久,韩国将接替日本荣登龙头老大。中国赶超韩国坐上第一把交椅的时间也不会太长。因此,中国造船的提速势在必行。起重业的发展也将快马加鞭。种种迹象表明,起重业将向大型化、自动化、智能化的方向发展。

第四节 船舶建造中的起重作业

一、起重工的作用

上节中我们讲到,所谓起重作业就是将重量大于 50kg 的物体从 A 处移到 B 处的活动。从事这种作业的工人叫起重工。造船是多工种的综合性企业,船舶产品生产要经过许多生产部门的若干工种、工序的连续作业才能完成。但不管是在船台上建造还是在船坞里建造,都是从无到有。这种需要变换场地才可转入下道工序的过程,包括工厂从一开始的钢板进厂、分段制作、各设备的安装一直到船舶出厂前的备件到位等各道工序,无不和起重、吊运有关。特别是很多精密、重要的机械或电气设备的吊运安装几乎是最后的一道工序。万一发生碰、撞、摔,轻者损坏设备部件,重者造成人员伤亡。因此,在造船的过程中无不倾注了起重工的大量心血,无不展示了起重工的劳动成果,无不体现了起重工的

价值所在。这也是为什么起重工的性质是配合其他工种生产,但仍然算是船厂的 10 大主体工种之一的原因所在。

近些年来,造船业的发展形势非常喜人,也非常逼人,国际造船舞台上的竞争日趋激烈。我们要紧紧抓住机遇,以优质的服务、高质量的产品、快速的造船周期参与竞争,才能牢牢掌握主动权,立于不败之地。因此,对起重工的要求就不能停留在原先的水平了。起重工的所作所为往往会直接或间接的影响到造船的质量和周期。以前,起重工上班是等待其他工种,如钳工、铜工、电工来叫,然后不管顺序,做了这样就不做那样,抢了吊车还不肯放手。这里烧个吊耳,那里切割个孔眼。随心所欲,胸中只有自己的活,全然不顾其他。即便是一名很勤奋的起重工骨干,同样缺少大局观。这对船舶建造的提速,产生极大的负面作用。造船是一项综合性、立体观很强的系统工程。很多作业都是同时展开、立体交叉进行的。因此,各工种必须按计划、工艺、指令施工,不得凭个人的意志行事,更不可以依据关系的亲疏来安排先后。吊耳、洞眼、哪怕是工艺孔也不是随便设的。根据船东的要求和有关工艺规定,在船舶完工前这些吊耳必须予以清除,工艺孔必须补齐,油漆妥当,展现新貌。然而,若原油漆的破坏面超过了全船的 2% 比例,则必须进行冲砂处理、油漆。经粗略统计,由于这方面的原因而使造船进度缓延 20%,成本提高 10%。因此,我们必须更新观念,牢固树立全船一盘棋、全厂一盘棋、全公司一盘棋的思想,把个人的发展与公司的命运联系在一起。

起重工在船厂,虽不能说重要到起着决定性的作用,但也决不是渺小到无关紧要。一举手、一投足,做好了那是在造船的事业大厦上添砖加瓦,增添光彩,做出贡献。反之,在吊运过程中,若发生设备坠落事故,给工厂带来损失,有直接的,也有间接的。有设备摔坏而引起的经济损失,或许还有人员伤害。船厂许多设备是国外进口的,一旦摔坏需要重新订购,供货期往往较长,影响了造船进度。因此,我们应该好好学习,熟练掌握起重这门技术,服务于造船事业。

二、安全救护基础

从学校或者农村刚来到造船厂,从事的又是起重作业。安全生产,安全第一——绝不能挂在嘴边说说而已。这根弦要在脑子里始终绷紧。这种意识必须在脑子里扎根永驻。必须认真、自觉地接受安全生产三级教育,这是对自己有利,对家庭有利,对企业也有利的事情。因此我们要从小事做起,从开始做起。首先,上班就要换穿起重工的工作服(橘红色),脚穿专用工作鞋(防滑、防油、绝缘),头戴安全帽,腰系安全带。若是水上作业则必须身穿救生衣。以上这些不仅要穿戴,而且要穿戴正确、标准才能起到事半功倍的效果。

新员工到船上或者到其他作业现场,首先要了解作业意图。因起重作业往往是群体作业,所以不一定马上就参与作业,先进行观察。然而站在什么地方观察最为妥当呢?什么位置既能看得清作业方法及过程又有自身安全保障呢?按照起重工的俗语叫"上风"的位置。所谓"上风",是指在起重作业中,不管发生什么情况物体都不可能移动到的地方。其实这也叫安全位置或者叫安全区域。反之,被称为"下风",或者叫不安全位置或不安全区域。起重作业时,任何人不得停留在"下风"位置,因为物体在吊运过程中常常会出现大小不等的晃动,有时是缓慢的,有时是迅速的,甚至会出现意想不到的突发事件。若这时人停留在"下风"位置,往往避让不及或者无法避让而引起的人员伤亡事故的几率就大大

16

增强。

船舶在建造过程中,多工种、多层次、多区域的同时施工,给"三不伤害"的要求注入了新的内涵。"三不伤害"是指:我不伤害他人,我不被他人伤害,自己不伤害自己。其中心思想就是如何保护他人和自身的安全。首先应该谨慎、安全、规范的操作,努力控制危险源,避免出现危难、危急和突发情况。但是如果一旦出现了意想不到的突发事件,如火灾、人员伤害、人员落水等,也应视不同情况分别采取相应的措施,把损失降低到最低水平。在建造船舶有很多明火作业,一般来说船厂都有一套完整的明火作业制度,人人必须严格地遵守制度,预防火灾发生。一旦发生火灾,应该立即予以控制火势直至灭火。但是船舶发生火灾因其可燃物资多、燃油储量大、热传导性能强、结构复杂等特殊情况,使得灭火行动受到严重阻碍,决定了船舶火灾比陆上火灾更难扑救。为把火苗控制在萌芽之中,我们平时应该注意该船上的灭火器或其他的灭火装置设在哪里,以便在第一时间迅速做出反应。另外平时还应注意观察和熟悉各通道、楼梯、甲板层次及各出入口,以便在关键时刻作为抢救他人、抢救国家财产和保护自己生命的法宝。

船舶在建造过程中,一旦出现危急病人或伤员,应立即展开救治。过去,人们将抢救院外危重急症、意外伤害病人的希望完全寄托于医护人员身上,这种传统的观念,往往使病人丧失了最佳的抢救时间。随着急救医学的迅速发展,现代救护是立足现场的抢救。在院外现有的条件下,"第一目击者"对伤病人实施有效紧急的救护措施,以挽救生命,减轻伤残和痛苦,然后在医疗救护下或运用现代救援服务系统,将伤病人迅速送到就近的医疗机构继续进行救治。在发病的现场,几分钟、十几分钟是抢救危重病人最重要的时刻,我们将其称之为救命的"黄金时刻"。为争取最大限度地挽救病人的生命,在救治过程中,积极采取"四早"是非常重要的。"四早"即:早期通路、早期心肺复苏、早期心脏除颤、早期高级生命支持。

(一)早期通路

即当发现了危重伤病人,"第一目击者"经过现场评估和病情判断后立即对病人实施救护,并及时向专业急救机构或担负院外急救任务的部门报告,他们会根据病人所处的位置和病情,派合适的急救队伍迅速赶往现场。

(二)早期心肺复苏

对于心脏骤停者,我们主张首先对其进行 1 分钟(min)心肺复苏后,在抢救间隙快速打电话呼叫。由于心跳呼吸的突然停止,使得病人全身重要脏器发生缺血缺氧,尤其是大脑。大脑一旦缺氧 4min～6min,脑组织即发生损伤,超过 10min 即发生不可恢复的损害,因此最好在 4min 以内立即对病人行心肺复苏。

(三)早期心脏除颤

大量实践和研究资料表明,早期心脏除颤是保存生命的重要环节。每延迟 1min 除颤,生存率将以 10% 递减。

(四)早期高级生命支持

专业技术人员赶到后,应尽快采取相应的急救技术及急救药物等使得生命支持更可靠。

伤员救治的优先分类:灾害突然发生后,如果伤病员同时大量出现,而且危重病员居多,需要急救,而按常规医疗方法无法完成任务,这时可采用根据伤情,对伤员进行分级救护的方法。

一级优先:首先判断病人通气情况,通畅呼吸道后若有呼吸;若 R>30 次/min;若 R<30 次/min 则看末梢循环灌注情况,毛细血管灌注>2s 或无颈动脉搏动;若 R<30 次/min,毛细血管灌注<2s 或有颈动脉搏动,则看伤员意识,若病人不能完成向导的指令,均分类为紧急救护组,为一级优先。

二级优先:若病人能服从向导指令则分类为延迟救护组,为二级优先。

三级优先:所有能走到分类区的伤员分类为轻微伤,为三级优先。

四级优先:首先判断通气如何,若无,则畅通呼吸道,仍无呼吸则分类为濒死组,为四级优先。

(五) 现场救护原则

(1)首先要保持镇定,沉着大胆,细心、科学地去判断病情。

(2)评估现场,确保自身与伤病人安全。

(3)分清轻重缓急,先救命,后治伤,果断实施救护措施。

(4)在可能情况下,尽量采取减轻病人痛苦的措施。

(5)充分利用可支配的人力、物力协助救护。

(六) 现场救护步骤

(1)判断意识:呼叫病人,轻拍其面颊或肩部。

(2)立即呼救:判断病人意识丧失后,应求助他人帮助。原地高声呼救,并拨打急救电话。

(3)救护体位:依现场实际情况将伤员置于心肺复苏体位(仰卧位)、复员卧位(侧卧位),救护人采用救护人体位(两腿自然分开与肩同宽,跪贴或立于病人肩、腰部)。

(4)打开气道:用最短的时间,先解开病人衣领等,清除病人口鼻内的污物,然后打开气道,方法有仰头举颏法、仰头抬颈法(颈外伤者除外)、双下颌上提法,而后钩出异物。

(5)判断呼吸:救护人将病人气道打开后,在 5s 时间内,判断病人有无呼吸,如无呼吸,立即行人工呼吸。

(6)判断心跳、脉搏:选择大动脉(颈 A、肱 A),扪摸有无搏动,如判断病人已无脉搏搏动,或在危急中不能判明心跳是否停止,脉搏也摸不清,不宜反复检查耽误时间,而应在现场紧急进行胸外心脏挤压。

(7)紧急止血:救护人要注意检查病人有无严重出血的伤口,如有出血立即根据实际情况,利用现场可利用的材料进行止血救护,避免因大出血造成病人休克而死亡。

(8)局部检查:要从头、颈、胸、腹、背、骨盆、四肢等部位依次进行,检查伤势情况。

(七) 现代创伤救护的内容

现代创伤救护技术除了传统的止血、包扎、固定、搬运技术外,还包括人工呼吸、胸外心脏挤压、现场电除颤等心肺复苏术。

1. 创伤急救目的

(1)延长病人生命。创伤病人由于重要脏器损伤及大出血导致休克时,可出现呼吸循环功能障碍,故在循环骤停时,现场救护要立即实施心肺复苏,维持生命,为医院进一步治疗赢得时间。

(2)减少出血,防止休克。严重创伤或大血管损伤出血量大,现场救护时要迅速用一切可能的方法止血,有效止血是现场救护的基本任务。

(3)保护伤口。开放性伤口要妥善包扎,减少出血,避免伤口感染,保护深部组织免受进一步损伤。

(4)固定骨折部位,预防并发症。现场救护要用最简单最有效的方法固定骨折部位,减少骨折端对神经、血管等组织的损伤,同时能缓解疼痛。颈椎骨折如予妥善固定,能防止搬运过程中的脊髓损伤,避免截瘫。

(5)快速转运:用最短的时间将病人安全地转运到就近医院。

2. 现场创伤急救的原则

(1)树立整体意识,重点、全面了解伤情,避免遗漏,注意保护自身和病人的安全。

(2)先抢救生命,后治伤。

(3)有出血的包扎顺序一般为头部、胸部、腹部,然后包扎四肢。

(4)先固定颈部,然后固定四肢。

(5)操作迅速平稳,防止损伤加重。

(6)尽可能做好个人防护。

注:第一目击者——是指在现场为突发伤害和危重疾病的病人提供紧急救护的人。包括现场伤病人身边的人(亲属、同事、救援人员、警察、消防员、保安人员、公共场所从业人员等),参加过救护培训并获得相关证书,在事发现场利用所学的救护知识、技能救助病人。第一目击者不是第一个发现事故的人,可能是一人,可能是两人或多人。

船舶在建造过程中,一旦发生人员落江情况。应迅速予以抢救。

(八) 溺水抢救方法和原则

(1)在抢救落水人时,第一个抢救动作是迅速将患者的头部拉出水面;从水内向岸边或船上拖带时,只要有可能,应向落水者口鼻内大口吹气,以促使其自动呼吸的恢复。

(2)将落水者拖带上岸(船)后,应立即检查他有无假牙和口鼻内有无杂草和泥沙等物;如有,应迅速取出,并将其口、鼻擦净。然后,将他平放俯卧,使之两腿伸直,两臂前屈,头向一侧;腹部垫高,给他作人工呼吸或口对口大力吹气。其具体方法是:

①溺水者俯卧抢救者取跪于其头前面向落水者下身,双手平放落水者背部,两拇指紧贴落水者胸椎旁线,余四指微并,腕与肩关节呈垂直角度,按人工呼吸法作压挤背部动作,每分钟 14 次~16 次,直至落水者恢复正常呼吸为止。

②如前抢救者仍取跪式面向落水者下身,双手握紧落水者双肘关节处用力向外上提肘,每提一次,落水者胸廓阔开(吸气)一次,再将落水者双肘下落一次,落水者胸廓缩小(呼气)一次。如此反复,直到落水者恢复自动呼吸和心跳为止。此法单人抢救很累,必要时可多人轮番进行,每分钟不少于 16 次。

(3)如果落水者肺、胃内的水,在平躺或俯卧时难以倒出时则应采用以下抢救方法:

①由抢救者将落水者双腿朝天托起,将其肩部、头部与双上肢下垂,就会很快将患者肺、胃内的存水倒净。

②由抢救者将患者拖起,右手提起其腰,左手扶住其头,并将其腹部置于抢救者的右膝上,使其头与双上肢下垂,使患者胃、肺内存水顺势而出。此法用之得当,并可兼起胸外心脏按摩作用。其方法是,每分钟将落水者在抢救者膝上起落 14 次~16 次,直至落水者呼吸、心跳恢复为止。

（4）采用以上几种方法抢救落水者的同时，应始终注意落水者的保暖。冷天应利用一切可以保暖的物品，使落水者免受风寒，以减少落水者在救活后出现并发症的可能。

（5）对一切落水者，均应在抢救的同时，迅速与附近医疗单位联系，除呼请医师速来救治外，应尽快将落水者送往医院继续治疗。

三、怎样才能成为一个优秀的起重工

一名新进厂的起重工，在了解了有关起重工的工作业绩的介绍后，往往会产生自己一定要成为一名优秀的起重工的念头。这是人之常情，这也是非常好的想法。但要使之成为现实，需要付出艰苦、长期的努力。一是不怕苦、不怕累，是做好一个起重工的重要前提。往往重活、脏活可以锻炼人的意志，考验人的意志。我们反对蛮干，但也不怕苦干。在苦干中寻找省力的作业方法，寻找快速简便的作业方法。二是安全至上必须牢记在心中。在任何时候必须把安全的操作方法作为首选。千万不可违规操作，也不能认为以前曾经冒着风险冲过去了，这次也可以依瓢画葫芦了。切记，万万不可，就算能冲过九十九次，第一百次还得出事。起重作业一出事往往就是大事，就是大祸。三是加强文化理论方面的学习，尤其是几何学和力学。当一名起重工做了若干年后，一般的常见工作都能独立完成了，甚至已经成为带班师傅了。但若要再上一个台阶，就会受到文化基础差这个瓶颈的制约了。这个问题不解决，达到大师级的水平很难。四是虽具有了一定的文化知识，也有了一定的工作经验。然而，要将理论与实践有机的结合起来也并非易事。要用理论去指导实践，在实践中去总结理论，再为生产实践服务。例如，完成一次重大吊运工程，根据有效相关文件、图纸、资料及工艺要求，配备吊索具、设备和人员，预定耗时、重心及各吊点的受力吨位。在吊运实施过程中应全程跟踪，并记录在案。工程结束后，及时予以总结。用实际的情况与预定的情况逐个的一一对照，凡有不符的或有差异的，应分析原因，寻找差距。以便下次同样或同类吊运工程时可以参考使用。五是要注意知识的积累，这个知识的积累包含的面比较广，例如，科学文化方面的，信息技术方面的，专业吊运经验教训方面的，起重设备的性能及各有关技术数据，各辅助工具、吊具、索具的各种规格及本单位的拥有量等。

任何一种起重作业方案或方法，都不会是最好的。因为制定起重作业方案的原则是"因人而宜、因地而宜、因设备而宜"。因人而宜是指所拥有的或可调配的人的数量及他们的技术水平。因地而宜是指场地状况即可利用的现场设施。因设备而宜是指可调度的或可借用的设备、辅助工具、吊索具等。因此不会有绝对的最好方案，也没有标准的统一作业方法。只有在满足安全的条件下，依据上述的制定原则给出的作业方案可以被称为上佳方案。作为一名优秀的起重工，应该具备良好的综合素质和职业道德，不断的努力向上。在今后的工作中做到以下几点：

（1）认真学习、灵活应用——学习文化科学知识，学习专业理论，不但学好这本教材，其他的教材也要学。要将书本中学到的文化知识、专业理论应用到生产实践中，并且要灵活应用，不能死读书。

（2）勤奋工作、安全操作——努力工作是成为优秀起重工的必备条件。在平时的工作中，要胆大心细。既要敢于挑战、勇挑重担，又要谨慎操作、安全第一。

（3）加强观察、总结提高——在平时的工作中要关注周边的吊运工作，注意观察别人

的操作方案或方法。汲取其中的养份,加以总结。不断提高自己的操作技能。

（4）善于思考、重视积累——不论是别人操作,还是自己操作。不论是成功的,还是失败的。都要多问几个为什么? 要善于思考,善于总结。要重视经验的积累,数据的积累以及其他方面的积累。只要坚定信心、持之以恒地做好以上工作,相信你成为优秀的起重大师是指日可待了。

第五节　力　学　基　础

有人说,起重作业就是在跟力说话。此话颇有道理,起重作业是和力密切相关的。而与力相关的学科有很多,如静力学、动力学、流体力学、万有引力、工程力学、材料力学、理论力学等。一下子学好它不容易,因此我们从基础开始,打好基础,为生产服务。

一、力的性质

(一) 力的概念

我们在推车或提水的时候都用了力,物体(车或水)都受到了力的作用,同理,起重机吊起物体时,起重机对物体产生了力的作用。其效果表现为它运动状态的改变,即车被推动,水被提起,物体被吊起。上述物体运动状态的改变可以认为是物体由于受到力的作用而引起的。但有时力是看不见的,而我们可以通过观察力所产生的效果来证实力的存在。日常生活中所说的"推、拉、提、压"等,都是用来说明物体受力的依据。

因此力是物体之间的机械作用,或者说力就是一个物体对另一个物体的作用。作用是相互的,离开了物体,力是不存在的。这种作用引起物体运动状态的变化或者使物体发生变形。

(二) 力的三要素(力是矢量)

经研究证实,力对物体的作用效果是由力的大小、方向和作用点这三个要素决定的。其中改变任何一个要素,力的作用效果就因之改变。

以推小车为例,如图 1-5-1 所示。在 A 点用 50N 的力推和用 500N 的力推,效果是不同的。表现在用 500N 的力推小车时,小车前进的速度要比用 50N 的力推时快得多,说明力有大小;用同样大小的 500N 的力,向前推使小车前进,向后拉使小车倒退,说明力有方向;当力的大小相等,方向一致时,若作用在 A 点,小车便直线前进,若作用在 B 点,则小车不仅向前,还要向右转弯,若作用在 C 点,则小车边前进,边向左转弯,说明力的作用效果还和它的作用点有关。

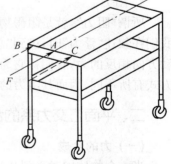

图 1-5-1　力的作用图

力的大小可以用弹簧秤来测量,用数值来表示,其国际标准单位为:牛顿(N);实用单位为公斤(kg)。

力是一个带有方向性的量。在数学中,把具有方向性的量称为矢量(或向量)。因此力是矢量。常用字母"F"、"P"作为力的符号。我们把力的大小、方向和作用点称为力的三要素。

（三）作用力与反作用力

仍以推小车为例。推车时，通过手给车一个作用力，所以车子运动起来了，我们手上有受力的感觉，说明车子给手有一个反作用力。

牛顿用了大量事实证明，作用力和反作用力是同时存在的。它们大小相等，方向相反，作用在同一条直线上。并且作用力和反作用力分别作用在两个物体上。这就是作用力与反作用力定律——牛顿第三定律。

1. 力的种类

力的种类有很多。起重作业经常要接触的力也不少，如重力、浮力、阻力、压力、拉力、冲击力、惯性力、应力等。这里简易介绍一下重力、浮力、阻力的基本内容。

2. 重力

重力是由于地球对物体的吸引而产生的。因此，地球表面上的任何物体均受重力的影响，并且在没有外力的情况下都垂直落向地面。经试验表明，重力在深谷中较大，在高山顶上较小。离地球越远，重力就越小。也就是说，重力随物体在地球上位置的不同而稍有不同。如质量为1kg的物体，在地球的一般位置时，其重力为9.8N。在纬度45°海平面上的重力是9.8067N。在赤道上的重力是9.7805N。在北极上的重力是9.8322N。

3. 浮力

游泳者会有这样的体会，在水中身体感觉到有一股向上的托力。如果你将一个软木块压住并使它向水中沉，不论沉多深，只要一放手，软木块就会立刻浮上来，而且在将木块压向水底的过程中，总会感到有一股向上的力阻止木块向下沉。我们船厂建造的大型船舶，虽然其船体结构全部是由钢板焊接而成的，但在一定吃水条件下，仍露出水面。诸如此类的现象都说明，沉浸在水中的物体，水总要给他一个向上的托力，这个向上的托力我们就称它为"浮力"。浮力的大小等于被物体排开的液体的重量。这个法则被称为阿基米德定律，是由希腊人阿基米德发明的。这个定律同样适用于物体在气体中，只是气体的重量比较轻，物体受到的浮力比较小，他与物体本身的重量相比往往显得微不足道，因此，在吊运工程中一般忽略不计。

4. 阻力

所谓"阻力"，就是阻碍物体运动的力，也就是说和物体运动方向相反的力。例如说，我们在叙述"浮力"时，讲到"总会感到有一股向上的力阻止木块向下沉"，这个和软木块运动方向相反的力，我们称它为阻力。这时的阻力，就是浮力。由于物体的运动状态、运动方式有所不同，因而其阻力的表现形式也有所不同。摩擦力是我们常见的一种阻力形式。

二、平面汇交力系的合成与分解

（一）力的合成

当一个物体同时受到几个力作用时，那么可以找出这样一个力，使它作用在该物体上所产生的效果和原来几个力作用所产生的效果完全一样，那么这个力就叫做几个力的合力。以打夯为例，见图1-5-2。打夯时，每个人所用的力S_1、S_2、S_3、S_4是倾斜向上的。但石夯的运动方向，却是垂直向上。这说明每个人所用的力S_1、S_2、S_3、S_4合成起来，相当于一个铅垂直向上的力X，由于X的作用，使得石夯向上运动。求已知力的合力的方法，通常叫做力的合成。

实验表明：作用于物体上所成角度的两个力 S_1、S_2 的合力 X（大小和方向）可以用表示这两个力（大小和方向）的线段作为邻边所画出的平行四边形的对角线来表示，这种求几个已知力的合力的方法叫平行四边形法则。这一法则已为大量的实践所证明，是普遍适用的。它说明力的合成不能用"算术"的法则把力的大小简单相加，而必须按矢量运算法则，即平行四边形法几何相加。具体作法如下：

设在某一物体的 A 点上作用着 S_1、S_2 两个力，夹角为 α，见图 1-5-3。按比例画出 S_1、S_2，以 S_1、S_2 为边作出平行四边形 $ABCD$，则对角线 AC 就表示这两个力的合力 R。

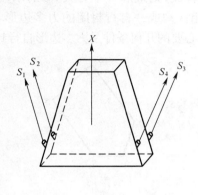

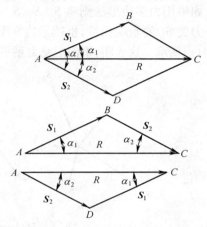

图 1-5-2　打夯时力的合成　　　图 1-5-3　力的平行四边形法则

按比例作图。画出力的平行四边形或力的三角形后，合力的大小和方向就直接可以从图上量出来，这就是图解法。

如不用图解法，合力的大小、方向也可以利用几何关系算出来。如图 1-5-3 所示，根据三角形的余弦及正弦定理，可以求得合力 R 的大小以及它与 S_1、S_2 的夹角 α_1、α_2。这叫做几何法。

$$R=\sqrt{S_1^2+S_2^2+2S_1 S_2\cos\alpha} \tag{1-5-1}$$
$$R/\sin\alpha=S_1/\sin\alpha_2=S_2/\sin\alpha_1 \tag{1-5-2}$$

两个力同时作用在物体的同一条直线上是力的合成的特殊情况。此时，若两力同向，合力则为两力之和，若两力相反，合力则为两力之差，合力的方向和其中较大的那个力的方向一致。

（二）力的分解

上面讨论了两个相交力的合成，与合成相对立的是力的分解。一个力同样可以分解为两个分力，力的合成与力的分解相反而又相成，是对立的统一。它们服从同一个法则——力的平行四边形法则。如果作用在一个物体上的几个力的效果，与原来一个力作用在此物体上所产生的效果完全一样，则这几个力就是原来那个力的分力。我们把求已知力的分力称为力的分解。

（三）力的平衡

设物体在 A 点受到一个由 5 个力组成的平面汇交力系作用而处于平衡，如图 1-5-4（a）所示。

23

我们可以用力多边形法则求得其中任意 4 个力(如 S_1、S_2、S_3、S_4)的合力 R_1,如图 1-5-4(b)所示。则原力系 S_1、S_2、S_3、S_4、S_5 与力系 R_1、S_5 等效。而原力系是平衡力系,故力系 R_1、S_5 也是平衡力系。根据二力平衡条件,R_1 与 S_5 应等值、反向、共线。可见,R_1 与 S_5 的合力等于零,也就是原力系的合力等于零。由此可见,平面汇交力系平衡的充分和必要条件是力系的合力等于零。以矢量式表示为:

$$R=0 \ \text{或} \ \sum_{i=1}^{n} S_i = 0 \tag{1-5-3}$$

如果用力多边形法则将 S_1、S_2、S_3、S_4、S_5 依次合成,则最后一个力矢 S_5 的末端与第一个力矢 S_1 的始端相接,也就是这 5 个力矢首尾相接构成一自行封闭的力多边形,如图 1-5-4(c)所示。这表明,平面汇交力系平衡的充分和必要的几何条件是力多边形自行封闭。

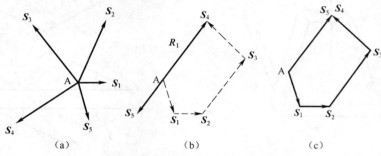

图 1-5-4 平衡的几何条件

例 1 用葫芦匀速吊起一减速箱盖,如图 1-5-5(a)所示。箱盖重 $G=800(\text{N})$,已知铁链与铅垂线的夹角 $\alpha=35°,\beta=25°$,求铁链 AB 和 AC 的拉力。

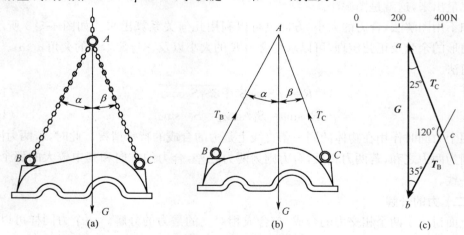

图 1-5-5 用图解法求分力

解:已知力 G 和待求力的拉力都作用在箱盖上,所以选箱盖为研究对象;由于题中指明是匀速吊起,所以是平衡问题。画出箱盖的受力图,如图 1-5-5(b)所示。它受到重力 G 和两根铁链的拉力 T_B、T_C 的作用。根据三力平衡汇交定理,这三个力必汇交于一点,即交于铁环圆心 A,构成一平面汇交系。根据平面汇交力系平衡的几何条件,这三个力应构成一自行封闭的力三角形,从而可由已知力 G 求出未知力 T_B、T_C。为此,选取比例尺如图 1-5-5(c)所示。先画已知力 $G=ab$,如图中(c)所示,过 a、b 两点分别作直线平行于 T_C、

24

T_B，这两条线相交于 C 点，于是得到力三角形 abc，T_B、T_C 的指向应符合首尾相接的规则，于是可量得：

$$T_B = 390(\text{N}) \qquad T_C = 530(\text{N})$$

这里值得说明的是，力比例尺是可以任意选定的，但这要考虑到作图的精确程度和力图的大小问题。T_B、T_C 分别代表了铁链 AB、AC 的内力，指向沿链索的方向，这里顺便指出：柔软的绳索（包括钢丝绳、铁索、尼龙绳等），只能承受拉力，由此得出结论：柔索给被约束物体的力，方向一定沿着柔索，并且只能是拉力。例如，图 1-5-6 所示的吊减速箱盖和皮带传动中皮带给两个皮带轮的力都是拉力。

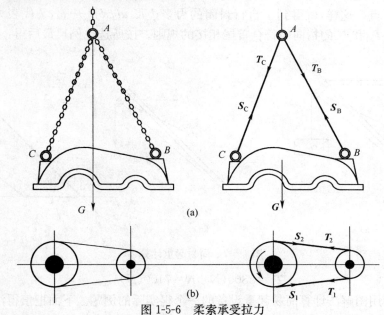

图 1-5-6　柔索承受拉力

例 2　图中根据作用和反作用原理，可以确定取不同分离体的力的方向。例如，G 是箱盖的重力，根据柔索反力的特点，可以确定铁链给铁环的力一定是拉力（T_B、T_C），铁链给箱盖的力也是拉力（S_B、S_C）。同理，可以确定在皮带传动中皮带轮的力的方向。如图 1-5-6(b) 所示。

对于例 2，如果力三角形的几何关系不复杂，利用解三角形的方法也很方便。先画出力三角形的草图，再利用正弦定理解这个三角形：

$$\frac{T_B}{\sin 25°} = \frac{T_C}{\sin 35°} = \frac{G}{\sin 120°}$$

$$T_B = G \cdot \frac{\sin 25°}{\sin 120°} = 800 \times \frac{0.423}{0.866} = 390(\text{N})$$

$$T_C = G \cdot \frac{\sin 35°}{\sin 120°} = 800 \times \frac{0.574}{0.866} = 530(\text{N})$$

例 3　简易起重机起重臂 AB 的 A 端安装于固定铰链支座，B 端用水平钢丝绳 BC 拉住，起重臂与水平成 $40°$ 角。起重臂在 B 端装有导向滑轮，钢丝绳绕过滑轮把重量 $G = 3000(\text{N})$ 的重物吊起，钢丝绳绕过滑轮后与水平线成 $30°$ 角，如图 1-5-7(a) 所示。假设起重臂的自重略去不计，求平衡时支座所受的压力和绳索 BC 中的拉力。

解：以起重臂 AB（连同滑轮）作为研究对象。画出它的受力图，如图 1-5-7(b) 所示，起重臂受到的力有：滑轮两边钢丝绳的拉力 T_1、T_2，如果不计摩擦，$T_1 = T_2 = G = 3000$ (N)；绳索 BC 的拉力 T_3；支座 A 的反力 N。因为 T_1 和 T_2 的大小相等，它们的合力必通过 B 点，所以 T_1 和 T_2 可认为作用在 B 点。由于起重臂只在 A、B 两点受力，是一个二力杆，故反力 N 必沿连线 AB，由图中(b)可见，T_1、T_2、T_3、N 这 4 个力构成一作用线相交于 B 点的汇交力系。根据汇交力系平衡的几何条件，这 4 个力应构成一自行封闭的力四边形。应用几何作图法选择一定的比例尺，见图中(c)所示，先画已知的力矢，作矢量 $ab = T_1$；过 b 点接画矢量 $bc = T_2$；过 c 点作直线平行于 T_3，再过 a 点作直线平行于力 N，这两条直线相交于 d 点。这样，就得到了自行封闭的力多边形 $abcd$。矢量 cd 代表力矢 T_3，da 代表力矢 N。T_3 和 N 的指向应符合首尾相接的规则。按所选比例尺最后得：

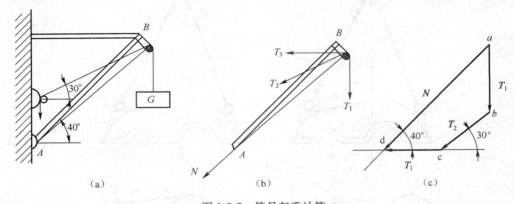

图 1-5-7　简易起重计算

$$T_3 = 2800 \text{(N)}, \quad N = 7100 \text{(N)}$$

例 3 是利用图解法计算简易起重设备的一个很实际的例题。下面把值得注意的环节再强调一下。

(1)选择分离体　选择分离体是解决力学问题的第一步，也是比较关键的一步。这里首先要搞清题意，已知什么，要求什么，未知力包括在哪个部件中，取出哪个分离体解决问题方便等。例如，在本例当中，选择起重臂作为研究对象，就既包含已知力，又包含未知力，而且由于起重臂支座 A 处绞接，B 处实际也是绞接，因此起重臂可以判断为二力杆。这对解决问题带来很大的方便。

(2)画受力图　画受力图是解决力学问题最关键的一步。正确画出受力图是分析、解决力学问题的前提。画受力图时应注意：

①不要漏画力。除了重力、电磁力等少数几种情形外，物体之间要通过互相接触才有相互作用的力。因此，必须搞清楚所研究的对象（受力体）与周围哪些物体（施力体）相接触。在接触处，受力体受到施力体所给的力不要漏画。

②不要多画力。要注意力是物体之间的相互机械作用，因此对于受力体所受的每一个力，都应能明确地指出，它是哪一个施力体施加的。如果在受力图上多画了一个力，那么这个力的施立体是哪一个就不清楚。另外，在受力图上不必画出内力。

③不要画错力的方向。取出分离体的时候，要注意周围物体对它的约束性质，考虑到起重工岗位培训的学习对象，约束性质本书不单独介绍，以后深入学习时，再作介绍。

26

④在分析两物体之间的相互作用力时,要注意作用与反作用关系,作用力的方向一经确定,反作用力的方向也就定了(与之相反),例如,在例3中力矢 N 实际上是支座 A 所受到的压力的反作用力的方向,因为力矢 N 已求出,当然支座 A 所受的压力大小、方向、作用线也随之确定。为了帮助加强受力分析和对画受力图的理解,不妨对图 1-5-8、图 1-5-9、图 1-5-10 做些练习。

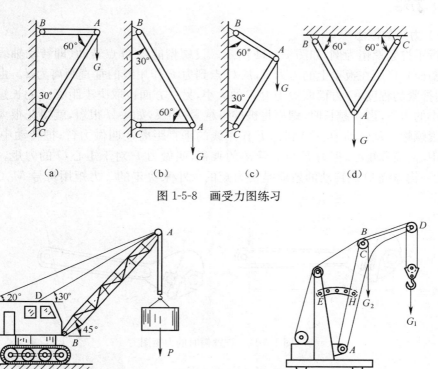

图 1-5-8　画受力图练习

图 1-5-9　画 AB 杆受力图　　　　图 1-5-10　画 ABD 受力图

（3）作力多边形　作力多边形是图解法的最后一步工作。在正确画出受力图的基础上,依据图解法的步骤画出力多边形,这里首先要选定力的比例尺,比例尺要选择的适当,前已叙述,选得过大或过小都有利弊。其次再画出已知力,依次合成。如果物体处于平衡状态,则各力矢必首尾相接自行构成一个封闭的力多边形。这对于平衡问题是至关重要的一个几何条件。在具体作法上,采取过某一点做某一已知力的平行线,再按力的比例尺量取某向量的"模"。这样,一个矢量就唯一的确定了(方向、大小都是确定的)。

（4）解平面汇交力系平衡问题的一般步骤　通过以上的叙述和例题,现在可将解平面汇交力系平衡问题的一般步骤小结如下:

①弄清题意,明确已知量和待求量。

②恰当地选取研究对象,也就是明确研究哪个物体的平衡。

③正确画出研究对象的受力图,受力图上除画出所受的主动力外,还应根据约束的性质画出约束反力,要注意作用力与反作用力的关系,会判断二力体,并能正确运用三力平衡的汇交定理。

④根据平衡条件求解未知量。

27

用图解法作图解时，要选择适当的比例尺，从已知力开始，根据首尾相接的规则作出该力系封闭的力多边形，而后用比例尺和量角器在图上量出未知量或者利用三角公式计算。

用解析法求解时，要先选定坐标系，而后列出平衡方程，最后求解未知力。如果求出某未知力为负值，就表示这个力的实际指向与受力图上所假想的指向相反。

三、力矩

（一）力矩的概念

以扳手拧紧螺帽为例，如图 1-5-11 所示。设螺帽能绕 O 点转动（即转动轴线通过并垂直于图面），作用在扳手上的力为 F，从 O 点到力 F 作用线的垂直距离为 d。由经验可知：螺帽拧紧的程度，一方面取决于力 F 的大小，另一方面也取决于距离 d 的长短。如用同样大小的力 F，当 d 越长时，螺帽将被拧得越紧；相反，如果 d 很短，就得花很大的力才能拧得紧螺帽。从转动中心 O 到力 F 作用线的垂直距离 d 叫做力臂；把转动中心 O 叫做力矩中心，简称矩心；把力 F 与力臂 d 的乘积，叫做力 F 对于矩心 O 的力矩。实践证明：使某一物体绕 O 点转动的效应是由力矩的大小来决定的。力矩用符号 $M_O(F)$ 来表示。因此

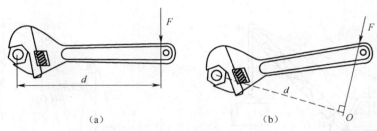

图 1-5-11　拧螺帽时的力矩图

$$M_O(F) = \pm F \cdot d \tag{1-5-4}$$

式中的正负号通常是这样规定的：使物体产生逆时针转动（或转动趋势）的力矩为正，使物体产生顺时针转动（或转动趋势）的力矩为负。符号 $M_O(F)$ 常简写为 M_O 力矩的单位是牛顿米（N·m）、千牛米（kN·m）、兆牛米（MN·m）；实用单位是千克米（kg·m）或吨米（t·m）。

（二）合力矩定理

以上讨论了力矩的概念和计算公式。在实际应用时，有时直接计算力臂的长度较麻烦，但若把力进行适当分解，计算各分力对某点的力矩却很方便。因此有必要找出合力对某点的力矩和各分力对同一点的力矩之间的关系，合力矩定理就是解决这一问题的。

实践及理论计算都可说明，一个力对于某点的力矩等于其分力对同一点力矩的代数和。推而广之，如物体在某一平面内受到力 F_1，F_2，$\cdots$，F_N 的作用，这些力的合力为 R，则合力对力系平面内任一点的力矩等于各分力对同一点的力矩的代数和。这就是合力矩定理。可用公式表示为：

$$M(R) = M_O(F_1) + M_O(F_2) + \cdots + M_O(F_N) = \sum M(F) \tag{1-5-5}$$

合力矩定理的应用很广，下面在第四章要讲到的重心位置的确定就要应用这一原理。

28

（三）力矩的平衡

在生产和日常生活中，我们经常碰到力矩平衡的例子。以杆秤的平衡为例，如图 1-5-12 所示。重力 F_1 对秤扭处 O 点的力矩大小为 F_1L_1，顺时针转向；秤砣对 O 点的力矩大小为 F_2L_2，逆时针转向。当 $F_1L_1 = F_2L_2$，即绕秤扭 O 顺时针转向的力矩和逆时针转向的力矩，处于大小相等的时候，杆秤就平衡。杆秤的平衡规律反映了力矩平衡的一般规律。从中我们也可看出，对于绕定轴转动的物体来说，如果作用在该物体上的逆时针转向的力矩之和与顺

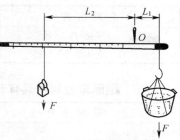

图 1-5-12　杆秤的力矩平横

时针转向的力矩之和，在数值上正好相等，则所有作用的转动效应恰好相互抵消，此时物体处于平衡状态。也就是说，转动物体的平衡条件是：作用在该物体上所有的力矩之和等于零，这就是力矩平衡的条件。用公式表示，即：

$$\sum M_O(F) = 0 \tag{1-5-6}$$

此式称为力矩平衡方程式。

第六节　有关常用单位的使用

有些学员读书、考试还可以，一到解决生产实际问题时，学到的知识一点都不派用场。其中很大的原因是弄不清衡量单位。这个"单位"，确实比较复杂。先是有中国的传统单位制，如尺、斤（16 两）制。后来"英制"单位流行。再后来受国际上其他一些国家的影响，先后使用过厘米·克·秒制（CGS）——又称物理制、米·千克·秒制（MKS）——又称实用单位制、米·千克力·秒制（MKgfS）——又称工程单位制等。这些单位的混合使用已经严重影响了国际正常的学术交流、生产秩序及货币交换。因此，国际标准化组织（ISO）颁布了一套新的"国际单位制"（IS），并已宣布禁止使用其他单位制。我国国务院也已正式颁布了我国的法定计量单位，规定了不再使用工程单位制等的单位。我国的法定计量单位与国际计量单位基本一致。它包括了全部属于国际单位制的单位以及国际计量大会同意并用的十个非国际单位制单位，此外，又另加了 5 个广泛需要的单位，即海里（n mile）、节（kn）、分贝（dB）、转每分（r/min）、特[克斯]（tex）。

一、我国的法定计量单位

（一）国际单位制的基本单位

量 的 名 称	单 位 名 称	单 位 符 号
长度	米	m
质量	千克（公斤）	kg
时间	秒	s
电流	安[培]	A
热力学温度	开[尔文]	K
物质的量	摩[尔]	mol
发光强度	坎[德拉]	cd

（二）国际单位制的辅助单位

量 的 名 称	单 位 名 称	单 位 符 号
［平面］角	弧度	rad
立体角	球面度	sr

（三）国际单位制中具有专门名称的导出单位

量 的 名 称	单 位 名 称	单 位 符 号	其他表示式示例
频率	赫［兹］	Hz	s^{-1}
力,重力	牛［顿］	N	$kg \cdot m/s^2$
压力,压强,应力	帕斯卡	Pa	N/m^2
能［量］,功,热量	焦［耳］	J	$N \cdot m$
功率,辐［射能］通量	瓦［特］	W	J/s
电荷［量］	库［仑］	C	$s \cdot A$
电压,电动势,电位,(电势)	伏［特］	V	W/A
电容	法［拉］	F	C/V
电阻	欧［姆］	Ω	V/A
电导	西［门子］	S	A/V
磁通［量］	韦［伯］	Wb	$V \cdot s$
磁通［量］密度,磁感应强度	特［斯拉］	T	Wb/m^2
电感	亨［利］	H	Wb/A
摄氏温度	摄氏度	℃	
光通量	流［明］	lm	$cd \cdot sr$
［光］照度	勒［克斯］	lx	lm/m^2
［放射性］活度	贝可［勒尔］	Bq	s^{-1}
吸收当量	戈［瑞］	Gy	J/kg
剂量当量	希［沃特］	Sv	J/kg

（四）用于构成十进倍数和分数单位的词头

所表示的因数	词头名称	词头符号	所表示的因数	词头名称	词头符号
10^{18}	艾［可萨］	E	10^{-1}	分	d
10^{15}	拍［它］	P	10^{-2}	厘	c
10^{12}	太［拉］	T	10^{-3}	毫	m
10^{9}	吉咖	G	10^{-6}	微	μ
10^{6}	兆	M	10^{-9}	纳［诺］	n
10^{3}	千	k	10^{-12}	皮［可］	p
10^{2}	百	h	10^{-15}	飞［母拖］	f
10^{1}	十	da	10^{-18}	阿［托］	a

（五）国家选定的非国际单位制单位及换算

量的名称	单位名称	单位符号	换算关系和说明
时间	分	min	1min＝60s
	［小］时	h	1h＝60min＝3600s
	日,（天）	d	1d＝24h＝86400s
［平面］角	度	°	$1°＝60'＝(\pi/180)\text{rad}$
	［角］分	′	$1'＝60''＝(\pi/10800)\text{rad}$
	［角］秒	″	$1''＝(\pi/6480000)\text{rad}$
旋转速度	转每分	r/min	$1\text{r/min}＝(1/60)\text{s}^{-1}$
长度	海里	n mile	1n mile＝1852m
速度	节	kn	1kn＝1n mile/h＝1852/3600m/s(只用于航行)
质量	吨	t	$1\text{t}＝10^3\text{kg}$
	原子质量单位	u	$1\text{u}＝1.6605655×10^{-27}\text{kg}$
体积,容积	升	L,(l)	$1\text{L}＝1\text{dm}^3＝10^{-3}\text{m}^3$
能	电子伏	eV	$1\text{eV}≈1.602177×10^{-10}\text{J}$
级差	分贝	dB	
线密度	特［克斯］	tex	1tex＝1g/km

二、常用计量单位的换算

单位名称及符号	单位换算	单位名称及符号	单位换算
长度		**平面角**	
米 m		弧度 rad	
海里 n mile	1852m	度(°)	$(\pi/180)\text{rad}$
英里 mile	1609.344m	［角］分(′)	$(\pi/10800)\text{rad}$
英尺 ft	0.3048m	［角］秒(″)	$(\pi/648000)\text{rad}$
英寸 in	0.0254m	**时间**	
码 yd	0.9144m	秒 s	
面积		分 min	60s
平方米 m^2		［小］时 h	3600s
公顷 ha	10000m^2	天,（日）d	86400s
公亩 a	100m^2	**速度**	
平方英里 mile^2	$2.58999×10^6\text{m}^2$	米每秒 m/s	
平方英尺 ft^2	0.0929030m^2	节 kn	0.514444m/s
平方英寸 in^2	$6.4516×10^{-4}\text{m}^2$	千米每小时 km/h	0.277778m/s
体积,容积		米每分 m/min	0.0166667m/s
立方米 m^3		英里每小时 mile/h	0.44704m/s
升 L,(l)	10^{-3}m^3	英尺每秒 ft/s	0.3048m/s
立方英尺 ft^3	0.0283168m^3	英寸每秒 in/s	0.0254m/s
立方英寸 in^3	$1.63871×10^{-5}\text{m}^3$	**加速度**	
英加仑 UKgai	4.54609dm^3	米每平方秒 m/s^2	
美加仑 USgai	3.78541dm^3	英尺每平方秒 ft/s^2	0.3048m/s^2

单位名称及符号	单 位 换 算	单位名称及符号	单 位 换 算
角速度		磅每立方英寸 lb/in^3	27679.9kg/m^3
弧度每秒 rad/s		**力,重力**	
转每分 r/min	$(\pi/30)$rad/s	牛[顿]N	
度每分°/min	0.00029rad/s	千克力 kgf	9.80665N
度每秒°/s	0.01745rad/s	磅力 bbf	4.44822N
质量流量		达因 dyn	10^{-5}N
千克每秒 kg/s		吨力 tf	9.80665×10^{6}N
磅每秒 ib/s	0.453592kg/s	**压力,压强,应力**	
体积流量		帕[斯卡]Pa	
立方米每秒 m^3/s		巴 bar	10^{5}Pa
立方英尺每秒 ft^3/s	0.0283168m^3/s	托 Torr	133.322Pa
质量		毫米汞柱 mmHg	133.322Pa
千克,(公斤)kg		毫米水柱 mmH$_2$O	9.80665Pa
吨 t	1000kg	工程大气压 at	98066.5Pa
原子质量单位 u	1.6605655×10^{-27}kg	标准大气压 atm	101325Pa
英吨 ton	1016.05kg	**力矩,转矩,力偶矩**	
英担 cwt	50.8023kg	牛[顿]米 N·m	
磅 1b	0.45359237kg	公斤力米 kgf·m	9.80665N·m
夸特 qr,qtr	12.7006kg	克力厘米 gf·cm	9.80665×10^{-5}N·m
盎司 oz	28.3495g	**能量,功,热**	
格令 gr,gn	0.06479891g	焦耳 J	
线密度,纤度		电子伏 eV	1.602177×10^{-10}J
千克每米 kg/m		千瓦小时 kW·h	3.6×10^{6}J
特[克斯]tex	10^{-6}kg/m	千克力米 kgf·m	9.80665J
磅美英尺 1b/ft	0.111112×10^{-6}kg/m	卡 cal	4.1868J
磅美英寸 1b/ln	17.8580kg/m	**功率,辐射通量**	
密度		瓦[特]W	
千克每立方米 kg/m^3		伏安 VA	1W
吨每立方米 t/m^3	1000kg/m^3	马力 德 PS	735.499W
千克每升 kg/L	1000kg/m^3	英马力 hp	745.7W
磅每立方英尺 lb/ft^3	16.0185kg/m^3	电工马力 hp	746W

注:1. 单位名称中带方括号的字可省略;

    2. 圆括号中的字为前者的同义词

三、风速与风力的换算

我们每天在电视上所看到或者电台里听到的天气预报,总是播报风力的等级。而目前使用的风速测量仪显示的是风的速度,它们的换算关系如下表。

等级	名称	状态		相当风速（距地面10m）			风力	
		陆地	海面	m/s	km/h	n mile/h	N/m²	kgf/m²
0	无风	静烟直上	静	0～0.2	<1	<1	0～0.0392	0～0.004
1	轻风	烟能表示风向，但风向标不能转动	普通渔船略感摇动	0.3～1.5	1～5	1～3	0.0882～2.205	0.009～0.225
2	轻风	树叶微响，风向标转动	张帆的渔船可顺风移动	1.6～3.3	6～11	4～6	2.508～10.6722	0.256～1.089
3	微风	树叶摇动不止，旌旗招展	渔船略有簸动	3.4～5.4	12～19	7～10	11.3288～28.5768	1.156～2.916
4	和风	地面灰尘和纸张吹起，小树枝摇动	渔船满帆时，船倾侧于一方	5.5～7.9	20～28	11～16	29.645～61.1618	3.025～6.241
5	清风	有叶的小树摇动，内河水面起小浪	渔船收起张帆的一部分	8.0～10.7	29～38	17～21	62.72～112.2002	6.4～11.449
6	强风	大树枝摇动，电线呼呼有声，举伞困难	渔船加倍收帆，捕鱼有风险	10.8～13.8	19～49	22～27	114.3072～186.6312	11.664～19.044
7	疾风	全树摇动，迎风步行感觉不便	渔船停泊港中或下锚于海面	13.9～17.1	50～61	28～33	110.9458～286.5618	11.321～29.241
8	大风	树枝折毁，迎风步行阻力很大	近港渔船停留不出	17.2～20.7	62～74	34～40	289.884～419.93	29.58～42.85
9	烈风	烟囱顶部及压瓦被吹掉	汽船航行困难	20.8～24.4	75～88	41～47	423.948～583.494	43.26～59.54
10	狂风	树木拔起，建筑物吹损	汽船航行很危险	24.5～28.4	89～102	48～55	618.184～790.468	63.03～80.66
11	暴风	部分建筑物被吹毁，陆上很少见	汽船遇之极危险	28.5～32.6	103～117	56～63	786.254～1041.544	80.23～106.28
12	飓风	摧毁力极大，陆上极少见	海浪滔天	>32.6	>117	>63	>1041.544	>106.28

四、起重工常用单位计算（含非法定计量单位）

（一）长度

1公里（km）＝1000 米（m）

1米（m）＝10 分米（dm）

1分米（dm）＝10 厘米（cm）

1厘米（cm）＝10 毫米（mm）

1米（m）＝1000 毫米（mm）

1海里（n mile）＝1852 米（m）

1英尺（ft）＝12 英寸（in）

1 英寸(in)＝8 英分(")
1 英寸(in)＝25.4 毫米(mm)

(二) 质量、重力

1 吨(t)＝1000 公斤(千克,kg)

1 公斤(千克,kg)＝1000 克(g)

1 兆牛(MN)＝10^6 牛顿(N)

1 千牛(kN)＝1000 牛顿(N)

1 公斤力(千克力,kgf)＝9.8 牛顿(N)

(三) 密度和重度

1 吨/米³(t/m³)＝10^{-3} 千克/厘米³(kg/cm³)

1 吨/米³(t/m³)＝10^{-6} 千克/毫米³(kg/mm³)

1 兆牛/米³(MN/m³)＝10^{-3} 千牛/厘米³(kN/cm³)

1 兆牛/米³(MN/m³)＝10^{-6} 千牛/毫米³(kN/mm³)

(四) 速度

1 千米/小时(km/h)＝1.094 码/小时(yd/h)

1 码/小时(yd/h)＝0.9144 千米/小时(km/h)

1 节(kn)＝1 海里/小时(n mile/h)＝1.852 公里/小时(km/h)

(五) 压强和应力

1 帕[斯卡](Pa)＝1 牛/米²(N/m²)

1 兆牛/米²(MN/m²)＝10^6 帕(Pa)

1 帕[斯卡](Pa)＝10^{-5} 千克/厘米²(kg/cm²)

复 习 题

1. 什么是起重作业? 什么叫起重工?

2. 中国的造船产量在全世界排第几位?

★3. 试分别描述船舶的船长(总长、垂线间长、设计水线长)、型宽、型深。

★4. 什么是船舶的方型系数?

5. 三不伤害是指什么?

6. 起重作业中的上风、下风是什么意思? 作业人员或其他人员不应停留在什么位置?

7. 力的三要素是指什么?

8. 1 公斤(kg)＝牛顿(N);1 吨(t)＝公斤(kg);

　1 磅(lb)＝公斤(kg);1 海里(n mile)＝ 米(m);

　1 英寸(in)＝毫米(mm);1 盎司(oz)＝克(g);

　1 节(kn)＝米/秒(m/s);6 级强风＝米/秒(m/s);

　1 公里(km)＝米(m)。

注:★题适合中级工(含中级)以上的学员作为思考题,以下几章复习题中★题一样。

第二章 常用吊具、辅助工具及额定负荷

第一节 卸 扣

起重卸扣又称卡环,是起重吊运常用的一个重要吊具。用它来连接吊索与被吊物件,或用于连接起重滑轮与固定吊索等。

一、起重卸扣的构造和分类

起重卸扣的构造很简单,它是由卸扣本体、横销组成。卸扣本体(卸体)分为直形(D)、弓形(B)两种。横销的形式有带环眼和台肩的螺纹销轴型(W)及六角头螺栓、六角螺母和开口销型(X)两种。这样可以组合成4种形式,即 DW 型、DX 型、BW 型、BX 型。如图 2-1-1、图 2-1-2、图 2-1-3 和图 2-1-4 所示。

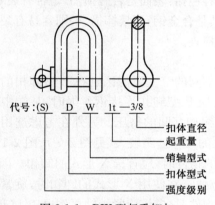

图 2-1-1 DW 型起重卸扣

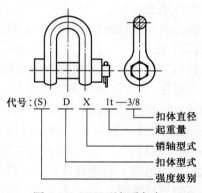

图 2-1-2 DX 型起重卸扣

扣体型式:D:直型扣体(见图 2-1-1、图 2-1-2)
　　　　　B:弓型扣体(见图 2-1-3、图 2-1-4)

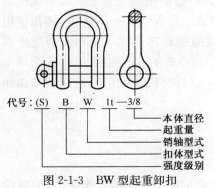

图 2-1-3 BW 型起重卸扣

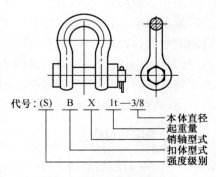

图 2-1-4 BX 型起重卸扣

销轴型式：W 型：带环眼和台肩的螺纹销轴（见图 2-1-1、图 2-1-3）

    X 型：六角头螺栓、六角螺母和开口销（见图 2-1-2、图 2-1-4）

图中的代号(S)表示的是卸扣的强度等级。一般有 M(4)、S(6)、T(8)级，等级的高低取决于卸扣的材质，材质好的等级就高，反之等级就低。M(4)级卸扣的本体一般由 A3、20♯、25♯钢锻制而成，横销一般采用 40♯、45♯钢。不论是卸扣的本体还是卸扣，在进行机械加工前均应经过正火处理，横销一般还需进行调质处理。S(6)级卸扣的本体一般采用 20Gr，横销采用 35GrMo 等高强度合金钢。T(8)级的卸扣采用更高强度的合金钢，目前国产的还不多见。

二、卸扣的检查与使用

(一) 检查

卸扣在制造过程中应将硬标记显示在卸扣的本体上，内容包括卸扣的安全负荷、等级以及制造厂家等（见图 2-1-7），出厂前还应对其进行拉伸承载试验。一般的顺序是在拉伸前在卸扣上取不少于三对点，量得尺寸。然后逐步加载，一直到安全负荷的两倍时，停止加载，静载 5 分钟。卸载后，再量这三对点之间的尺寸与承载前进行比较，如无变化则视为合格，反之就不合格。

卸扣在使用前必须对其进行检查，检查的内容包括：表面是否有损伤，是否有裂纹，卸扣的本体是否有伸长，牙纹的捏合是否完好，尤其是合金钢，严禁摔扔，否则容易有裂纹或者内伤。出现这样的情况，则应对其进行超声波检查。

(二) 使用

我们注意到 B 型卸扣与 D 型卸扣的外形是不同的。主要的区别在 B 型卸扣的卸体是呈弓形的，它可以接放多根钢丝绳。因此在选用 B 型卸扣连接钢丝绳时，某端中的多根钢丝绳应该连接在扣体上，这样可以减少钢丝绳相互间的挤压。另外在考虑选用卸扣时，还应注意到 B 型和 D 型卸扣在斜体的开档处的尺寸差距较大（见图 2-1-7、图 2-1-8 中的 W 处），即 $D_{(w)} > B_{(w)}$。我们需要吊运大吨位的物件时，应首选 X 形式的卸扣。因为 X 形式的卸扣销轴上的螺纹不承载。拆卸也比较方便。在使用 X 形式的卸扣时，旋紧螺母后必须锁上保险销。在选用 W 形式的卸扣吊运物件时，应该旋紧销轴再倒退 1/16 圈，以便拆卸。在用卸扣连接钢丝绳时，应该将钢丝绳的活头端连在扣体内，避免将活头连接在卸扣的销轴端，活头钢丝绳容易使销轴转动。

卸扣在使用前应进行检查，没有钢印或标记不清的严禁使用。久未使用或锈蚀严重的应慎重选用，只有当确认完好无损后，方可出库使用或入库保管。一般来说，卸扣使用后均应对其检查再入库保管。但各船厂的吊车上挂钩绳的卸扣往往不是每天都进出库的，然而千万不能忽视检查。又因为多数造船厂建在比较空旷的江边或海边，因此当吊车为空钩时，挂钩钢丝绳上的卸扣应用白综绳进行连锁。这样可以最大限度地降低卸扣间的互撞，从而杜绝卸扣螺母或销轴空中可能坠落。

三、卸扣的规格

(一) M(4)级的卸扣

M(4)级的卸扣的常用规格的起重量为 2.0kN～160kN，在重型吊装作业中，大吨位的卸扣可用 200kN～3200kN。

1. 常用卸扣规格及安全负荷(见图 2-1-5 及表 2-1-1)

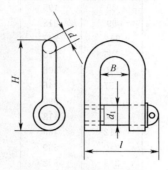

图 2-1-5　常用卸扣

表 2-1-1　常用卸扣规格及安全负荷

号码	最大钢绳直径 /mm	安全负荷 /kN	主要尺寸/mm					质　量 /kg
			d_1	d	l	B	H	
0.2	4.7	2.0	M8	6	35	12	35	0.02
0.3	6.5	3.3	M10	8	44	16	45	0.03
0.5	8.5	5.0	M12	10	55	20	50	0.05
0.9	9.5	9.3	M16	12	65	24	60	0.10
1.4	13	14.5	M20	16	86	32	80	0.20
2.1	15	21.0	M24	20	101	36	90	0.30
2.7	17.5	27.0	M27	22	111	40	100	0.50
3.3	19.5	33.0	M30	24	123	45	110	0.70
4.1	22	41.0	M33	27	137	50	120	0.94
4.9	26	49.0	M36	30	153	58	130	1.23
6.8	28	68.0	M42	36	176	64	150	1.87
9.0	31	90.0	M48	42	197	70	170	2.63
10.7	34	107.0	M52	45	218	80	190	3.60
16.0	43.5	160.0	M64	52	262	100	235	6.60

2. 大吨位 D 型索具卡环规格及安全负荷(见图 2-1-6 及表 2-1-2)

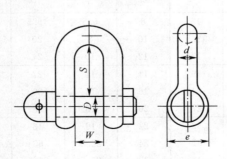

图 2-1-6　大吨位 D 型索具卡环

表 2-1-2　大吨位 D 型索具卡环规格及安全负荷

安全负荷/kN	试验载荷/kN	主要尺寸/mm				
		W	S	d	D	e
200	400	89	195	54	62	124
250	500	99	218	60	69	138
320	640	112	247	68	78	156
400	800	125	275	76	87	174
500	1000	140	308	85	98	196
630	1250	157	346	96	110	220
800	1600	177	390	100	124	248
1000	1850	190	418	120	138	276
1250	2300	212	466	134	154	308
1600	2960	240	530	152	175	350
2000	3700	269	592	170	196	392
2500	4375	292	644	190	218	436
3200	5600	330	729	215	248	496

（二）S(6)级的卸扣（见图 2-1-7 及表 2-1-3）

S(6)级的卸扣 DW、BW 形式的，一般为 0.5t～55t。而 DX、BX 形使得一般为 3.25t～1000t。

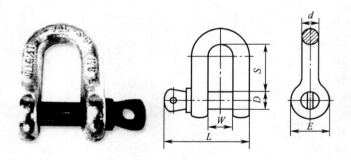

图 2-1-7　S(6)级卸扣

1. DW 型卸扣的规格（见表 2-1-3）

表 2-1-3　DW 型卸扣

型　号	额定载荷/t	W/mm	D/mm	d/mm	E/mm	S/mm	L/mm	自重/kg
S-DW0.5-1/4	0.5	12	8	6.5	15.5	22	36	0.04
S-DW0.75-5/16	0.75	13.5	10	8	20	26	44.5	0.06
S-DW1-3/8	1	17	12	10	24	32	55	0.13
S-DW1.5-7/16	1.5	19	14	11	27	37	62	0.20
S-DW2-1/2	2	21	16	13	30	42	73	0.27
S-DW3.25-5/8	3.25	27	20	16	38	51	88	0.57
S-DW4.75-3/4	4.75	32	22	19	46	60.5	105	0.99
S-DW6.5-7/8	6.5	37	24	22.5	53	71.5	119	1.57
S-DW8.5-1	8.5	43	30	25.5	60.5	81	134	2.3

型　号	额定载荷/t	W/mm	D/mm	d/mm	E/mm	S/mm	L/mm	自重/kg
S-DW9.5-1 1/8	9.5	46	33	30	68.5	91	148	3.42
S-DW12-1 1/4	12	52	36	32	76	100	161	4.48
S-DW13.5-1 3/8	13.5	57	39	35	84	111	176	6.46
S-DW17-1 1/2	17	60.5	42	38	92	122	189.5	7.65
S-DW25-1 3/4	25	73	52	44.5	106.5	146	232	12.48
S-DW35-2	35	83	60	51	122	171.5	264	18.63
S-DW55-2 1/2	55	105	72	66.5	144.5	203	332	36.02

2. BX 型卸扣的规格（见图 2-1-8 及表 2-1-4）

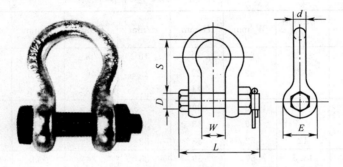

图 2-1-8　BX 型卸扣的规格

表 2-1-4　BX 型卸扣

型　号	额定载荷/t	W/mm	D/mm	d/mm	E/mm	S/mm	L/mm	自重/kg
S-BX3.25-5/8	3.25	27	20	16	38	61	90.5	0.72
S-BX4.75-3/4	4.75	32	22	19	46	71.5	107	1.19
S-BX6.5-7/8	6.5	37	24	22.5	53	84	127	1.91
S-BX8.5-1	8.5	43	30	25.5	60.5	95	139	2.65
S-BX9.5-1 1/6	9.5	46	33	30	68.5	108	158	4.17
S-BX12-1 1/4	12	52	36	32	76	119	168	5.17
S-BX13.5-1 3/8	13.5	57	39	35	84	133	180	7.65
S-BX17-1 1/2	17	60.5	42	38	92	146	198	9.15
S-BX25-1 3/4	25	73	52	44.5	106.5	178	238	15.15
S-BX35-2	35	83	60	51	122	197	329	23.63
S-BX55-2 5/3	55	105	72	66.5	144.5	267	339	44.9
S-BX85-3	85	127	80	76	165	330	390	69.3
S-BX120-3 1/2	120	133	95	92	203	372	447	118.1
S-BX150-4	150	140	110	104	229	368	490	160.6
S-BX300-5	300	200	150	130	320	450	644	363
S-BX500-6 1/2	500	240	185	165	390	557.5	779	684
S-BX800-8	800	300	240	207	493	660	952	1313
S-BX1000-9 1/2	1000	390	270	240	556	780.5	1138	2040

3. DX 型卸扣的规格（见图 2-1-9 及表 2-1-5）

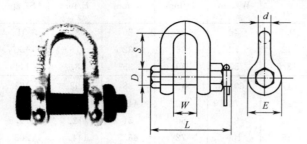

图 2-1-9　DX 型卸扣的规格

表 2-1-5　DX 型卸扣

型　号	额定载荷 /t	W/mm	D/mm	d/mm	E/mm	S/mm	L/mm	自重/kg
S-DX3.25-5/8	3.25	27	20	16	38	51	90.5	0.70
S-DX4.75-3/4	4.75	32	22	19	46	60.5	107	1.19
S-DX6.5-7/8	6.5	37	24	22.5	53	71.5	127	1.88
S-DX8.5-1	8.5	43	30	25.5	60.5	81	139	2.48
S-DX9.5-1 1/8	9.5	46	33	30	68.5	91	158	3.87
S-DX12-1 1/4	12	52	36	32	76	100	168	4.85
S-DX13.5-1 3/8	13.5	57	39	35	84	111	180	7.05
S-DX17-1 1/2	17	60.5	42	38	92	122	198	8.6
S-DX25-1 3/4	25	73	52	44.5	106.5	146	238	9.26
S-DX35-2	35	83	60	51	122	171.5	329	22.03
S-DX55-2 1/2	55	105	72	66.5	144.5	203	339	40.7
T-DX85-3	85	127	80	76	165	216	390	49.4
T-DX120-3 1/2	120	133	95	92	203	240	447	91
T-DX150-4	150	140	110	104	229	265	490	141.4
T-DX300-5	300	200	150	130	320	380	644	341
T-DX500-6 1/2	500	240	185	165	390	450.5	779	634
T-DX800-8	800	300	240	207	493	550	952	1228
T-DX1000-9 1/2	1000	390	270	240	556	640.5	1138	1308

4. BW 型卸扣的规格（见图 2-1-10 及表 2-1-6）

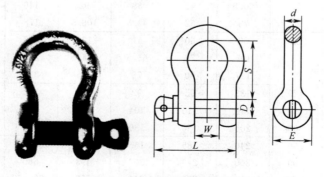

图 2-1-10　BW 型卸扣的规格

表 2-1-6 BW 型卸扣

型　号	额定载荷/t	W/mm	D/mm	d/mm	E/mm	S/mm	L/mm	自重/kg
S-BW0.5-1/4	0.5	12	8	6.5	15.5	29	36	0.04
S-BW0.75-5/16	0.75	13.5	10	8	20	31	44.5	0.08
S-BW1-3/8	1	17	12	10	24	37	55	0.13
S-BW1.5-7/16	1.5	19	14	11	27	43	62	0.21
S-BW2-1/2	2	21	16	13	30	48	73	0.30
S-BW3.25-5/8	3.25	27	20	16	38	61	88	0.64
S-BW4.75-3/4	4.75	32	22	19	46	71.5	105	1.09
S-BW6.5-7/8	6.5	37	24	22.5	53	84	119	1.7
S-BW8.5-1	8.5	43	30	25.5	60.5	95	134	2.5
S-BW9.5-1 1/8	9.5	46	33	30	68.5	108	148	3.79
S-BW12-1 1/4	12	52	36	32	76	119	161	4.89
S-BW13.5-13/8	13.5	57	39	35	84	133	176	7.04
S-BW17-1 1/2	17	60.5	42	38	92	146	189.5	8.35
S-BW25-1 3/4	25	73	52	44.5	106.5	178	232	13.72
S-BW35-2	35	83	60	51	122	197	264	20.33
S-BW55-2 1/2	55	105	72	66.5	144.5	267	332	40.92

第二节　吊钩吊环与吊耳

吊钩吊环及吊耳是起重工经常接触的吊具,了解一些这方面的知识有助于吊车或吊钩的负荷经验判断。

一、吊钩的规格及容许负荷(见图 2-2-1 及表 2-2-1 和图 2-2-2 及表 2-2-2)

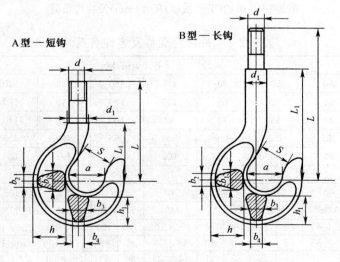

图 2-2-1　单钩(梯形截面)尺寸(mm)

表 2-2-1　吊钩的规格(mm)及容许负荷

容许负荷/kN	d	d_1	a	s	b_1	b_2	b_3	h	b_4	h_1	L A型	L B型	L_1 A型	L_1 B型
32	M30	36	56	45	45	20	38	56	16	48	193	375	125	307
50	M36	42	63	50	53	24	45	67	19	58	218.5	475	135.5	392
80	M42	48	71	56	63	27	53	80	23	67	246	580	153	487
100	M45	53	80	63	71	31	60	90	26	75	274.5	640	171.5	537
125	T50	60	90	71	80	35	67	100	29	85	330	700	218	588
160	T56	67	100	80	90	40	75	112	32	95	363	760	241	638
200	T64	75	112	90	100	44	85	125	37	106	390	820	255	685
250	T72	85	125	100	112	49	95	140	42	118	442	875	285	718
320	T80	95	140	112	125	53	106	160	47	132	506	940	336	770
400	T90	106	160	125	140	60	118	180	51	150	565	1000	378	81
500	T100	118	180	140	160	70	132	200	56	170	626	1050	419	843
800	T125	150	224	180	200	88	170	250	75	212	773	1175	516	918

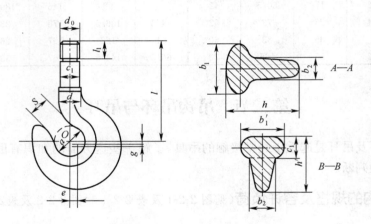

图 2-2-2　单钩(T形截面)尺寸(mm)及容许负荷

表 2-2-2　吊钩的规格及容许负荷

尺寸/mm	容许负荷/kN							
	30	50	80	125	160	200	320	500
a	55	70	85	110	120	140	170	220
S	40	55	70	88	100	112	140	176
L	455	455	485	500	565	490	635	735
l_1	80	80	85	100	100	100	120	140
d	45	50	60	75	90	95	115	135
d_1	40	45	55	70	85	85	105	125
d_0	M36	M42	M52	M64	T80×10	T80×10	T100×12	T120×16
$h\ h'$	62 　 54	80 　 70	100 　 88	125 　 109	140 　 124	160 　 140	200 　 178	250 　 218
$b_1\ b_1'$	44 　 38	56 　 50	70 　 62	88 　 77	98 　 88	112 　 100	140 　 124	176 　 154
$b_2\ b_2'$	24 　 19	25 　 25	36 　 31	44 　 38	48 　 44	56 　 50	72 　 62	88 　 76

42

二、双钩的规格及容许负荷(见图 2-2-3 及表 2-2-3)

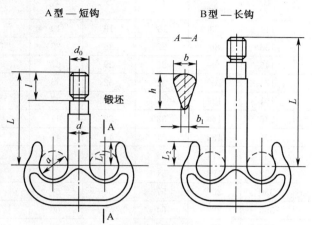

图 2-2-3 双钩(梯形截面)尺寸(mm)及容许负荷

表 2-2-3 双钩的规格(mm)及容许负荷

容许负荷 /kN	a	b	b_1	h	d	d_0	L A 型	L B 型	l	L_1	L_2	质量/kg A 型	质量/kg B 型
50	60	35	18	60	56	M48	230	475	70	50	22	8	12
80	80	45	22	75	68	M56	280	580	80	60	28	14	21
100	90	50	25	85	80	M64	325	640	90	70	30	20	30
125	100	60	30	95	85	T70×10	360	700	95	80	35	28	39
160	115	65	32	110	95	T80×10	420	760	100	85	40	41	55
200	125	75	38	120	110	T90×12	470	820	115	95	45	60	78
250	145	85	42	140	125	T100×12	525	875	130	115	50	90	112
320	160	95	48	150	135	T110×12	590	940	140	130	55	126	155
400	180	105	52	170	160	T120×16	660	1000	150	140	65	159	200
500	200	115	58	180	170	T140×16	725	1050	175	165	70	228	265
800	250	150	75	235	200	T170×16	860	1175	205	200	95	400	471
1000	280	165	85	270	220	T180×20	900	1200	230	210	100	530	620

三、带环吊钩的规格及容许负荷(见图 2-2-4 及表 2-2-4)

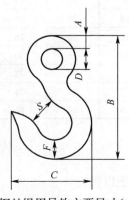

图 2-2-4 带环钢丝绳用吊钩主要尺寸(mm)及容许负荷

表 2-2-4　带环吊钩的规格(mm)及容许负荷

容许负荷/kN	A	B	C	D	S	F	适用钢丝绳直径/mm	吊钩质量/kg
5	7	114	73	19	19	19	6	0.34
7.5	9	133	86	22	25	25	6	0.45
10	10	146	98	25	29	27	8	0.79
15	12	171	109	32	32	35	10	1.25
20	13	191	121	35	35	37	11	1.54
25	15	216	140	38	38	41	13	2.04
30	16	232	152	41	41	48	14	2.90
37.5	18	257	171	44	48	51	16	3.86
45	19	282	193	51	51	54	18	5.00
60	22	330	206	57	54	64	19	7.40
75	24	356	227	64	57	60	22	9.76
100	27	394	255	70	64	79	25	12.30
120	33	419	279	76	72	89	29	15.20
140	34	456	308	83	83	95	32	19.10

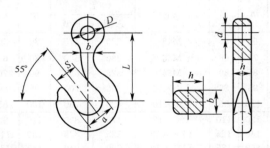

图 2-2-5　带环吊钩(矩形截面)尺寸(mm)及容许负荷

表 2-2-5　带环吊钩(矩形截面)尺寸(mm)及容许负荷

容许负荷/kN	a	D	S	d	b	h	L	吊钩质量/kg
5	40	46	32	20	22	36	110	1.3
6.5	42	52	34	22	24	38	120	1.7
8	46	56	38	24	26	40	130	2
10	50	58	40	26	28	42	140	2.4
12.5	54	60	44	28	30	48	160	3.3
15	60	64	48	30	32	55	170	4.4
17.5	64	66	52	32	34	62	180	6.5
22	70	68	56	34	36	70	200	7.5

四、吊钩的报废标准

具有下列情况之一者,吊钩应予以报废:

(1)钩身特别是危险断面部分有疲劳裂纹;

(2)吊钩与钢丝绳接触处的磨损,当磨损量达到原高度的 10%;

(3)钩尾螺纹部分有裂纹;

(4)吊钩腔的开口度比原尺寸超过 15%;

(5)吊钩钩尖中心线与尾部中心线的扭曲角大于 10°;

(6)钩尾螺纹外径比原标准尺寸减少 5%以上;

(7)板钩衬套磨损达到原尺寸的 50%以上,衬套应报废;

(8)板钩心轴磨损达到原尺寸的 5%时,心轴应更换。

五、一般吊耳的规格及容许负荷

(一)吊耳的强度校核

在船厂起重作业中,经常需要用吊耳连接物体与吊索具。吊耳一般用 A3、C3 等低碳钢制成,但有时受到了位置或其他的限制同时又要满足吊重量的需要,采用 EH36 等高强度钢制成。当然各船厂的吊耳规格不尽相同,形式也会略有区别。但必须满足强度的要求,也就是说,必须进行强度的校核。而吊耳的校核,通常只需校核吊耳的抗剪或抗挤压强度。因为材料的正应力 $б > τ$(材料的剪应力);而抗拉最小面积 $S > A$(抗剪最小面积);而校核条件为正应力 $σ = \dfrac{P}{S_{min}} \leqslant [σ]$;剪应力 $τ = \dfrac{P}{A_{min}} \leqslant [τ]$;式中 P——计算负荷;S_{min}——垂直于 P 力方向的最小截面面积;A_{min}——平行于 P 力方向的最小截面面积;$[б]$——材料的许用正应力;$[τ]$——材料的许用剪应力;一般钢材的$[τ] = (0.5 \sim 0.6)[б]$;所以对于这类问题,我们只需校核剪切强度即可。

(二)标准平吊攀的形式与规格

下面列举了船厂常用吊耳的形式与规格,供参考、熟悉和使用。

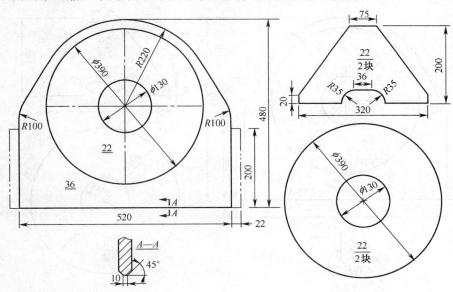

图 2-2-6　65t 平吊攀(配用卸扣销直径:119mm)

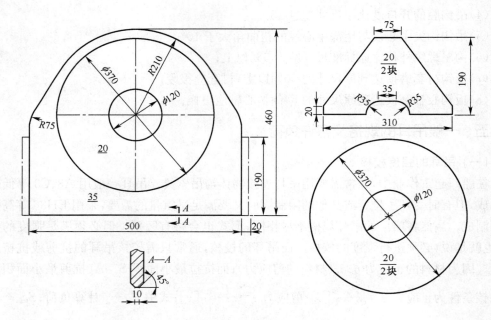

图 2-2-7　60t 平吊攀（配用卸扣销直径：109mm）

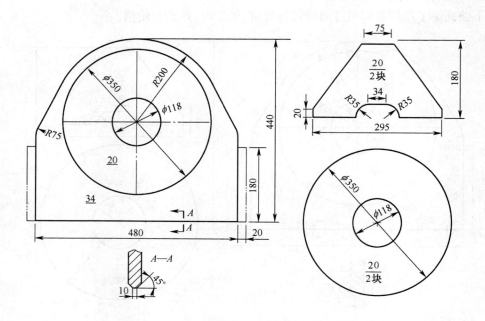

图 2-2-8　55t 平吊攀（配用卸口销直径：106mm）

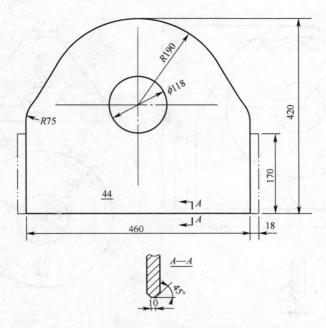

图 2-2-9　50t 平吊攀(配用卸扣销直径:106mm)

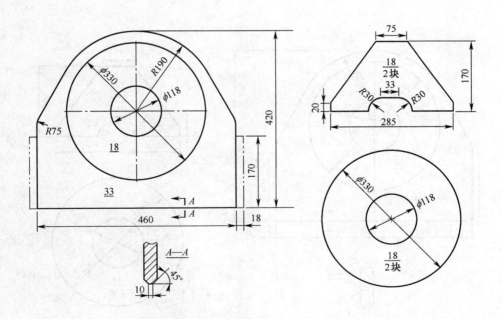

图 2-2-10　50t 平吊攀(配用卸扣销直径:106mm)

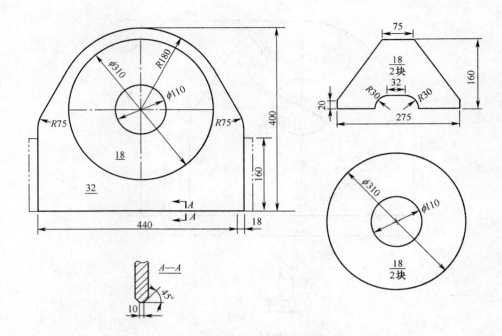

图 2-2-11　45t 平吊攀（配用卸扣销直径：98mm）

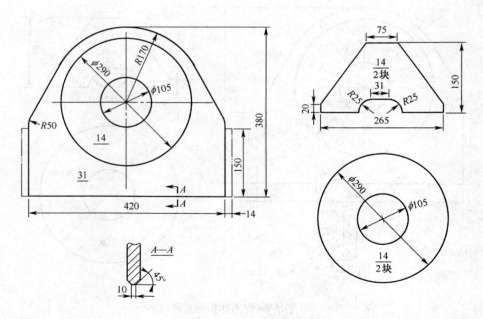

图 2-2-12　40t 平吊攀（配用卸扣销直径：94mm）

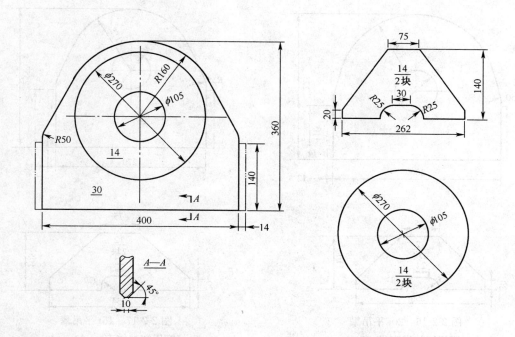

图 2-2-13   35t 平吊攀(配用卸扣销直径:94mm)

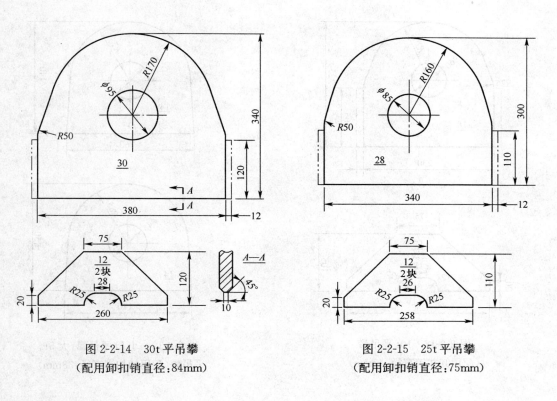

图 2-2-14   30t 平吊攀
(配用卸扣销直径:84mm)

图 2-2-15   25t 平吊攀
(配用卸扣销直径:75mm)

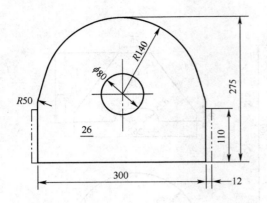

图 2-2-16　20t 平吊攀
（配用卸扣销直径:67m）

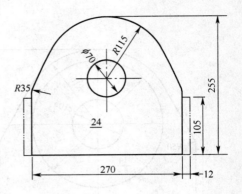

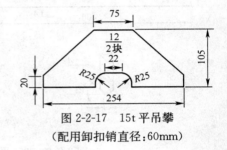

图 2-2-17　15t 平吊攀
（配用卸扣销直径:60mm）

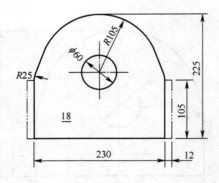

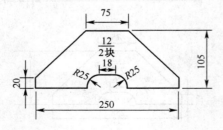

图 2-2-18　10t 平吊攀
（配用卸扣销直径:47mm）

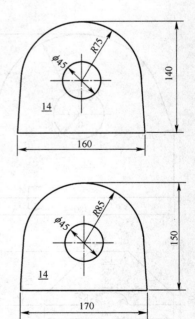

图 2-2-19　小 5t 平吊攀/大 5t
平吊攀（配用卸扣销直径:33mm）

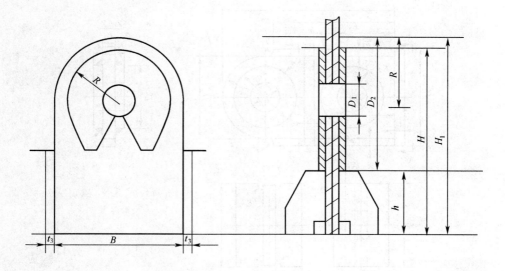

图 2-2-19A

表 2-2-6　标准平吊攀的规格

吊攀负荷/t	吊 环 尺 寸/mm									肘板尺寸/mm					重磅/mm		焊角高度/mm			配用卸扣直径/mm
	t_1	H	H_1	B	D_1	R	F	F_1	r_1	t_2	h	b	b_1	r_2	D_2	t_3	K_1	K_2	K_3	
小 5	14	140	—	160	45	75	75	—	—	—	—	—	—	—	—	—	5	—	—	33
大 5	14	150	—	170	45	85	85	—	—	—	—	—	—	—	—	—	5	—	—	33
10	18	195	225	230	60	105	105	>105	25	12	105	250	75	25	—	—	6	5	—	47
15	24	225	255	270	70	115	115	>105	35	12	105	254	75	25	—	—	8	5	—	60
20	26	245	275	300	80	140	140	>110	50	12	110	256	75	25	—	—	9	5	—	67
25	28	270	300	340	85	160	160	>110	50	12	110	258	75	25	—	—	10	6	—	75
30	30	310	340	380	95	170	170	>120	50	12	120	260	75	25	—	—	(12)	6	—	84
35	30	330	360	400	105	160	160	>140	50	14	140	262	75	25	270	14	(13)	7	10	94
40	31	350	380	420	105	170	170	>150	50	14	150	265	75	25	290	14	(13)	7	10	94
45	32	370	400	440	110	180	180	>160	75	18	160	275	75	30	310	18	(14)	9	12	98
50	33	390	420	460	118	190	190	>170	75	18	170	285	75	30	330	18	(14)	9	12	106
55	34	410	440	480	118	200	200	>180	75	20	180	295	75	35	350	20	(15)	10	14	106
60	35	430	460	500	120	210	210	>190	75	20	190	310	75	35	370	20	(15)	10	14	109
65	36	450	480	520	130	220	220	>200	100	22	200	320	75	35	390	22	(16)	11	16	109

（三）标准长吊攀的形式与规格

　　有时为了满足生产工艺的需要,有时为了节约原材料,常常会采用长吊耳的形式。下面列举了长吊耳的形式与规格,供参考、熟悉和使用。

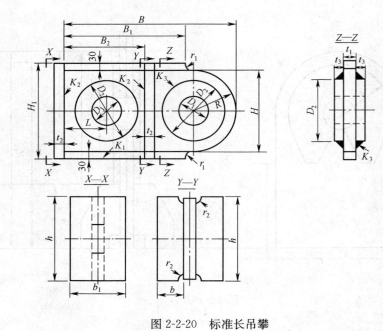

图 2-2-20　标准长吊攀

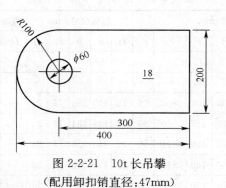

图 2-2-21　10t 长吊攀

（配用卸扣销直径：47mm）

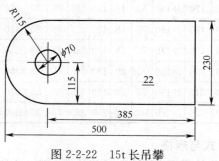

图 2-2-22　15t 长吊攀

（配用卸扣销直径：60mm）

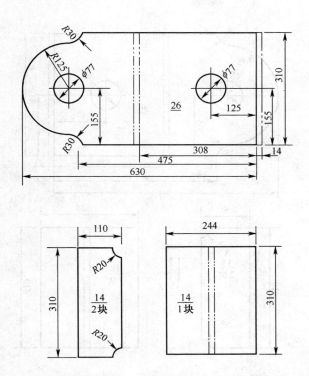

图 2-2-23　20t 长吊攀(配用卸扣销直径:67mm)

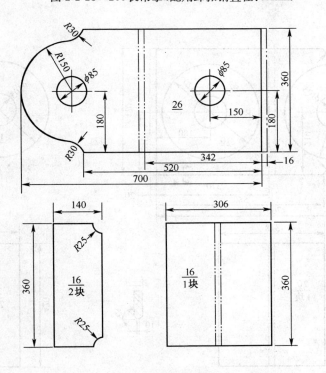

图 2-2-24　25t 长吊攀(配用卸扣销直径:75mm)

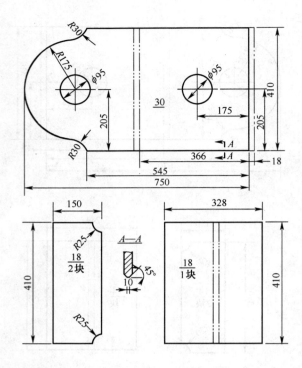

图 2-2-25 30t 长吊攀(配用卸扣销直径:75mm)

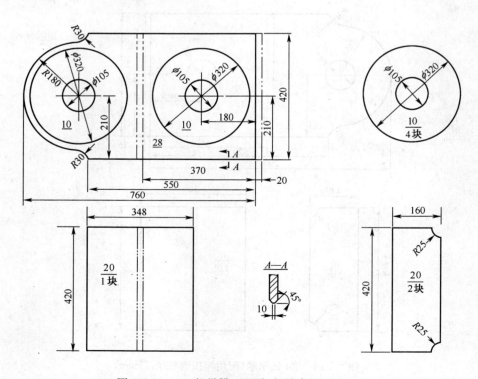

图 2-2-26 35t 长吊攀(配用卸扣销直径:94mm)

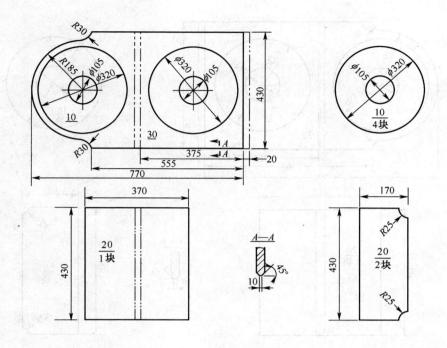

图 2-2-27　40t 长吊攀(配用卸扣销直径:94mm)

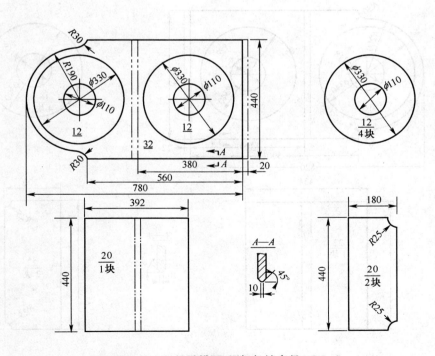

图 2-2-28　45t 长吊攀(配用卸扣销直径:98mm)

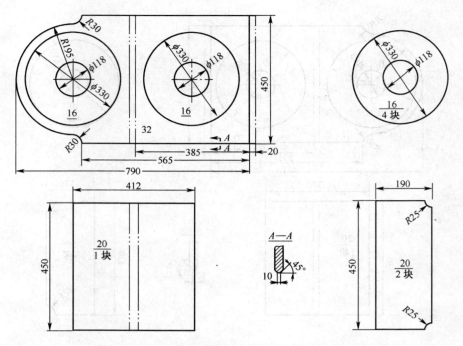

图 2-2-29　50t 长吊攀(配用卸扣销直径:106mm)

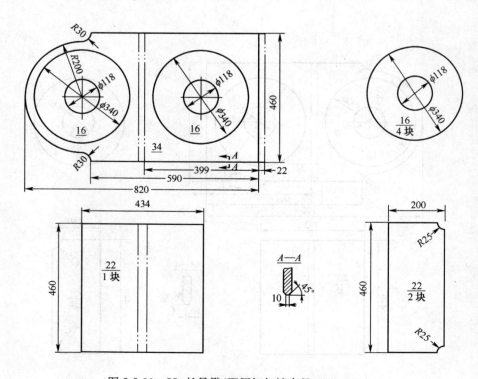

图 2-2-30　55t 长吊攀(配用卸扣销直径:106mm)

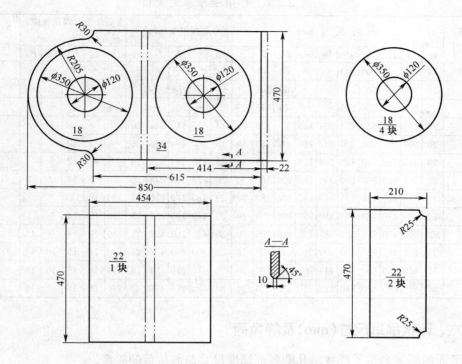

图 2-2-31　60t 长吊攀（配用卸扣销直径：109mm）

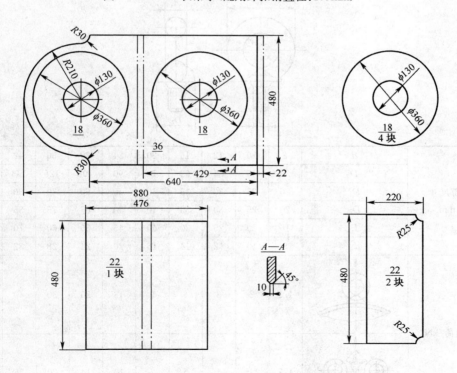

图 2-2-32　65t 长吊攀（配用卸扣销直径：119mm）

表 2-2-7　标准长吊攀的规格

吊攀负荷/t	吊环尺寸/mm										肘板尺寸/mm					重型加强板/mm		焊角高度/mm			配用卸扣直径/mm
	t_1	H	H_1	B	B_1	B_2	L	D_1	R	r_1	t_2	h	b	b_1	r_2	D_2	t_3	K_1	K_2	K_3	
大5	14	180	—	300	220	—		50	80	—	—	—	—	—	—	—	—	5	—	—	33
10	18	200	—	400	300	—		60	100	—	—	—	—	—	—	—	—	6	—	—	47
15	22	230	—	500	385	—		70	115	—	—	—	—	—	—	—	—	8	—	—	60
20	26	250	310	630	475	308	125	77	125	30	14	310	110	244	20	—	—	9	5	—	67
25	26	300	360	700	520	342	150	85	150	30	16	360	140	306	25	—	—	10	6	—	75
30	30	350	410	750	545	366	175	95	175	30	18	410	150	328	25	—	—	12	6	—	84
35	28	360	420	760	550	370	180	105	180	30	20	420	160	348	25	320	10	13	7	7	94
40	30	370	430	770	555	375	185	105	185	30	20	430	170	370	25	320	10	137	7	7	94
45	32	380	440	780	560	380	190	110	190	30	20	440	180	392	25	330	12	14	9	9	98
50	32	390	450	790	565	385	195	118	195	30	20	450	190	412	25	330	16	14	9	11	106
55	34	400	460	820	590	399	200	118	200	30	20	460	200	434	25	340	16	15	10	11	106
60	34	410	470	850	615	414	205	120	205	30	20	470	210	454	25	350	18	15	10	13	109
65	36	420	480	880	640	429	210	130	210	30	20	480	220	476	25	360	18	16	11	13	119

六、环状吊耳尺寸(mm)及静负荷

下面的图表列举了环状吊儿的各部标准尺寸与静负荷的关系。

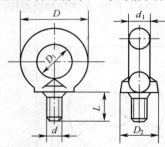

		d	8	10	12	16	20	24	30	36	42	48
各部尺寸 /mm		D	36	45	54	63	72	90	108	126	144	162
		D_1	20	25	30	35	40	5	60	70	80	90
		D_2	20	25	30	35	40	50	65	75	85	95
		L	16	20	25	30	40	45	50	60	70	80
		d_1	8	10	12	14	16	20	24	28	32	36
静负荷/kN			1.2	2	3	6	9	13	20	30	40	50
			1.7	2.5	4	6	7	10	14	20	26	33

(续)

静负荷/kN	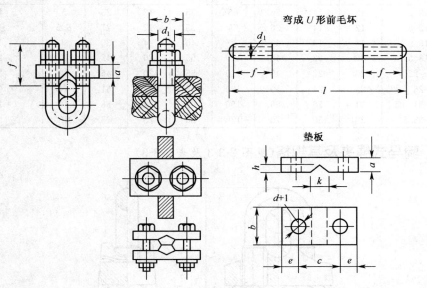	0.8	1.3	2	3	3	5	7	10	13	16

第三节　绳　夹

起重工经常用绳夹固定钢丝绳的连接。绳夹有很多种,其中常用的有马鞍式绳夹、抱合式绳夹、骑马式绳夹等。使用它们共同的要领是两个螺母交错旋紧,重点是交错,逐步的旋紧直至将钢丝绳压扁 1/3。两个螺母的旋紧程度应该相等。

一、马鞍式绳夹及其规格(见图 2-3-1 及表 2-3-1)

图 2-3-1　马鞍式绳夹

表 2-3-1　马鞍式绳夹主要规格

钢丝绳直径 /mm	各部尺寸/mm								
	a	b	c	d_1	e	f	k	l	h
12.5	12	34	24	10	15	25	8	122	2
15.5	14	40	31	13	17.5	30	10	157	2
17.5	16	45	35	16	20	38	10	185	3
19.5	16	52	37	16	21.5	38	10	198	3
21.5	16	52	40	16	22	38	12	203	3
24	20	60	44	20	24	42	12	229	4
28	22	60	49	20	25.5	44	15	249	5
34.5	24	70	58	22	26	46	20	291	6
37	24	80	63	27	28.5	50	23	310	8

注:马鞍式绳夹又称 U 形绳夹

59

二、抱合式绳夹及其规格（见图 2-3-2 及表 2-3-2）

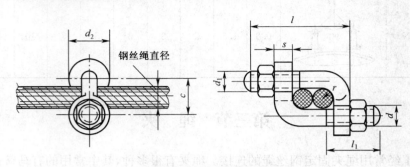

图 2-3-2　抱合式绳夹

表 2-3-2　抱合式绳夹主要规格

钢丝绳直径 /mm	各 部 尺 寸/mm								毛坯长度 /mm
	d	d_1	d_2	l	l_1	s	c	r	
8.7～9.2	12	14	26	65	35	12	23	5	125
11～12.5	12	14	26	75	35	12	27	6.5	135
13～15.5	14	16	32	80	40	14	32	8	155
17～18.5	20	22	45	110	55	20	42	10	220
19.5～22	20	22	45	110	55	20	45	12	220
23～26	22	24	50	130	55	22	51	14	250
28～31	24	26	55	150	65	24	58	16	280
31.5～33.5	28	30	70	170	80	28	65	18	360

三、骑马式绳夹及其规格（见图 2-3-3 及表 2-3-3）

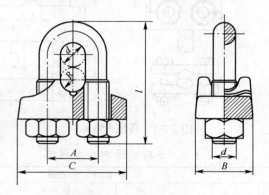

图 2-3-3　骑马式绳夹

表 2-3-3　骑马式绳夹主要规格（GB5976—86）

钢丝绳公称直径 /mm	各 部 尺 寸/mm					螺 母 (GB52—76)U	单组质量 /kg
	A	B	C	R	H		
6	13.0	14	27	3.5	31	M6	0.034
8	17.0	19	36	4.5	41	M8	0.037
10	22.0	23	44	5.5	51	M10	0.140

60

钢丝绳公称直径	各 部 尺 寸/mm					螺 母	单组质量
/mm	A	B	C	R	H	(GB52—76)U	/kg
12	25.0	28	53	6.5	62	M12	0.243
14	29.0	32	61	7.5	72	M14	0.372
16	31.0	32	63	8.5	77	M14	0.402
18	35.0	37	72	9.5	87	M16	0.601
20	37.0	37	74	10.5	92	M16	0.624
22	43.0	46	89	12.0	108	M20	1.122
24	45.5	46	91	13.0	113	M20	1.205
26	47.5	46	93	14.0	117	M20	1.244
28	51.5	51	102	15.0	127	M22	1.605
32	55.5	51	106	17.0	136	M22	1.727
36	61.5	55	116	19.5	151	M24	2.286
40	69.0	62	131	21.5	168	M27	3.133
44	73.0	62	135	23.5	178	M27	3.470
48	80.0	69	149	25.5	196	M30	4.701
52	84.5	69	153	28.0	205	M30	4.897
56	88.5	69	157	30.0	214	M30	5.075
60	98.5	83	181	32.0	237	M36	7.921

注:骑马式绳夹,又称臼齿式夹头

四、套环及其规格(见图 2-3-4 及表 2-3-4)

套环,亦称桃形环、梨形环或三角圈、桃子圈等,名异实同。用于装置在钢丝绳端头,作固定连接用的一项附件。它保护钢丝绳弯曲处呈一定的弧度而防止急剧弯曲扭折和折断破裂。套环形式极其主要规格,见下列图所示:

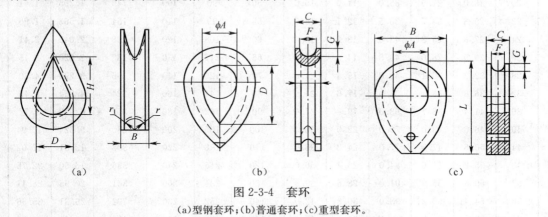

(a)　　　　　　　　(b)　　　　　　　　(c)

图 2-3-4　套环

(a)型钢套环;(b)普通套环;(c)重型套环。

表 2-3-4　型钢套环主要规格尺寸

号码	容许负荷 /N	钢丝绳直径 /mm	各 部 尺 寸/mm						质量/kg
			B	D	H	h	h_1	R尺	
0.1	1000	6.5	9	15	26	2	4	3.5	0.02
0.2	2000	8	11	20	32	3	4	4.5	0.05
0.3	3000	9.5	13	25	40	3	5	5.5	0.07

号码	容许负荷/N	钢丝绳直径/mm	各 部 尺 寸/mm						质量/kg
			B	D	H	h	h_1	$R\not<$	
0.4	4000	11.5	15	30	48	3	7	6.5	0.1
0.8	8000	15	20	40	64	4	8	8.5	0.22
1.3	13000	19	25	50	80	5	10	10.5	0.43
1.7	17000	20.5	27	55	88	6	12	11.5	0.62
1.9	19000	22.5	29	60	96	8	13	12.5	1.06
2.4	24000	28	34	70	112	10	15	14.5	1.58
3.0	30000	31	38	75	120	12	17	16	2.32
3.8	38000	34	48	90	144	14	20	18	3.5
4.5	45000	37	54	105	168	16	22	20	4.45

表 2-3-5　标准产品套环主要规格尺寸

公称尺寸	槽宽 F		侧面宽度 C	槽深 $G \geqslant$		孔径 A	孔高 D	宽度 B	高度 L	每件质量	
	最大	最小		普通	重型		普通		重型	普通	重型
	(mm)									(kg)	
6	6.9	6.5	10.5	3.3	—	15	27	—	—	0.032	—
8	9.2	8.6	14.0	4.4	6.0	20	36	40	56	0.075	0.08
10	11.5	10.6	17.5	5.5	7.5	25	45	50	70	0.150	0.17
12	13.8	12.9	21.0	6.6	9.0	30	54	60	84	0.250	0.32
14	16.1	15.1	24.5	7.7	10.5	35	63	70	98	0.393	0.50
16	18.4	17.2	28.0	8.8	12.0	40	72	80	112	0.605	0.78
18	20.7	19.4	31.5	9.9	13.5	45	81	90	126	0.867	1.14
20	23.0	21.5	35.0	11.0	15.0	50	90	100	140	1.205	1.41
22	25.3	23.7	38.5	12.1	16.5	55	99	110	154	1.563	1.96
24	27.6	25.8	42.0	13.2	18.0	60	108	120	168	2.045	2.41
26	29.9	28.0	45.5	14.3	19.5	65	117	130	182	2.620	3.45
28	32.2	30.1	49.0	15.4	21.0	70	126	140	196	3.290	4.30
32	36.8	34.4	56.0	17.6	24.0	80	144	160	224	4.854	6.46
36	41.4	38.7	63.0	19.8	27.0	90	162	180	252	6.972	9.77
40	46.0	43.0	70.0	22.0	30.0	100	180	200	280	9.624	12.94
44	50.6	47.3	77.0	24.2	33.0	110	198	220	308	12.81	17.02
48	55.2	51.6	84.0	26.4	36.0	120	216	240	336	16.60	22.75
52	59.8	55.9	91.0	28.6	39.0	130	234	260	361	20.95	28.41
56	64.4	60.2	98.0	30.8	42.0	140	252	280	392	26.31	35.56
60	69.0	64.5	105.0	33.0	45.0	150	270	300	420	31.40	48.35

五、楔形绳夹

楔形绳夹或称楔形夹头、楔形连器等,是用于绳索受力很大,且其长度常常改变时,便于调整使用。特点是钢丝绳在楔形夹板内,当绳索受力愈大,则压紧程度也愈大。

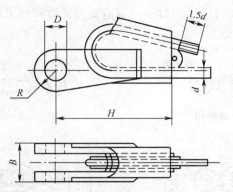

图 2-3-5 楔形绳夹(接头)构造及尺寸代号

表 2-3-6 楔形绳夹技术规格

| 钢丝绳公称直径 | 尺 寸/mm | | | | 断裂负荷 | 容许负荷 | 开口销 | 单组质量 |
d/mm	B	D(H10)	H	R	/kN	/kN		/kg
6	29	16	90	16	43	10	2×20	0.56
8	31	18	100	25	50	10		0.77
10	38	20	120	25	71	15		1.01
12	44	25	155	30	100	20	2×25	1.70
14	51	30	185	35	118.5	25		2.34
16	60	34	195	42	161.3	30		3.27
18	64	36	195	44	184	35	3×30	4.00
20	72	38	220	50	249.6	50		5.45
22	76	40	240	52	285.3	55		6.37
24	83	50	260	60	327	65	4×50	8.32
26	92	55	280	65	373.6	75		10.16
28	94	55	305	70	487.5	95		13.94
32	110	65	360	77	600	120		17.94
36	122	70	390	85	780	155	5×60	23.03
40	145	75	470	90	984	200		32.35

第四节 索具螺旋扣

索具螺旋扣又称花篮螺栓。螺旋扣用于拉紧钢丝绳,并起调节松紧作用,故也有把它称作"伸缩节"的。

一、索具螺旋扣(花篮螺栓)的类别和型式

索具螺旋扣的类别有开式、闭式之分。如图 2-4-1、图 2-4-2 所示。其型式有 OO 型(见图 2-4-3)、CC 型(见图 2-4-4)、CO 型(见图 2-4-5)。OO 型索具螺旋扣的两端都是圆形的,用卸扣与钢丝绳连接后,比较牢靠,令人放心。也就是说,无论受力与否,钢丝绳都不会跳出来。但同时,每次拆卸都需拆下卸扣,比较麻烦。对于频繁使用与拆卸的场合,采

用CC型索具螺旋扣就比较合适了。对于一端需要经常拆卸而另一端无须常常拆卸的场合,采用CO型索具螺旋扣则更佳。

图 2-4-1　开式索具螺旋扣

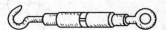

图 2-4-2　闭式索具螺旋扣

型式:

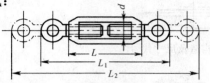

图 2-4-3　OO 型(用于不经常拆卸的场合)

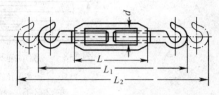

图 2-4-4　CC 型(用于经常拆卸的场合)

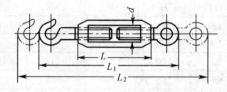

图 2-4-5　CO 型(用于一端经常拆卸另一端不经常拆卸的场合)

二、各种索具螺旋扣(花篮螺栓)的主要规格及容许负荷

表 2-4-1　螺旋扣主要规格尺寸

型式	螺旋扣号码	容许负荷/kN	适用钢丝绳最大直径/mm	主要尺寸/mm					
				左右螺纹直径 d	螺旋扣本体长 L	开式全长		闭式全长	
						最小 L_1	最大 L_2	最小 L_1	最大 L_2
OO 型	0.1	1.0	6.5	M6	100	164	242	—	—
	0.2	2.0	8.0	M8	125	199	291	199	291
	0.3	3.0	9.5	M10	150	246	358	246	354
	0.4	4.3	11.5	M12	200	314	456	314	456
	0.8	8.0	15.0	M16	250	386	582	386	572
	1.3	13.0	19.0	M20	300	470	690	470	680
	1.7	17.0	21.5	M22	350	540	806	540	806
	1.9	19.0	22.5	M24	400	610	922	610	914
	2.4	24.0	28.0	M27	450	680	1030	—	—
	3.0	30.0	31.0	M30	450	700	1050	—	—
	3.8	38.0	34.0	M33	500	770	1158	—	—
	4.5	45.0	37.0	M36	550	840	1270	—	—
CC 型	0.07	0.7	2.2	M5	100	180	258	—	—
	0.1	1.0	3.3	M8	125	225	317	225	317
	0.2	2.3	4.5	M10	150	266	378	266	374
	0.3	3.2	5.5	M12	200	334	476	334	476
	0.6	6.3	8.5	M16	250	442	638	442	628
	0.9	9.8	9.5	M20	300	530	740	520	730

型式	螺旋扣号码	容许负荷/kN	适用钢丝绳最大直径/mm	主要尺寸/mm					
				左右螺纹直径 d	螺旋扣本体长 L	开式全长		闭式全长	
						最小 L_1	最大 L_2	最小 L_1	最大 L_2
CO 型	0.07	0.7	2.2	M5	100	172	250	—	—
	0.1	1.0	3.3	M8	125	212	304	212	304
	0.2	2.3	4.5	M10	150	256	368	256	366
	0.3	3.2	5.5	M12	200	324	466	324	466
	0.7	6.3	8.5	M16	250	414	610	414	605
	0.9	9.8	9.5	M20	300	495	715	495	710

第五节 滑轮与滑轮组

一、滑轮、动滑轮及滑轮组

滑轮组为滑轮的组合（见表 2-5-1 中的示意图），用作简单的起重和吊装设备，同时亦可用于较复杂的各种起重机械的组成部分。

表 2-5-1　钢丝绳滑轮组的组合

滑轮数	单轮	双轮	三轮	四轮	五轮
组合示意图					

滑车组系由定滑车和动滑车通过绳索连贯地绕过两滑车的滑轮组成。当利用滑车提升或移运重物时，必须将一个滑车固定在某一固定支点（定滑车），而另一滑车则以绳索联接重物（动滑车）。前者工作时，轮轴位置不变，仅改变力的方向，亦不能省力，其作用力的行程与荷重的行程相等；后者随荷重升降而上下移动，可以省力。

在滑车组中滑轮数愈多，则省力愈大，它的提升速度亦相应减慢。

二、滑车组的效率计算

（一）定滑轮的效率

图 2-5-1 所示，物体的重力 G 和拉力 T 的位移是相等的，即有用功是物体重力 G 作功 h，而总功是 T 作功 h，

那么效率：

$$\eta = \frac{\text{有用功}}{\text{总功}} = \frac{G \cdot h}{T \cdot h} \qquad (2\text{-}5\text{-}1)$$

∵ T 是克服了摩擦力后的力

∴ $T=G\cdot f$　　f——滑轮阻力系数

$$\eta=\frac{G\cdot h}{G\cdot f\cdot h}=\frac{1}{f}\qquad(2\text{-}5\text{-}2)$$

滚动轴承 $f=1.02$ 青铜衬套 $f=1.04$ 无青铜衬套 $f=1.06$。

(二) 动滑轮的效率

图 2-5-2 所示,物体的重力 G 位移了 h 的距离,而这时的拉力 T 位移了 $2h$ 的距离。

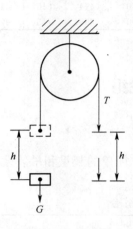
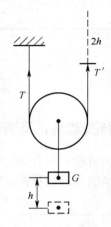

图 2-5-1　定滑轮　　　　　　　　图 2-5-2　动滑轮

$$\eta=\frac{\text{有用功}}{\text{总功}}=\frac{G\cdot h}{2h\cdot T'}\qquad(2\text{-}5\text{-}3)$$

∵ $T'=fT$,又∵ $G=T'+T$

∴ $\eta=\dfrac{(T'+T)h}{2hT'}=\dfrac{fT+T}{2fT}=\dfrac{f+1}{2f}$

(三) 比较定、动滑轮的机械效率

$$\eta_{定}=\frac{1}{f},\ \eta_{动}=\frac{f+1}{2f}=\frac{1}{f}\cdot\frac{f+1}{2}$$

∵ $f>1$

∴ $f+1>2$,则 $\dfrac{f+1}{2}>1$

则 $\eta_{动}>\eta_{定}$

(四) 滑轮组的机械效率和跑绳拉力

图 2-5-3 所示,设绳头至绞车的拉力为 S_z,动滑轮下悬挂着重物 G;

∵ $S_2=fS_1,S_3=S_2f=S_1f^2,S_4=S_3f=S_1f^3$,以此类推,$S_n=S_1f^{n-1}$;

又∵ $S_1+S_2+S_3+\cdots+S_n=G$;

∴ $G=S_1(1+f+f^2+f^3+\cdots+f^{n-1})$。

求此几何级数的代数和得:

$$S_1=\frac{(f-1)}{f^n-1}G\qquad(2\text{-}5\text{-}4)$$

$$S_z = f^{z-1} \cdot S_1 = \frac{f-1}{f^n-1} \cdot f^{z-1} \cdot G \qquad (2\text{-}5\text{-}5)$$

若跑绳是从定滑轮绕出时,则滑轮数 $m = z-1$;设导向滑轮数为 K 时,

得

$$S_z = \frac{f-1}{f^n-1} \cdot f^m \cdot f^k \cdot G \qquad (2\text{-}5\text{-}6)$$

式中　S_z——跑绳拉力(N);

　　　G——物体的重力(N);

　　　m——滑轮组的滑轮数;

　　　n——工作绳数;

　　　f——滑轮阻力系数。

令 $\frac{f-1}{f^n-1} \cdot f^m \cdot f^k$ 为载荷系数。用 α 表示。α 值可有下列表 2-5-2 查询。

则 　　　　　　　　　　　　　$S_z = ag$

表 2-5-2　载荷系列 α 的数值表

工作绳系数	滑轮个数(动)定滑轮的和	导　向　滑　轮						
		0	1	2	3	4	5	6
1	1	1.000	1.040	1.082	1.125	1.170	1.217	1.265
2	2	0.507	0.527	0.549	0.571	0.594	0.617	0.642
3	3	0.346	0.360	0.375	0.390	0.405	0.421	0.438
4	4	0.265	0.276	0.287	0.298	0.310	0.323	0.335
5	5	0.215	0.225	0.234	0.243	0.253	0.263	0.274
6	6	0.187	0.191	0.199	0.207	0.215	0.244	0.330
7	7	0.160	0.165	0.173	0.180	0.187	0.195	0.203
8	8	0.143	0.149	0.155	0.161	0.167	0.174	0.181
9	9	0.129	0.134	0.140	0.145	0.151	0.157	0.163
10	10	0.119	0.124	0.129	0.134	0.139	0.145	0.151
11	11	0.110	0.114	0.119	0.124	0.129	0.134	0.139
12	12	0.102	0.106	0.111	0.115	0.119	0.124	0.129
13	13	0.096	0.099	0.104	0.108	0.112	0.117	0.121
14	14	0.091	0.094	0.098	0.102	0.106	0.111	0.115
15	15	0.087	0.090	0.083	0.091	0.100	0.102	0.108
16	16	0.084	0.086	0.090	0.093	0.095	0.100	0.104

还有一种方法(见表 2-5-3)可以求得跑绳拉力,学员视情况灵活掌握和应用。

表 2-5-3　跑绳拉力计算表

工作绳数	机械效率	跑绳拉力 $S_z = \dfrac{1}{\eta \cdot n} \cdot G$	工作绳数	机械效率	跑绳拉力 $S_z = \dfrac{1}{\eta \cdot n} \cdot G$
1	0.96	1.04G	9	0.84	0.13G
2	0.94	0.53G	10	0.83	0.12G
3	0.92	0.36G	11	0.82	0.11G
4	0.90	0.28G	12	0.81	0.10G
5	0.88	0.23G	13	0.80	0.10G
6	0.87	0.19G	14	0.79	0.09G
7	0.86	0.17G	15	0.78	0.09G
8	0.85	0.15G	16	0.77	0.08G
注:η——效率,n——工作绳数,G——物重					

三、滑轮组的钢丝绳穿绕法

起重滑车组的钢丝绳穿绕方法,对于起重吊装作业的能否顺利进行,具有直接的重要影响。特别对起重量大,使用滑车组门数较多的情况,尤应注意穿绕方法的选择。

起重滑车组钢丝绳的穿绕有两种方法:即顺穿法和花穿法。顺穿法又分单跑头和双跑头两种;花穿法又分小花穿法和大花穿法两种。

(一) 顺穿法

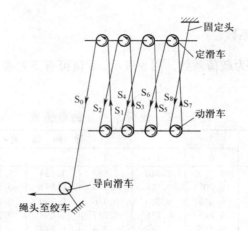

图 2-5-3　单头顺穿法

说明:绳端头从边滑轮按顺序逐个绕过定滑车和动滑车,而将固定头(死头)固定于末端的定滑车架。一般在 5 门以下常用此法,见图 2-5-3。

单头顺穿法的特点是简单易穿,但在吊装时由于连向绞车的引出钢丝绳拉力最大,固定头端的拉力最小,每一工作绳受力不同,因此常出现滑车偏斜、工作不平衡,对吊装操作不利。

说明:在吊装重型设备或构件时,双头顺穿法比较有利。其主要优点是滑车工作平衡,避免滑车偏斜,并可减少滑车运行阻力,加快吊装速度,见图 2-5-4。

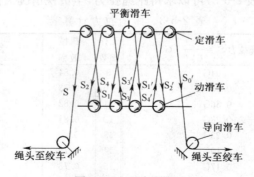

图 2-5-4　双头顺穿法

双头顺穿法的定滑轮的个数,一般宜采用奇数,并以当中的转轮作平衡轮,如两台绞车卷转线速相等,平衡轮可不转动,滑车亦无偏扭,但两台绞车必须等速卷绕。

（二）花穿法

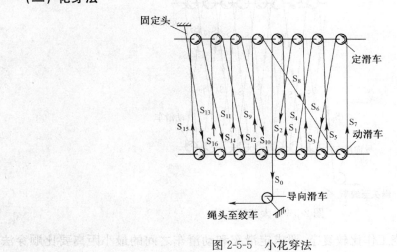

图 2-5-5　小花穿法

说明:小花穿法的绳头是从滑车组的中间滑轮开始绕入,如图 2-5-5 所示。可在吊装重型设备中采用此法。绳头(跑头)按一个方向依次穿绕定滑车及动滑车,最后将固定于定滑车架。钢丝绳穿绕间隔一般为 1 个～5 个滑轮,小花穿法的间隔穿绕次数总在 2 次以下。左右两边的滑轮旋转方向相反。图 2-5-5 所示引出绳分支的拉力最大,且右边 5、6、7、8 四个滑轮的拉力均大于左边 1、2、3、4 四个滑轮的拉力。这种穿法的缺点是当钢丝绳从动滑轮 8 花穿入定滑轮 4 时,钢丝绳与轮槽偏角过大,造成磨损加快,甚至出现轴瓦烧坏的现象。下面介绍的大花穿法则可避免这样的现象。

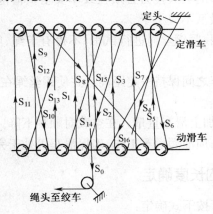

图 2-5-6　大花穿法(a)

说明:大花穿法的绳头可从中间开始绕入,亦可从边上第一个滑轮穿入;固定头都固定在定滑车架上。钢丝绳在穿绕时的间隔滑轮数一般也是 1 个～5 个,但间隔穿绕的次数在 3 次以上。其穿绕方法较为复杂,相邻两滑轮的旋转方向可以是相同的(见图2-5-6),也可以是相反的(见图2-5-7)。

说明:大花穿法的特点是滑车组受力均匀,工作比较平稳,在大型构件或设备安装中

69

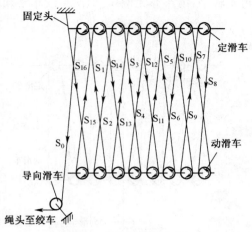

图 2-5-7　大花穿法(b)

常用此法。缺点是穿绕工作比较复杂,要求定滑车和动滑车之间的最小距离要比顺穿法大一些,并且绳索在轮槽里的偏角应进行计算。

四、滑车组钢丝绳穿绕的注意要点

(一)为提高起重滑车组的起重能力,减少滑车的阻力,并保证吊装作业的安全,在吊装重型构件和安装大型设备时,最好采用双跑头的双联滑车组。

(二)在受到现场卷扬机设备——绞车等条件限制,只能采用单头的穿绕法时,以采用花穿法为好。特别对起吊大型重件,则以采用大花穿法最好,当使用滑车组门数多时尤其相宜。此时引出钢丝绳(绳头)的最大拉力必须在绞车安全负荷范围内,而钢丝绳的安全系数则应在 5~8 的幅度内,最低不应小于 5。

(三)钢丝绳穿好后,逐步收紧钢丝绳进行试吊,不得有卡绳、磨绳或钢丝绳互磨等情况,否则应立即调整。

(四)应使定滑车和动滑车之间保持一定距离。并使钢丝绳在轮槽里的偏角不大于容许偏角范围。

(五)应使吊钩、吊环自重加上滑车重量。在空载时顺利下降。

(六)注意事前检查、清洗、加油润滑等工作,确保滑车等处于完好使用状态。

五、滑轮组穿绕绳索的长度确定

穿绕滑轮组的绳索长度可按下式确定:

$$L=n(h+3d)+1+10$$

式中　L——滑轮组的绳索长度(m);

　　　n——工作绳索数(根);

　　　d——滑轮直径(m);

　　　h——提升高度(m);

　　　l——定滑轮至绞车之间的距离(m);

　　　10——10m 余量。

70

例 某船厂需要安装设备,设置一套滑轮组。经计算确定采用滑轮直径为 320mm,工作绳索数为 6 根,提升高度 18m,定滑轮至绞车之间的距离为 15m,问需配置多少长的钢丝绳来穿绕滑轮组?

解:
$$L = n(h+3d)+1+10$$
$$= 6(18+3\times0.32)+15+10 = 138.76(m)$$

答:配置 138.76m 长的钢丝绳来穿绕滑轮组。

六、滑轮的使用

(一) 滑轮的分类

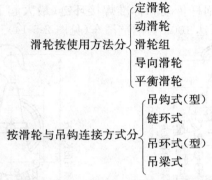

一般中、小型为吊钩式、链环式、吊环式,大型滑轮均采用吊环式和吊梁式。

(二) 滑轮的应用

1. 定滑轮用来改变绳索或拉力的方向,也可用作导向滑轮和平衡滑轮。

2. 导向滑轮一般用来改变绳索方向或被牵引重物的定动方向,平衡滑轮的作用是为了在起吊重物时,使两个滑轮组的升降速度能自动调成一致,并使每个滑轮上受力均匀,保持平稳升降。

3. 动滑轮可分为省力滑轮和省时滑轮(不常采用)(见图 2-5-8 及图 2-5-9)。

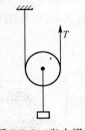

图 2-5-8 省力滑轮

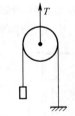

图 2-5-9 省时滑轮

4. 把一定量的定滑轮和动滑轮用绳索穿绕组成滑轮组,既能改变方向又能省力(见图 2-5-10、图 2-5-11 及图 2-5-12)。

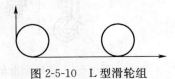

图 2-5-10 L 型滑轮组

图 2-5-11 S 型滑轮组

图 2-5-12　L+S 型滑轮组

七、链式滑车的种类和用途

(一) 种类

链式滑车通常称为手拉葫芦或神仙葫芦。链式滑车按结构类型可分为蜗轮蜗杆式、齿轮式和摆线针轮式三种：

1. 蜗轮蜗杆式。具有蜗杆传动和标准焊接环链（最大起重力可达 75kN，见图 2-5-13）或片状链（最大起重力可达 100kN）的链滑车（见图 2-5-14）。

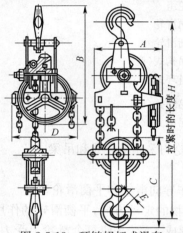

图 2-5-13　环链蜗杆式滑车

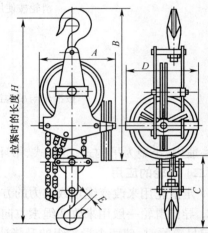

图 2-5-14　片状链蜗杆式滑车

2. 齿轮式。为二级圆柱齿轮传动，结构紧凑，其效率高（$\eta = 0.75 \sim 0.90$），比蜗杆式（$\eta = 0.55 \sim 0.75$）有利，如 SH 型链滑车生产厂最多（见图 2-5-15、图 2-5-16 及图 2-5-17），又如采用高强度链条和四齿短轴等制成的 WA 型链滑车（见图 2-5-18 及图 2-5-19），还具有体积小、重量轻、曳引力小等优点。

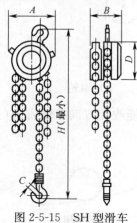

图 2-5-15　SH 型滑车
(5kN)

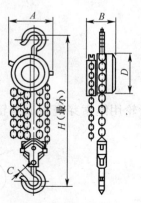

图 2-5-16　SH 型滑车
(50kN 以下)

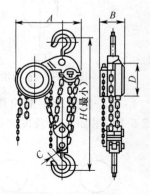

图 2-5-17　SH 型滑车
(100kN)

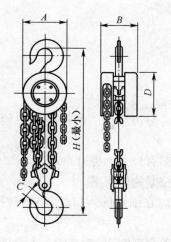
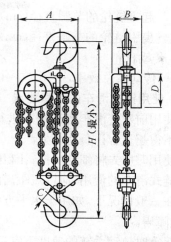

图 2-5-18　WA 型链式滑车（20kN～50kN）　　　　图 2-5-19　WA 型链式滑车（100kN）

3. 摆线针轮式（见图 2-5-20 及图 2-5-21）。采用摆线轮、滚针式内齿圈和圆柱销传动，减速比大，磨损小，如 SBL 系列。

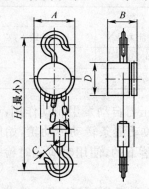
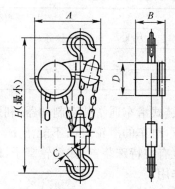

图 2-5-20　SBL 型链滑车（10kN～50kN）　　　　图 2-5-21　SBL 型链滑车（100kN）

（二）用途

链式滑车在起重吊装工作中的主要用途是：

（1）作为独立的起重机械；

（2）在联合装配中用以起重或移运重物，起重高度一般不大于 3m，特制的最大提升高度可达 12m；

（3）用以安装长尺度的结构部件和用来担任装配式构造物安装时的辅助工作。

（三）链式滑车手拉力的计算

计算公式：

$$F = P\frac{D_z}{D_s \cdot i \cdot \eta}(\text{N}) \tag{2-5-7}$$

说明：

F——链式滑车手拉力（N）；

P——绕上起重链轮处最后一个链节上的拉力（N）；

D_z——起重链轮的节圆直径(cm);

D_s——曳引链轮的节圆直径(cm);

i——传动比;

η ——传动系总效率,$\eta=0.75\sim0.84$。

(四)使用链式滑车的注意要点

(1)使用前对链滑车各部分须进行检查,无损伤时方可应用。吊挂绳索必须牢靠稳固,起吊不得超过容许负荷能力。

(2)使用时应先将细链反拉,让粗链松弛,以便滑车有最大的提升余地。

(3)链式滑车的使用,应以短距离的起重、移运或拉紧物体为限。

(4)在一般情况下,如用于水平方向拖移重物时,应在细链的入口处,垫物衬托链条,以防发生障碍。

(5)起重时拉动手链的速度不宜过急、过快,待链条全部吃力,检查滑车本身极其联接部分有无变化,如无变化,方可继续工作。

(6)根据各种不同起重能力的链式滑车,配备所需人手;不能任意加入或猛力硬拉,以免粗链受力过大而断裂。

根据链式滑车起重能力决定拉力人数			
链式滑车起重力/kN	拉链人数/人	链式滑车起重能力/kN	拉链人数/人
5~20	1	50~80	3
30~50	2	100~150	4

(7)链式滑车通常装有制动器,利用被提升重物的压力自动发生制动作用,亦即在荷重作用下,滑车的滑轮自己不能落下。必须在反方向拉动链条转动传动轮,始能放下重物。但也有装特殊装置、如棘轮掣子,以阻止重物自行落下的,使用时应随时检查其可靠的制动作用。

(8)转动部件应予润滑,防止保管不善而引起锈蚀和链条裂坏等损伤。片状链则须防压扭变形脱节形成的障碍。链齿轮有时会偶然发生滑齿及自动制动失灵,故保管使用检修均须经常注意。

第六节　千斤顶

一、千斤顶的用途和种类

千斤顶是一种可用较小力量就能把重物顶高、降低或移动的简便起重工具。它有许多习惯叫法如:压不死(压勿煞)、举重器、顶重机等。形式有:站立式和卧式。基本类型有:螺旋式千斤顶、液压式千斤顶、齿条式千斤顶等。造船业采用前两种即螺旋式和液压式更为广泛。一般常见的千斤顶承载能力为1t~300t。如今因为工程需要大吨位的千斤顶已相继问世,如400t、600t、800t、1000t甚至更大。顶升高度一般为100mm~1000mm,如有特殊需求,特制的卧式长冲程千斤顶柱塞可伸达1500mm。千斤顶的本体自重一般在20kg~320kg之间,若是800t的千斤顶则为1058kg,若是1000t的千斤顶的本体自重更是达到 1439kg。千斤顶的驱动方式有手动、电动和气动等，而手动和电动更为常用。50t 以下的多为手动，50t 及 50t 以上的多为电动（5t～100t 的千斤顶手动和电动的均有）。手动的千斤顶顶升速度一般为每摁动一次，柱塞行程 0.2mm～7.4mm（负荷时）；电动的千斤顶顶升速度一般为 0.5mm/s～40mm/s（负荷时），当然也有特例，如采用 8000 型系列液压泵时，其 5t 的千斤顶的速度为 164mm/s。

利用千斤顶进行起重作业时，往往会碰到举重量不够和行程不够的问题。解决此类问题。

①视被举物的结构情况及千斤顶拥有情况，如有条件换大举重量的则换大的千斤顶。若没有条件的则可以考虑数只并联使用，使用时应注意各千斤顶的协同性，一致性，以保持同步及受力均匀。

②若需要将重物顶出相当大的高度时，必须分几次进行顶升，此时采用枕木坐垫承载顶起的重物，缩回千斤顶，重复数次，直至完成。若为横向距离时，可以考虑数只千斤顶串联使用，但必须保证同心度的要求以确保安全。

二、螺旋千斤顶的型式和主要规格

螺旋千斤顶主要有 LQ 型和 Q 型，LQ 型螺旋千斤顶是一种结构紧凑、轻巧、携带使用都很方便的新型螺旋千斤顶，起升高度较大，工作速度较液压式千斤顶快，但起重能力不大，一般在 500kN 以下。它由主架、底座、锯齿形螺杆、伞齿轮、铜螺母、升降套筒、特制推力轴承及棘轮组等重要零部件组成。

LQ 型螺旋千斤顶系固定式千斤顶（见图 2-6-1）即在卸荷前不能作平面位移。HLQ—50 型为具有可以左右移动装置的螺旋千斤顶（俗称跑镐，见图 2-6-2），它是将一般螺旋千斤顶的底座安装在带有水平螺杆的支承上，当用扳手套在水平螺杆的任何一端转动时，顶起的重物就在水平方向左右移动一段距离，如取去底座亦可作垂直升降、单独使用。

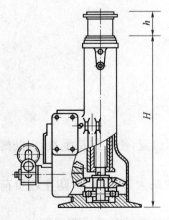

图 2-6-1 LQ 型螺旋千斤顶（固定式）

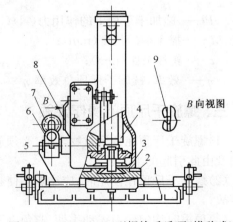

图 2-6-2 HLQ—50 型螺旋千斤顶（横移式）
1—支座；2—底座；3—特制推力轴承；4—梯形螺杆；
5—横移螺杆；6—棘轮组；7—撑牙；8—调速齿轮组；
9—制动螺钉。

表 2-6-1　LQ 型螺旋千斤顶技术规格

型　号	起重力 /kN	最低高度 /mm	起重高度 /mm	手柄长度 /mm	操作人数 /人	操作力 /N	质量/kg
LQ5	50	250	130	600	1	260	7.5
LQ10	100	280	150	600	1	270	11
LQ15	150	320	180	700	1	320	15
LQ30	300	395	200	1000	2	600	27
LQ30D	300	326	180	1000	2	600	20
LQ50	500	700	400	1385	3	1260	109
HLQ50	500	765	350	1900	3	1920	184

　　Q 型千斤顶亦系列用螺纹传动来顶举重物,为安装起重作业中所广泛使用的一种顶压工具。

表 2-6-2　Q 型螺旋千斤顶技术规格

型　号	起重能力 /kN	起重高度 /mm	最低高度 /mm	手柄长度 /mm	手柄作用力 不大于/N	自重/kg	外形尺寸 长×宽×高/mm
Q3	30	100	220	500	100	6	160×130×220
Q5	50	130	250	600	160	7.5	178×149×250
Q10	100	150	280	600	270	11	194×169×280
Q16	160	180	320	1000	400	15	229×181×320
Q32	320	200	395	1000	600	27	263×223×395
QD32	320	180	320	1000	600	20	260×200×320
Q50	500	250	452	1400	800	47	245×315×452
QJ50	500	300	700	—		200	280×500×700
QZ50	500	400	700	1400	800	109	465×317×700
Q100	1000	200	452	1500	600	100	320×280×452
QJ100	1000	400	800	—		250	300×600×800

　　螺旋千斤顶作用力 Q 的计算
　　计算公式:

$$Q = P \frac{2\pi l}{t} \eta (\text{N}) \tag{2-6-1}$$

式中　P——施加于手柄上的作用力(N);

　　　l——摇手柄的长度(mm);

　　　t——螺纹节距(mm);

　　　η——效率,螺旋千斤顶总效率 $\eta = 0.3 \sim 0.4$。

三、螺旋千斤顶的操作要领

　　(1)螺旋千斤顶在顶升重物之前,必须放正千斤顶位置,使之保持垂直,以防螺杆偏斜弯曲及由此引起的事故;

　　(2)螺旋千斤顶在使用时,应注意不使超过容许的最大顶重能力,防止超负荷所引起的事故;

　　(3)顶重时均匀使力摇动手柄,避免上下冲击而引起事故和千斤顶损坏;

　　(4)使用、保管中,须注意用黄油润滑,免使过度磨损,降低使用寿命;

　　(5)放松千斤顶使重物降落之前,必须事先检查重物是否已经支垫可靠,然后缓慢放落,以保安全。

四、液压千斤顶的型式和主要规格

液压千斤顶的工作部分为活塞和顶杆。位于重物的下方,工作时利用千斤顶的手柄驱动液压泵,液压泵在几百个大气压下将液体压入液压缸内,推动活塞上升,顶起重物。

千斤顶的工作液体可为水或油。严寒季节为使水不致冻结,其中加添甘油或酒精。多数完全使用油液,如用锭子油等。

液压千斤顶在多数情况下,均装有指示液压的压力计,可根据压力计所表明的读数,确定被顶起的重物的重量。

落下重物时,则利用把手(溢流阀旋杆)打开溢流阀,通过管路使活塞下方的液体流回容液器,此时活塞连同重物一起降落。降落快慢视阀门开的大小而定。

(一)普通液压千斤顶(见图 2-6-3 及图 2-6-4)

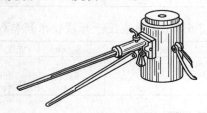

图 2-6-3　普通液压千斤顶外形

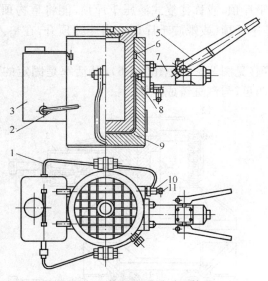

图 2-6-4　普通液压千斤顶构造

1、2—液压管路;3—工作液容器;4—活塞顶部;5—手柄;6—密封圈;7—液压泵;8—槽口;
9—空腔部分;10—溢流阀;11—把手(溢流阀旋杆)。

表 2-6-3　普通液压千斤顶技术规格(一)

起重力/kN	工作压力/MPa	升起高度/mm	落下高度/mm	外形尺寸/mm	质量/kg
30	31.5	190	210	127×144×210	10.3
50	36	215	240	142×154×240	11
80	34	245	300	167×180×300	16.8
100	35.5	240	315	177×200×315	29

起重力/kN	工作压力/MPa	升起高度/mm	落下高度/mm	外形尺寸/mm	质量/kg
150	32	208	257	300×220×260	36
250	32	342	348		109
350	32	342	348	400×300×350	109
500	32	342	348	440×340×350	153
1000	38.6	200	424		172
2000	38.6	250	507		280

表 2-6-4　普通液压千斤顶技术规格（二）

起重力/kN	工作压力/MPa	升起高度/mm	汽缸直径/mm	泵的柱塞直径/mm	泵的柱塞行程/mm	底座直径/mm	质量/kg
1000	48	200	165	20	35	255	172
2000	48.3	260	230	20	35	350	340
3000	48.8	200	280	20	35	440	575

表 2-6-5　普通液压千斤顶技术规格（三）

起重力/kN	升起高度/mm	落下高度/mm	底座直径/mm	长度/mm	宽度/mm	质量/kg	升起时间/min
500	130	300	200			120	12
1000	135	310	275	642	390	175	15
2000	155	330	380	757	540	320	20

（二）连续作用的液压千斤顶

连续作用的液压千斤顶，或称往复式液压千斤顶，能将重物顶升至所需高度，并连续地工作，不象普通液压千斤顶（或螺旋千斤顶），当连续顶升，在垫入承垫枕木座时而使工作中断。

连续式液压千斤顶（见图 2-6-5 及图 2-6-6），其活塞是固定的，顶升重物则由汽缸承担。汽缸的底部具有四足，与汽缸铸成一体。

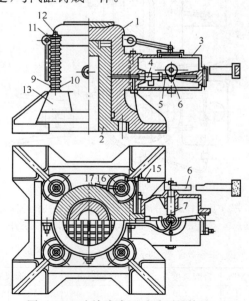

图 2-6-5　连续式液压千斤顶的构造

1—汽缸；2—活塞；3—贮油器；4—液压泵；5—泵上撞杆；6—手柄；7—手柄轴；8—凸轮；9、10、11、12—汽缸升起后使活塞上升的机构；13—汽缸上的凸座；14—活塞向外凸出的底部；15—手柄（溢流阀旋杆）；16—升起高度限度指示器；17—刻度尺。

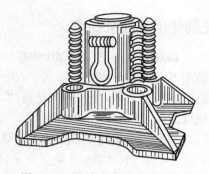

图 2-6-6　连续式液压千斤顶外形

（三）YQ 型液压千斤顶（见图 2-6-7、表 2-6-6 及图 2-6-8）

YQ 型系列液压千斤顶，是一种手驱动的油压千斤顶。由于质量较轻，工作效率较高，使用搬移方便，因而使用亦最为广泛，是定型产品。

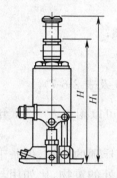

图 2-6-7　YQ 型液压千斤顶

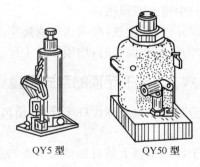

QY5 型　　　QY50 型

图 2-6-8　QY 型液压千斤顶

表 2-6-6　QY 型液压千斤顶技术规格

型　号	起重力 /kN	最低高度 /mm	起重高度 /mm	螺旋调整 高度/mm	底座面积 /mm²	自重/kg
QY15	15	165	90	60	90	2.5
QY3	30	200	130	80	110	3.5
QY5G	50	235	160	100	120	5
QY5D	50	200	125	80	120	4.5
QY8	80	240	160	100	150	6.5
QY10	100	245	160	100	170	7.5
QY12.5	125	245	160	100	200	9.5
QY16	160	250	160	100	220	11
QY20	200	285	180	—	260	18
QY32	320	290	180	—	390	24
QY50	500	305	180	—	500	40
QY100	1000	350	180	—	780	95
QW100	1000	360	200	Φ222		120
QW200	2000	400	200	Φ314		250
QW320	3200	450	200	Φ394		435

五、液压千斤顶的正确使用及注意要点

(1)环境温度为－35℃～－5℃时,工作油用 SYB1206－56 锭子油或 SYB1207－56 仪器油;－5℃以上时,工作油用 SYB1104－42,或 10 号机油。油必须滤清;

(2)液压千斤顶的贮液器(油箱)和液体,须经常保持清洁,任何混浊渣滓,都将促使活塞顶升遭受阻碍,导致顶伸速度缓慢,甚至发生故障;

(3)工作时,液压千斤顶,必须安放于稳固平整结实的基础上。松软地面或脆性表面,都不能直接放置千斤顶,而必须垫以木枋(木枕)或架立支承,以承受重压,并保证不使顶升时发生千斤顶下陷、歪斜,甚至卡住活塞;

(4)须注意千斤顶活塞容许的顶升高度,防止顶升重物时超过容许高度,引起事故;

(5)为防止千斤顶超负荷而发生事故,千斤顶应附装压力表,并在使用前对其作必要的检验,以保证读测压力的可靠性;

(6)为防止长时间顶举或突然下降,必要时应在顶升部分作临时垫承,以利安全,并避免和减少密封圈损伤;

(7)应特别注意,在确认重物垫牢后,方可拆下千斤顶;

(8)使用和保养时,均须保持千斤顶活塞清洁、防锈。

六、齿条千斤顶的型式和重要规格(见图 2-6-9 及表 2-6-7)

齿条千斤顶或称齿杆千斤顶,由齿条和齿轮所组成,可以用 1 人～2 人用手柄转动以顶起重物。

千斤顶手柄上备有制动时所需的制动齿轮。利用千斤顶的顶端,齿条千斤顶即可顶起位于高处的重物,也可利用齿条的下脚,以顶起位于低处的重物,比如用与铁道线路的起道等,所以齿条千斤顶又称为起道机。

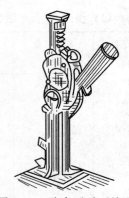

图 2-6-9　齿条千斤顶外形

表 2-6-7　齿条千斤顶技术规格

项　　目		Y63—01 型	Y63—02 型
起重力	静负荷/kN	150	150
	动负荷/kN	100	100
最大起重高度/mm		280	330

项　　目	Y63—01 型	Y63—02 型
每次起重高度/mm	12.7	15
钩面最低高度/mm	55	55
机型尺寸/mm	166×260	166×260
外形尺寸/mm	370×166×525	414×166×550
总质量/kg	26	25

七、齿条千斤顶的正确使用及注意要点

（1）顶重时须将千斤顶垂直放置，并不容许超负荷；

（2）使用前应先检查制动齿轮及制动装置确保能起制动作用；

（3）齿条及齿轮无裂纹、断齿，配件必须完整无缺方可使用；

（4）经常保持清洁，防止泥沙杂物，并定期清洗涂油。

第七节　常见结构吊装专用吊具

一、板材专用水平吊钳的形式、规格及使用注意点

（一）使用特点及操作要领

L 型钢板吊钩（见图 2-7-1）是船厂钢板水平吊运中普遍使用的工夹具。其特点是轻灵，使用方便，操作简单，但在使用 L 型吊钩时应注意以下要领：

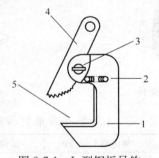

图 2-7-1　L 型钢板吊钩

1—本体；2—弹簧；3—夹紧凸轮轴；4—夹紧凸轮；5—支承块。

（1）根据起吊物体的重量和厚度，正确选择适用的规格，夹钳的夹持安全厚度为最大开口的 1/4 以上，安全吊运负荷应为最大许用载荷的 20% 以上。

（2）绝对禁止做任何形式的翻身吊用，钢板两侧钢丝绳的夹角不大于 60°，同侧钢丝绳夹角禁止大于 30°（见图 2-7-3）。

（3）起吊前必须将钢板插到底，如发现没有插到位则应立即停止起吊，予以调整。

（4）夹钳在使用中，严禁受到冲击或碰撞。

（5）禁止在同一根吊索上安装两个或两个以上的吊钳，严禁歪拉斜吊。

（6）禁止侧吊或者单边起吊钢板及物体。

（7）禁止吊拔与固定物相连的物体。

(二) 形式及规格(见下列图表)

L、PD 系列平吊吊夹具

图 2-7-2 L 型平吊吊夹具

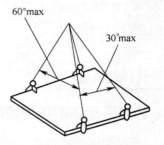

图 2-7-3 水平吊运钢板

表 2-7-1 L 型平吊吊夹具规格

型 号	开口尺寸/mm	额定起重量/kg	试验载荷/kg	重量/kg
L—0.8	0～15	800	1600	2
L—1.6	0～25	1600	3200	8
L—2.5	25～50	2500	5000	10
L—5	50～80	5000	10000	19

图 2-7-4 LA 型平吊吊夹具

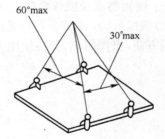

图 2-7-5 水平吊运钢板

表 2-7-2 LA 型平吊吊夹具规格

型 号	开口尺寸/mm	额定起重量/kg	试验载荷/kg	重量/kg
LA—1.6	0～30	1600	3200	4.8
LA—3.2	0～40	3200	6400	7.9

图 2-7-6 LMA 型平吊吊夹具

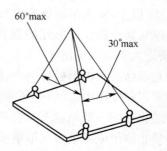

图 2-7-7 水平吊运钢板

表 2-7-3　LMA 型平吊吊夹具规格

型　号	开口尺寸/mm	额定起重量/kg	试验载荷/kg	重量/kg
LMA-1.6	5～30	1600	3200	3.4

图 2-7-8　LB 型平吊吊夹具

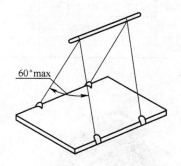

图 2-7-9　水平吊运钢板

表 2-7-4　LB 型平吊吊夹具规格

型　号	开口尺寸/mm	额定起重量/kg	试验载荷/kg	重量/kg
LB—1	20～50	1000	2000	3.1
LB—3	20～80	3000	6000	7.6

图 2-7-10　LZ 型平吊吊夹具

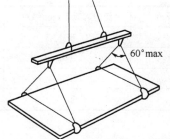

图 2-7-11　平吊运钢板、钢管、工字钢等型钢、结构件

表 2-7-5　LZ 型平吊吊夹具规格

型　号	开口尺寸/mm	额定起重量/kg	试验载荷/kg	重量/kg
LZ—1	0～40	1000	2000	1
LZ—3.2	0～50	3200	6400	5

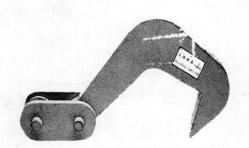

图 2-7-12　KD 型平吊吊夹具

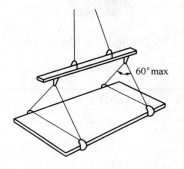

图 2-7-13　水平吊运钢板、钢管及钢结构构件

表 2-7-6　KD 型平吊吊夹具规格

型　号	开口尺寸/mm	额定起重量/kg 每对	试验载荷/kg 每对	重量/kg
KD—1.6	≤50	1600	3200	1.9
KD—3.2	≤100	3200	6400	4.5
KD—6	≤150	6000	12000	11.0
KD—6A	≤200	6000	12000	14.4

图 2-7-14　KS 型平吊吊夹具

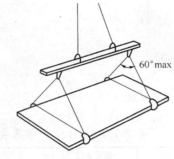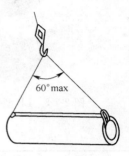

图 2-7-15　水平吊运钢板

表 2-7-7　KS 型平吊吊夹具规格

型　号	开口尺寸/mm	额定起重量/kg 每对	试验载荷/kg 每对	重量/kg
KS—0.8	≤40	800	1600	1.7
KS—1.6	≤50	1600	3200	4.0
KS—3.2	≤60	3200	6400	8.0
KS—6	≤90	6000	12000	15.0

图 2-7-16　PDB 型平吊吊夹具

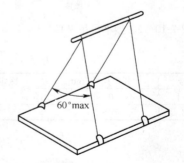

图 2-7-17　水平吊运钢板

表 2-7-8　PDB 型平吊吊夹具规格

型　号	开口尺寸/mm	额定起重量/kg	试验载荷/kg	重量/kg
PDB—1.6	0～30	1600	3200	4
PDB—4	0～50	4000	8000	7
PDB—6	50～130	6000	12000	20

图 2-7-18　PDL 型薄钢板吊夹具

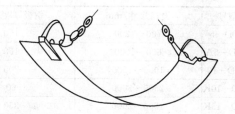

图 2-7-19　水平吊运易弯曲的薄型钢板

表 2-7-9　PDL 型薄钢板吊夹具规格

型　号	开口尺寸/mm	额定起重量/kg 每对	试验载荷/kg 每对	重量/kg
PDL—0.8	0～45	800	1600	7
PDL—1.6	0～45	1600	3200	9

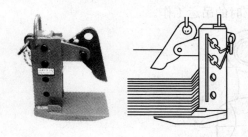

图 2-7-20　PDK 型屑叠钢板吊夹具

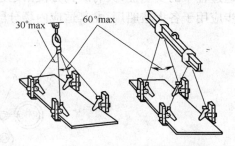

图 2-7-21　水平吊运叠厚钢板和金属构件

表 2-7-10　PDK 型屑叠钢板吊夹具规格

型　号	开口尺寸/mm	额定起重量/kg 每对	试验载荷/kg 每对	重量/kg
PDK—3.2	0～180	3200×2	6400×2	18
PDK—4.5	0～240	4500×2	9000×2	28
PDK—6.3	0～300	6300×2	12600×2	40
PDK—7.5	0～420	7500×2	15000×2	50

图 2-7-22　PDD 型大型钢板吊夹具

表 2-7-11   PDD 型大型钢板吊夹具规格

型号	开口尺寸/mm	钢板厚度/max	额定起重量/kg	重量/kg
PDD—5	700～1200	160	5000	365
PDD—5A	600～1000	160	5000	375
PDD—10	1000～1500	200	10000	680
PDD—10K	2500～3000	60	10000	1100
PDD—15K	1500～2000	250	15000	860
PDD—20	1500～2000	250	20000	1030

二、结构件垂直吊运的工夹具的结构形式及操作要领

(一) 使用特点及操作要领

CD 系列垂吊吊夹具,也有把其与其他夹钳统称为安全夹钳,适用于钢板和钢结构件的竖直吊运,具有灵活性,在吊运时可以翻吊。同时该夹钳设计有安全锁紧装置,能确保吊运过程中的安全性,具有脱钩方便吊运速度快等特点。是国家级新产品(见图 2-7-23),逐步应用于各大造船厂,尤其适应内场分段加工时的吊运工作。

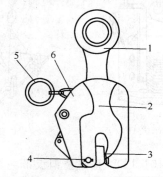

图 2-7-23   CD 系列垂吊吊夹具

1—吊环;2—本体;3—加紧凸轮;4—加紧凸轮轴;5—拉链;6—安全锁紧装置。

CD 系列的吊夹具的操作要领:

(1)夹钳的支持安全宽度为:最大开口的 1/4 以上,安全吊运负荷应为许用载荷的 20%以上。

(2)起吊前被吊物体必须插到位,如没有插到位应立即停止起吊。严禁歪拉斜吊。

(3)使用前必须清除加紧凸轮与支承块上的污物。

(4)夹钳的吊索夹角小于 60°(见图 2-7-24)。

图 2-7-24   CD、CDK 型垂吊吊夹具

（5）禁止吊运不锈钢、铸铁、铸钢件。

（6）禁止水平吊运。

（7）从不同方向吊运吊夹具承受力所占许用载荷之百分比（见图2-7-25）。

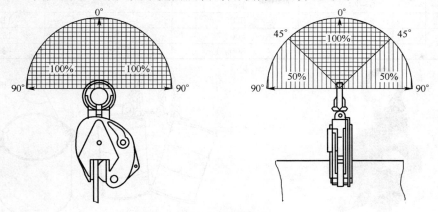

图 2-7-25　夹具受力与许用载荷之百分比

（二）形式与规格

表 2-7-12　CD 系列垂吊吊夹具规格

型　号	开口尺寸/mm	额定起重量/kg	试验载荷/kgf	重量/kg
CD—0.8	0～15	800	1600	2
CD—1.6	0～20	1600	3200	7.6
CD—3.2	0～25	3200	6400	16.2
CD—8	0～45	8000	16000	34
CD—12	0～54	12000	24000	47
CD—16	0～75	16000	32000	55
CDK—0.8	15～30	800	1600	2
CDK—1.6	20～40	1600	3200	7.6
CDK—3.2	25～50	3200	6400	16.7
CDK—4.5	25～50	4500	9000	16.8

图 2-7-26　CDH 型垂吊吊夹具

表 2-7-13　CDH 型垂吊吊夹具规格

型 号	开口尺寸/mm	额定起重量/kg	试验载荷/kg	重量/kg
CDH—0.5	0~16	500	1000	2.8
CDH—1	0~20	1000	2000	5.8
CDH—3.2	0~30	3200	6400	11.5
CDH—5	0~50	5000	10000	16.8
CDH—8	0~50	8000	16000	33

 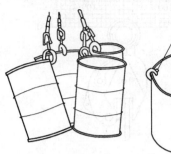 

图 2-7-27(a)　CDD 型圆桶吊夹具　　　　图 2-7-27(b)　吊运大型钢桶及油桶具有锁紧装置

表 2-7-14　CDD 型圆桶吊夹具规格

型 号	开口尺寸/mm	额定起重量/kg	试验载荷/kg	重量/kg
CDD—0.8	0~15	800	1600	1.9
CDD—1.6	0~20	1600	3200	7.5

图 2-7-28　YTD 型圆桶吊夹具

表 2-7-15　YTD 型圆桶吊夹具规格

型 号	额定起重量/kg	试验载荷/kg	重量/kg
YTD—0.2	200	400	7.5
YTD—0.2A	200	400	6.25

三、特种型材吊夹具系列

图 2-7-29　QD 型球扁钢吊夹具

表 2-9-16　QD 型球扁钢吊夹具规格

型　号	开口尺寸/mm	额定起重量/kg	试验载荷/kg	重量/kg
QD—0.8	6～42	800	1600	7
QD—1.6	9～90	1600	3200	15
QD—3.75	9～90	3750	7500	29

图 2-7-30　YDG 型工字钢吊夹具

表 2-7-17　YDG 型工字钢吊夹具规格

型　号	开口尺寸/mm	额定起重量/kg	试验载荷/kg	重量/kg
YDG—1	3～24	1000	2000	7
YDG—2	3～30	2000	4000	11

图 2-7-31　YD 型圆型吊夹具

表 2-7-18　YD 型圆型吊夹具规格

型　号	开口尺寸/mm	额定起重量/kg	试验载荷/kg	重量/kg
YD—0.32	80～100	320	640	1.9
YD—0.5	100～120	500	1000	2.5
YD—0.8	120～140	800	1600	3.8
YD—1	140～160	1000	2000	4.8

图 2-7-32　BD 型薄板夹爪

表 2-7-19　BD 型薄板夹爪规格

型　号	开口尺寸/mm	额定起重量/kg	试验载荷/kg	重量/kg
BD—0.06	0～15	60	120	2

图 2-7-33　DL 型吊梁

表 2-7-20　DL 型吊梁规格

型　号	开口尺寸/mm	额定起重量/kg	试验载荷/kg	重量/kg
DL—5	2.4～3	5000	10000	55.0
DL—10	3	10000	20000	77.5
DL—10A	2.4～3	10000	20000	110
DL—15	2.2～3	15000	30000	150
DL—20	3～4	20000	40000	280
DL—20A	3.2～4	20000	40000	260

四、安全夹钳的检查保养

(1)夹钳应作经常性检查和定期检查。经常性检查为每周一次,定期检查为每月一次。

(2)活动部件是否灵活,工作状态是否良好,适时在活动部位上润滑油。

(3)夹钳表面是否有缺陷、裂纹,如有应立即停止使用。

(4)钳口变形达到最大开口的 5%,则报废。

(5)钳轴磨损量达到原直径的 5%,则报废。

(6)钳轴孔径的磨损量达到原尺寸的 10%,则报废。

(7)加紧凸轮和支承块的齿部磨损量达到原齿高的 30%,则报废。

(8)加紧凸轮轴及联接轴等弯曲变形量达到原长度的 0.25%,则报废。

五、电磁吊的使用与安全

(一)特点

所谓电磁吊其实就是起重机的取物装置是电磁铁,它利用电磁的吸引力,吊运具有导磁性的物件。电磁吊的各机构是使用交流电源的、而电磁铁是使用直流电源,故必须有一套变流装置,把交流电变换为直流电,然后通过设在小车上的专用电缆卷筒,将直流电的电缆接到电磁铁上去。现在许多船厂已广泛采用硅整流器或可控硅整流器供给直流电了。这比原先的要平稳和安全。

电磁吊的优点是:吊运物件时能省去挂钩的工序,减轻了劳动强度,提高了劳动生产率;电磁吊还可以吊运 600℃ 以下的高温负荷。它的缺点是自重大,消耗功率大;断电时物件会坠落,安全性较差;电磁铁吸引的重量随物品的性质和块粒大小而相差很大;当吊运高温钢材时,吸引力随导磁性差而降低,温度在 700℃ 以上时就不能工作。

(二) 分类

起重电磁铁分圆形、矩形、特殊用途和永磁式等数种。以圆形和矩形使用最为普遍。

(1)圆形起重电磁铁使用于常温下吸引重量最大的厚钢板、钢块等,当用来吸取各种废钢、生铁锭、铁屑等时,因为电磁系统没有充分利用,其吸重效率要降低。

(2)矩形起重电磁铁(见第五章图 5-4-1),它适用于吸引条形钢材和钢轨、型钢、钢管、方钢等,对于不同长度的重物可以采用二个、三个或更多的矩形电磁铁。而这些电磁铁以相等的间距装置在专用的梁上。

(三) 操作与安全

(1)必须认真检查机械,电气部分和防护装置是否完好,机械制动器、吊钩、钢丝绳、限位器、控制器、电铃、紧急开关、电磁吸块等重要零部件是否失灵,发现异常情况,立即停止使用。

(2)不准吊着重物在空中长时间停留,吊物件离地不能过高。起重机吊着重物时,驾驶员与指挥人员不能随意离开工作岗位。

(3)重大吨位物件起吊时,应先离地试吊,确认吊挂平稳,制动良好后,再行升高,并缓缓运行,不准同时操作三只控制手柄。

(4)当电磁吊车运行时,严禁有人上下,不准在吊行时进行修理和调整机件。所有操作人员以及维修人员均应根据各台电磁吊的使用说明书或者有关规定,在电磁铁通电时不得靠近,一般距离为 2m。

(5)电磁吊车检修时,应停靠在安全地点,切断电源,挂上"严禁合闸"的警告牌,地面要设围拦并挂"严禁通行"的标志。

(6)电磁吊车制动时,必须两只刹车同时制动,使其间隙松紧一样,摩擦片不能抱紧单边,否则会使轮轴扭断。

(7)相邻行(吊)车运行时,行(吊)车与行(吊)车之间要保持一定距离,严禁撞车,同壁行(吊)车错位时,电磁吊车应开动小车和卷扬,主动避让。

(8)露天行(吊)车如遇大雪、大雨、大雾和六级以上的大风,应停止使用。

复 习 题

1. 吊钩在使用时,会与钢丝绳摩擦,因而会磨损,当吊钩的磨损量值达到高度的 15%,就应报废了,对不对?

★2. 我们在校核吊耳的强度时,只需校核剪切强度就可以了,无需再校核正应力,对不对?

    3. 使用马鞍式、抱合式等绳夹的共同要领是什么?

    4. 索具螺旋扣的型式有哪几种? 它们分别在哪些场合使用?

    ★5. 某船厂需要设置一套滑轮组安装设备,计算后确定用直径为 $\phi28mm$ 的滑轮组,工作绳数为 6 根,提升高度 12m,定滑轮至绞车之间的距离为 20m,问需配置多少长的钢丝绳穿绕滑轮组?

    ★6. 试描述定滑轮、动滑轮、滑轮组的作用与功能?

    7. 什么是千斤顶?

    ★8. 利用千斤顶进行重作业,碰到举重量不够或者行程不够,如何解决?

    9. 采用吊钳吊运钢板,夹钳的夹持安全厚度为多大? 安全吊运负荷如何确定?

    10. 用四个水平吊钳吊运钢板,两侧钢丝绳的夹角不大于多少度? 同侧钢丝绳夹角不大于多少度?

第三章　常用索具及额定负荷

　　索具对起重工来说有着与上一章所讲的吊具同等的重要。这里重点介绍船厂起重工常用的钢丝绳、麻绳、尼龙绳、链条等。

第一节　钢　丝　绳

一、绳索的受力计算

　　在起重作业中，绳索的受力计算是根据物体的平衡条件、共点力的合成与分解，运用图解法来解决的。图解法有平行四边形法、三角形法及多边形法。这在第一章中，我们已详细描述。这里要讲述的是在起吊重物时，绳索的长度，或者说是绳索之间的夹角与绳索受力的关系。以图 3-1-1 所示为例，用两根千斤绳起吊一根钢梁。已知该钢梁质量 $m=1500kg$，千斤绳与铅垂线夹角 $\alpha=30°$，求每根千斤绳受多大拉力？当 $\alpha=0°$、$30°$、$45°$、$60°$ 时，千斤绳受的拉力有什么变化？

　　钢梁的重力：

$$Q=mg(\text{N})$$

式中　m——钢梁的质量（kg）；

　　　g——重力加速度（m/s^2）。

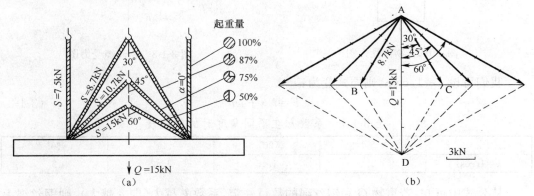

图 3-1-1　图解法求分力

(a) 千斤绳受力示意图；(b) 矢量图。

　　取 $g=10\text{m/s}^2$。[1]

　　则 $Q=1500×10=15\text{kN}$。

———————————

[1]$g=9.8\text{m/s}^2$，这里为计算方便，故取 10m/s^2。

用平行四边形法。选取 1cm 代表 3kN,作铅垂线 AD＝5cm,代表梁的重力 $Q＝$ 15kN,过 A 点作 AB 与 AC,分别平行于两吊索,再过 D 点作 DC 与 DB,分别与 AB 和 AC 平行,并交于 B、C 两点,构成平行四边形 ABDC,则 AB 与 AC 即表示合力 Q 的两个分力,量得 AB＝AC＝2.9cm,如图 3-1-1(b)所示。则每根吊索所受的拉力为 8.7kN。

同理可分别画出 $\alpha＝0°、45°、60°$ 时吊索所受拉力的矢量图,从图 3-1-1(b)中可看出,被起吊物体重量一定时,α 角愈大,吊索所受的拉力愈大;或者说,吊索所受的拉力一定时,起重量随着 α 角的增大而降低,其变化情况如图 3-1-1(a)所示。

二、图解法在起重吊运工作中的应用

(一) 力的分解与合成在起重吊运作业中的应用举例

1. 力的分解应用举例

图 3-1-2 所示,两根同样长短的钢丝绳吊一重量为 Q 的物体,求每根钢丝绳上所产生的拉力 F。

解:作钢丝绳受力图(见图 3-1-3)。$Q＝P$,根据三角形计算法则得知拉力为:

$$F＝P/n \cdot \cos\alpha \tag{3-1-1}$$

式中　F——每根钢丝绳上所受的拉力(N);

　　　α——钢丝绳和铅垂线的夹角;

　　　n——钢丝绳根数;

　　　P——吊钩所受拉力,等于物件重力 Q(N)。

图 3-1-2　物件受力图

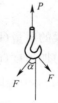

图 3-1-3　钢丝绳受力图

我们可设 $k＝1/\cos\alpha$,则原式变为:

$$F＝k \cdot P/n \tag{3-1-2}$$

表 3-1-1　系数 k 在不同角度时的数值表

α	0°	30°	45°	60°
$k＝1/\cos\alpha$	1	1.15	1.42	2

从公式中可知:若重物 Q 和钢丝绳的数目一定,系数 k 越大(即 α 越大),则钢丝绳上产生的拉力 F 也越大。由此可知,在起重吊装作业中,一定要避免钢丝绳过短引起倾角 α 过大的现象,而且倾角太大,钢丝绳还可能从钩中滑脱。

2. 力的合成应用举例

已知直径为 13mm 的 6 股 37 丝钢丝绳在安全系数为 5 时的允许拉力 $F＝1759.5$kg,用两根同样长短的这种钢丝绳在成 60°交角时,如图 3-1-2 所示,问它允许的负载重量为多少千克。

解:已知 $F=1759.5\mathrm{kg}$,钢丝绳与垂直线的夹角 $\alpha=30°$,$n=2$,查表 $k=1.15$。

根据公式 $F=k\cdot P/n$ 得:

$$P=F\cdot n/k=1759.5\times 2/1.15=3060\mathrm{kg}$$

答:允许的负载重力为 3060kg。

若 $\alpha=60°$ 时,$P=1759.5\times 2/2=1759.5\mathrm{kg}$。

由此可见,当钢丝绳之间的夹角变大时,同样数量,同样长短的钢丝绳,其允许的负载重力大大减少。

(二)水平吊偏心轴的应用举例

图 3-1-4 所示一根偏心轴,重心在 C 点,A、B 两点为两吊点。O 点为吊钩的点,OA、OB 为两根等长的吊索。问这样起吊后,轴能否吊平?应该在哪端接长索具?接多长?

这是吊装工程中经常遇到的问题。解决这类问题的关键是掌握物体的重心位置,起吊后,吊钩点 O 迅速移至物体重心的垂线上方 O'。$O'A=OA$,$O'B'=OB$,显然 B 点移至 B',轴不能吊平,B 端上翘了。若要吊平,则应在 B 端点接索具长为 BB'。

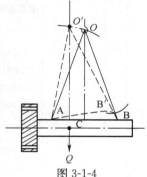

图 3-1-4

例 仍以图 3-1-4 为例,重心 C 距离轴的最左端为 3m,吊点 A 距离轴的最左端为 2m,$AB=4\mathrm{m}$;$OA=OB=6\mathrm{m}$。

用图解法求出 BB'。

解:根据题示要求,按 1∶100 的比例作图,以 A 点为圆心,OA 为半径作圆弧相交重心 C 的垂线于 O';连接 $O'A$、$O'B$。以 O' 为圆心,以 OB 为半径作圆弧相交 $O'B$ 于 B';量得 $BB'=5\mathrm{mm}$;即在 B 点接长索具 500mm。

答:在 B 点接长索具 500mm,即可以将轴吊平了。

注:若吊钩是山字钩,则应考虑弥补因山字钩受力不均本身产生的倾斜。

三、常用钢丝绳的种类、用途

(一)常用钢丝绳的种类

钢丝绳的种类很多,它可以按结构分、按直径分、按化学成份分、按最终热处理方法分、按表面加工状态、按抗拉强度分、按用途分等。这里仅介绍一些造船厂常用的钢丝绳的种类。

1. 钢丝绳按其绳与股的断面、股数和股外层钢丝的数目分类,如表 3-1-2 所列。在圆股和异型股钢丝绳中,在同一组别内,供需双方可以商量确定钢丝绳的结构。钢丝绳的标准很多,有国家标准、行业标准及各厂企业标准。

表 3-1-2　按绳与股的断面、股数和股外层钢丝的数目分类

组别	类别	分类原则	典型结构		直径范围/mm
			钢丝绳	股绳	
1	圆股钢丝绳	6×7	6 个圆股,每股外层丝可到 7 根,中心丝(或无)外捻制 1 层～2 层钢丝,钢丝等捻距	6×7 6×9W	(6+1) (3/3+3)	2～36 14～36

组别	类别	分类原则	典型结构		直径范围/mm
			钢丝绳	股绳	
2	6×19(a)	6个圆股，每股外层丝8根～12根，中心丝外捻制2层～3层钢丝,钢丝等捻距	6×19S	(9+9+1)	6～36
			6×19W	(6/6+6+1)	6～40
			6×25Fi	(12+6F+6+1)	14～44
			6×26SW	(10+5/5+5+1)	13～40
			6×31SW	(12+6/6+6+1)	12～46
	6×19(b)	6个圆股，每股外层丝12根，中心丝外捻制2层钢丝	6×19	(12+6+1)	3～46
3	6×37(a)	6个圆股，每股外层丝14根～18根，中心丝外捻制3层～4层钢丝，钢丝等捻距	6×29Fi	(14+7F+7+1)	10～44
			6×36SW	(14+7/7+7+1)	12～60
			6×37S（点线接触）	(15+15+6+1)	10～60
			6×41SW	(16+8/8+8+1)	32～60
			6×49SWS	(16+8/8+8+8+1)	36～60
			6×55SWS	(18+9/9+9+9+1)	36～64
	6×37(b)	6个圆股，每股外层丝14根～18根，中心丝外捻制3层～4层钢丝，钢丝等捻距	6×37	(18+12+6+1)	5～66
4	8×19	8个圆股，每股外层丝8根～12根，中心丝外捻制2层～3层钢丝，钢丝等捻距	8×19S	(9+9+1)	11～44
			8×19W	(6/6+6+1)	10～48
			8×25Fi	(12+6F+6+1)	18～52
			8×26SW	(10+5/5+5+1)	16～48
			8×31SW	(12+6/6+6+1)	14～56
5	8×37	8个圆股，每股外层丝14根～18根，中心丝外捻制3层～4层钢丝，钢丝等捻距	8×36SW	(14+7/7+7+1)	14～60
			8×41SW	(16+8/8+8+1)	40～56
			8×49SWS	(16+8/8+8+8+1)	44～64
			8×55SWS	(18+9/9+9+9+1)	44～64
6	17×7	钢丝绳中有17或18个圆股，在纤维芯或钢芯外捻制2层股	17×7	(6+1)	6～44
			18×7	(6+1)	6～44
			18×19W	(6/6+6+1)	14～44
			18×19S	(9+9+1)	14～44
			18×19	(12+6+1)	10～44
7	34×7	钢丝绳中有34或36个圆股，在纤维芯或钢芯外捻制3层股	34×7	(6+1)	16～44
			36×7	(6+1)	16～44
8	6×24	6个圆股，每股外层丝12根～16根，股纤维芯外捻制2层钢丝	6×24	(15+9+FC)	8～40
			6×24S	(12+12+FC)	10～44
			6×24W	(8/8+8+FC)	10～44

（圆股钢丝绳 — spanning 类别 column for groups 2–8）

组别	类别	分类原则	典型结构		直径范围 /mm
			钢丝绳	股绳	
9	6V×7	6个三角形股，每股外层丝7根～9根，三角形股芯外捻制1层钢丝	6V×18	（9+/3×2+3/）	20～36
10	6V×19	6个三角形股，每股外层丝10根～14根，三角形股芯或纤维芯外捻制2层钢丝	6V×21 6V×30 6V×33	（12+9+FC） （12+12+6） （12+12+/3×2+3/）	11～36 20～38 28～44
11	6V×37	6个三角形股，每股外层丝15根～18根，三角形股芯外捻制2层钢丝	6V×36 6V×37S 6V×43	（15+12+/3×2+3/） （15+12+/1×7+3/） （18+15+/1×7+3/）	32～52 32～52 52～58
12	4V×39	4个扇形股，每股外层丝15根～18根，纤维股芯外捻制3层钢丝	4V×39S 4V×48S	（15+15+9+FC） （18+18+12+FC）	8～36 20～40
13	6Q×19 +6V×21	钢丝绳中有12个～14个股，在6个三角形股外，捻制6个～8个椭圆股	6Q×19+6V×21 6Q×33+6V×21	外股（14+5） 内股（12+9+FC） 外股（15+13+5） 内股（12+9+FC）	40～52 40～60
14	扁钢丝绳	扁钢丝绳中有6个或8个左交互捻和右捻的子绳交替排列	P6×4×7 P8×4×7 P8×4×9 P8×4×19	（6+1） （6+1） （9+FC） （12+6+1）	见表 32～35

2. 钢丝绳按捻法分为右交互捻、左交互捻、右同向捻和左同向捻4种，如图3-1-5～图3-1-8所示。图3-1-5和图3-1-6绳与股捻向相反，图3-1-7和图3-1-8绳与股捻向相同。

图3-1-5 右交互捻（ZS）

图3-1-6 左交互捻（SZ）

（二）用途

1. 同向捻与交互捻

由于钢丝绳捻绕方向的不同，其特点和采用范围亦有区别。虽然在一般情况下，单根钢丝绳在使用上没有绝对的区别规定。但为了使用上的方便，避免操作过程中钢丝绳的扭转纠缠,故在起重机、滑车组等起重吊装作业中多以采用交互捻的钢丝绳为好。而在穿绕双联滑轮组时,就要用右捻、左捻各一根,以使之正确地卷绕于同一卷筒上。同向捻的钢丝绳,其特点是:表面平整,比较柔软,具有良好的抗弯曲疲劳性能,因此比较耐用。但同时其断头绳股易于松开,悬吊重物时容易旋转。极易卷曲扭结。故在吊装中一般不采用。交互捻的钢丝绳,与同向捻相反,虽然其耐用程度欠缺了点,但使用方便,耐磨性较好,不宜旋转。是起重吊装作业中常用的钢丝绳。

图 3-1-7　右同向捻（ZZ） 　　　　　　图 3-1-8　左同向捻（SS）

2. 不同股内钢丝直径的选用

钢丝绳在相同直径、相同股数的情况下,股内钢丝愈多,钢丝直径愈细,钢丝绳的柔软性也就愈好,易于弯曲;但同时又不耐磨损。因此在不同的场合要选择合适的钢丝绳。表3-1-3 列出起重吊装时的钢丝绳的选用供参考。

表 3-1-3　钢丝绳的选用

序号	钢丝绳类型	一般适宜选用场合
1	6×19+1 钢丝绳	用作缆风绳、拉索等不受弯曲或可能遭受磨损的场合
2	6×37+1 钢丝绳	需要承受弯曲时可以采用,如穿绕滑车组等
3	6×61+1 钢丝绳	穿绕滑车组、作绑扎用的千斤绳(吊索)等

3. 金属绳芯与天然纤维绳芯

钢丝绳内都有一根绳芯,如上描述的 6×19+1 钢丝绳、6×37+1 钢丝绳等,这个"1"表示的就是一根绳芯。绳芯有纤维绳芯,也有金属绳芯。纤维绳芯中有的是天然纤维绳芯,也有合成的。绳芯的作用是支撑固定绳股的位置,保持钢丝绳的形状稳定。减少绳股之间钢丝的摩擦。纤维绳芯具有储油,从内部润滑钢丝和防止钢丝锈蚀、增加柔软性,对抗击载荷有吸振和缓冲的作用。相比较,金属绳芯具有耐横向挤压,不易变形的特点,抗拉强度提高约 9% 左右。但柔软性和耐疲劳性较差。鉴于以上特点,在起重吊装的工作中常用的钢丝绳以纤维绳芯居多。而那些不受弯曲的场合如拉索桥的钢丝绳以采用金属绳芯加密封的钢丝绳为好。

4. 特殊场合

在有些特殊场合,如有酸、碱等化学品的场所,雾气比较严重、湿度比较高的场所,应该选用:

(1)覆盖保护镀层的钢丝绳——一般以镀锌见多,使用寿命比一般钢丝绳长一倍。

(2)油封防锈钢丝绳——表面涂满润滑油脂以减少其与空气接触的几率。

(3)合成纤维绳芯钢丝绳——合成纤维聚丙烯绳芯,不含水分,具有防锈功能。

四、钢丝绳的使用与保管

（一）使用

当解开原卷钢丝绳时，应特别注意防止发生扭结，因此，须按下列正确方法进行操作。如图 3-1-9 所示。

正确　　　　　　　　　　不正确

正确　　　　　　　　　　不正确

图 3-1-9　解开钢丝绳示意图

作业过程中，须随时注意避免发生扭结。当发现如图 3-1-10 所示情况，应立即纠正，以免引起钢丝绳股变位、扭曲、凸出等现象并易致钢丝最后发生折断。

切断钢丝绳，可借助于特制闸刀、钢锯或氧乙炔气割均可。但为了防止切断时钢绳各股与钢丝的松动，须在切断前，先在切割的两边用钢丝扎结牢靠。扎结位置和顺序如图 3-1-11 所示。

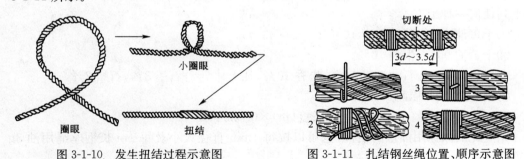

图 3-1-10　发生扭结过程示意图　　　图 3-1-11　扎结钢丝绳位置、顺序示意图

上图所示为扎结钢丝绳位置、顺序。对于扎结钢丝的道数应为：用于麻芯钢丝绳时为 3 道；钢芯时为 4 道。

扎结钢丝的规格，可按钢丝绳直径大小抉择，一般如表 3-1-4 所示。

表 3-1-4　按钢丝绳直径抉择

钢丝绳直径/mm	≤6	7～18	19～27	28～32	≥33
扎结用钢丝（号数）	26	18	14	12	10

为了防止钢丝绳锈蚀和过早被磨损（如绳与绳之间或绳与卷筒间相互磨损），无论为

保管或使用时,均须经常注意涂抹油膏,勤加保养。

钢丝绳使用过程中,应特别注意下列情况:

(1)钢丝绳不应与电焊线接触。

(2)钢丝绳不应与金属锐角或房屋角、碎石等经常摩擦而造成破损。

(3)钢丝绳不可以在已经破损或不符合使用要求的滑轮上穿过。

(4)为避免个别钢丝遭受磨损、折断,对卷筒和滑轮的滚轴,均须注意使其具有平滑的表面,并定期涂抹润滑油料。

(5)应防止钢丝绳在绞车(卷扬机)卷筒上缠绕不正,或由于牵引方向不对,而使钢丝绳脱出滑轮卡环、压扁、断折。

(6)起重吊装作业中,不应有冲击性的动作,钢丝绳运转须由慢而快,防止急骤性的变化,以免钢丝绳断裂,造成事故。

(7)钢丝绳的贮存,应置于干燥的房屋内,并按顺序卷好,贮存前须擦净抹油膏,以防锈蚀。

(二)保管

(1)钢丝绳使用完后,应收入指定点存放。钢丝绳应存放在清洁、干燥通风处,应避免暴晒夜露。钢丝绳存放处必须远离电焊作业区及化学品(尤其是酸类)堆放点。

(2)每 6 个月应该对钢丝绳进行一次认真检查,有下列情形之一者应该对其进行维护保养:

①表面干枯,无光泽的。

②承受过 5 次以上、10 次以下的 95% 额定负荷的历史的。

③承受 80% 额定负荷累计时间达 3000min 的。

④存放时间达 8 年的。

(3)维护保养方法。擦干净钢丝,在其表面上涂满油液或油膏。根据原材料来源可选用下列任何一种配方:

①干黄油 90%,石油沥青 10%。

②干黄油 90%,牛油 10%。

③煤焦油 68%,石油沥青 10%,松香 10%,凡士林 7%,石墨 3%,石蜡 2%。

④钢丝绳涂抹用油量 T(N)

$T =$ 钢丝绳直径(mm)×钢丝绳长度(m)×0.0294

钢丝绳的涂抹用油量的估计,也可以按每 1mm 直径大小及每 1m 长钢丝绳用油 3g 计算。

例 直径为 20mm、长为 100m 的钢丝绳,计算涂抹用油量?

解:$T =$ 钢丝绳直径(mm)×钢丝绳长度(m)×0.0294 $= 20 × 100 × 0.0294 = 58.8$ (N),也可以用 $T = 20 × 100 × 3 = 6000(g) = 6(kg)$

根据多次实际使用后纪录的耗油情况,约为每 100m、直径 16mm~20mm 的钢丝绳,其用量在 4kg~5kg。故上述计算的用油量已有余裕。

涂抹油膏时,须用硬油刷刷涂布,不得用手直接涂抹,以防被破裂或弯曲的外部钢丝割伤。

冬寒季节,有时须预先将油膏加温,一般加热至 60℃即可。

五、钢丝绳的直径测量、规格及许用拉力计算

(一)测量直径

一般来说,刚出厂的新钢丝绳因还没有受过拉力,故实际量得的直径要比理论公称直径略大点。通常圆股钢丝绳中的光面绳约大 6%,镀锌绳约大 7%。测量钢丝绳直径的工具一般都采用游标卡尺,由于钢丝绳的外圆是由绳的股形成的,尤其是六股的钢丝绳,外层就像六边形,若不能正确的测量,结果的误差会较大。如图 3-1-12,图 3-1-13 所示。正确的方法是用卡尺来测量外接圆的直径。

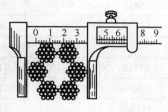

图 3-1-12　正确

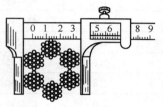

图 3-1-13　不正确

(二)钢丝绳的规格

钢丝绳的规格有许多,考虑到篇幅关系及船厂起重作业的实际情况,下面列举了常用钢丝绳的主要规格(见表 3-1-5),原先的钢丝公称抗拉强度为 140kg/mm²、200kg/mm² 的规格未被列入本表。尔后将新版国家标准的钢丝绳规格,罗列出来供参照和施行(详见附录)。

表 3-1-5　起重常用钢丝绳的主要规格

直　径		钢丝总断面积	参考重量	钢丝公称抗拉强度/(kg/mm²)		
				155	170	185
钢丝绳	钢丝			钢丝的破断拉力总和		
mm		mm²	kg/100m	kg(不小于)		
6×19 钢丝绳						
6.2	0.4	14.32	13.53	2210	2430	2640
7.7	0.5	22.37	21.14	3460	3800	4130
9.3	0.6	32.22	30.45	4990	5470	5960
11.0	0.7	43.85	41.44	6790	7450	8110
12.5	0.8	57.27	54.12	8870	9730	10550
14.0	0.9	72.49	68.50	11200	12300	13400
15.5	1.0	89.49	84.57	13850	15200	16550
17.0	1.1	108.28	102.30	16750	18400	20000
18.5	1.2	128.87	121.80	19950	21900	23800
20.0	1.3	151.24	142.90	23400	25700	27950
21.5	1.4	175.40	165.80	27150	29800	32400
23.0	1.5	201.35	190.30	31200	34200	37200
24.5	1.6	229.09	216.50	35500	38900	42350

直 径		钢丝总断面积	参考重量	钢丝公称抗拉强度/(kg/mm²)		
				155	170	185
钢丝绳	钢丝			钢丝的破断拉力总和		
mm		mm²	kg/100m	kg(不小于)		
6×19 钢丝绳						
26.0	1.7	258.63	244.40	40050	43950	47800
28.0	1.8	289.95	274.00	44900	49250	53600
31.0	2.0	357.96	338.30	55450	60850	66200
34.0	2.2	433.13	409.30	67100	73600	80100
37.0	2.4	515.46	487.1	79850	87600	95350
40.0	2.6	604.95	571.7	93750	102500	111500
43.0	2.8	701.60	663.0	108500	119000	129500
46.0	3.0	805.40	761.1	124500	136500	149000
6×37 钢丝绳						
8.7	0.4	27.88	26.21	4320	4730	5150
11.0	0.5	43.57	40.96	6750	7400	8060
13.0	0.6	62.74	58.98	9720	10650	11600
15.0	0.7	85.39	80.27	13200	14500	15750
17.5	0.8	111.53	104.8	17250	18950	20600
19.5	0.9	141.16	132.7	21850	23950	26100
21.5	1.0	174.27	163.8	27000	29600	32200
24.0	1.1	210.87	198.2	32650	35800	39000
26.0	1.2	250.95	235.9	38850	42650	46400
28.0	1.3	294.52	276.8	45650	50050	54450
30.0	1.4	341.57	321.1	52900	58050	63150
32.5	1.5	392.11	368.6	60750	66650	72500
34.5	1.6	446.13	419.4	69150	75800	82500
36.5	1.7	503.64	473.4	78050	85600	93150
39.0	1.8	564.63	530.8	87500	95950	104000
43.0	2.0	697.08	655.3	108000	118500	128500
47.5	2.2	843.47	792.9	130500	143000	156000
52.0	2.4	1003.80	943.6	155500	170500	185500
56.0	2.6	1178.07	1107.4	182500	200000	217500
60.5	2.8	1366.28	1284.3	211500	232000	252500
65.0	3.0	1568.43	1474.3	243000	266500	290000
6×61 钢丝绳						
11.0	0.4	45.97	43.21	7120	7810	8500

直径		钢丝总断面积	参考重量	钢丝公称抗拉强度/(kg/mm²)		
				155	170	185
钢丝绳	钢丝			钢丝的破断拉力总和		
mm		mm²	kg/100m	kg(不小于)		
6×61 钢丝绳						
14.0	0.5	71.83	67.52	11100	12200	13250
16.5	0.6	103.43	97.22	16000	17550	19100
19.5	0.7	140.78	132.3	21800	23900	26000
22.0	0.8	183.88	172.8	28500	31250	34000
25.0	0.9	232.72	218.8	36050	39550	43050
27.5	1.0	287.31	270.1	44500	48800	53150
30.5	1.1	347.65	326.8	53850	59100	64300
33.0	1.2	413.73	388.9	64100	70300	76500
36.0	1.3	485.55	456.4	75250	82500	89800
38.5	1.4	563.13	529.3	87250	95700	104000
41.5	1.5	646.45	607.7	100000	109500	119500
44.0	1.6	735.51	691.4	114000	125000	136000
47.0	1.7	830.33	780.5	128500	141000	153500
50.0	1.8	930.88	875.0	144000	158000	172000
55.5	2.0	1149.24	1080.3	178000	195000	212500
61.0	2.2	1390.58	1307.1	215500	236000	257000
66.5	2.4	1654.91	1555.6	256500	281000	306000
72.0	2.6	1942.22	1825.7	301000	330000	359000
77.5	2.8	2252.51	2117.4	349000	382500	416500
83.0	3.0	2585.79	2430.6	400500	439500	478000

表 3-1-6

直径		钢丝总断面积	参考重量	钢丝公称抗拉强度/(MN/m²)		
				1519	1666	1813
钢丝绳	钢丝			钢丝破断拉力总和		
mm		mm²	kg/100m	N(不小于)		
6×19 钢丝绳						
6.2	0.4	14.32	13.53	21658	23814	25872
7.7	0.5	22.37	21.14	33908	37240	40474
9.3	0.6	32.22	30.45	48902	53606	58408
11.0	0.7	43.85	41.44	55542	73010	79478
12.5	0.8	57.27	54.26	86926	95354	103390

直　径		钢丝总断面积	参考重量	钢丝公称抗拉强度/(MN/m²)		
				1519	1666	1813
钢丝绳	钢丝			钢丝破断拉力总和		
mm		mm²	kg/100m	N(不小于)		
6×19 钢丝绳						
14.0	0.9	72.49	68.5	109760	120540	131320
15.5	1.0	89.49	84.57	135730	148960	162190
17.0	1.1	108.28	102.3	164150	180320	196000
18.5	1.2	128.87	121.8	195510	214620	233240
20.0	1.3	151.24	142.9	229320	251860	273910
21.5	1.4	175.40	165.8	266070	292040	317520
23.0	1.5	201.35	190.3	305760	335160	364560
24.5	1.6	229.09	216.5	347900	381220	415030
26.0	1.7	258.63	244.4	392490	430710	468440
28.0	1.8	289.95	274	440020	482650	525280
31.0	2.0	357.96	338.3	543410	596330	648760
34.0	2.2	433.13	409.3	657580	721280	784980
37.0	2.4	515.46	487.1	782530	858480	934430
40.0	2.6	604.95	571.7	918750	1004500	1092700
43.0	2.8	701.60	663	1063300	1166200	1269100
46.0	3.0	805.41	761.1	1220100	1337700	1460200
6×37 钢丝绳						
8.7	0.4	27.88	26.21	42336	46354	50470
11.0	0.5	43.57	40.96	66150	72520	78988
13.0	0.6	62.74	58.98	95256	104370	113680
15.0	0.7	85.39	80.27	129360	142100	154350
17.5	0.8	111.53	104.8	169050	185710	201880
19.5	0.9	141.16	132.7	214130	234710	255780
21.5	1.0	175.27	163.8	264600	290080	315560
24.0	1.1	210.87	198.2	319970	350840	382200
26.0	1.2	250.95	235.9	380730	417970	454720
28.0	1.3	294.52	276.8	447370	490490	533610
30.0	1.4	341.57	321.1	518420	568890	618870
32.5	1.5	392.11	68.6	595350	653170	710500
34.5	1.6	446.13	419.4	677670	742840	808500
36.5	1.7	503.64	473.4	764890	838880	912870
39.0	1.8	546.53	530.8	857500	940310	101920

直　径		钢丝总断面积	参考重量	钢丝公称抗拉强度/(MN/m²)		
				1519	1666	1813
钢丝绳	钢丝			钢丝破断拉力总和		
mm	mm	mm²	kg/100m	N(不小于)		
6×37 钢丝绳						
43.0	2.0	697.08	655.3	1058400	1161300	1259300
47.5	2.2	843.47	792.9	1278900	1401400	1528800
52.0	2.4	1003.80	994.62	1523900	1670900	1817900
56.0	2.6	1178.07	1107.4	1788500	1960000	2131500
60.5	2.8	1366.28	1284.3	2072700	2273600	2474500
65.0	3.0	1568.43	1474.3	2381400	26611700	2842000
6×61 钢丝绳						
11.0	0.4	45.97	43.21	69776	76538	83300
14.0	0.5	71.83	67.52	108780	119560	129850
16.5	0.6	103.43	97.22	156800	171990	187180
19.5	0.7	140.78	132.3	213640	234220	254800
22.0	0.8	183.88	172.8	279300	306250	333200
25.0	0.9	232.72	218.8	353290	387590	421890
27.5	1.0	287.31	270.1	436100	478240	520870
30.5	1.1	347.65	326.8	527730	579180	630140
33.0	1.2	413.73	388.9	628180	688940	749700
36.0	1.3	485.55	456.4	737450	808500	880040
38.5	1.4	563.13	529.3	855050	937860	1019200
41.5	1.5	646.45	607.0	980000	1073100	1171000
44.0	1.6	735.51	691.4	1117200	1225000	1332800
47.0	1.7	830.33	780.5	1259300	1381800	1504300
50.0	1.8	930.88	875	1411200	1548400	1685600
55.5	2.0	1149.24	1080.3	1744400	1911000	2082500
61.0	2.2	1390.58	1307.1	2111900	2312800	2518600
66.5	2.4	1654.91	1555.6	2513700	2753800	2998800
72.0	2.6	1942.22	1825.7	2949800	3234000	3518200
77.5	2.8	2252.51	2117.4	3420200	3748500	4081700
83.0	3.0	2585.79	2430.6	3924900	4307100	4684400

（三）钢丝绳的安全承载计算

在起重吊装中，每根吊索的受力及选择，是关系到安全吊装的重要数据，都应进行仔细计算和校核，不得无根据的随意估算、选用。

1. 破断拉力

钢丝绳的破断拉力主要取决于钢丝的公称抗拉强度、钢丝绳的直径和结构。必须注

105

意的是,整根钢丝绳的实际破断拉力与组成钢丝绳的各根钢丝的破断拉力的总和是不相等的,相差的数值就是捻制丝的削弱值,这是随钢丝绳的结构而定的。按 GB 1102—74 标准,圆钢丝绳的破断拉力是根据钢丝的破断拉力总和乘上一个"换算系数"求得的,即:

$$P=CP_{总} \tag{3-1-3}$$

式中　　P——钢丝绳的破断拉力(N);

　　　　$P_{总}$——钢丝的破断拉力总和(N),查表 3-1-5;

　　　　C——换算系数,$6×19＝0.85,6×37＝0.82,6×61＝0.80$。

而新版国家标准 GB/T 8918—1996 中列出的是钢丝绳最小破断拉力。并根据钢丝绳的结构规定了与钢丝的最小破断拉力总和的关系。

如 $6×19＋FC$ 的钢丝绳:

最小钢丝破断拉力总和＝钢丝绳最小破断拉力(表中显示值)×1.197(纤维芯);

最小钢丝破断拉力总和＝钢丝绳最小破断拉力(表中显示值)×1.287(钢芯);

如 $6×37＋FC$ 的钢丝绳:

最小钢丝破断拉力总和＝钢丝绳最小破断拉力(表中显示值)×1.249(纤维芯);

最小钢丝破断拉力总和＝钢丝绳最小破断拉力(表中显示值)×1.336(钢芯);

新版国家标准的规格一个显著特点即其直径全部是整数,如:24、26、28、(30)、32、(34)、36…并规定新设计设备不得选用括号内的钢丝绳直径(如 30、34)。

2. 安全系数

钢丝绳在使用过程中的受力情况很复杂,除承受拉力外,还要承受由于弯曲、扭转、挤压和工作速度的变化等所产生的附加承载。这些附加承载又随钢丝绳的结构和工作条件不同而变化。钢丝绳的磨损、锈蚀和由于反复弯曲、拉伸产生的疲劳现象也会降低钢丝绳的强度。所以,在起重吊装中考虑钢丝绳的承载能力时,为安全起见,要留有一定的裕度,即通常所说的安全系数。

安全系数——为了弥补材料的不均匀,外力确定的不准确,计算的不精确以及考虑负荷性质,材料性质和施工作业的安全,一般要求材料在实际工作时所承受的力,是它在试验时强度极限的几分之一,而不是全部,这样的材料在工作时就有几倍的安全系数。

合理正确地选择安全系数是选择与计算钢丝绳的重要前提,它必须在保证安全的基础上,又要符合节约的原则。选择安全系数考虑如下的因素:

(1)要有足够的强度来承受最大的负荷;

(2)有足够抵抗挠曲和磨损的强度;

(3)能承受实际冲击载荷;

(4)不利的环境,例如,温度、潮湿、酸的侵蚀等。

钢丝绳的安全系数如表 3-1-7 所示。

表 3-1-7　钢丝绳的安全系数

使 用 情 况	安全系数 k	使 用 情 况	安全系数 k
缆风绳用	3.5	用于吊索,无弯曲时	6～7
用于手动起重设备	4.5	用作绑扎吊索	8～10
用于机动起重设备	5～6	用于载人的升降机	14

3. 钢丝绳的最大许用拉力计算

钢丝绳的最大许用拉力 T，可按下式计算：

$$T = \frac{P}{k} \tag{3-1-4}$$

式中　T——钢丝绳的许用拉力（N）；

　　　P——钢丝绳的破断拉力（N）查表 3-1-5 或表 3-1-6 再计算出结果；

　　　k——安全系数（查表 3-1-7）。

4. 钢丝绳的许用拉力经验估算

钢丝绳的最大许用拉力计算，需要根据钢丝绳的直径、钢丝的抗拉强度去查表再进行计算，确实比较麻烦。如用简单的经验估算法就方便多了。

经验估算公式：$T = 9d^2$

式中　T——钢丝绳的许用拉力（kg）；

　　　d——钢丝绳的直径（mm）；

但必须明确地知道这个经验估算公式是建立在什么条件上的。下面列举几组数据予以说明。

以 $\phi 13$mm（$6 \times 37 +$ FC）钢丝绳为例：

查表 3-1-5 得：公称抗拉强度 kg/mm²	155	170	185
钢丝破断拉力总和	9720	10650	11600
$k=6$；$\quad T = \dfrac{P}{k} = \dfrac{0.82 P_总}{k}$（kg）	1328.4	1455.5	1585.3
$k=5$；$\quad T = \dfrac{P}{k} = \dfrac{0.82 P_总}{k}$（kg）	1594.1	1746.6	1902.4
查表 3-1-6 得：公称抗拉强度 MPa	1570	1770	1870
最小钢丝破断拉力	78.2	88.2	93.2
$k=6$；$T = \dfrac{P}{k} = 1.249 \times 0.82 P_破 / K$（kg）	1334.8	1505.5	1590.9
$k=5$；$T = \dfrac{P}{k} = 1.249 \times 0.82 P_破 / K$（kg）	1601.8	1806.6	1909.1
经验估算　　$T = 9d^2$	1521kg		

以 $\phi 24$mm（$6 \times 37 +$ FC）钢丝绳为例：

查表 3-1-5 得：公称抗拉强度 kg/mm²	155	170	185
钢丝破断拉力总和	32650	35800	39000
$k=6$；$\quad T = \dfrac{P}{k} = \dfrac{0.82 P_总}{k}$（kg）	4462.2	4892.7	5330
$k=5$；$\quad T = \dfrac{P}{k} = \dfrac{0.82 P_总}{k}$（kg）	5354.6	5871.2	6396
查表 3-1-6 得：公称抗拉强度 MPa	1570	1770	1870
最小钢丝破断拉力	266	300	317
$k=6$；$T = \dfrac{P}{k} = 1.249 \times 0.82 P_破 / k$（kg）	4540.5	5120.9	5411.1

$k=5;T=\dfrac{P}{k}=1.249\times0.82P_{破}/k\ (\text{kg})$ 5448.6   6145.1   6493.3

经验估算 $T=9d^2$ 5184kg

以 $\phi30\text{mm}(6\times37+\text{FC})$ 钢丝绳为例：

查表 3-1-5 得:公称抗拉强度 kg/mm^2 155   170   185

　　　　　钢丝破断拉力总和   52900   58050   63150

$k=6;\qquad T=\dfrac{P}{k}=\dfrac{0.82P_{总}}{k}\ (\text{kg})$ 7229.7   7933.5   8630.5

$k=5;\qquad T=\dfrac{P}{k}=\dfrac{0.82P_{总}}{k}\ (\text{kg})$ 8675.6   9520.2   10356.6

查表 3-1-6 得:公称抗拉强度 MPa 1570   1770   1870

　　　　　最小钢丝破断拉力   416   469   496

$k=6;T=\dfrac{P}{k}=1.249\times0.82P_{破}/k\ (\text{kg})$ 7101   8005.7   8466.6

$k=5;T=\dfrac{P}{k}=1.249\times0.82P_{破}/k\ (\text{kg})$ 8521.2   9606.8   10159.9

经验估算 $T=9d^2$ 8100kg

结论:从以上几组数据来看,我们发现理论计算出来的数值比经验估算的数值高并且最接近的是:抗拉强度为 155(1570)且安全系数为 5 及抗拉强度为 185(1870)且安全系数为 6 的两组。而通常我们造船厂很少使用抗拉强度为 185(1870)的钢丝绳。因此,经验估算公式 $T=9d^2$ 是建立在抗拉强度为 155(1570)且安全系数为 5 的基础上的。

（四）船厂常用钢丝绳额定负荷（6×37＋FC,见表 3-1-8）

表 3-1-8　常用钢丝绳额定负荷

钢丝绳公称直径/mm	抗拉强度为 1570,许用拉力/kg	抗拉强度为 1770,许用拉力/kg	钢丝绳公称直径/mm	抗拉强度为 1570,许用拉力/kg	抗拉强度为 1770,许用拉力/kg
5	196	222	24	4541	5121
6	283	319	26	5343	6009
7	386	435	28	363	6981
8	505	570	(30)	7101	8006
9	640	720	32	8091	9115
10	790	891	(34)	9132	10293
11	956	1077	36	10242	11539
12	1137	1282	(38)	11403	12853
13	1335	1506	40	12649	14253
14	1548	1741	(42)	13929	15721
16	2014	2270	44	15294	17240
18	2560	2885	(46)	16728	18777
20	3158	3550	48	18094	20484
22	3824	4267	(50)	19630	22191

钢丝绳公称 直径/mm	抗拉强度为1570， 许用拉力/kg	抗拉强度为1770， 许用拉力/kg	钢丝绳公称 直径/mm	抗拉强度为1570， 许用拉力/kg	抗拉强度为1770， 许用拉力/kg
52	21337	24068	60	28336	31920
(54)	23044	25946	(62)	30384	34139
56	24751	27824	64	32262	36358
(58)	26458	29872	66	34310	38748

六、钢丝绳的编结

（一）钢丝绳的插接

1. 钢丝绳插接的种类

钢丝绳的插接一般分为两种情况：一种是将两个绳头连接成一体的插接；另一种是将绳头与绳的中间部分编结成绳套（又称索套，即吊索、八股头千斤绳）。

绳头的插接有大接（即长接）、小接（即短接）两种。小接法又分绳头插进中间部分而形成绳套（八股头）和绳头对接呈环状两种：

（1）小接　将绳头按规定拆开后，根据插编规定和要求插进绳的中部而形成绳套或者是将两个绳头按股拆开，按一定的方法把两个绳头的绳股编结在一起。用此法编结成的接头绳段，其绳头变粗（两根绳子的绳股合在一起），且一般接头长度仅为钢丝绳直径的80倍～100倍，所以亦称"短接"。

（2）大接　大接法是将两个绳头按规定拆开后，把两个绳头的绳股割去一半，然后将两个绳头对在一起，将A绳余下的一半绳股编插到B绳中去，将B绳余下的一半绳股编插到A绳中去，并且在编插绳股时，要把割断的绳股退出来，对股的绳股就编插在退出的绳股的空隙中。这种插接后的绳径可保持原来粗细不变，看不出接头，能穿越滑车组，但其插接长度一般为钢丝绳直径的800倍～1000倍左右，如直径25mm的钢丝绳接头长度达20m～25m。因此，大接又称"长接"或"长插"。

2. 插接钢丝绳的工具

钢丝绳插接时，常用一些简单工具及其用途如下列所示：

名　称	图　示	用　途
扁头锥子	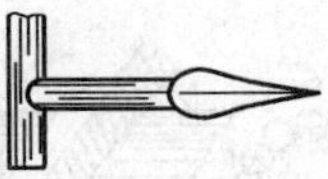	用于插入钢丝绳绳股，插入钢丝缝隙后再转动90°角，其间隙由破绳头插入
扁钩头锥子	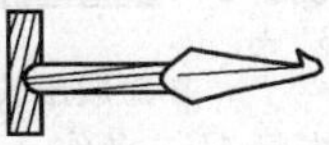	用于钩出钢丝绳麻芯
圆锥子		用于插绳扣、撺绳扣、绑绳扣
弯锥子		用于抠出麻芯

名　称	图　示	用　途
小刀		用以割绳芯
带把卡具	侧面 22 20 一块平面 100 200	用于卡住钢丝绳，在绳头扎结的后方相当于10d（钢绳直径）的长度范围处卡紧，以保证破头不松散

3. 钢丝绳的大接法

（1）绳头扎结和卡具。

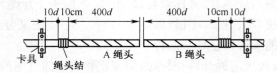

图 3-1-14　大接绳头扎结和卡具

在距离绳头端约为钢丝绳直径 d 的 400 倍处，用细麻绳扎一绳头结，长约 10cm，在绳头结后 10d 处用带把卡具卡牢。

（2）将两绳头对齐顶紧。

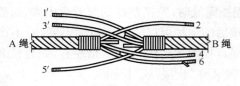

图 3-1-15　两绳头对齐顶紧

将 A、B 两绳的长股，交叉穿插如上图所示，然后拉紧长股，使两绳头对齐顶紧。

（3）长短股压绳情况与操作。

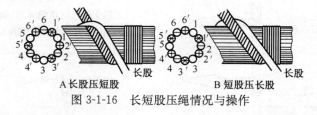

图 3-1-16　长短股压绳情况与操作

①编结前先将短股抽出来，放在相邻的另一绳头的长股上，此时短股压着长段，如上列图示。倘先编 B 绳的绳股，可将用绳的长股用卡子卡在 B 绳上，不使松动。然后拆除 A 绳的绳头结并将带把卡具移装至接口后面 400d 左右处。

②将 A 绳的短股"1"向后退，同时将 B 绳的长股"1"压进 A 绳"1"股退出的空槽内，直

压至离接口约 360d 处。此时,长股只剩下的 40d 长度,短股变长,将其保留 40d 长后,多余割去。

③将留下的 40d 长的"1"、"1"股绳头整直,并自端部 10cm 处开始用麻绳扎紧,使其粗细与麻芯相同,以压入麻芯位置,代替麻芯。

④同样方法将 A 绳的短股"3"向后退,将 B 绳的"3"股压入到离接口约 240d 处;A 绳的"5"股及 B 绳的"5"股退到离接口 120d 处,留下的绳头长度均为约 40d 长,并用麻绳帮扎绳头,使与麻芯同粗。

⑤B 绳的绳股编完后,再用同法编 A 绳的绳股,绳股编完后的位置,如图 3-1-17 所示。

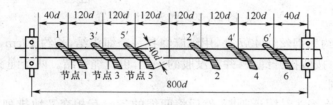

图 3-1-17　长短股压绳及绳股全部编好情况

(4)压芯操作程序。

压芯,就是将麻芯挑出,将各股剩余的绳股头压入麻芯位置。

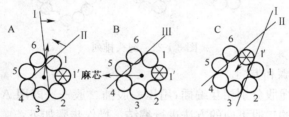

图 3-1-18　压芯操作程序

①在 A 绳中先后插入 Ⅰ、Ⅱ 两把锥子,并顺箭头方向搬开,挑出麻芯,将它切断。Ⅰ、Ⅱ 两锥暂不拔出。

②与 Ⅱ 锥同样插法再插入锥子 Ⅲ,搬开绳股,将麻芯从 4、5 股间抽出,在节点中心垫塞一个麻丝卷,使绳子不偏,然后将 1′股倒至 Ⅰ、Ⅱ 锥子中间,并用锥子 Ⅲ 将 1 股挑起,使 1′股渐渐压入 C,将 Ⅰ 锥按箭头方向顺花压转,即可将 1′股压入原麻芯位置中去。这样麻芯渐抽,1′股渐压,直到 1′股即将压入时切断麻芯,将麻芯头压回绳中。1′股与麻芯应搭接 1cm。用同法 1 股压入到绳芯中去。

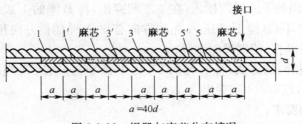

图 3-1-19　绳股与麻芯分布情况

111

③用同样方法将其余二股的绳股头压入麻芯位置。压芯时应随压随用木捶敲打,以保持钢丝绳外形圆滑。B绳压完后,以同法压A绳。压芯后绳股与麻芯分布情况,如上图所示。

4. 钢丝绳的小接法

(1)绳头及卡具位置(见图3-1-20)。

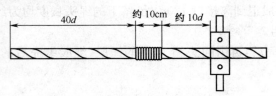

图 3-1-20　绳头及卡具位置

在距绳头端约为钢丝绳40d处,用细麻绳扎一个绳头结,长约10cm,绳头结后约10d处,用卡具卡牢。按股拆开绳头,并在没股的头上,也扎绳头结。两个绳头操作相同。

(2)绳头排列。

将二根麻芯在绳头结附近割断,然后将两绳的各股互相交叉地排列,拉紧各股,并用带把卡具使两绳头对齐顶紧,如图3-1-21所示。

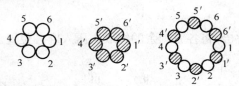

图 3-1-21　绳头排列

(3)绳股压插步骤和方向。

将A、B两绳的绳股分别相互编插,用压一股插二股——即用A绳(或B绳)的一股压入B绳(或A绳)的二股下面的方法进行编结。操作步骤如下:

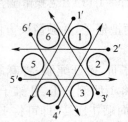

图 3-1-22　各绳股压插方向

①解开两绳的绳头结;

②用锥子在A绳的1、6股间插入,在4、5间穿出,将B绳的1'股顺锥子空隙压过A绳,压在A绳5、6之下(B绳1'股压A绳的方向必须A绳搓捻方向相反),拉紧1'股后,拔出锥子,并用木槌敲打,使钢丝绳顺股;

③用与压1'股相同的方法,将B绳的2'、3'、4'、5'、6'分别从A绳的1、2、3、4、5、6插入,从5、6,6、1,1、2,2、3,3、4间穿出。

(4)压插次数和要求。

以上算是完成了1次压插。B绳每股至少压插入A绳中的次数随钢丝绳的粗细而定,绳直径小于 12mm 时为 2 次,在 12mm～20mm 间为 3 次,大于 20mm 的为 4 次,插至带把卡具处即可将卡具拆下。

①将剩余未插完的 B 绳各股钢丝割断一半,用留下的一般钢丝,按以上办法再压插一次。

②将剩余的每股钢丝再割去一半,用留下的 1/4 的钢丝,再按上述方法压插一次。这样,在尾部就逐渐变细了。小接的总压插次数一般为 4 次～6 次。

③B 绳各股插完后,即可将 A 绳各股用同样方法压入 B 绳绳股间,压的次数和方法与 B 绳压插方法相同。

在压插过程中,每压 1 股应用木槌全部敲打 1 次,并将多余的各股钢丝绳割去,然后用镀锌铁丝绑扎插接处的两端部,小接工作即告完成。

5. 绳套插接法

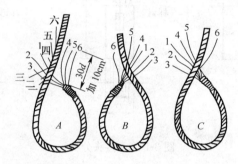

图 3-1-23　绳套插接法(八股头)

(1)在距离绳端 30d＋10cm 处用一绳夹予以固定,在每股绳头上各扎一绳头结,然后将绳头按股拆开。

(2)在第一根对应处沿绳股搓捻反向右边两根(第 6、第 5 根)将第一股绳头从与绳股搓捻方向相反的方向插入绳缝中,将第二股插入绳股搓捻反向左边三根的绳缝中使绳头压在 1、2、3、三根绳股之下,第三股压在 1、2 两根绳股之下,第四股压在一股绳股下,用力拉紧;

(3)沿绳股搓捻反向右边两根(第 6、第 5 根),再将纤维绳芯压进,剪除一半,再压进。

(4)将第五股绳头从第 6 根的正向插入,反复压插五次。

(5)将第六股绳头从第 5 根的正向插入,反复压插五次。

(6)按顺序依次将第一股从第 4 根的正向插入,反复压插四次。第二股正向插入第 3 根反复压插四次。第三股正向插入第 2 根反复压插三次。第四股正向插入第一根反复压插三次。

(7)最后将多余露出的各股钢丝剪除。然后用木槌敲打,使之顺股,受力均匀。

(二) 钢丝绳铝合金压制接头

用铝合金压制接头的钢丝绳近些年在造船厂已被广泛的应用,它与插接钢丝绳相比具有牢固,结构完整,制作速度快等特点。同时,制作工艺要求比较高,一般在造船厂的起重工具间内无法完成制作。而且它只比较适应于圆股钢丝绳,尤其是单股、异型股不能用。从制作手段来看,大于 ϕ60mm 的钢丝绳若采用铝合金压制接头,就必须另行予以承载试验以确认其安全性。

1. 接头的分类

钢丝绳的铝合金压制接头通常按其结构的外形分为：

A 型——圆柱形接头，见图 3-1-24(a)；

B 型——圆柱倒角形接头，见图 3-1-24(b)；

C 型——圆柱锥端形接头，见图 3-1-24(c)。

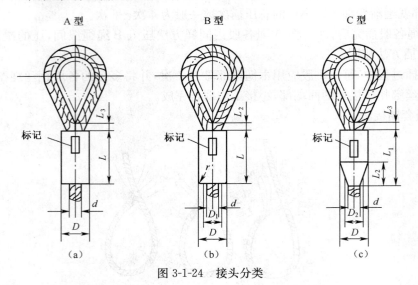

图 3-1-24　接头分类

2. 接头的型号

(1)型号表示方法。

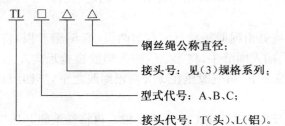

钢丝绳公称直径；

接头号：见(3)规格系列；

型式代号：A、B、C；

接头代号：T(头)、L(铝)。

(2)标记示例。

直径为 16mm 的钢丝绳，按钢丝绳截面积选用 18 号圆柱锥端型铝合金压制接头：

接头 TLC18-16　GB6946

(3)规格系列。

①接头号。

接头号系列如下：

6	7	8	9	10	11	12	13
14	16	18	20	22	24	26	28
30	32	34	36	38	40	44	48
52	56	60					

②接头基本参数。

接头基本参数应按表 3-1-9 的规定。

114

表 3-1-9　接头基本参数

接头号	D		D_{1min}	D_{2min}	L_{min}	L_{1min}	L_{2min}	$L_3 \approx$	r	压制力/kN（参考值）
	基本尺寸	极限偏差								
6	13	+0.15	11	—	30	—	—	3	6	300
7	15	0	13	—	34	—	—	4	7	350
8	17		15	—	38	—	—	4	8	400
9	19	+0.20	17	15	44	48	20	5	9	450
10	21	0	18	16	49	53	22	5	10	500
11	23		20	18	54	58	24	6	11	600
12	25	+0.30	22	19	59	64	27	6	12	700
13	27	0	24	21	64	69	29	7	13	800
14	29		25	22	69	74	31	7	14	1000
16	33	+0.40	29	25	78	83	35	8	16	1200
18	37	0	32	28	88	94	40	9	18	1400
20	41		36	31	98	105	44	10	20	1600
22	45	+0.50	39	34	108	115	49	11	22	1800
24	49	0	43	37	118	126	53	12	24	2000
26	54		46	41	127	134	57	13	26	2250
28	58	+0.60	50	44	137	145	62	14	28	2550
30	62	0	53	47	147	155	66	15	30	2950
32	66		56	50	157	168	71	16	32	3400
34	70	+0.70	59	53	167	178	75	17	34	3800
36	74	0	63	56	176	185	79	18	36	4300
38	78		66	59	186	196	84	19	38	4800
40	82	+0.80	69	62	196	200	88	20	40	5300
44	90	0	75	68	215	228	96	22	44	6200
48	98		81	74	235	248	106	24	48	7300
52	106	+0.90	87	80	255	270	114	26	52	8600
56	114	0	93	86	275	290	124	28	56	10000
60	124		99	93	295	315	132	30	60	12000

3. 接头号的选取

接头号的选取与钢丝绳公称直径及其金属截面积有关。按表 3-1-10 中钢丝绳公称直径，再根据钢丝绳的金属截面积选取接头号。

介于表 3-1-10 钢丝绳公称直径系列之间的钢丝绳，应按下列原则靠入系列：

(1)在直径公称 6mm～14mm 范围内，所选用的钢丝绳公称直径按小数位四舍五入靠入系列。例如 ϕ9.3mm 靠 ϕ9mm；

(2)在直径大于 14mm～40mm 范围内，所选用的钢丝绳公称直径与表 3-1-10 中钢丝绳公称直径之差小于 1mm 时，靠入系列小值，当直径差大于或等于 1mm 时，靠入系列大值。例如：ϕ22.5mm 靠 ϕ22mm，ϕ31mm 靠 ϕ32mm；

(3)在直径大于 40mm～60mm 范围内，所选用的钢丝绳公称直径与表 3-1-10 中钢丝绳公称直径之差小于或等于 2mm 时,靠入系列小值,当直径差大于 2mm 时,靠入系列大值。例如 $\phi46mm$ 靠 $\phi44mm$,$\phi47.5$ 靠 $\phi48mm$。

表 3-1-10　钢丝绳金属截面积与接头号关系表

钢丝绳公称直径/mm	第一种情况			第二种情况			第三种情况		
	钢丝绳金属截面积		接头号	钢丝绳金属截面积		接头号	钢丝绳金属截面积		接头号
	>	≤		>	≤		>	≤	
6	11.9	16.5	6	16.5	20.5	7	20.5	25.9	8
7	13.9	13.9	7	19.2	23.9	8	23.9	30.0	9
8	18.1	18.1	8	25.0	31.2	9	31.2	39.0	10
9	22.9	22.9	9	31.7	39.4	10	39.4	49.5	11
10	28.3	28.3	10	39.2	48.7	11	48.7	61.3	12
11	34.2	34.2	11	47.5	58.9	12	58.9	74.1	13
12	40.7	40.7	12	56.6	70.1	13	70.1	88.0	14
13	47.8	47.8	13	66.2	82.3	14	82.3	104.0	16
14	55.4	55.4	14	76.8	95.4	16	95.4	120.0	18
16	72.4	72.4	16	100.0	125.0	18	125.0	157.0	20
18	91.6	91.6	18	127.0	15.80	20	158.0	199.0	22
20	113.0	113.0	20	157.0	195.0	22	195.0	245.0	24
22	137.0	137.0	22	189.0	236.0	24	236.0	296.0	26
24	163.0	163.0	24	226.0	280.0	26	280.0	353.0	28
26	191.0	191.0	26	265.0	329.0	28	329.0	414.0	30
28	222.0	222.0	28	308.0	382.0	30	382.0	480.0	32
30	254.0	254.0	30	352.0	438.0	32	438.0	551.0	34
32	290.0	290.0	32	401.0	499.0	34	499.0	627.0	36
34	327.0	327.0	34	454.0	563.0	36	563.0	708.0	38
36	366.0	366.0	36	509.0	631.0	38	631.0	794.0	40
38	408.0	408.0	38	565.0	703.0	40	703.0	884.0	44
40	452.0	452.0	40	630.0	780.0	44	780.0	980.0	48
44	547.0	547.0	44	760.0	942.0	48	942.0	1185.0	52
48	651.0	651.0	48	904.0	1121.0	52	1121.0	1411.0	56
52	764.0	764.0	52	1061.0	1316.0	56	1316.0	1656.0	60
56	886.0	886.0	56	1231.0	1526.0	60	—	—	—
60	1017.0	1017.0	60	—	—		—	—	

4. 技术要求

(1)接头材料推荐采用 GB 3191 中 LF2、LF21 铝合金材料制成的扁椭圆管。化学成分应符合 GB 3190 的规定。机械性能:抗拉强度 $\sigma_b \geqslant 170MPa$,延伸率 $\delta_5 \geqslant 20\%$。

(2)扁椭圆管表面应光滑、无毛刺,不得有裂纹、机械损伤及其他明显缺陷。用超声波探伤检查管的内部缺陷,不允许有缩孔、裂纹、分层、夹渣等。

(3)与接头相匹配的钢丝绳应符合 GB 1102、GB 8918 中所规定的圆股钢丝绳,并必须附有质量证明书。钢丝绳公称抗拉强度不得大于 1770MP。

116

(4)采用套环时,包括套环的钢丝绳不得有松股现象,应贴合紧密、平整。

(5)当无套环时,接头到绳套内边的距离 L 必须大于或等于 3 倍的吊钩宽度(B)或 15 倍钢丝绳直径(d),如图 3-1-25 所示。

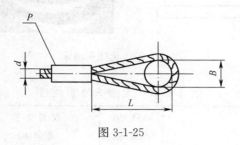

图 3-1-25

(6)加压前钢丝绳端部不得松散。

5. 接头的压制

(1)压制前,模具的接合面和膜腔应清洁,模具磨损到不能满足表 3-1-9 中基本尺寸要求时应予报废。

(2)压制时必须按接头号选用相应的压制模具。

(3)接头必须在压力机上一次缓慢压制成型。

(4)压制接头的扁椭圆管长轴必须与加压方向一致(见图 3-1-26),上、下模具的接触面在加压终了必须接触。

(5)在压制过程中不得损伤钢丝绳。

(6)接头表面应光滑,无裂纹,无飞边、毛刺。

图 3-1-26　压制接头

(7)C 型压制接头,钢丝绳端部应封在接头内部,距接头 P 端不得大于 $0.5d$;A 型和 B 型接头,钢丝绳端部必须超出接头 $0.5d \sim 1.0d$。

(8)接头合模错移量:径向不得超过 $0.5mm$;轴向不得超过 $1mm$。接头圆度公差不得超过 $1mm$。

6. 使用注意事项

(1)接头在使用中不允许受弯。

(2)接头工作环境温度范围 $-40℃ \sim +150℃$。

7. 接头处的强度

应能承受钢丝绳最小破断拉力的 90% 的静载荷,以及承受钢丝绳最小破断拉力 15%～30% 的冲击载荷。

(三)无接头绳索(见图 3-1-27 及表 3-1-11)

无接头绳索的显著特点是柔软、吊点多、吊装空间要求小、载荷高。它是用一根细又长的钢丝绳,在一个事先搭好架子的圆钢上缠绕而成 6 股钢丝绳,最后抽取圆钢心。如用直径 37mm 的钢丝绳,缠绕成直径为 110mm 的钢丝绳。此时它的安全承载就达到 110t 左右,因此它能够适用于变压器、造船及特殊机械制造的多种环境下的大件吊装的特殊要求。但是,在使用时必须注意,这种无接头的环状钢丝绳在出厂时都有一小段用红漆标志过的(见左下图中一段深色标志)。而这一小段必须与挂钩处或卸扣连接处错开。

图 3-1-27　无接头绳索

表 3-1-11　无接头绳索规格

无接头绳直径/mm	每米质量/kg·m⁻¹	最小破断力/kg	单只工作载荷/kg	双只工作载荷/kg		四只工作载荷/kg	
			α＝0°	α＝45°	α＝90°	α＝45°	α＝90°
10	0.21	6000	1000	1800	1400	3700	2800
12	0.35	10000	1600	3000	2000	5800	4000
16	0.59	18000	3000	5600	4000	11200	8000
19	0.84	24000	4000	7400	5600	14800	11200
23	1.51	38000	6300	11700	8800	23400	17600
29	2.36	48000	8000	14800	11300	29600	22600
34	2.86	60000	10000	18500	14100	37000	28200
40	3.99	90000	15000	27800	21200	55600	42400
46	6.02	120000	20000	37000	28200	74000	56400
54	7.63	150000	25000	46300	35300	92600	70600
60	9.45	200000	32000	59200	45100	118400	90200
67	11.41	240000	40000	74000	56400	148000	112800
75	13.58	300000	50000	92500	70500	185000	141000
80	25.96	360000	60000	111000	85000	22200	170000
87	18.48	420000	70000	130000	99000	260000	198000
95	24.15	480000	80000	148000	113000	296000	226000
100	27.3	588000	98000	181000	138000	362000	276000
110	30.59	690000	115000	213000	162000	426000	324000
118	41.58	780000	130000	241000	183000	482000	366000
135	46.9	1020000	170000	310000	240000	610000	470000
148	55.79	1200000	200000	370000	280000	720000	560000
160	65.52	1140000	240000	440000	340000	860000	670000
172	76.3	1680000	280000	520000	400000	1000000	780000

无接头绳直径/mm	每米质量/kg·m⁻¹	最小破断力/kg	单只工作载荷/kg α=0°	双只工作载荷/kg α=45°	双只工作载荷/kg α=90°	四只工作载荷/kg α=45°	四只工作载荷/kg α=90°
184	89.6	1800000	300000	550000	420000	1080000	840000
196	100.2	2040000	340000	630000	480000	1220000	950000
208	115.5	2280000	380000	700000	537000	1360000	1060000
220	129.5	2520000	420000	770000	594000	1500000	1170000
234	144.2	2820000	470000	870000	660000	1690000	1310000
246	159.6	3120000	520000	960000	735000	1870000	1450000
258	175.7	3420000	570000	1050000	800000	2050000	1600000
276	201.6	3960000	660000	1220000	930000	2370000	1840000
295	229.0	4500000	750000	1380000	1060000	2700000	2100000
306	248.2	4920000	820000	1520000	1160000	2950000	2290000
324	280.0	5520000	920000	1700000	1300000	3310000	2570000
336	301.7	5940000	990000	1800000	1400000	3650000	2770000
356	335.3	6600000	1100000	2030000	1550000	3960000	3080000
368	359.1	7200000	1200000	2220000	1700000	4320000	3360000

七、钢丝绳的报废（见表 3-1-12）

钢丝绳出现下列情况之一者，应予报废。

(1)钢丝绳受到电弧等强高热的烧伤；

(2)钢丝绳有明显的内部腐蚀；

(3)钢丝绳绳芯脱出；

(4)钢丝绳绳芯变粗较严重；

(5)钢丝绳表层钢丝磨损达钢丝直径的40%；

(6)钢丝绳长期受力伸长，外力解除后不能复原，或者由于磨损，使得直径变细。若直径减少了7%时；

(7)钢丝绳表面出现尖刺现象，且每米长度内的尖刺数目超过了钢丝总数的10%；

(8)钢丝绳各股中有整股断裂；

(9)钢丝绳扭结或折弯而无法恢复原状时；

(10)钢丝绳全部生锈，当刮去锈迹后，钢丝上凹痕明显；

(11)钢丝绳一个节距内断丝根数达下列表中所规定的根数时。

表 3-1-12　钢丝绳报废标准

钢丝绳最初的安全系数	钢丝绳结构					
	6×19		6×39		6×61	
	在一个节距内的钢丝破断的根数					
	交互捻	同向捻	交互捻	同向捻	交互捻	同向捻
6 以下	12	6	22	11	36	18
6～7	14	7	26	13	38	19
7 以上	16	8	30	15	40	20

第二节　麻　绳

一、麻绳的种类、特点和用途

（一）麻绳的种类

麻绳分为机制和手工制两种，因其拧搓均匀紧密，能承受较大的拉力，在起重吊装作业中，被广泛采用。麻绳的原料主要是以不易腐烂的龙瑟兰麻、西沙尔麻及马尼拉麻制成。统称为白棕绳。

麻绳按照拧成的股数可分为三股，四股、九股及十二股等，在起重吊装作业中，以三股居多。

麻绳还可分为浸油和不浸油两种。浸油的抗潮防腐性能好，但质地变硬，绕性较差，强度要比不浸油的降低约 10%～20%。不浸油的在干燥状态下，强度和弹性都很好，但容易受潮，受潮后其强度降低约 50%甚至更低。

（二）麻绳的重要特点

麻绳在起重吊装作业中是不可或缺的起重索具，它具有质地柔韧、携带轻便和容易绑扎等优点，但若与相同直径的钢丝绳相比较其强度较低，麻绳的抗拉强度仅为钢丝绳的10%左右，且易磨损，受潮后强度会加速下降。

（三）麻绳的主要用途

麻绳主要用于①绑扎构件；②吊起较轻的构件；③起吊构件或重物时，用以拉紧以保持被吊物的稳定和就位；④吊重量不大的起重桅杆缆风拉绳等；⑤一般仅限于手动操作（经过滑轮）拉起不大的负荷。机械机动操作中不提倡使用麻绳。

二、使用麻绳的注意要点

（1）当使用麻绳于手动机构的时候，卷筒或滑轮的直径应不小于麻绳直径的 10 倍；

（2）旧麻绳的起重能力按其破旧程度，可为新麻绳拉力的 40%～60%，受潮绳强度还应相对的降低，断绳股禁止使用；

（3）旧麻绳用于起吊重要构件的时候，须经过超载试验以确保安全；

（4）麻绳应避免在尖锐的铁件或沿地（具有砂、石屑等颗粒之类）拖跑，以防拉毛、损

耗;

(5)麻绳中有绳结时,不要穿过滑车等狭小处,以防麻绳纤维被切断而影响麻绳强度;

(6)作业过程中,对穿过滑轮的麻绳,应随时注意勿使其脱离滑轮的轮槽,以免绳轮受卡,发生事故;

(7)麻绳应放在干燥处,并与腐蚀性物品隔开,如酸类、碱类及易生烟等化学品,最易使麻绳受损害,干燥油(如亚麻仁油)等亦会损坏麻绳,故应与其避免接触。

三、麻绳的安全承载(见表3-2-1及表3-2-2)

(一)麻绳的许用拉力计算

麻绳的许用拉力计算可按下式求得:

$$T = P/k$$

式中　T——麻绳的许用拉力(N);

　　　P——麻绳的破断拉力(N,查表3-2-1);

　　　k——安全系数(见表3-2-2)。

(二)麻绳的许用拉力经验估算

船厂的起重工经常需要登轮工作,不可能身边总带着各种数据表,因而降低了通过计算获取许用拉力数值的几率。人们在生产实践活动中,经过多年的努力,总结出了一个行之有效且简便易记的方法,即用通常所说的经验公式。

$$S = (5 \sim 7)d^2 \tag{3-2-1}$$

式中　已计入5倍的安全系数。

　　　S——许用拉力(N);

　　　d——麻绳的直径(mm)。

当$d < 22$mm时,公式括号中取大值;当$d > 22$mm时,公式括号中取小值。

四、麻绳的规格及额定负荷量

我国生产的麻绳规格及额定负荷量如表3-2-1所示。

表 3-2-1　白棕绳破断拉力

直径/mm	圆周/mm	每卷(200m)质量/kg	破断拉力/N	良好绳索容许拉力/N			最小滑车直径/mm $D > 10d$
				$k=3$	$k=5$	$k=6$	
6	19	6.5	2000	670	400	330	100
8	25	10.5	3250	1030	650	540	100
11	32	17	5750	1660	1150	960	150
13	33	23.5	8000	1910	1600	1330	150
14	44	32	9500	3170	1900	1580	150
16	51	41	11500	3830	2300	1920	200
19	57	52.5	13000	4330	2600	2170	200
20	63	60	16000	5300	3200	2670	200

直径/ mm	圆周/ mm	每 卷 (200m) 质量/kg	破断拉力/ N	良好绳索容许拉力/N			最小滑车 直径/mm D＞10d *
				K＝3	K＝5	K＝6	
22	70	70	185000	6170	3700	3030	220
25	76	90	24000	8000	4500	4000	250
29	89	120	26000	8670	5200	4333	290
33	101	165	29000	9670	5800	4833	330
38	114	200	35000	11670	7000	5833	380
41	127	250	37500	12500	7500	6250	410
44	140	290	45000	15000	9000	7500	440
50	152	330	60000	20000	12000	10000	510
57	178	450	65000	21670	13000	10833	570
63	190	500	70000	23333	14000	11667	630

表 3-2-2　麻绳的安全系数 k

使 用 情 况		k 值	说　明
一般吊装用	新绳	≥3	使用旧绳起重时,应先作超载 25%的静载荷试验或超载 10%的动载荷试验。有断丝、霉烂、损伤的麻绳,不能用作起重。一般情况,旧绳的容许拉力取新绳的 40%～60%
	旧绳	≥6	
重要的起重吊装用		10	
吊索及缆风绳用	新绳	≥6	
	旧绳	12	

第三节　尼 龙 绳

一、尼龙绳的特性和用途

　　在起运和吊装表面光洁的零件、软金属制品、磨光的轴销或其他表面不许磨损的设备时,应该使用尼龙绳等非金属绳索。

　　尼龙绳具有质量小、柔软、耐油、耐腐蚀、不怕虫蛀;并具有弹性,能减少冲击,吸水率只有 4%等优点。尼龙绳在开始吊装时,伸长很显著,当额定满载时,它的最大伸长率达到 40%左右。弹性好,延伸率大,这是尼龙绳的一个重要特性。所以在破断拉力相同的情况下,尼龙绳的抗冲击能力比钢丝绳好。它和钢丝绳配合应用于船舶系缆最为合适,钢缆略松一点,尼龙缆略紧一点。当遇到飓风时,让尼龙缆接受冲击,钢缆则承担负载。

二、尼龙绳的规格及额定负荷

　　我国生产的尼龙绳技术规格如表 3-3-1 所示。

表 3-3-1 尼龙绳的技术规格

规　格		直径允差/	丙纶绳的许用拉力			
公称直径/ mm	周长近似 /in	mm	人拉肩抬 $K=3.5$		机械吊运 $K=6$	
			N	kg	N	kg
8	1	7～8	1960	200	1143	117
10	$1\frac{1}{4}$	9～10	2800	286	1633	167
12	$2\frac{1}{4}$	11～12	4480	457	2613	267
14	$1\frac{3}{4}$	13～14	6720	686	3920	400
16	2	15～16	8400	857	4900	500
18	$2\frac{1}{4}$	17～18	10080	1029	5880	600
20	$2\frac{1}{2}$	19～20	12880	1314	7513	767
22	$2\frac{3}{4}$	21～22	15120	1543	8820	900
24	3	23～24	17360	1771	10127	1033
26	$3\frac{1}{4}$	25～26	20160	2057	11760	1200
28	$3\frac{1}{2}$	27～28	22960	2343	13393	1367
30	$3\frac{3}{4}$	29～30	25760	2629	15027	1533
32	4	31～32	28000	2857	16333	1667
34	$4\frac{1}{4}$	33～34	30800	3143	17967	1833
36	$4\frac{1}{2}$	35～36	35000	3571	20417	2083
38	$4\frac{3}{4}$	37～38	40600	4143	23683	2417
40	5	39～40	44800	4571	26133	2667
42	$5\frac{1}{4}$	41～42	49291	4971	28753	2900
44	$5\frac{1}{2}$	43～44	50400	5143	29400	3000
46	$5\frac{3}{4}$	45～46	54600	5571	31850	3250
48	6	47～48	58800	6000	34300	3500
50	$6\frac{1}{4}$	49～50	64400	6571	37567	3833
55	$6\frac{7}{8}$	52～56	70000	7143	40833	4167
60	$7\frac{1}{2}$	57～61	78400	8000	45733	4667
64	8	62～65	84000	8571	49000	5000

规 格		直径允差/	丙纶绳的许用拉力			
公称直径/ mm	周长近似 /in	mm	人拉肩抬 K＝3.5		机械吊运 K＝6	
			N	kg	N	kg
70	8 $\frac{3}{4}$	66～71	103600	10571	60433	6167
75	9 $\frac{1}{4}$	72～76	114800	11714	66967	6833
80	10	77～81	128800	13143	75133	7667
85	10 $\frac{1}{2}$	82～86	142800	14571	83300	8500
90	11	87～91	159600	16286	93100	9500
95	11 $\frac{1}{4}$	92～96	170800	17429	99633	10167
100	12 $\frac{1}{2}$	97～102	187600	19143	109433	11167

三、尼龙绳的计算

1. 理论计算

起重作业中,尼龙绳的强度计算仍按拉伸强度进行计算,其公式为:

$$T=\frac{P}{k} \tag{3-3-1}$$

式中　T——尼龙绳的许用拉力(N);

　　　P——尼龙绳的破断拉力(N,查表 3-3-2);

　　　k——安全系数,用于人力扛抬,拖拉时 $k=3.5$,用于系挂或吊装设备时 $k=6$。

2. 经验计算

在起重安装作业中,有时缺乏技术资料,可用下列公式估算:

破断拉力:$P \approx 108d^2$(N)

许用拉力:$T \approx 18d^2$(N)

式中　P——锦纶、丙纶绳的破断拉力(N);

　　　T——锦纶、丙纶绳在安全系数为 6 时的近似许用拉力(N);

　　　d——锦纶、丙纶绳的直径(mm);

相同直径的尼龙绳强度依次为锦纶——→丙纶绳——→维纶绳。

表 3-3-2　尼龙绳的破断拉力

规 格		直径允差/	破 断 拉 力					
公称直径/ mm	周长近似/ in	mm	锦 纶		丙 纶		维 纶	
			N	kg	N	kg	N	kg
8	1	7～8	7874	800	6860	700	4410	450
10	1 $\frac{1}{4}$	9～10	10780	1100	9800	1000	5880	600

规　格		直径允差/ mm	破　断　拉　力					
公称直径/ mm	周长近似/ in		锦　纶		丙　纶		维　纶	
			N	kg	N	kg	N	kg
12	$1\frac{1}{2}$	11～12	15680	1600	15680	1600	8820	900
14	$1\frac{3}{4}$	13～14	24500	2500	23520	2400	9800	1000
16	2	15～16	29400	3000	29400	3000	13720	1400
18	$2\frac{1}{4}$	17～18	36260	3700	35280	3600	17640	1800
20	$2\frac{1}{2}$	19～20	47040	4800	45080	4600	19600	2000
22	$2\frac{3}{4}$	21～22	56840	5800	52920	5400	22540	2300
24	3	23～24	68600	7000	60760	6200	29400	3000
26	$3\frac{1}{4}$	25～26	78400	8000	70560	7200	—	—
28	$3\frac{1}{2}$	27～28	88200	9000	80360	8200	—	—
30	$3\frac{3}{4}$	29～30	102900	10500	90160	9200	—	—
32	4	31～32	112700	11500	98000	10000	—	—
34	$4\frac{1}{4}$	33～34	119560	12200	107800	11000	—	—
36	$4\frac{1}{2}$	35～36	137200	14000	122500	12500	—	—
38	$4\frac{3}{4}$	37～38	156800	16000	142100	14500	—	—
40	5	39～40	171500	17500	156800	16000	—	—
42	$5\frac{1}{4}$	41～42	186200	19000	172520	17400	—	—
44	$5\frac{1}{2}$	43～44	196000	20000	176400	18000	—	—
46	$5\frac{3}{4}$	45～46	215600	22000	191100	19500	—	—
48	6	47～48	230300	23500	205800	21000	—	—
50	$6\frac{1}{4}$	49～50	245000	25000	225400	23000	—	—
55	$6\frac{7}{8}$	52～56	274400	28000	245000	25000	—	—
60	$7\frac{1}{2}$	57～61	294000	30000	274400	28000	—	—
64	8	62～65	343000	35000	294000	30000	—	—
70	$8\frac{3}{4}$	66～71	392000	40000	362600	37000	—	—
75	$9\frac{1}{4}$	72～76	431200	44000	401800	41000	—	—

（续）

规 格		直径允差/mm	破 断 拉 力					
公称直径/mm	周长近似/in		锦纶		丙纶		维纶	
			N	kg	N	kg	N	kg
80	10	77～81	490000	50000	450800	46000	—	—
85	10 $\frac{1}{2}$	82～86	539000	55000	499800	51000	—	—
90	11	87～91	597800	61000	558600	57000	—	—
95	11 $\frac{1}{4}$	92～96	646800	66000	597800	61000	—	—
100	12 $\frac{1}{2}$	97～102	705600	72000	656600	67000	—	—

四、尼龙吊装带

尼龙吊装带——合成纤维吊装带（见图 3-3-1）是近些年新涌现出来的革命性索具。它与钢丝绳相比相对轻便，同时操作起来也更安全、简易、快捷，减少对人身反向伤害的可能性；在使用过程中有减震、不腐蚀、不导电。并且在易燃、易爆环境下使用无火星等特点；在船舶建造中，可减少吊装作业对易受操作表面损伤和对喷漆表面的损害。它是采用优质聚脂工业长丝为原料，其结构是由无极环绕平行排列的丝束组成的承载环套（承载芯），配以特制的耐磨套管组成。外套管不承重，只对平绕丝束起保护作用，使吊装带具有更长的服务寿命。使用性能具有良好的稳定性，强度不会随时间产生变化。经多次实验证明，在严重超载或经长期使用造成承载芯有局部损伤时，其外套会首先断裂示警，可避免事故的发生，这是尼龙吊装带最具独特之处，外套的好坏是决定吊装带应否报废的唯一标准，使吊装带的日常安全检查简单明了。吊装带的截面形状是随吊件的表面形状变化，而且其本身十分柔软易曲，工作中会紧紧贴服或缠在吊件周围，而不会损坏吊件，即使在吊运中被轻度撞击，其破坏的可能性也会比其他吊索小；对碳氧化合物和大多数化学物质的溶剂有较高的抵抗力。

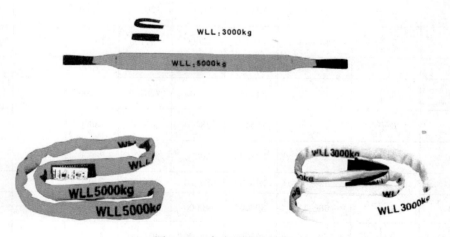

图 3-3-1　合成纤维吊装带

（一）A类环形吊装带（见图3-3-2）

图 3-3-2　A类环型吊装带

表 3-3-3　A类环型吊装带规格参考表

序列代码	载荷/kg	近似厚度/mm	近似宽度/mm	最小长度/m	最大长度/m	重量/(kg·m)
A1-01	1000	6	40	0.5	80	0.4
A1-02	2000	7	50	0.5	80	0.61
A1-03	3000	8	60	0.5	80	0.75
A1-04	4000	9	70	0.5	80	0.80
A1-05	5000	11	75	0.5	80	0.84
A1-06	6000	12	80	1.0	80	0.98
A1-08	8000	13	90	1.0	80	1.10
A1-10	10000	15	100	2.0	80	2.20
A1-12	12000	16	110	2.0	80	3.20
A1-15	15000	18	125	2.0	80	3.80
A1-20	20000	20	150	2.5	80	5.20
A1-25	25000	24	180	2.5	80	6.50
A1-30	30000	32	200	2.5	80	7.80
A1-40	40000	40	200	2.5	80	10.4
A1-50	50000	45	220	2.5	80	13.0
A1-60	60000	65	220	4.0	80	15.6
A1-80	80000	70	260	4.0	80	20.8
A1-100	100000	80	290	4.0	80	25.0
A1-200	200000	120	450	5.0	80	64.0
A1-300	300000	160	525	5.0	80	79.0
A1-400	400000	200	670	5.0	80	95.5
A1-500	500000	220	750	8.0	80	113.4
A1-600	600000	240	820	8.0	80	136.0
A1-700	700000	260	870	8.0	80	152.0
A1-800	800000	280	930	9.0	80	175.0
A1-900	900000	300	990	9.0	80	199.0
A1-1000	1000000	320	10500	9.0	80	222.0

（二）A类双眼型吊装带（见图3-3-3）

图 3-3-3　A类双眼型吊装带

表 3-3-4　A 类双眼型吊装带规格参考表

序列代码	载荷/ kg	近似厚度/ mm	近似宽度/ mm	最小长度/ m	最大长度/ m	重量/ (kg·m)
A2-01	1000	15	50	0.5	80	0.47
A2-02	2000	16	60	0.5	80	0.60
A2-03	3000	18	70	0.5	80	0.82
A2-04	4000	20	75	0.5	80	1.20
A2-05	5000	25	80	0.5	80	1.47
A2-06	6000	27	90	1.0	80	1.70
A2-08	8000	28	100	1.0	80	2.20
A2-10	10000	29	110	2.0	80	3.00
A2-12	12000	30	125	2.0	80	3.40
A2-15	15000	31	150	2.0	80	4.00
A2-20	20000	32	180	2.0	80	5.60
A2-25	25000	34	200	2.5	80	6.80
A2-30	30000	68	220	2.5	80	8.20
A2-40	40000	75	250	2.5	80	10.9
A2-50	50000	86	270	2.5	80	13.8
A2-60	60000	126	280	4.0	80	16.6
A2-80	80000	138	300	4.0	80	22.0
A2-100	100000	152	320	4.0	80	27.0
A2-200	200000	230	460	5.0	80	66.0
A2-300	300000	310	535	5.0	80	82.0
A2-400	400000	380	680	5.0	80	98.0
A2-500	500000	410	760	8.0	80	116.0
A2-600	600000	460	830	8.0	80	139.0
A2-700	700000	498	880	8.0	80	155.0
A2-800	800000	520	940	9.0	80	178.0
A2-900	900000	580	1000	9.0	80	202.0
A2-1000	1000000	610	1060	9.0	80	226.0

（三）B 类环形吊装带（见图 3-3-4）

图 3-3-4　B 类环型吊装带（扁平板式）

表 3-3-5　B 类环型吊装带规格参考表

产品编码	载荷/kg	近似厚度/ mm	近似宽度/ mm	最小长度/ m	最大长度/ m	环眼长度/ mm	环眼宽度/ mm	重量/ (kg·m)
B1-01	1000	7.5	25	1.1	100	350	25	0.22
B1-02	2000	7.5	50	1.2	100	400	30	0.43
B1-03	3000	7.5	75	1.3	100	450	50	0.75

产品编码	载荷/kg	近似厚度/mm	近似宽度/mm	最小长度/m	最大长度/m	环眼长度/mm	环眼宽度/mm	重量/(kg·m)
B1-04	4000	7.5	100	1.4	100	500	60	0.98
B1-05	5000	7.5	125	1.5	100	550	70	1.31
B1-06	6000	7.5	150	1.8	100	600	80	1.43
B1-08	8000	7.5	200	2.0	100	700	110	2.05
B1-10	10000	7.5	250	2.4	100	800	140	2.73
B1-12	12000	7.5	300	2.4	100	900	170	3.05
B1-20	20000	7.5	300	2.4	100	900	170	6.1

（四）B 类双环眼吊装带（见图 3-3-5）

图 3-3-5　B 类双环眼吊装带（扁平两端带套型）

表 3-3-6　B 类双环眼吊装带规格参考表

产品编码	载荷/kg	近似厚度/mm	近似宽度/mm	最小长度/m	最大长度/m	重量/(kg·m)
B2-02	200	7.5	25	0.5	100	0.50
B2-04	4000	7.5	50	1.0	100	0.86
B2-06	6000	7.5	75	1.0	100	1.50
B2-08	8000	7.5	100	1.5	100	1.96
B2-10	10000	7.5	125	1.5	100	2.62
B2-12	12000	7.5	150	1.5	100	2.86
B2-16	16000	7.5	200	2.0	100	4.10
B2-20	20000	7.5	250	2.0	100	5.46
B2-24	24000	7.5	300	2.0	100	6.10

（五）高强度尼龙吊装带（见图 3-3-6）

图 3-3-6　高强度吊装带

表 3-3-7　高强度吊装带规格参考表

序列代码	载荷/ kg	近似厚度/ mm	近似宽度/ mm	最小长度/ m	最大长度/ m	重量/ (kg·m)
K1-01	1000	3	20	1.5	80	0.13
K1-02	2000	4	25	1.5	80	0.21
K1-03	3000	5	30	1.5	80	0.25
K1-04	4000	6	35	1.5	80	0.27
K1-05	5000	7	37	1.5	80	0.29
K1-06	6000	8	40	2.0	80	0.33
K1-08	8000	10	45	2.0	80	0.37
K1-10	10000	12	50	2.0	80	0.74
K1-12	12000	13	55	2.0	80	1.07
K1-15	15000	15	65	3.0	80	1.27
K1-20	20000	17	75	3.0	80	1.73
K1-25	25000	20	90	3.0	80	2.17
K1-30	30000	26	100	3.0	80	2.60
K1-40	40000	35	110	3.0	80	3.47
K1-50	50000	41	125	4.0	80	4.30
K1-60	60000	60	125	4.0	80	5.20
K1-80	80000	65	130	4.0	80	6.93
K1-100	100000	72	150	5.0	80	8.30
K1-200	200000	109	220	5.0	80	21.3
K1-300	300000	151	250	5.0	80	26.3
K1-400	400000	186	320	5.0	80	31.7
K1-500	500000	203	380	8.0	80	37.8
K1-600	600000	222	410	8.0	80	45.3
K1-700	700000	238	440	8.0	80	50.7
K1-800	800000	260	460	9.0	80	58.3
K1-900	900000	280	490	9.0	80	66.3
K1-1000	1000000	300	520	9.0	80	74.0

（六）优质丝高强度吊装带（见图 3-3-7）

图 3-3-7　优质丝高强度吊装带

130

表 3-3-8　优质丝高强吊装带规格参考表

产品编码	载荷/ kg	近似厚度/ mm	近似宽度/ mm	最小长度/ m	最大长度/ m	重量/ (kg·m)
K2-01	1000	3	20	1.5	80	0.13
K2-02	2000	4	25	1.5	80	0.21
K2-03	3000	5	30	1.5	80	0.25
K2-04	4000	6	35	1.5	80	0.27
K2-05	5000	7	37	1.5	80	0.29
K2-06	6000	8	40	2.0	80	0.33
K2-08	8000	10	45	2.0	80	0.37
K2-10	10000	12	50	2.0	80	0.74
K2-12	12000	13	55	2.0	80	1.07
K2-15	15000	15	65	3.0	80	1.27
K2-20	20000	17	75	3.0	80	1.73
K2-25	25000	20	90	3.0	80	2.17
K2-30	30000	26	100	3.0	80	2.60
K2-40	40000	35	110	3.0	80	3.47
K2-50	50000	41	125	4.0	80	4.30
K2-60	60000	60	125	4.0	80	5.20
K2-80	80000	65	130	4.0	80	6.93
K2-100	100000	72	150	5.0	80	8.30
K2-200	200000	109	220	5.0	80	21.3
K2-300	300000	151	250	5.0	80	26.3
K2-400	400000	186	320	5.0	80	31.7
K2-500	500000	203	380	8.0	80	37.8
K2-600	600000	222	410	8.0	80	45.3
K2-700	700000	238	440	8.0	80	50.7
K2-800	800000	260	460	9.0	80	58.3
K2-900	900000	280	490	9.0	80	66.3
K2-1000	1000000	300	520	9.0	80	74.0

（七）使用尼龙吊装带的注意事项

（1）吊装带的工作温度为-40℃～100℃。

（2）为避免吊装带到锐利器具的割伤。在起吊有锋利的角、边或粗糙表面的货物时，应对吊装带加护角，以免割伤。

（3）强度范围：1t～300t。

（4）安全系数：$k=6$。

（5）弹性伸长：额定载荷下<3%，断裂载荷下<10%。

（6）载荷识别：在使用过程中，吊装带上的标签磨损后，可通过吊装带外套管的颜色识别承载重量。

(7)当发现外套损坏,尼龙吊装带必须予以报废。

第四节 链 条

一、链条的分类和用途

表 3-4-1 链条的主要类型和特点

名　　称		链条类型	特点简述
环链 (焊接链)	长环链		凡是链环长度 $L \geqslant 5d$(圆钢直径),宽度 $B \geqslant 3.5d$ 的链条均属长环链,常用于装设浮标、锚锁等。起重工作一般不用
	短环链		常用于起重及吊索,并分为:1. 标准环链——环链误差极限为链钢直径的 $\pm 3\%$,宽为 $\pm 5\%$;2. 非标准链——其误差极限链环及宽度均为链钢直径的 $\pm 10\%$
撑环链			用于强大载荷,由于在环链的各环中加一横撑,有效地防止受极大应力时的变形,并易使链条滚滑而过(加大活动性)
片状关键链			由优质钢制成,承载能力强,挠性好,链环接触处磨损小,运动较平顺,工作速度较快,可达 1.5m/s 左图:a——滚子两端铆接; 　　　b,c——滚子两端加垫圈铆接; 　　　d、e、f——开口销连接,分有、无垫圈

二、焊接起重链的规格、破坏载荷

表 3-4-2 焊接起重链(标准链)的主要规格

焊接起重链构造尺寸示意图								
链环尺寸/mm			破坏载荷/	质量/	链环尺寸/mm			破坏载荷/	质量/
直径 d	节距 t	宽度 B	kN	kg·m⁻¹	直径 d	节距 t	宽度 B	kN	kg·m⁻¹

直径 d	节距 t	宽度 B	kN	kg·m⁻¹	直径 d	节距 t	宽度 B	kN	kg·m⁻¹
5	19	19	6.4	0.5	20	56	66	160	8.76
6	19	21	10	0.74	23	64	76	210	11.4
7	21	24	16	1.05	26	72	84	266	14.51
8	23	27	24	1.4	28	78	91	312	16.94
9	27	32	31	1.76	30	84	98	356	19.35
11	31	36	46	2.58	32	91	104	410	21.9
13	36	43	66	3.7	35	98	114	464	26.4
16	44	53	102	5.6	38	106	123	548	31.1
18	50	58	128	6.94	40	114	133	606	35.8

三、焊接起重链的计算

链条在工作时,在链环中产生的应力是很复杂的。当链条受拉时,链环中的受力是三次超静定问题。把链条看成是曲杆进行分析,链环中除了拉伸应力外,尚有弯曲应力。此外,当链条绕上滑轮时,还有附加的弯曲应力。因此,链环受力相当复杂,理论和实际有较大的差别。为了保证设备吊装的安全可靠。目前,一般采用许用载荷的计算方法,其计算公式为:

$$S \leqslant \frac{P}{k}(kN) \tag{3-4-1}$$

链条的破坏载荷为:

$$P = S \cdot k(kN) \tag{3-4-2}$$

式中　S——链条的工作载荷(kN);

　　　P——破坏载荷(kN,见表3-4-2);

　　　k——安全系数(见表3-4-3)。

表3-4-3　焊接链的安全系数 k 值

工作情况	光面滚动起重		链轮带动起重		绑扎物体起重	
	手动	电动	手动	电动	手动	电动
k	3	6	3	8	≥6	≥6

四、焊接起重链的正确使用

焊接起重链的技术特点与其他索具相比较,最大的优势在于起重链的伸长率很低,能承受拐角快口。但对撞击和过载的敏感性很大,在其薄弱环节处突然断裂的可能性比较大。因此在起重作业中应正确使用。

正确使用链条的要领:

(1)绕越卷筒或滑轮的直径 D,必须满足下列要求:对于焊接链为手驱动时,$D \geqslant 20d$;对于焊接链为机械驱动时,$D \geqslant 30d$;

式中　d——链环直径(mm)。

(2)链条磨损量超过链环直径的5%时,应重新计算查核。根据计算结果降低吊重量或另换新链。

(3)链式吊索开始使用前,应先用超过容许载荷1倍的荷重作试验。一般每经半年至少以同样方法重新试验一次。在上述荷载试验时,悬挂重物连续试验10min,如无破裂或个别链环有明显伸长,即可使用。

(4)链索在使用前,应对其外形进行检查。检查的内容包括①磨损;②裂纹;③变形;④氧化反应。

(5)对片状链进行静载试验,载荷不大于破坏载荷的25%,动力试验荷载不大于破坏载荷的20%。

(6)对切取作抗断试验的板段,应不短于5个链环,其切取链段应具有末端钢片,以便固定于拉断试验机构的夹卡上。

(7)片状链须经常清洗,涂抹润滑油,防止灰尘、粉末等物侵蚀,注意保养。

(8)在起吊的过程中,严禁有撞击、冲击的情况发生。

(9)严禁超载——断裂前没有预兆,突然性强。

第五节　使用方法对索具负荷的影响

钢丝绳使用时的受力变化。在起重吊装工作中,钢丝绳使用的形式很多,但对它们实际受力的大小往往容易搞错,而造成事故,为便于分析,下面以起重吊装作业中常见的几种使用情况来加以说明。

一、单点捆绑绳扣

在起重吊装中应用较普遍,虽没有角度因素的影响,但在弯曲处同时承受拉力和剪力,钢丝绳制成吊索时有效断面面积显著减小,破断拉力降低约 30% 左右。图 3-5-1 表明部分承受拉力的能力。在选择绳扣时,应找出其中的薄弱点来选择吊索。

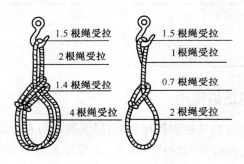

图 3-5-1　单点捆绑绳扣的受力变化

二、兜吊圆柱体

起重吊起圆柱体物体时,钢丝绳的起重能力与所吊物体的直径大小有关(见图 3-5-1),吊物的直径变小,吊绳的曲率半径也变小,绳的破断拉力也降低,降低率如表 3-5-1 所示。

表 3-5-1　钢丝绳破断拉力与曲率半径的关系

吊物直径 钢丝绳直径(D/d)	25	20	15	5	3	2	1
破断拉力降低率(%)	5	7	10	20	25	35	50

三、吊物的底端有角度

用钢丝绳吊起有锐角的物体时,钢丝绳的破断拉力也会有所降低。图 3-5-3(a)所示为吊物底端有角度的情况,其降低率如表 3-5-2 所示。图 3-5-3(b)所示的情况,一般降低率约为 20%。

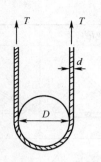

图 3-5-2　起吊钢丝绳的曲率图

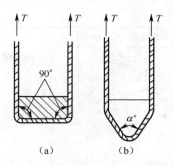

图 3-5-3　吊物底端的角度

表 3-5-2　底端角度与破断拉力的关系

底端角度 $\alpha/(°)$	120°	90°	60°	45°
破断拉力降低率(约%)	30	35	40	47

四、角钢上悬挂钢丝绳

图 3-5-4 是钢丝绳悬挂在角钢上的两种方法,经试验表明,角钢成 ∧ 方向(见图 3-5-4a)和成 L 方向(图 3-5-4b)悬挂钢丝绳时,绳的破断拉力分别降低为 33% 和 42%。

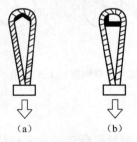

图 3-5-4　角钢上悬挂钢丝绳
(a)∧方向;(b)L方向。

五、其他有影响的吊法(见表 3-5-3)

表 3-5-3 列出了起重吊运工作中,常见的各种吊法与破断拉力保持率的关系。

表 3-5-3　吊法与破断拉力保持率的关系

名称	直吊	钩吊(1)	兜吊(1)	兜吊(2)	兜吊(3)	兜吊(4)
图例				60° 60°	45° 45°	30° 30°
拉力保持率	1	0.75	2	1.73	1.42	1

名称	套圈吊	钩吊(2)	兜吊(5)	兜吊(6)	兜吊(7)	兜吊(8)
图例	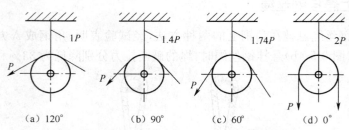					
拉力保持率	0.5	1.5	3	2.6	2.1	1.5

六、导向滑轮（见图 3-5-5）

图 3-5-5 所示是当起吊绳索受力均为 P 时，导向角度不等，则滑轮固定绳扣和锚桩的受力就相应地发生变化。因此，我们绝不能按照起吊绳索的受力，简单地确定钢丝绳都受同样大小的力。

（a）120°　　（b）90°　　（c）60°　　（d）0°

图 3-5-5　钢丝绳在导向滑轮上的张角不同时的受力

七、冲击载荷

在吊运过程中如果操作不慎，钢丝绳受到的冲击载荷往往是静载荷的数倍，严重时会造成断绳事故。钢丝绳所受的冲击载荷的大小与所吊重物落下的距离 h 是成正比的（见图 3-5-6），其值可按下式计算：

$$P_s = Q \times \left(1 + \sqrt{1 + \frac{2ESh}{QL}}\right) \qquad (3\text{-}5\text{-}1)$$

式中　P_s——冲击载荷（N）；

　　　Q——静载荷（N）；

　　　E——钢丝绳的弹性模量（N/m²）；

　　　L——钢丝绳的悬挂长度（m）；

　　　h——落下距离（m）。

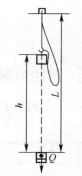

图 3-5-6　冲击载荷

例 1　$6 \times 37 - 16$mm 钢丝绳（$S = 100$m²，$E = 78400$MN/m²，即 $E = 8000$kgf/mm²）悬挂长度 5m，吊重（静载荷）32.54kN，落下距离为 185mm，问其冲击载荷为静载荷的多少？

解：根据已知条件统一各计量单位：

$S = 100$mm² $= 1 \times 10^{-4}$m²；

$E = 7.84 \times 10^{10} \, \text{N/m}^2$；

$Q = 3.25 \times 10^4 \, \text{N}$；

$L = 5 \text{m}$；

$h = 185 \text{mm} = 1.85 \times 10^{-1} \text{m}$；代入计算公式，

$$P_s = 3.25 \times 10^4 \times \left(1 + \sqrt{1 + \frac{2 \times 7.84 \times 10^6 \times 1.85 \times 10^{-1}}{3.25 \times 10^4 \times 5}}\right)$$

$$= 3.25 \times 10^4 \times 5.23 = 1.7 \times 10^5 \, \text{N} = 170 \text{kN}$$

从计算可知，冲击载荷为静载荷的 6 倍，要比想象的大。如今上式中 $1 + \sqrt{1 + \frac{2ESh}{QL}}$ 为 n，则计算公式可改写为：

$$P_s = nQ \tag{3-5-2}$$

式中，n—冲击载荷与静载荷的比值，在表 3-5-4 中表示了 h 与 n 值的关系。

表 3-5-4　6×37 钢丝绳的 n 值

h/mm	n	h/mm	n	说　　明
25	3.12	125	5.31	钢丝绳直径：$d = 16 \text{mm}$
50	3.83	150	5.70	$L = 5000 \text{mm}$
75	4.40	175	6.06	$Q = 22.54 \text{kN}$
100	4.88			

钢丝绳在使用中如果受到震动，实质上也是受到一定程度的冲击载荷，从图 3-5-7 中可看到，震动将会大大缩短钢丝绳的使用寿命，因此在使用中必须避免冲击和震动，不准急剧改变升降运行速度（突然刹车），以免产生冲击载荷，致使钢丝绳破断。

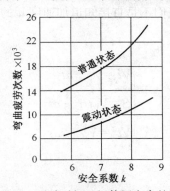

图 3-5-7　震动对钢丝绳使用寿命的影响

八、加速度

起重机在起动、停止时，引起震动，导致钢丝绳附加张力的变化。这是惯性引起的，给人的感觉如乘电梯，乘车急刹车，感到惯性的存在。起重机在急起、急停时也会受物体惯性影响，产生附加张力。

$$Pa = Q + Q\frac{a}{g} = Q\left(1 + \frac{a}{g}\right) \tag{3-5-3}$$

式中　Pa——变速时钢丝绳受到的载荷（N）；

Q——静载荷(N)；

a——加速度(m/s²)；

g——重力加速度(m/s²)，地球上9.8，月球2.98。g随距地球的距离而变化，到距月球中心约3.8万米处，$g=0$，人就没有重力了。

例 起重机钢索的下端悬挂着质量为 m 的物体(见图3-5-8)，在下列情况下分析钢索对物体的拉力的大小(钢索的质量不计，阻力不计)。

①物体静止在空间；

②物体以匀速上升或下降；

③以匀加速 a 上升；

④以匀加速 a 下降；

⑤以匀减速 a 上升；

⑥以匀减速 a 下降。

图3-5-8 例题图

解：设钢索对物体的拉力 T。

① $V=0$　$a=0$，则 $F_合=0$　$\therefore T=mg$

② $a=0$　$F_合=0$，　$\therefore T=mg$

③ $a\neq0$　方向↑，$F_合\neq0$　方向↑，(牛顿第二定律)

$F_合=T-mg=ma$　　$\therefore T=ma+mg$

④ $a\neq0$　方向↓，$F_合\neq0$ 方向↓，$F_合=mg-T=ma$　$\therefore T=mg-ma$

⑤ $a\neq0$　方向↓，$F_合\neq0$ 方向↓，$F_合=mg-T=ma$　$\therefore T=mg-ma$

⑥ $a\neq0$　方向↑，$F_合\neq0$ 方向↑，$F_合=T-mg=ma$　$\therefore T=mg+ma$

因为在实际生产活动中，我们不是直接知道加速度 a 的数值，而是通过直接知道的其他数值进行计算才能知道。

如运动方程式：

$$
\begin{cases}
Vt=V_0+at \\
S=V_0t+\dfrac{1}{2}at^2 \\
Vt^2=V_0^2+2as
\end{cases}
$$

式中　Vt——末速度(m/s)；

V_0——初速度(m/s)；

t——运动时间(s)；

S——运动距离(m)；

a——加速度(m/s²)。

当 $a>0$ 为加速运动；当 $a=0$ 为匀速运动；当 $a<0$ 为减速运动。

复习题

★1. 水平吊一均匀轴，如图所示，由于种种原因，未能在其重心对称位置上布置吊

138

点,试问吊起后,轴会出现什么状况?采用何种措施使之水平?

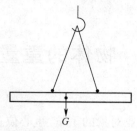

2. 有三种类型的钢丝绳,6×19+1;6×37+1;6×61+1;试排出由软至硬的顺序。

3. 钢丝绳使用完后存放在何处比较妥当?

4. 合理正确的选择安全系数,应考虑哪些主要因素?

5. 用经验公式估算 $\phi26mm$ 的钢丝绳的许用拉力?

6. 试描述麻绳的主要用途?

7. 用经验公式分别估算出 $\phi19mm$、$\phi25mm$ 麻绳的许用拉力?

8. 尼龙绳有哪些优点?

9. 使用尼龙吊装带吊装设备,发现外套有损坏,应选择降低负荷使用还是选择报废?

★10. 链索在使用前,应对其外形进行检查,检查的内容主要有哪些?

★11. 如图所示,AB、AC 两钢丝绳与垂直线夹角为 20°、30°,起吊重量为 20t 的物体,试用作图法求 AB、AC 受力大小。

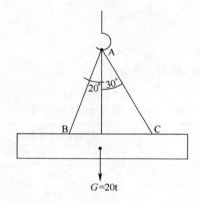

12. 如图,$F_1=F_2=30kN$,F_1 与 F_2 的夹角 30°,$F_3=40kN$,F_2 与 F_3 的夹角为 40°,用作图法求作 F_1、F_2、F_3 的合力大小、方向。

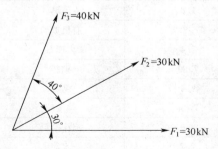

第四章　物体的重量、重心

在起重作业中,我们必须对作业对象的重量、重心位置进行研究。如果不知道该物体(作业对象)的重量、重心位置,就进行起重作业的话,那叫盲目操作。盲目操作的后果不言而喻,迟早要出事故。因此,只有了解物体的重量和重心位置,才能正确地确定施工方案及选择适当的工具设备,才能确保安全生产。

第一节　物体的重量

通常,我们在工作中用下列三种方法来了解物体的重量,即计算法、估算法、比较法。

一、计算法

大家知道,物体质量的计算公式为:$m = \rho \cdot V$;或者重量的计算公式为:

$$G = m \cdot g = \rho \cdot V \cdot g$$

式中　g——重力加速度(m/s^2);

　　　G——物体的重量(N);

　　　m——物体的质量(t);

　　　ρ——材料的密度(t/m^3,见表 4-1-1);

　　　V——物体的体积(m^3)。

表 4-1-1　常见材料的密度

材料名称(金属)	密度	材料名称(非金属)	密度
铸钢	7.8	干杉木	0.376
低碳钢	7.85	干松木	0.48
中碳钢	7.82	松木	0.6
高碳钢	8.3	胶木板、纤维板	1.3～1.4
不锈钢	7.75	皮革	0.4～1.2
铁	7.8	玻璃	2.6
生铁	7～7.7	有机玻璃	1.18～1.19
锰	7.4	大理石	2.8
锌	7.29	砌砖	1.9～2.3
锡	7.4	沥青	0.9～1.5
铬	7.14	纯橡胶	0.93
紫铜	8.9	泡沫塑料	0.2
工业用铝	2.7	水泥	1.2
铅	11.37	生石灰	1.1

材料名称(金属)	密 度	材料名称(非金属)	密 度
银	10.5	熟石灰	1.2
金	19.32	柴油	0.831
汞	13.55	汽油	0.7

表 4-1-1 列举了常见的一些材料的密度,密度乘以体积就可以求得物体的质量了。然而,我们往往碰到的物体体形怪异、复杂,求得体积并不容易。遇到这种物体可以采取分割法予以解决。所谓分割法就是将一个不规则的物体分割成若干个形状规则的物体,分别对这些若干个形状规则的小物体进行计算,求得这些小物体的体积再进行叠加。表 4-1-2 列举了常见的物体图形的体积计算公式。

表 4-1-2 常见图形的体积 V 的计算公式

图形名称	图 例	计 算 公 式
立方体		$V=abc$
圆柱体		$V=0.7854d^2h$
球体		$V=\frac{1}{6}\pi d^3=0.524d^3$
圆环体		$V=\frac{\pi^2}{4}Dd^2=2.465Dd^2$
中空圆柱体		$V=\frac{1}{4}\pi h\left(d_2^2-d_1^2\right)=0.785h\left(d_2^2-d_1^2\right)$
正圆锥体		$V=\frac{1}{3}\pi r^2h=1.047r^2h$
斜截正圆柱体		$V=\pi r\frac{h^1+h^2}{2}$

图形名称	图　例	计　算　公　式
截头方锥体		$V=\dfrac{h}{6}\left[(2a+a_1)b+(2a_1+a)b_1\right]$
任意三角形体		$V=0.5bhl$
正六角形柱体		$V=2.598b^2h$

如图 4-1-1 所示的压铁,可看成由四个基本的长方体组成(图中Ⅰ、Ⅱ、Ⅲ、Ⅳ),我们可分别求出这四个长方体的体积,把四块小体积相加就是整块压铁的体积,然后乘以铁的密度,即是整块压铁的质量。

由各种板材和型钢等主要构件组成的船体分段、构件等,可先求出每一板材、角钢、槽钢、工字钢等的质量,然后求其总质量。

例　一压铁,尺寸如图 4-1-1 所示,试求其质量。

解: 先求四块小长方体的体积为:

$$\Delta V_1=1\times6\times5\times10^{-2}=30\times10^{-2}\text{m}^3,$$
$$\Delta V_2=1.2\times1\times1\times10^{-1}=1.2\times10^{-1}\text{m}^3,$$
$$\Delta V_3=\Delta V_4=1.2\times4.5\times1\times10^{-2}=5.4\times10^{-2}\text{m}^3,$$
$$V=(30+12+2\times5.4)\times10^{-2}=52.8\times10^{-2}\text{m}^3.$$

铁的密度:$\rho=7.8(\text{t/m}^3)$,则

$$m=7.8\times52.8\times10^{-2}=4.12(\text{t}).$$

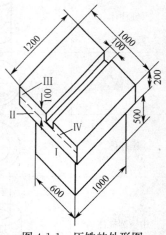

图 4-1-1　压铁的外形图

二、估算法

所谓"估算法"就是先估算出待求物体的外形尺寸,再了解物体内部的结构,估算出该物体的体积,乘以该物体的密度,就可以求得该物体的质量。估算法的关键是尺寸估计准确,数据删减、相加要张弛有度。这需要丰富的经验,需要知识的积累。

三、比较法

"比较法"简单的说就是把待求的物体与已知其质量的类似物体进行比较,估计出物

体的质量。这同样需要丰富的经验,同样需要知识的积累。必须掌握许多各种类型的物体质量。只有不断的学习,不断的积累才能用比较法估计出的结果比较准确。

四、质量与重量

关于什么是质量,什么是重量。它们之间有没有区别,有没有联系。表 4-1-3 回答了以上这些问题。

表 4-1-3　质量与重量关系表

		质　量	重　量
区别	1	质量是物体惯性大小的量度,它的大小可用天平来测量	重量是物体所受重力大小的量度,它的大小可以用弹簧秤测定,它的方向竖直向下,它是物体获得重力加速度的原因
	2	标　量	矢　量
	3	在一般情况下,可认为它的大小,不因所处的位置而有所变化	物体的重量不是一个恒量,它随着物体在地面上的位置的不同而不同
	4	单位是千克(kg)	单位是牛顿(N)
	5	与其体积之比叫做密度	与其体积之比叫做比重
联系		根据牛顿第二定律,一个物体的质量 m 和重量 G 之间的关系式为:$G=mg$;式中 g——物体的重力加速度	

第二节　物体的重心

物体的重心,就是物体各部分重力的合成中心。如图 4-2-1 所示,有一个物体,它的重心在 A 点,AB 为重力 Q 的作用线。如果在 C 点将物体吊起,就必然旋转成图 4-2-1(b)的样子。由力的平衡条件我们知道,这个物体被吊离地面之后,受到了二个力的作用,一个是重力 Q,一个是拉力 S。只有当 Q 和 S 大小相等,方向相反并且共同作用在一条直线上时,物体才能平衡。图 4-2-1(a)中的 Q 和 S 的作用线不在同一条直线上,它们是一对力偶。物体在力偶作用下就要发生旋转。因此,在 C 点吊这个物体时,即发生旋转,形成 4-2-1(b)图所示的状态。此时,S 和 Q 的作用线重合,物体就平衡了。但是,物体却是倾斜着的。如果我们让物体离地之后,仍与起吊前一样,就应在以 B 点起吊。而 B 点的位置是由重心 A 确定的。所以要先求出重心 A 点的位置。

对于如图 4-2-2 所示的轴,一般要求轴离地之后,保持水平,以便安装就位。这就需要先求出重心位置,然后据此确定绑点位置和吊索的长短。

由此可知,只有准确地掌握物体的重心位置,才能正确地选择吊点和施工方法。求物体重心的方法一般也是三种。即悬挂法、计算法、秤重法。

一、悬挂法

悬挂法亦称吊点平衡法。还是以图 4-2-1 为例,根据以上所描述,反过来理解,即物体起身平衡后,吊点的垂线必然通过物体的重心。因此我们任意选中一吊点,将物体吊起达静止平衡状态,作吊点的垂线。然后放下物体,再另找一吊点,重复上述动作,再作吊点

143

的垂线相交于前一垂线,两线的交点就是该物体的重心。我们把这种求得重心的方法称为悬挂法,或者叫做吊点平衡法。但要注意的是,用这种方法求不规则板材的重心比较方便,若要求得立体观很强的物体重心或者大型物体的重心就不适合用这种方法了。

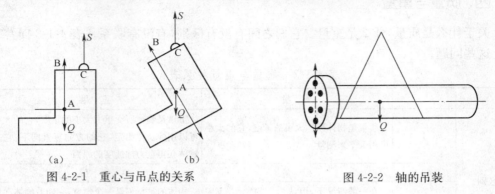

（a）	（b）
图 4-2-1　重心与吊点的关系	图 4-2-2　轴的吊装

二、计算法

（一）规则物体重心的计算

规则物体的重心比较容易求得。如长方形的重心在其对角线的交点上,圆的重心即圆心,圆柱体的重心则在圆柱中心线上。同种材料且规则物体的计算重心实际上就是计算物体的体积中心,它决定于物体的几何形状和尺寸。所以也称为形状中心,或简称形心。为了达到数学上的统一,习惯上用 c 点来表示物体的重心位置。各种规则物体的几何形状的重心如表 4-2-1 所列。

表 4-2-1　各种规则物体的重心计算表

图形名称	图　　例	重 心 计 算 式
三角形	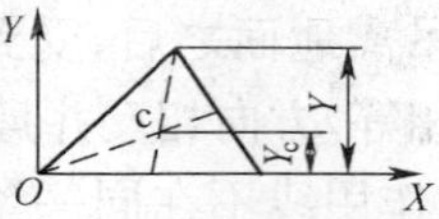	在中线交点上 $Y_c = \dfrac{1}{3}h$
扇形	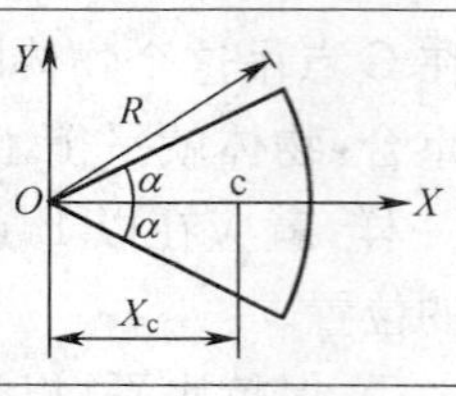	$X_c = \dfrac{2}{3}\dfrac{R\sin a}{a}$ $Y_c = 0$
梯形	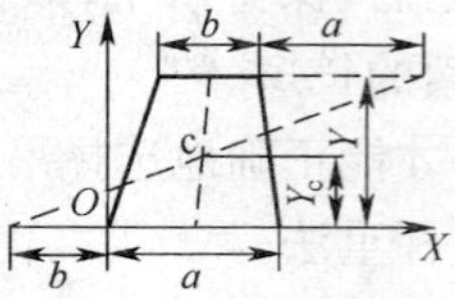	在 AB 直线和平行边中点连线的交点上 $Y_c = \dfrac{1}{3}\dfrac{a+2b}{a+b}$
部分圆环	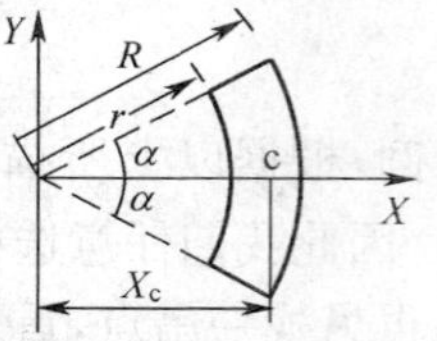	$X_c = \dfrac{2}{3}\dfrac{R^3-r^3}{R^2-r^2}\dfrac{\sin a}{a}$ $Y_c = 0$

图形名称	图　例	重心计算式
抛物线面	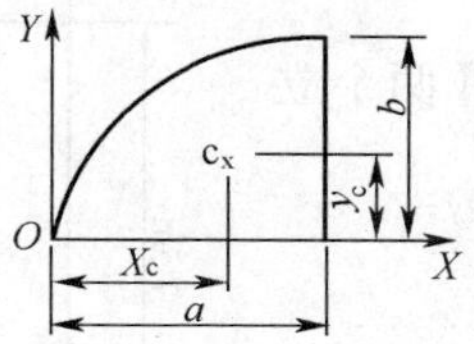	$X_c = \dfrac{3}{5}a$ $Y_c = \dfrac{3}{8}b$
半圆球	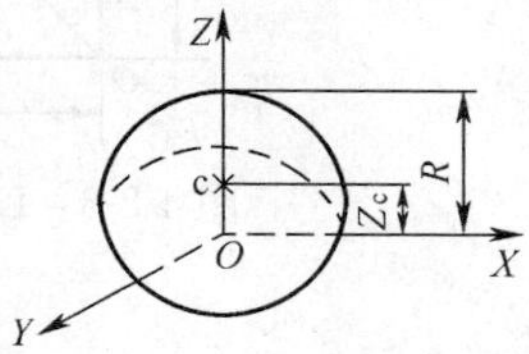	$X_c = 0$ $Y_c = 0$ $Z_c = \dfrac{3}{8}R$
正圆锥	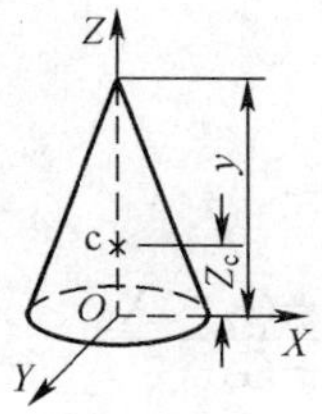	$X_c = 0$ $Y_c = 0$ $Z_c = \dfrac{1}{4}h$
弓形	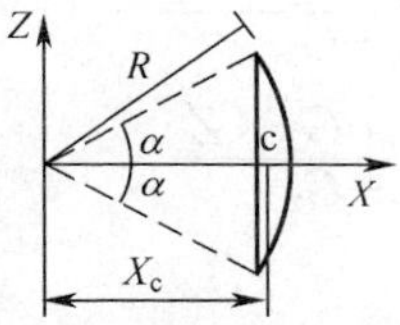	$X_c = \dfrac{2}{3}\dfrac{R^3 \sin^3 a}{A}$

（二）不规则物体重心的计算

不规则物体重心的计算是在求得规则物体重心的基础上进行的。它是将其分为若干个比较规则的几何形状,求得各规则若干体的重心再进行合成。这种方法也被称作分割法。它的数学表达式:

$$\begin{cases} X_c = \dfrac{\sum \Delta GX}{G_{总}} \\[2ex] Y_c = \dfrac{\sum \Delta GY}{G_{总}} \\[2ex] Z_c = \dfrac{\sum \Delta GZ}{G_{总}} \end{cases} \qquad (4\text{-}2\text{-}1)$$

式中　X_c——物体在 X 轴方向上的重心坐标;

　　　Y_c——物体在 Y 轴方向上的重心坐标;

　　　Z_c——物体在 Z 轴方向上的重心坐标;

　　　$\sum \Delta GX$——各分割的规则小物体在 X 轴方向上的重心坐标与重量乘积之和;

　　　$\sum \Delta GY$——各分割的规则小物体在 Y 轴方向上的重心坐标与重量乘积之和;

　　　$\sum \Delta GZ$——各分割的规则小物体在 Z 轴方向上的重心坐标与重量乘积之和;

$G_{总}$——各分割的规则小物体的重量之和。

例1 有一块 L 形的匀质钢板,如图 4-2-3 所示。厚为 200mm,求此板的重心位置?

解:取坐标轴如图所示。将图形分割成 Ⅰ、Ⅱ 两个立方体。两部分图形的形心的坐标分别为:

$$X_1 = 0.5\text{m}, X_2 = 2.5\text{m};$$
$$Y_1 = 100\text{m}, Y_2 = 100\text{m};$$
$$Z_1 = 4.25\text{mm}, Z_2 = 0.5\text{mm};$$

两部分的重量为:

$$G_1 = V_1 \cdot \rho \cdot g = S_1 \cdot \delta \cdot \rho \cdot g$$
$$G_2 = V_2 \cdot \rho \cdot g = S_2 \cdot \delta \cdot \rho \cdot g$$

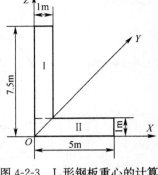

图 4-2-3　L 形钢板重心的计算

式中　S_1——Ⅰ 物体的表面积 $= 6.5\text{m}^2$;

S_2——Ⅱ 物体的表面积 $= 5\text{m}^2$;

δ——物体的厚度;

ρ——材料的密度;

g——物体的重力加速度。

$$\begin{cases} X_c = \dfrac{\sum \Delta GX}{G_{总}} = \dfrac{G_1 \times X_1 + G_2 \times X_2}{G_1 + G_2} \\[3mm] Y_c = \dfrac{\sum \Delta GY}{G_{总}} = \dfrac{G_1 \times Y_1 + G_2 \times Y_2}{G_1 + G_2} \\[3mm] Z_c = \dfrac{\sum \Delta GZ}{G_{总}} = \dfrac{G_1 \times Z_1 + G_2 \times Z_2}{G_1 + G_2} \end{cases}$$

由上式得:

$$X_c = \frac{(S_1 X_1 + S_2 X_2)\delta \cdot \rho \cdot g}{(S_1 + S_2)\delta \cdot \rho \cdot g} = \frac{S_1 X_1 + S_2 X_2}{S_1 + S_2} \tag{4-2-2}$$

同理得:

$$Y_c = \frac{S_1 Y_1 + S_2 Y_2}{S_1 + S_2} \tag{4-2-3}$$

$$Z_c = \frac{S_1 Z_1 + S_2 Z_2}{S_1 + S_2} \tag{4-2-4}$$

推论:一个复杂的组合体,若为同一种材料,质量均匀且厚度相等,则重心计算公式可简化成:

$$\begin{cases} X_c = \dfrac{\sum \Delta SX}{S_{总}} \\[3mm] Y_c = \dfrac{\sum \Delta SY}{S_{总}} \\[3mm] Z_c = \dfrac{\sum \Delta SZ}{S_{总}} \end{cases} \tag{4-2-5}$$

式中　ΔS——组合体内某一小单元的面积;

$S_{总}$——整个组合体的面积。

根据本题的题意,厚度相等,则 $Y_c = 100\text{mm}$;

$$X_c = \frac{6.5 \times 0.5 + 5 \times 2.5}{6.5 + 5} = 1.37 \text{(m)};$$

$$Z_c = \frac{6.5 \times 4.25 + 5 \times 0.5}{6.5 + 5} = 2.62 \text{(m)}.$$

答：本题中的座板重心位置在 $\begin{cases} X_c = 1.37\text{m} \\ Y_c = 0.1\text{m} \\ Z_c = 2.62\text{m} \end{cases}$

例2 有一块同种材料的匀质 T 形座板，厚50mm，尺寸如图4-2-4所示，求此板的重心位置？

解：从图中可以看出，此板对称于 X 轴，即 $Y_c = 25\text{mm}$，$Z_c = 0$，所以只要求出 X_c 的位置即可。

右面一块的重心在 A 点，$X_2 = 1 + 0.15 = 1.15\text{m}$，$\Delta S_2 = 1 \times 0.3 = 0.3\text{m}^2$。

左面一块的重心在 B 点，$X_1 = 0.5\text{m}$，$\Delta S_1 = 1 \times 0.4 = 0.4\text{m}^2$，

$$X_c = \frac{\sum \Delta S X}{S_{总}} = \frac{0.3 \times 1.15 + 0.4 \times 0.5}{0.3 + 0.4} = 0.779 \text{(m)}$$

答：座板的重心 C 距最左端的距离为799mm。

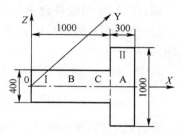

图4-2-4 座板的示意图

三、称重法

前面已经讲过，求物体重心的第一种方法——悬挂法适用于结构较为简单，重量比较轻的物件，如板材类。而所讲的第二种方法——计算法适用的范围就比较广了，从理论上讲计算结果的准确率是无懈可击的，是不用怀疑的。但在生产实践中，遇到形状怪异、结构复杂的物件，计算时要将其分割成很多个小单元，计算的过程比较繁琐，往往会产生累计误差。另外，在计算时还常常忽略一些很不起眼的小单元，如焊接材料、螺栓螺母等，这样就会造成重心计算不精确，会出现一些小的误差。一般而言，在起重吊装作业中，这些原因引起的小误差是允许的。也就是说，它不会对吊装结果产生重大影响。然而，在生产实践中也会碰到一些关键性的重大吊装工程，其吊装的高度、幅度或吊重量都鲜有余量的时候，就会采用称重法来确定待吊物体的重心。如数年前某船厂需要吊装门机的上部组合体（转盘、机房、主把杆、拉杆、对重平衡梁等），其总重量为383吨，由于受到高度（只有2m的余量）和结构的限制，两钩的吊点之间距离只有1.7m。上海港的某浮吊两钩之间的距离为1.8m，起重量各为250t。为使该项起重吊装工程一次性顺利成功，这就要求将门机上部组合体的重心控制在两钩之间，并且两钩受力要均衡一点。这类问题虽然可以通过计算求出重心的位置，再采取前（后）加载的方法达到目的。但如果一旦出现我们刚才所说的积累误差，影响了吊装工程，那后果将不堪设想。因此为慎重起见，有必要对上部组合体的组成单元进行称重。由于是实物称重，只要电子秤准确，那结果的可信度就大大提高了。

称重法的原理很简单，它就相当于两个人用扁担抬同一物体，离物体近的人承受的力大一点，离物体远的人则受力小一点，利用力矩平衡式求出重心。

例3 （见图 4-2-5）

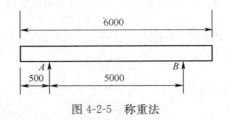

图 4-2-5 称重法

如图所示,一根铁管里面灌有不均匀的水泥等杂物,试用称重法求其重心?

解:在 A、B 两处各设一台电子称重仪,显示 $R_A=600\text{kg}$;$R_B=1600\text{kg}$。

设一坐标系(数轴),以 A 点为坐标原点,距原点 x 处为重心位置 X_c;根据力矩平衡式则:$\sum M_A=0$;$-G \cdot X_c+R_B \cdot AB=0$

式中 G——物体(铁管)的重量,即 R_A+R_B;

$$X_c=\frac{R_B \cdot AB}{R_A+R_B}=\frac{1600\times5000}{600+1600}=3636(\text{mm})$$

答:该铁管的重心距 A 点向右 3636mm 处。

注:数轴的原点可设在管子上任意一点,如端点或者 B 点都可以,其计算结果是一样的。

例4 如图一件偏心轴系,已知其重量为 $G=18\text{t}$;现用称重法求其重心位置 X_c。吊点 B 到支点 A 的距离为 10m,此时 15t 门吊吨位指示器上显示 13t。求重心位置 X_c 值(见图 4-2-6)。

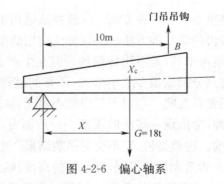

图 4-2-6 偏心轴系

解:设以 A 点为原点的数轴,根据力矩平衡式得:

$$\sum M_A=0$$

$$-G \cdot X_c+R_B \cdot 10=0;\ X_c=\frac{13\times10}{18}=7.2(\text{m})。$$

答:该偏心轴的重心距 A 点向右 7.2m 处。

注:在第一章的第五节里已讲过,在力矩平衡方程式里,以支点为中心,使物体产生逆时针方向旋转趋势的力矩为正值;使物体产生顺势针方向旋转趋势的力矩为负值。

例5 图 4-2-7 所示,四个电子称重仪分别显示 $R_A=36\text{kg}$;$R_B=54\text{kg}$;$R_C=72\text{kg}$;$R_D=108\text{kg}$;$AB=CD=12\text{m}$;$AD=BC=6\text{m}$。求该物体的重心位置。

解:设坐标系如图所示 A 为原点 O,AB 为 X 轴,AD 为 Y 轴。重心位置为 (X_c,Y_c)。

$$\sum M_y=0;\ -G \cdot X_c+(R_B+R_C) \cdot L_{AB}=0$$

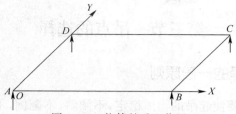

图 4-2-7　物体的重心位置

式中，$G=R_A+R_B+R_C+R_D=36+54+72+108=270$（kg）；

$$X_c=\frac{126\times12}{270}=5.6（m）；$$

同理，$\sum Mx=0$；$-G\cdot Y_c+(R_C+R_D)\cdot L_{AD}=0$

$$Y_c=\frac{180\times6}{270}=4（m）；$$

即重心位置在 $\begin{cases} X_c=5.6m \\ Y_c=4m \end{cases}$ 或 $(5.6；4)$

注：一般来说，在生产实践中需要用称重法来解决技术难题的时候，这个物件都是比较复杂的立体构件。往往还需要放下，转 90°再秤重一次，以算出重心的空间位置。

四、质心与重心

前面我们已经讲过质量与重量的问题，如果已经理解了，那么质心与重心的问题就好解决了。重心的计算公式为：

$$\begin{cases} X_c=\dfrac{\sum\Delta GX}{G_{总}} \\[2mm] Y_c=\dfrac{\sum\Delta GY}{G_{总}} \\[2mm] Z_c=\dfrac{\sum\Delta GZ}{G_{总}} \end{cases} \tag{4-2-6}$$

则求质心的数学表达式为：

$$\begin{cases} X_c=\dfrac{\sum\Delta MX}{M_{总}} \\[2mm] Y_c=\dfrac{\sum\Delta MY}{M_{总}} \\[2mm] Z_c=\dfrac{\sum\Delta MZ}{M_{总}} \end{cases} \tag{4-2-7}$$

式中　X_c——物体在 X 轴方向上的质心坐标；

　　　Y_c——物体在 Y 轴方向上的质心坐标；

　　　Z_c——物体在 Z 轴方向上的质心坐标；

　　　$\sum\Delta MX$——各分割的规则小物体在 X 轴方向上的质心坐标与质量乘积之和；

　　　$\sum\Delta MY$——各分割的规则小物体在 Y 轴方向上的质心坐标与质量乘积之和；

　　　$\sum\Delta MZ$——各分割的规则小物体在 Z 轴方向上的质心坐标与质量乘积之和；

　　　$M_{总}$——各分割的规则小物体的质量之和。

149

第三节 吊点的选择

一、吊点位置选择的一般原则

在起重吊装工作中,要使起吊的物体稳定,不倾斜,不翻倒,不转动,就必须根据物体重心位置正确地选择起吊点。一般吊点位置的选择原则为:

(1)吊运有起吊耳环的物件时,吊点应用原设计耳环。

(2)吊圆钢、圆木和轴等长形的物件时,两吊点应选在与重心对称的两点上。

(3)吊方形物件时,四个起吊点应在与重心对称的四边的点上。

(4)多根吊索吊装时,吊点一般应在以重心为中心的周围的对称位置上。

二、两台起重机抬吊物体吊点位置及受力分析

在船厂起重吊装工作中,经常要用两台或两台以上的起重机联合作业。在起吊过程中由于物体重心位置的偏差,各台起重机的升降速度快慢不一致,幅度、臂杆回转和起重机所处位置的不同等,均可造成起重机的载荷分配不平均而造成事故。

两台起重机联合作业,通常使用四根吊索进行抬吊(见图 4-3-1)。图中吊钩 A、B 和物体的重心 Q 应在同一垂直平面内。吊点与重心的位置通常有图 4-3-2 中的三种情况(见图 4-3-2)。

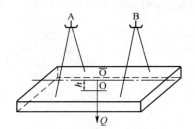

图 4-3-1 两台起重机联合作业

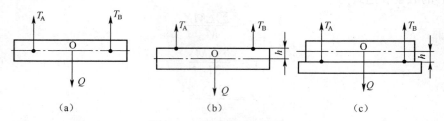

（a）　　　　　　　　　（b）　　　　　　　　　（c）

图 4-3-2 吊点与重心的位置

- 吊点与重心在同一水平面内,见图 4-3-2(a)。
- 吊点与重心平面的上部,见图 4-3-2(b)。
- 吊点在重心平面的下部,见图 4-3-2(c)。

(一)等速起吊时各台起重机负荷的计算

由图 4-3-3 可知,在两台起重机起升速度相等的情况下,即 A、B 两点在同一水平面

内,对重心 Q 取力矩平衡方程可得:

$$T_A = \frac{L-X}{L}Q \qquad (4\text{-}3\text{-}1)$$

$$T_B = \frac{X}{L}Q \qquad (4\text{-}3\text{-}2)$$

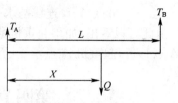

图 4-3-3　等速起吊时起重机负荷

式中　T_A、T_B——起重机 A、B 所承受的负荷(N);

　　　　L——两吊点间的距离(m);

　　　　X——吊点 B 至重心的距离(m);

　　　　Q——物体产生的重力(N)。

从以上计算式可知,当两吊点与重心的距离相等时,两台起重机承受的负荷相等,即 $T_A = T_B$;如果吊点 A、B 与重心 Q 的距离不相等时,两台起重机所承受的负荷则不相等。吊点离重心距离近的起重机承受的负荷就大,离重心较远的起重机承受的负荷就较小。

(二)不等速起吊中,起重机负荷的计算

在两台起重机的联合作业中,由于起重机的性能、驾驶员的操作与指挥人员的指挥等因素的影响,被吊物体不可能理想地平移上升,而要产生一些小角度的旋转,即 A、B 两点产生高度差 e。

如两吊点与重心在同一平面时,物体旋转与否与各台起重机的负荷无关;而两吊点与重心不在同一平面时,即图 4-3-2(b)、图 4-3-2(c)所示的情况,物体旋转一角后,将使各台起重机的负荷产生明显的变化。

吊点与重心距离相等时,起重机负荷的变化:在起吊前,吊点 A、B 在同一角度,与重心 Q 的距离相等,都等于 $L/2$,$\angle BAO = \angle ABO = \beta$(见图 4-3-4)。当物体在上升过程中产生旋转时(见图 4-3-5),A、B 两吊点就产生高度差 e。

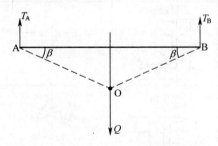

图 4-3-4　起吊前两吊点的位置示意图

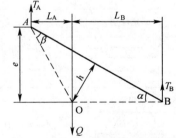

图 4-3-5　物体旋转后两吊点的位置示意图

为求 A 点的负荷,可对吊点 B 取力矩方程,即 $\Sigma M_B = 0$,

$$T_A L \cos\alpha = Q\frac{L/2}{\cos\beta}\cos(\beta-\alpha)$$

$$T_A = \frac{\cos(\beta-\alpha)}{2\cos\alpha\cos\beta}Q = \frac{Q}{2}(1+\tan\alpha\tan\beta) \qquad (4\text{-}3\text{-}3)$$

$$\because T_B + T_A = Q$$

$$\therefore T_B = Q - T_A = Q/2(1-\tan\alpha\tan\beta) \qquad (4\text{-}3\text{-}4)$$

式中　T_A、T_B——起重机 A、B 点承受的负荷(N);

　　　　Q——所吊物体的产生的重力(N);

151

β——吊点与物体重心间连线和水平线间的夹角；

α——吊点 A、B 连线与水平线间的夹角。

由此可以看出，如果起重机的 A 点吊钩起升的快，物体将发生倾斜，此时物体的重心向 A 点移近，起重机 A 点承受的负荷就增加，起重机 B 点承受的负荷就减少。

第四节 常用型钢重量的计算

一、钢材截面积及重量计算(见图 4-4-1)

表 4-4-1 钢材截面积及理论质量计算公式表

序号	钢材类别	计算公式	序号	钢材类别	计算公式
1	方钢 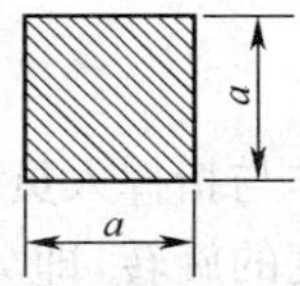	$A=a^2$	7	钢管 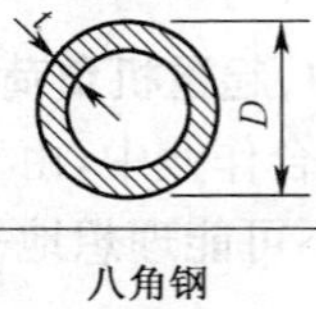	$A=3.1416t(D-t)$
2	钢板、扁钢、带钢 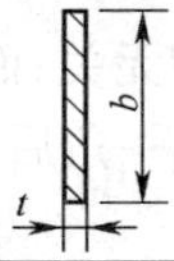	$A=b\times t$	8	八角钢 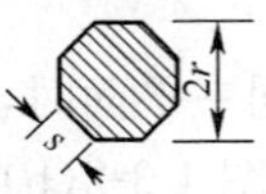	$A=4.8284S^2$ $=3.314r^2$
3	圆角方钢 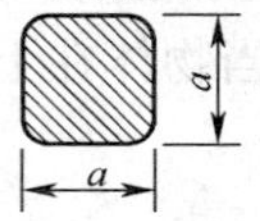	$A=a^2-0.8584r^2$	9	等边角钢 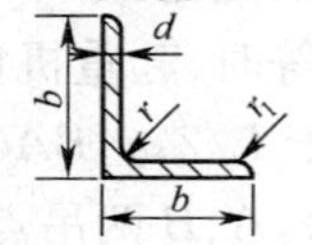	$A=d(2b-d)+0.2146$ $\times(r^2-2r_1^2)$
4	圆角扁钢 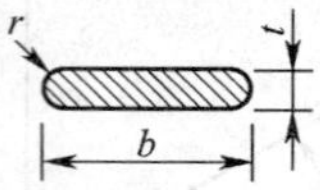	$A=bt-0.8584r^2$	10	不等边角钢 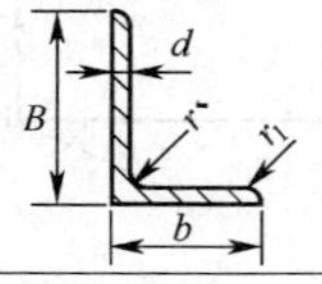	$A=d(B+d-d)+0.2146$ $\times(r^2-2r_1^2)$
5	六角钢 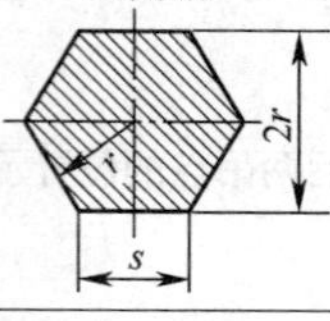	$A=2.5981S^2$ $=3.4641r^2$	11	工字钢 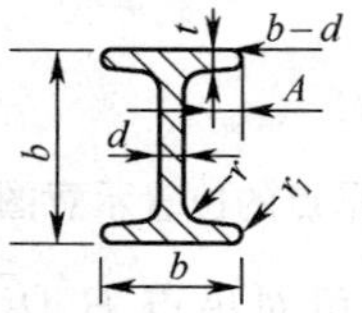	$A=hd+2r(b-d)$ $+0.858$ $\times(r^2-2r_1^2)$
6	圆钢、圆盘条 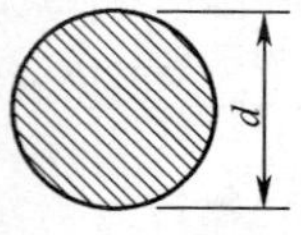	$A=0.7854d^2$	12	槽钢 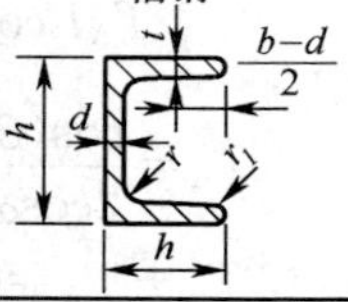	$A=hd+t(b-d)+0.4292$ $\times(r^2-2r_1^2)$

质量计算基本公式：

$$W(\text{质量}，\text{kg})=A(\text{截面积}，\text{mm}^2)\times\rho(\text{密度}，\text{g/cm}^3)\times\frac{1}{1000}$$

152

二、热轧圆钢、方钢的规格及重量计算（见图表 4-4-2）

表 4-4-2　热轧圆钢、方钢理论质量与规格长度图表

热轧圆钢、方钢质量 kg/m					
d/mm	○	□	d/mm	○	□
5	0.154	0.196	45	12.48	15.90
5.6	0.193	—	48	14.21	18.09
6	0.222	0.283	50	15.42	19.63
6.3	0.245	—	53	17.32	22.05
7	0.302	0.385	56	19.33	24.61
8	0.395	0.502	58	20.74	—
9	0.499	0.636	60	22.19	28.26
10	0.617	0.785	63	24.47	31.16
11	0.746	0.950	65	26.05	33.17
12	0.888	1.13	68	28.51	—
13	1.04	1.33	70	30.21	38.47
14	1.21	1.54	75	34.68	44.16
15	1.39	1.77	80	39.46	50.24
16	1.58	2.01	85	44.55	56.72
17	1.78	2.77	90	49.94	63.59
18	2.00	2.54	95	55.64	70.85
19	2.23	2.82	100	61.65	78.50
20	2.47	3.14	105	67.97	—
21	2.72	3.46	110	74.60	—
22	2.98	3.80	115	81.50	—
23	—	—	120	88.78	—
24	3.55	4.52	125	96.33	—
25	3.85	4.91	130	104.20	—
26	4.17	5.30	140	120.84	—
27	4.49	—	150	138.72	—
28	4.83	6.15	160	157.83	—
30	5.55	7.06	170	178.18	—
32	6.31	8.04	180	199.76	—
34	7.13	9.07	190	222.57	—
35	7.55	—	200	246.62	—
36	7.99	10.17	210	271.89	—
38	8.90	11.24	220	298.40	—
40	9.87	12.56	240	355.13	—
42	10.87	13.85	250	385.34	—

153

三、热轧普通工字钢重量计算（见表4-4-3）

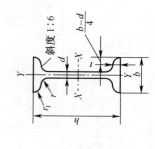

h—高度；   b—边宽；   d—边厚；

t—平均腿厚； r—内圆弧半径； r_1—边端圆弧半径；

I—惯性矩； W—截面系数； i—惯性半径；

S—半截面的静力矩。

表 4-4-3　热轧普通工字钢重量计算

型号	尺寸/mm						截面面积/cm²	理论质量/kg·m⁻¹	X-X				Y-Y		
	h	b	d	t	r_0	r_1			I_x/cm⁴	W_x/cm³	R_x/cm	$I_x:S_x$	I_y/cm⁴	W_y/cm³	r_y/cm
10.0	100	68	4.5	7.6	6.5	3.3	14.3	11.2	245	49.0	4.14	8.59	33.0	9.72	1.52
13.0	126	74	5.0	8.4	7.0	3.5	18.1	14.2	488	77.5	5.20	10.85	46.9	12.63	1.61
14.0	140	80	5.5	9.1	7.5	3.8	21.5	16.9	712	102.0	5.76	12.0	64.4	16.1	1.73
16.0	160	88	6.0	9.9	8.0	4.0	26.1	20.5	1130	141.0	6.58	13.8	93.1	21.2	1.89
18.0	180	94	6.5	10.7	8.5	4.3	30.6	24.1	1660	185.0	7.36	15.4	122	26.0	2.00
20a	200	100	7.0	11.4	9.0	4.5	35.5	27.9	2370	237.0	8.15	17.2	158	31.5	2.12
20b	200	102	9.0	11.4	9.0	4.5	39.5	31.1	2500	250.0	7.96	16.9	169	33.1	2.06
22a	220	110	7.5	12.3	9.5	4.8	42.0	33.0	3400	309.0	8.99	18.9	225	40.9	2.31
22b	220	112	9.5	12.3	9.5	4.8	46.4	36.4	3570	325.0	8.78	18.7	239	42.7	2.27
25a	250	116	8.0	13.0	10.0	5.0	48.5	38.1	5024	402.0	10.18	21.6	280	48.3	2.40
25b	250	118	10.2	13.0	10.0	5.0	53.5	42.0	5284	423.0	9.94	21.3	309	52.4	2.40
28a	280	122	8.5	13.7	10.5	5.3	55.5	43.4	7114	508	11.32	24.6	345	56.6	2.50
28b	280	124	10.5	13.7	10.5	5.3	61.1	47.9	7480	534	11.08	24.2	379	61.2	2.50

型号	尺寸/mm						截面面积/cm²	理论质量/kg·m⁻¹	X-X					Y-Y	
	h	b	d	t	r_0	r_1			I_x/cm^4	W_x/cm^3	R_x/cm	$I_x:S_x$	I_y/cm^4	W_y/cm^3	r_y/cm
32a	320	130	9.5	15.0	11.5	5.8	67.1	52.7	11076	692	12.84	27.5	460	70.8	2.62
32b	320	132	11.5	15.0	11.5	5.8	73.5	57.7	11621	726	12.58	27.1	502	76.0	2.61
32c	320	134	13.5	15.0	11.5	5.8	80.0	62.8	12168	760	12.34	26.8	544	81.2	2.61
36a	360	136	10.0	15.8	12.0	6.0	76.3	59.9	15760	875	14.4	30.7	552	81.2	2.69
36b	360	138	12.0	15.8	12.0	6.0	83.5	65.6	16530	919	14.1	30.3	582	84.3	2.64
36c	360	140	14.0	15.8	12.0	6.0	90.7	71.2	17310	962	13.8	29.9	612	87.4	2.60
40a	400	142	10.5	16.5	12.5	6.3	86.1	67.0	21720	1090	15.9	34.1	660	93.2	2.77
40b	400	144	12.5	16.5	12.5	6.3	94.1	73.8	22780	1140	15.6	33.6	692	96.2	2.71
40c	400	146	14.5	16.5	12.5	6.3	102.0	80.1	23850	1190	15.2	33.2	727	99.6	2.65
45a	450	150	11.5	18.0	13.5	6.8	102.0	80.4	32240	1430	17.7	38.6	855	114.0	2.89
45b	450	152	13.5	18.0	13.5	6.8	111.0	87.4	33760	1500	17.4	38.0	894	118.0	2.84
45c	450	154	15.5	18.0	13.5	6.8	120.0	94.5	35280	1570	17.1	37.6	938	122.0	2.79
50a	500	158	12.0	20.0	14.0	7.0	119.0	93.6	46470	1860	19.7	42.8	1120	142.0	3.07
50b	500	160	14.0	20.0	14.0	7.0	129.0	101.0	48560	1940	19.4	42.4	1170	146.0	3.01
50c	500	162	16.0	20.0	14.0	7.0	139.0	109.0	50640	2080	19.0	41.8	1220	151.0	2.96
56a	560	166	12.5	21.0	14.5	7.3	135.3	106.2	65586	2342	22.02	47.7	1370	165.1	3.18
56b	560	168	14.5	21.0	14.5	7.3	146.5	115.0	68513	2447	21.63	47.2	1487	174.3	3.16
56c	560	170	16.5	21.0	14.5	7.3	157.9	123.9	71439	2551	21.27	46.7	1558	183.3	3.16
63a	630	176	13.0	22.0	15.0	7.5	154.9	121.6	93916	2081	24.62	54.2	1701	193.2	3.31
63b	630	178	15.0	22	15.0	7.5	167.5	131.5	98084	3164	24.2	53.5	1812	203.6	3.20
63c	630	180	17.0	22	15.0	7.5	180.1	141.0	102251	3298	23.82	52.9	1925	213.9	3.27

四、热轧普通槽钢重量计算（见表 4-4-4）

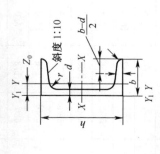

h—高度；
I—惯性矩；
r—内圆弧半径；
d—边厚；

t—平均腿厚；
b—边宽；
W—截面系数；
r_1—边端圆。

表 4-4-4　热轧普通槽钢重量计算

型号	尺寸/mm						截面面积/cm²	质量/kg·m⁻¹	X-X					Y-Y				Y_1-Y_1	Z_0/cm
	h	b	d	t	R	R_1			I_x/cm⁴	W_x/cm³	S_x/cm³	r_x/cm	I_y/cm⁴	W_y/cm³	r_y/cm	I_{y1}/cm⁴	
5	50	37	4.5	7.0	7.0	3.50	6.92	5.44	26.0	10.4	6.4	1.94	8.3	3.5	1.10	20.9	1.35
6.3	63	40	4.8	7.5	7.5	3.75	8.45	6.63	51.2	16.3	9.8	2.46	11.9	4.6	1.19	28.3	1.39
8	80	43	5.0	8.0	8.0	4.00	10.24	8.04	10.13	25.3	15.1	3.14	16.6	5.8	1.27	37.4	1.42
10	100	48	5.3	8.5	8.5	4.25	12.74	10.00	198.3	39.7	23.5	3.94	25.6	7.8	1.42	54.9	1.52
12.6	126	53	5.5	9.0	9.0	4.50	15.69	12.31	388.5	61.7	36.4	4.98	38.0	10.3	1.56	77.8	1.59
14a	140	58	6.0	9.5	9.5	4.75	18.51	14.53	563.7	80.5	47.5	5.52	53.2	13.0	1.70	107.1	1.71
14b	140	60	8.0	9.5	9.5	4.75	21.31	16.73	609.4	87.1	52.4	5.35	61.2	14.1	1.69	120.6	1.67
16a	160	63	6.5	10.0	10.0	5.00	21.95	17.23	866.2	108.3	63.9	6.28	73.4	16.3	1.83	144.1	1.79
16	160	65	8.5	10.0	10.0	5.00	25.15	19.75	934.5	116.8	70.3	6.10	83.4	17.6	1.82	160.8	1.75
18a	186	68	7.0	10.5	10.5	5.25	25.69	20.17	1272.7	141.4	83.5	7.04	98.6	20.0	1.96	189.7	1.88

型号	尺寸/mm						截面面积/cm²	质量/kg·m⁻¹	X-X				Y-Y			Y₁-Y₁	Z₀/cm
	h	b	d	t	R	R_1			$I_x/$cm⁴	$W_x/$cm³	$S_x/$cm³	$r_x/$cm	$I_y/$cm⁴	$W_y/$cm³	$r_y/$cm	$I_{y1}/$cm⁴	
18	180	70	9.0	10.5	10.5	5.25	29.29	22.99	1369.9	152.2	91.6	6.84	111.0	21.5	1.95	210.1	1.84
20a	200	73	7.0	11.0	11.0	5.50	28.83	22.63	1780.4	178.0	104.7	7.86	128.0	24.2	2.11	244.0	2.01
20	200	75	9.0	11.0	11.0	5.50	32.83	25.77	1913.7	191.4	114.7	7.64	143.6	25.9	2.09	268.3	1.95
22a	220	77	7.0	11.5	11.5	5.75	31.84	24.99	2393.9	217.6	127.6	8.67	157.8	28.2	2.23	298.2	2.10
22	220	79	9.0	11.5	11.5	5.75	36.24	28.45	2571.3	233.8	139.7	8.42	176.5	30.1	2.21	326.2	2.03
25a	250	78	7.0	12.0	12.0	6.00	34.91	27.40	3359.1	268.7	157.8	9.81	175.9	30.7	2.24	324.7	2.07
25b	250	80	9.0	12.0	12.0	6.00	39.91	31.33	3619.5	289.6	173.5	9.52	196.4	32.7	2.22	355.0	1.99
25c	250	82	11.0	12.0	12.0	6.00	44.91	35.25	3880.0	310.4	189.1	9.30	215.9	34.6	2.19	388.5	1.96
28a	280	82	7.5	12.5	12.5	6.25	40.02	31.42	4752.5	339.5	200.2	1090	217.9	35.7	2.33	393.2	2.09
28b	280	84	9.5	12.5	12.5	6.25	45.62	35.81	5118.4	365.6	219.8	1059	241.5	37.9	2.30	428.4	2.02
28c	280	86	11.5	12.5	12.5	6.25	51.22	40.21	5484.3	391.7	239.4	1035	264.1	40.0	2.27	467.3	1.99
32a	320	88	8.0	14.0	14.0	7.00	48.50	38.07	7510.6	469.4	276.9	12.44	304.7	46.4	2.51	547.4	2.24
32b	320	90	10.0	14.0	14.0	7.00	54.90	43.10	8056.8	503.5	302.5	12.11	335.6	49.1	2.47	592.8	2.16
32c	320	92	12.0	14.0	14.0	7.00	61.30	48.12	8602.9	537.7	328.1	11.85	365.0	51.6	2.44	642.6	2.13
36a	360	96	9.0	16.0	16.0	8.00	60.89	47.80	11874.1	659.7	389.9	13.96	455.0	63.6	2.73	818.4	2.44
36b	360	98	11.0	16.0	16.0	8.00	68.09	53.45	12651.7	702.9	422.3	13.63	496.7	66.9	2.70	880.4	2.37
36c	360	100	13.0	16.0	16.0	8.00	75.29	59.10	13429.3	746.1	454.7	13.36	536.6	70.0	2.67	947.9	2.34
40a	400	100	10.5	18.0	18.0	9.00	75.04	58.91	17577.7	878.9	524.4	15.30	592.0	78.8	2.81	1057.7	2.49
40b	400	102	12.5	18.0	18.0	9.00	83.04	65.19	18644.4	932.2	564.4	14.98	640.6	82.6	2.78	1135.6	2.44
40c	400	104	14.0	18.0	18.0	9.00	91.04	71.47	19711.0	985.6	604.0	14.71	687.8	86.2	2.75	1220.1	2.42

五、热轧等边角钢重量计算（见表 4-4-5）

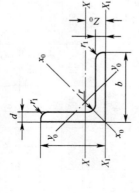

d—边厚;
r₁—边端圆弧半径;
i—惯性半径;
b—边宽。

r—内圆弧半径;
I—惯性矩;
Z₀—重心距离。

表 4-4-5　热轧等边角钢重量计算

| 角钢号数 | 尺寸/mm | | | 截面面积/ cm² | 理论质量/ kg·m⁻¹ | X-X | | | X₀-X₀ | | | Y₀-Y₀ | | | X₁-X₁ | Z₀/ cm |
	b	d	r₀			I_x/ cm⁴	r_x/ cm	W_x/ cm³	I_{x0}/cm⁴	r_{x0}/cm	W_{x0}/ cm³	I_{y0}/ cm⁴	r_{y0}/ cm	W_{y0}/ cm³	I_{x1}/ cm⁴	
2	20	3	3.5	1.13	0.889	0.40	0.59	0.29	0.63	0.75	0.45	0.17	0.39	0.20	0.81	0.60
		4		1.46	1.145	0.50	0.58	0.36	0.78	0.73	0.55	0.22	0.38	0.24	1.09	0.64
2.5	25	3	3.5	1.43	1.124	0.82	0.76	0.46	1.29	0.95	0.73	0.34	0.49	0.33	1.57	0.73
		4		1.86	1.459	1.03	0.74	0.59	1.62	0.93	0.92	0.43	0.48	0.40	2.11	0.76
3.0	30	3	4.5	1.75	1.373	1.46	0.91	0.68	2.31	1.15	1.09	0.61	0.59	0.51	2.71	0.85
		4		2.28	1.786	1.84	0.90	0.87	2.92	1.13	1.37	0.77	0.58	0.62	3.63	0.89
3.6	36	3	4.5	2.11	1.656	2.58	1.11	0.99	4.09	1.39	1.61	1.07	0.71	0.76	4.68	1.00
		4		2.76	2.163	3.29	1.09	1.28	5.22	1.38	2.05	1.37	0.70	0.93	6.25	1.04
		5		3.38	2.654	3.95	1.08	1.56	6.24	1.36	2.45	1.65	0.70	1.09	7.84	1.07
4.0	40	3	5	2.36	1.852	3.59	1.23	1.23	5.69	1.55	2.01	1.49	0.79	0.96	6.41	1.09
		4		3.09	2.422	4.60	1.22	1.60	7.29	1.54	2.58	1.91	0.79	1.19	8.56	1.13
		5		3.79	2.976	5.53	1.21	1.96	8.76	1.52	3.10	2.30	0.78	1.39	10.74	1.17

（续）

角钢号数	尺寸/mm			截面面积/cm²	理论质量/kg·m⁻¹	X-X			X₀-X₀			Y₀-Y₀			X₁-X₁	Z₀/cm
	b	d	r_0			I_x/cm⁴	r_x/cm	W_x/cm³	I_{x0}/cm⁴	r_{x0}/cm	W_{x0}/cm⁴	I_{y0}/cm⁴	r_{y0}/cm	W_{y0}/cm³	I_{x1}/cm⁴	
4.5	45	3	5	2.66	2.083	5.17	1.49	1.58	8.20	1.76	2.58	2.14	0.90	1.24	9.12	1.22
		4		3.49	2.736	6.65	1.38	2.05	10.56	1.74	3.32	2.75	0.89	1.54	12.18	1.26
		5		4.29	3.369	8.04	1.37	2.51	12.74	1.72	4.00	3.33	0.88	1.81	15.25	1.30
		6		5.08	3.985	9.33	1.36	2.95	14.76	1.70	4.64	3.80	0.88	2.06	18.36	1.33
5	50	3	5.5	2.97	2.332	7.18	1.55	1.96	11.37	1.96	3.22	2.98	1.00	1.57	12.50	1.34
		4		3.90	3.059	9.26	1.54	2.56	14.70	1.94	4.16	3.82	0.99	1.96	16.69	1.38
		5		4.80	3.770	11.21	1.53	3.13	17.79	1.92	5.03	4.64	0.98	2.31	20.90	1.42
		6		5.69	4.465	13.05	1.52	3.68	20.68	1.91	5.85	5.42	0.98	2.63	25.14	1.46
5.6	56	3	6	3.34	2.624	10.19	1.75	2.48	16.14	2.20	4.08	4.24	1.13	2.02	17.56	1.48
		4		4.39	3.446	13.18	1.73	3.24	20.92	2.18	5.28	5.46	1.11	2.52	23.43	1.53
		5		5.42	4.251	16.02	1.72	3.97	25.42	2.17	6.42	6.61	1.10	2.98	29.33	1.57
		8		8.37	6.568	23.63	1.68	6.03	37.37	2.11	9.44	9.89	1.09	4.16	47.24	1.68
6.3	63	4	7	4.98	3.907	19.03	1.96	4.13	30.17	2.46	6.78	7.89	1.26	3.29	33.35	1.70
		5		6.14	4.882	23.17	1.94	5.08	36.77	2.45	8.25	9.57	1.25	3.90	41.73	1.74
		6		7.29	5.721	27.12	1.93	6.00	43.03	2.43	9.66	11.20	1.24	4.46	50.14	1.78
		8		9.52	7.469	34.46	1.90	7.75	54.56	2.40	12.25	14.33	1.23	5.47	67.11	1.85
		10		11.66	9.151	41.09	1.88	9.39	64.85	2.36	14.56	17.33	1.22	6.36	84.31	1.93
7	70	4	8	5.57	4.372	26.39	2.18	5.14	41.80	2.74	8.44	10.99	1.40	4.17	45.74	1.86
		5		6.88	5.397	32.21	2.16	6.32	51.08	2.73	10.32	13.34	1.39	4.95	57.21	1.91
		6		8.16	6.406	37.77	2.15	7.48	59.93	2.71	12.11	15.61	1.38	5.67	68.73	1.95
		7		9.42	7.398	43.09	2.14	8.59	68.35	2.69	13.81	17.82	1.38	6.34	80.29	1.99
		8		10.67	8.373	48.17	2.12	9.68	76.37	2.68	15.43	19.98	1.37	6.98	91.92	2.03

角钢号数	尺寸/mm			截面面积/cm²	理论质量/kg·m⁻¹	X-X			X₀-X₀			Y₀-Y₀			X₁-X₁	Z₀/cm
	b	d	r_0			$I_x/$cm⁴	$r_x/$cm	$W_x/$cm³	$I_{x0}/$cm	$r_{x0}/$cm	$W_{x0}/$cm⁴	$I_{y0}/$cm⁴	$r_{y0}/$cm	$W_{y0}/$cm³	$I_{x1}/$cm	
7.5	75	5	9	7.37	5.818	39.97	2.33	7.32	63.30	2.92	11.94	16.63	1.50	5.77	70.56	2.04
		6		8.80	6.905	46.95	2.31	8.64	74.38	2.90	14.02	19.51	1.49	6.67	84.55	2.07
		7		10.16	7.976	53.57	2.30	9.93	84.96	2.89	16.02	22.18	1.48	7.44	98.71	2.11
		8		11.50	9.030	59.96	2.28	11.20	95.07	2.88	17.93	24.86	1.47	8.19	112.97	2.15
		10		14.13	11.089	71.98	2.26	13.64	113.92	2.84	21.48	30.05	1.46	9.56	141.71	2.22
8	80	5	9	7.91	6.211	48.8	2.48	8.34	77.33	3.13	13.67	20.25	1.60	6.66	85.36	2.15
		6		9.40	7.376	57.4	2.47	9.87	90.98	3.11	16.08	23.72	1.59	7.65	102.50	2.19
		7		10.86	8.525	65.58	2.46	11.37	104.07	3.10	18.40	27.09	1.58	8.58	119.70	2.23
		8		12.30	9.658	73.5	2.44	12.83	116.60	3.08	20.61	30.39	1.57	9.46	136.97	2.27
		10		15.13	11.874	88.4	2.42	15.64	140.09	3.04	24.76	36.77	1.56	11.08	171.74	2.35
9	90	6	10	10.64	8.350	82.8	2.79	12.61	131.26	3.51	20.63	34.28	1.80	9.95	145.87	2.44
		7		12.30	9.656	94.8	2.78	14.54	150.46	3.50	23.64	39.18	1.78	11.19	170.30	2.48
		8		13.94	10.946	106.5	2.76	16.42	168.97	3.48	26.55	13.97	1.78	12.35	194.80	2.52
		10		17.17	13.476	128.6	2.74	20.07	203.90	3.45	32.04	53.26	1.76	14.52	244.07	2.59
		12		20.31	15.940	149.2	2.71	23.57	236.21	3.41	37.12	62.22	1.75	16.49	293.76	2.67
10	100	6	12	11.93	9.366	115.0	3.10	15.68	181.98	3.90	25.74	47.92	2.00	12.69	200.07	2.67
		7		13.80	10.830	131.9	3.09	18.10	208.97	3.89	29.55	54.74	1.99	14.26	233.54	2.71
		8		15.64	12.276	148.2	3.08	20.47	235.07	3.88	33.24	61.41	1.98	15.75	267.09	2.76
		10		19.26	15.120	179.5	3.05	25.06	284.68	3.84	40.26	74.35	1.96	18.54	334.48	2.84
		12		22.80	17.898	208.9	3.03	29.48	330.95	3.81	46.80	86.84	1.95	21.08	402.34	2.91
		14		26.26	20.611	236.5	3.00	33.73	347.06	3.77	52.90	99.00	1.94	23.44	470.75	2.99
		16		29.63	23.257	262.5	2.98	37.82	414.16	3.74	58.57	110.89	1.94	25.63	539.80	3.06

角钢号数	尺寸/mm b	尺寸/mm d	尺寸/mm r_0	截面面积/cm²	理论质量/kg·m⁻¹	X-X I_x/cm⁴	X-X r_x/cm	X-X W_x/cm³	X_0-X_0 I_{x0}/cm	X_0-X_0 r_{x0}/cm	X_0-X_0 W_{x0}/cm⁴	Y_0-Y_0 I_{y0}/cm⁴	Y_0-Y_0 r_{y0}/cm	Y_0-Y_0 W_{y0}/cm³	X_1-X_1 I_{x1}/cm	Z_0/cm
11	110	7	12	15.20	11.928	177.2	3.41	22.05	280.94	4.30	36.12	73.38	2.20	17.51	310.64	2.96
		8		17.24	13.532	199.5	3.40	24.95	316.49	4.28	40.69	82.42	2.19	19.39	355.20	3.01
		10		21.26	16.690	242.2	3.38	30.60	384.39	4.25	49.42	99.98	2.17	22.91	444.65	3.09
		12		25.20	19.782	282.6	3.35	36.05	448.17	4.22	57.62	116.93	2.15	26.15	534.60	3.16
		14		29.06	22.809	320.7	3.32	41.31	508.01	4.18	65.31	133.40	2.14	29.14	625.16	3.24
12.5	125	8	14	19.75	15.504	297.0	3.88	32.52	470.8	4.88	53.2	123.16	2.50	25.86	521.0	3.37
		10		24.87	19.133	361.7	3.85	39.97	573.8	4.85	64.93	149.46	2.48	30.62	651.93	3.45
		12		28.91	22.696	423.2	3.83	41.17	671.44	4.82	75.96	174.88	2.46	35.03	783.42	3.53
		14		33.37	26.193	481.7	3.80	54.16	763.73	4.78	86.41	199.57	2.45	39.13	915.61	3.61
14	140	10	14	27.37	21.488	541.7	4.34	50.58	817.3	5.46	82.56	212.0	2.78	39.20	915.1	3.82
		12		32.51	25.522	603.7	4.31	59.80	958.8	5.43	96.85	248.6	2.76	45.02	1099	3.90
		14		37.57	29.490	688.8	4.28	68.75	1094	5.40	110.47	284.1	2.75	50.45	1284	3.98
		16		42.54	33.393	770.2	4.26	77.46	1222	5.36	123.42	318.7	2.74	55.55	1470	4.06
16	160	10	16	31.50	24.729	779.0	4.98	66.70	1237	6.27	109.36	321.8	3.20	52.76	1365	4.31
		12		37.44	29.391	916.6	4.95	78.98	1456	6.24	128.67	377.5	3.18	60.74	1640	4.39
		14		43.30	33.987	1048.4	4.92	90.95	1665	6.20	147.17	431.7	3.16	68.24	1915	4.47
		16		49.07	38.518	1175.1	4.89	102.63	1866	6.17	164.89	484.6	3.14	75.31	2191	4.55
18	180	12	16	42.24	33.159	1321	5.59	100.82	2100	7.05	165.00	542.6	3.58	78.41	2333	4.89
		14		48.90	38.383	1514	5.56	116.25	2407	7.02	189.14	621.5	3.56	88.38	2723	4.97
		16		55.47	43.542	1701	5.54	131.13	2703	6.98	212.40	698.6	3.55	97.83	3115	5.05
		18		61.96	48.634	1875	5.50	145.64	2988	6.94	234.78	762.0	3.51	105.14	3502	5.13

角钢号数	尺寸/mm b	d	r₀	截面面积/cm²	理论质量/kg·m⁻¹	I_x/cm⁴	r_x/cm	W_x/cm³	I_{x0}/cm⁴	r_{x0}/cm	W_{x0}/cm³	I_{y0}/cm⁴	r_{y0}/cm	W_{y0}/cm³	I_{x1}/cm⁴	Z_0/cm
20	200	14	18	54.64	42.894	2104	6.20	144.70	3343	7.82	236.40	863.8	3.98	111.82	3734	5.46
		16		62.01	48.680	2366	6.18	163.65	3761	7.79	265.93	971.4	3.96	123.96	4270	5.54
		18		69.30	54.401	2621	6.15	182.22	4165	7.75	294.48	1077	3.94	135.52	4808	5.62
		20		76.51	60.056	2867	6.12	200.42	4555	7.72	322.06	1180	3.93	146.55	5348	5.69
		24		90.66	71.168	3338	6.07	236.17	5295	7.64	374.41	1382	3.90	166.55	6457	5.87

六、热轧不等边角钢重量计算（见表 4-4-6）

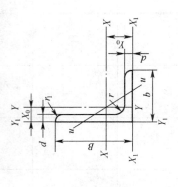

B—长边宽度; d—边厚;

r_1—边端圆弧半径; i—惯性半径;

Y_0—重心距离; b—短边宽度;

r—内圆弧半径; I—惯性矩。

X_0—重心距离。

表 4-4-6　热轧不等边角钢重量计算

角钢号数	尺寸/mm B	b	d	r	截面面积 A/cm²	质量/kg·m⁻¹	X-X I_x/cm⁴	R_x/cm	W_x/cm³	Y-Y I_y/cm⁴	r_y/cm	W_y/cm³	X₁-X₁ I_{x1}/cm⁴	y_0/cm	Y₁-Y₁ I_{y1}/cm⁴	x_0/cm	u-u I_u/cm⁴	r_u/cm	W_u/cm³
2.5/1.6	25	16	3	3.5	1.162	0.912	0.70	0.78	0.43	0.22	0.44	0.19	1.56	0.86	0.43	0.42	0.14	0.34	0.16
			4		1.499	1.176	0.88	0.77	0.55	0.27	0.43	0.24	2.09	0.90	0.59	0.46	0.17	0.34	0.20

（续）

角钢号数	尺寸/mm				截面面积 A/cm²	质量/ kg·m⁻¹	X-X			Y-Y			X_1-X_1		Y_1-Y_1		u-u		
	B	b	d	r			I_x/ cm⁴	R_x/ cm	W_x/ cm³	I_y/ cm⁴	r_y/ cm	W_y/ cm³	I_{x1}/ cm⁴	y_0/ cm	I_{y1}/ cm⁴	x_0/ cm	I_u/ cm⁴	r_u/ cm	W_u/ cm³
3.2/2	32	20	3	3.5	1.492	1.171	1.53	1.01	0.72	0.46	0.55	0.30	3.27	1.08	0.82	0.49	0.28	0.43	0.25
			4		1.939	1.522	1.93	1.00	0.93	0.57	0.54	0.39	4.37	1.12	1.12	0.53	0.35	0.42	0.32
4/2.5	40	25	3	4	1.890	1.484	3.08	1.28	1.15	0.93	0.70	0.49	6.39	1.32	1.59	0.59	0.56	0.54	0.40
			4		2.467	1.936	3.93	1.26	1.49	1.18	0.69	0.63	8.53	1.37	2.14	0.63	0.71	0.54	0.52
4.5/2.8	45	28	3	5	2.149	1.687	4.45	1.44	1.47	1.34	0.79	0.62	9.10	1.47	2.23	0.64	0.80	0.61	0.51
			4		2.806	2.203	5.69	1.42	1.91	1.70	0.78	0.80	12.13	1.51	3.00	0.68	1.02	0.60	0.66
5/3.2	50	32	3	5.5	2.431	1.908	6.24	1.60	1.84	2.02	0.91	0.82	12.49	1.60	3.31	0.73	0.20	0.70	0.68
			4		3.177	2.494	8.02	1.59	2.39	2.58	0.90	1.06	16.65	1.65	4.45	0.77	1.53	0.69	0.87
5.6/3.6	56	36	3	6	2.743	2.153	8.88	1.80	2.32	2.92	1.03	1.05	17.54	1.78	4.70	0.80	1.73	0.79	0.87
			4		3.590	2.818	11.45	1.79	3.03	3.76	1.02	1.37	23.30	1.82	6.33	0.85	2.23	0.79	1.13
			5		4.415	3.466	13.86	1.77	3.71	4.49	1.01	1.65	29.25	1.87	7.94	0.88	2.67	0.78	1.36
6.3/4	63	40	4	7	4.058	3.185	16.49	2.02	3.87	5.23	0.14	1.70	33.30	2.04	8.63	0.92	3.12	0.88	1.40
			5		4.993	3.920	20.02	2.00	4.74	6.31	1.12	2.71	41.63	2.08	10.86	0.95	3.76	0.87	1.71
			6		5.908	4.638	23.36	1.96	5.59	7.29	1.11	2.43	49.98	2.12	13.12	0.99	4.34	0.86	1.99
			7		6.802	5.339	26.53	1.98	6.40	8.24	1.10	2.78	58.07	2.15	15.47	1.03	4.97	0.86	2.20
7/4.5	70	45	4	7.5	4.547	3.570	23.2	2.26	4.86	7.55	1.29	2.17	45.92	2.24	12.26	1.02	4.40	0.98	1.77
			5		5.609	4.403	28.0	2.23	5.92	9.13	1.28	2.65	57.10	2.28	15.39	1.06	5.40	0.98	2.19
			6		6.647	5.218	32.5	2.21	6.95	10.62	1.26	3.12	68.35	2.32	18.58	1.09	6.35	0.98	2.59
			7		7.657	6.011	37.2	2.20	8.03	12.01	1.25	3.57	79.99	2.36	21.84	1.13	7.16	0.97	2.94

(续)

| 角钢号数 | 尺寸/mm |||| 截面面积 A/cm² | 质量/kg·m⁻¹ | X-X |||| Y-Y ||| X_1-X_1 || Y_1-Y_1 || u-u |||
	B	b	d	r			I_x/cm⁴	R_x/cm	W_x/cm³	I_y/cm⁴	r_y/cm	W_y/cm³	I_{x1}/cm⁴	y_0/cm	I_{y1}/cm⁴	x_0/cm	I_u/cm⁴	r_u/cm	W_u/cm³
(7.5/5)	75	50	5	8	6.125	4.808	34.9	2.39	6.83	12.61	1.44	3.30	70.00	2.40	21.04	1.17	7.41	1.10	2.74
			6		7.260	5.699	41.1	2.38	8.12	14.70	1.42	3.88	84.30	2.44	25.37	1.21	8.54	1.08	3.19
			8		9.467	7.431	52.4	2.35	10.52	18.53	1.40	4.99	112.50	2.52	34.23	1.29	10.87	1.07	4.10
			10		11.590	9.098	62.7	2.33	12.79	21.96	1.38	6.04	140.80	2.60	43.43	1.36	13.10	1.06	4.99
8/5	80	50	5	8	6.375	5.005	42.0	2.56	7.78	12.82	1.42	3.32	85.21	2.60	21.06	1.14	7.66	1.10	2.74
			6		7.560	5.935	49.5	2.56	9.25	14.95	1.41	3.91	102.53	2.65	25.41	1.18	8.85	1.08	3.20
			7		8.724	6.848	56.2	2.54	10.58	16.96	1.39	4.48	119.33	2.69	29.82	1.21	10.18	1.08	3.70
			8		9.867	7.745	62.8	2.52	11.92	18.85	1.38	5.03	136.41	2.73	34.32	1.25	11.38	1.07	4.16
9/5.6	90	56	5	9	7.212	5.661	60.5	2.90	9.92	18.32	1.59	4.21	121.32	2.91	29.53	1.25	10.98	1.23	3.49
			6		8.557	6.717	71.0	2.86	11.74	21.42	1.58	4.96	145.59	2.95	35.58	1.29	12.90	1.23	4.13
			7		9.880	7.756	81.0	2.86	13.49	24.36	1.57	5.70	169.66	3.00	41.71	1.33	14.67	1.22	4.72
			8		11.183	8.779	91.0	2.85	15.27	27.15	1.56	6.41	194.17	3.04	47.93	1.36	16.34	1.21	5.29
10/6.3	100	63	6	10	9.617	7.550	99.1	3.21	14.64	30.94	1.79	6.35	199.71	3.24	50.50	1.43	18.42	1.38	5.25
			7		11.111	8.722	113.5	3.20	16.88	35.26	1.78	7.29	233.00	3.28	59.14	1.47	21.00	1.38	6.02
			8		12.584	9.878	127.4	3.18	19.08	39.39	1.77	8.21	266.32	3.32	67.88	1.50	23.50	1.37	6.78
			10		15.467	12.142	153.8	3.15	23.32	47.12	1.74	9.98	333.06	3.40	85.73	1.58	28.33	1.35	8.24
10/8	100	80	6	10	10.637	8.350	107.0	3.17	15.19	61.24	2.40	10.16	199.83	2.95	102.68	1.97	31.65	1.72	8.37
			7		12.301	9.656	122.7	3.16	17.52	70.08	2.39	11.71	233.20	3.00	119.98	2.01	36.17	1.72	9.60
			8		13.944	10.946	137.9	3.14	19.81	78.58	2.37	13.21	266.61	3.04	137.37	2.05	40.58	1.71	10.80
			10		17.167	13.476	166.9	3.12	24.24	94.65	2.35	16.12	333.63	3.12	172.48	2.13	49.10	1.69	13.12

角钢号数	尺寸/mm				截面面积 A/cm²	质量/kg·m⁻¹	X-X			Y-Y			X₁-X₁		Y₁-Y₁		u-u		
	B	b	d	r			I_x/cm⁴	R_x/cm	W_x/cm³	I_y/cm⁴	r_y/cm	W_y/cm³	I_{x1}/cm⁴	y_0/cm	I_{y1}/cm⁴	x_0/cm	I_u/cm⁴	r_u/cm	W_u/cm³
11/7	110	70	6	10	10.637	8.350	133.4	3.54	17.85	42.92	2.01	7.90	265.78	3.53	69.08	1.57	25.36	1.54	6.53
			7		12.301	9.656	153.0	3.53	20.60	49.04	2.00	9.09	310.07	3.57	80.82	1.61	28.95	1.53	7.50
			8		13.944	10.946	172.0	3.51	23.30	54.87	1.98	10.25	354.39	3.62	92.70	1.65	32.45	1.53	8.45
			10		17.167	13.476	208.4	3.48	28.54	65.88	1.96	12.48	443.13	3.70	116.83	1.72	39.20	1.51	10.29
12.5/8	125	80	7	11	14.096	11.066	228.0	4.02	26.86	74.42	2.30	12.01	454.99	4.01	120.32	1.80	43.81	1.76	9.92
			8		15.989	12.551	256.8	4.01	30.41	83.49	2.28	13.50	619.99	4.06	137.85	1.84	49.15	1.75	11.18
			10		19.712	15.474	312.0	3.98	37.33	100.67	2.26	16.56	650.09	4.14	137.40	1.92	59.45	1.74	13.64
			12		23.351	18.330	364.4	3.95	44.01	116.67	2.24	19.43	780.39	4.22	209.67	2.00	69.35	1.72	16.01
14/9	140	90	8	12	18.038	14.160	365.6	4.50	38.48	120.69	2.59	17.34	730.53	4.50	195.79	2.04	70.83	1.98	14.31
			10		22.261	17.475	445.5	4.47	47.31	146.03	2.56	21.22	913.20	4.58	245.92	2.12	85.82	1.96	17.48
			12		26.400	20.724	521.6	4.44	55.87	169.79	2.54	24.95	1096.09	4.66	296.80	2.19	100.21	1.95	20.54
			14		30.456	23.908	594.1	4.42	64.18	192.10	2.51	28.54	1279.26	4.74	348.82	2.27	114.13	1.94	23.52
16/10	160	100	10	13	25.315	19.872	668.7	5.14	62.13	205.03	2.85	26.56	1362.89	5.24	336.59	2.28	121.74	2.19	21.92
			12		30.054	23.592	784.9	5.11	73.49	239.06	2.82	31.28	1635.56	5.32	405.94	2.36	142.33	2.17	25.79
			14		34.709	27.247	896.3	5.08	84.56	271.20	2.80	35.83	1908.50	5.40	476.42	2.43	162.23	2.16	29.56
			16		39.281	30.835	1003.0	5.05	95.33	301.60	2.77	40.24	2181.79	5.48	548.22	2.51	182.57	2.16	33.44

复 习 题

1. 分别描述物体的质量、重量计算公式。

2. 你知道低碳钢的密度吗?

3. 你知道圆柱体的体积计算公式吗?

4. 求得物体的质量有哪三种常用方法?

★5. 根据牛顿第二定律,请列出质量与重量的关系表达式。

6. 什么是物体的重心?

7. 求得物体重心,有哪三种常用方法?

★8. 一根轴的尺寸如下图所示,材质密度均匀,求该轴的重心位置。

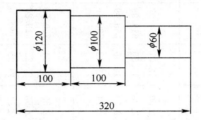

★9. 如下图所示一根不规则轴,其重量为 16t,现用 15t 吊车在 B 点起吊。已知 B 点到支点 A 的距离为 10m,此时吊车上吨位指示器显示 9t 重,问该轴的重心距 A 点多远?

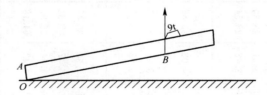

10. 在起重吊装工作中,一般选择吊点位置的原则是什么?

第五章　常用起重机械

第一节　常用起重机械的种类和主要参数

一、起重机械的概述

起重机械是现代各工业企业中实现生产过程机械化、自动化、减轻繁重体力劳动、提高劳动生产率的重要工具和设备。现在在我国的国民经济中,已拥有大量的各式各样的起重机械。如在港口码头和铁路车站,没有起重机械,装卸工作就不能进行;在冶金工业中,起重机械已用于金属生产的全部过程;现代建筑工程,不能离开起重机械;在农业和林场,最困难、最费力的工作也由起重机械来完成;在核发电站中,采用特殊的起重机,用以代替人的操作去担任对人体健康有严重危害的作业。尤其在造船厂,更是离不开起重机械,第一章中我们已经阐述过,不再重复。

随着科学技术和生产的发展,起重机械在不断地完善和发展之中。先进的电气和机械技术逐渐在起重机上应用,其趋向是增进自动化程度、大型化和提高工作效能及使用功能。因此起重工应该学习新知识、掌握新技术,熟悉起重机的性能结构,从而提高起重操作技能。

二、起重机械的分类

起重机械大致可以分为下列四个基本类型:

(一) 轻小型起重设备

轻小型起重设备包括:千斤顶、滑车、绞车、手动葫芦和电动葫芦。其特点是构造比较紧凑简单,一般只有一个升降机构,只能使重物作单一的升降运动,因而称之为起重设备。

(二) 桥式类型起重机

桥式类型起重机,如通用桥式起重机、龙门起重机、梁式起重机、特种起重机、装卸桥等。其特点是具有起升机构,大小车运行机构。除重物的升降运动外,还能作前后和左右的水平运动。三种运动的配合,可使重物在一定的立方形空间内起重和搬运。

(三) 臂架式类型起重机

臂架式类型起重机,如汽车起重机、轮胎式起重机、履带式起重机、塔式起重机、门座式起重机、浮式起重机和铁路起重机等。其特点是具有起升机构、变幅机构、旋转机构和行走机构。依靠这些机构的配合动作,可使重物在一定的圆柱形或椭圆柱形甚至更广阔的空间内起重和搬运。

(四) 升降机

升降机包括:载人或载货电梯、连续工作的乘客升降机等。升降机虽然只有一个升降动作,但远比简单起重机复杂,特别是载人的升降机,要求有完善的安全装置和其他附属装置。

三、起重机械的基本参数

起重机械的基本参数是用来说明起重机械的性能和规格的一些技术数据,也是提供设计计算和选择使用起重机械时的主要依据。起重机械的基本参数主要有以下几项:

(一) 额定起重量 Q

起重机在正常工作时允许起吊的物品重量,称为额定起重量,单位为吨(t)或千克(kg)。如使用其他辅助取物装置和吊具(如抓斗、电磁吸盘、夹钳等)时,这些装置的自重应包括在起重量内。

臂架式起重机的额定起重量在不同的幅度时是不同的。如某船厂的臂架式门座起重机的额定起重量为120t(见下图),下面一根粗实线为副钩的额定起重量,他在变幅的全程范围内即21m~46m为一直线,额定起重量为20t。上面一根粗实线是主钩的额定起重量曲线。他表示了在幅度20m~33m的范围内,额定起重量为120t。从33m开始至42m逐步减少到60t。

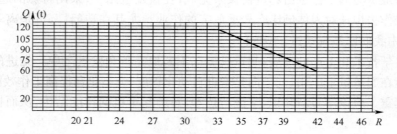

额定起重量早被列为国家标准,如表5-1-1所示。

表5-1-1　起重量系列标准(GB 783—65)(t)

0.05	0.1	0.25	0.5	0.8	1.0	1.25	1.5	2	2.5
3	4	5	6	8	10	12.5	16	20	25
32	40	50	63	80	100	125	140	160	180
200	225	250	280	320	360	400	450	500	

以上这些标准,由于生产发展的需要、吊车制造工艺的改变、材质的提高和设计理念的更新等原因,除吊钩还遵循标准系列外,基本上各大船厂均根据自己的生产、场地、用途和发展需要,制造新的吊车。而这些吊车的额定起重量大部分采用非标产品。例如,这些年新造的有120t、150t等臂架式门座起重机。600t、800t、900t桥式龙门起重机等。

(二)起升高度 H

起升高度是指起重机工作场地地面或起重机运行轨道顶面到取物装置上极限位置的高度(如用吊钩,量到吊钩中心;如用抓斗及其他容器时,则量到最低点)。当取物装置可以放到地面以下或轨道顶面以下时,其下放距离称为下放深度。起升高度和下放深度之和称为总起升高度。起升高度的常用单位为米(m)。电动桥式起重机起升高度系列,如表5-1-2所示。

168

表 5-1-2　3t～250t 电动桥式起重机起升高度系列（GB 791—65）(m)

Q/t(主钓)		3～50		80～125		160		200		250	
起升高度 H/m	主钓	12	16	20	30	24	30	19	30	16	30
	副钓	14	18	22	32	26	32	21	32	18	32

（三）跨度 L 和轨距 l

1. 跨度 L 是对桥式类型起重机而言的，它是指重机运行轨道中心线之间的距离。电动桥式起重机的跨度系列，如表 5-1-3 所示。

表 5-1-3　3t～250t 电动桥式起重机跨度系列（GB 790—65）(m)

厂房跨度		9	12	15	18	21	24	27	30	33	36
起重机跨度 L	Q 3t～50t	7.5	10.5	13.5	16.5	19.5	22.5	25.5	28.5	31.5	—
	Q 80t～250t	—	—	—	16	19	22	25	28	31	34

2. 轨距 l 是指桥式类型起重机的小车运行轨道中心线之间的距离和某些臂架式类型起重机的运行轨道中心线之间的距离。跨度和轨距的常用单位为米(m)。

（四）幅度 R

对可旋转的臂架式起重机而言，幅度是指旋转中心线与取物装置铅垂线之间的距离。对非旋转臂架式起重机常用有效幅度表示。有效幅度是指臂架所在平面内的起重机内侧轮廓线与取物装置铅垂线之间的距离，幅度的常用单位为米(m)。

（五）额定工作速度

1. 起升速度

额定起升速度是指起升机构电动机，在额定转速下运转时取物装置的上升速度。

2. 运行速度

额定运行速度是指运行机构电动机，在额定转速下起重机或小车的运行速度。

3. 变幅速度

变幅速度是指臂架式起重机的取物装置从最大幅度到最小幅度的平均线速度。

4. 旋转速度

额定旋转速度是指旋转机构电动机，在额定转速下起重机绕其旋转中心的安全旋转速度。

四、起重机的用途

起重机就是帮助人们移动物体或设备的机械装置。一般来说，起重机都有它自己的活动范围，都有它自己的技术特性，都有它自己的造型，而往往这些活动范围、技术特性、造型也决定了他们各自的用途。例如，桥式起重机可使重物在一定的立方形空间内起重和搬运。因此此类吊车多见于车间内场、船坞、平台及仓库等地。臂架式起重机可使重物在一定的圆柱形或椭圆柱形空间内起重和搬运。因而常见于码头、船台等区域。浮式起重机的活动场所就受到无水不能去的限制。然而，那些在江、海中抛锚或停留的船舶需要进行起重作业时，浮式起重机就有了得天独厚的优势。汽车起重机移动性比较大，活动范围比较广。另外，一些场地比较狭小或者空间不宽敞的地方，起重作业往往依靠轻型起重机。

第二节 电动卷扬机

一、电动卷扬机的分类和特点

电动卷扬机按用途可分为：
- 起锚机
- 系泊绞车
- 起锚系缆绞盘
- 起重绞机
- 工程类绞车

电动卷扬机还可根据形态分为立式和卧式的。一般电动卷扬机具有结构简单、紧凑合理，自身体积小、质量轻，因而移动性大。具有动作单一、操作简便、安全可靠、性能良好和使用寿命长等特点。由于起重作业时承载的负荷往往要大于电动卷扬机额定起重量（一般不大于 20t），所以根据需要与滑轮组配合使用，穿滑轮的工作一般都在现场进行，因而劳动量比较大。

二、常用电动卷扬机的主要规格

起重作业的常用电动卷扬机，一般就是指起重绞机。以下介绍其主要品种和规格。

图 5-2-1　JK、JM0.5—5 型卷扬机

表 5-2-1　JK、JM0.5—5 型卷扬机主要技术参数

型　号		JK0.5	JK1	JK1.6
钢丝绳额定拉力/kN		5	10	16
总传动比　i		36.6	40.59	54.38
卷筒	直径长度/mm	$\phi165\times350$	$\phi165\times400$	$\phi219\times460$
	转速/r·min^{-1}	38.8	35.47	26.48
	配套钢丝绳（容绳量）/m	50(100)	70(160)	80(170)
钢丝绳	规格	6×19	6×19	6×19
	直径/mm	$\phi7.7$	$\phi9.3$	$\phi11$
	提升速度/m·min^{-1}	22	22	22
电动机	型号	Y100L$_1$-4	Y132S-4	Y132M-4
	功率/kW	2.2	5.5	7.5
	转速/r·min^{-1}	1420	1440	1440

170

型　　号	JK0.5	JK1	JK1.6
制动器型号	TJ$_2$-100	TJ$_2$-150	TJ$_2$-200
制动电磁铁型号	MZD$_1$-100	MZD$_1$-100	MZD$_1$-200
外形尺寸(长×宽×高)/mm	800×650×340	800×820×400	1000×900×520
整机质量/kg	160	245	350

型　　号		JK1.6	JK2	JM3.2	JM5
钢丝绳额定拉力/kN		16	20	32	50
总传动比　i		38.86	54.9	88.6	119.34
卷筒	直径长度/mm	ϕ219×485	ϕ219×535	ϕ273×594	ϕ325×640
	转速/r·min^{-1}	39.07	26.23	16.5	8.1
	配套钢丝绳(容绳量)/m	80(170)	80(180)	100(150)	0(200)
钢丝绳	规格	6×19	6×19	6×19	6×19
	直径/mm	ϕ11	ϕ12.5	ϕ15.5	ϕ19.5
	提升速度/m·min^{-1}	30	22	16	9
电动机	型号	Y132M-4	Y160M-4	Y160M-4	Y160L-6
	功率/kW	7.5	11	11	11
	转速/r·min^{-1}	1440	1460	1460	970
制动器型号		TJ$_2$-200	TJ$_2$-200	TJ$_2$-200	YZW300/45
制动电磁铁型号		MZD$_1$-200	MZD$_1$-200	MZD$_1$-200	YZW300/45
外形尺寸(长×宽×高)/mm		1100×920×520	1200×1000×530	130×102×550	1550×1160×800
整机质量/kg		350	550	650	950

图 5-2-2　JK、JM3.2—20 型卷扬机

表 5-2-2　JK、JM3.2—20 型卷扬机主要技术参数

型　　号		JM3.2	JM5	JM8
钢丝绳额定拉力/kN		32	50	80
总传动比　i		64.8	119.34	174.93
卷筒	直径长度/mm	ϕ273×594	ϕ325×700	ϕ420×900
	转速/r·min^{-1}	14.8	8	5.49
	配套钢丝绳(容绳量)/m	100(150)	0(200)	0(300)

171

型　号		JM3.2	JM5	JM8
钢丝绳	规格	6×19	6×19	6×19
	直径/mm	$\phi 15.5$	$\phi 19.5$	$\phi 26$
	提升速度/m·min⁻¹	16	9	8
电动机	型号	YZR160L-6	YZR160L-6	YZR180L-6
	功率/kW	11	11	15
	转速/r·min⁻¹	960	960	960
制动器型号		TJ₂-200	YZW-300/45	YZW-300/45
制动电磁铁型号		MZD₁-200	YZW-300/45	YZW-300/45
外形尺寸(长×宽×高)/mm		1300×1020×550	1550×1300×800	1730×1565×890
整机质量/kg		700	1300	1965

图 5-2-3　JM3.2-32 型卷扬机

表 5-2-3　JM3.2-32 型卷扬机主要技术参数

型　号		JM3.2		JM5		JM8		JM10	
钢丝绳额定拉力/kN		32		50		80		100	
钢丝绳额定速度/r·min⁻¹		9		9		9		9	
钢丝绳直径/mm		$\phi 15.5$		$\phi 19.5$		$\phi 26$		$\phi 30$	
卷筒直径/mm		$\phi 273$		$\phi 325$		$\phi 420$		$\phi 500$	
容绳量/m		0(150)		0(200)		0(300)		0(300)	
配JZQ减速器型号		350		400		500		650	
外齿轮		8模		10模		12模		12模	
		18齿	72齿	18齿	72齿	17齿	72齿	17齿	72齿
电动机	型号	YZR160M₂-6		YZR160L-6		YZR180L-6		YZR200L-6	
	功率/kW	7.5		11		15		22	
制动器型号		TJ₂-200		TJ₂-300		YWZ300/45		YWZ300/45	
整机质量/kg		1000		1400		2700		3200	
型　号		JM12		JM16		JM20		JM10	
钢丝绳额定拉力/kN		120		160		200		100	

型　　号	JM3.2	JM5	JM8	JM10
钢丝绳额定速度/ r·min⁻¹	9	8	8	9
钢丝绳直径/mm	φ32	φ36.5	φ39	φ30
卷筒直径/mm	φ560	φ630	φ700	φ500
容绳量/m	0(300)	0(300)	0(450)	0(300)
配JZQ减速器型号	650	750	850	650
外齿轮	12模	12模	14模	12模

外齿轮	17齿	72齿	18齿	97齿	18齿	92齿	17齿	72齿

电动机	型号	YZR225M-6	YZR225M-6	YZR250M₁-6	YZR280S-6
	功率/kW	30	37	45	55
制动器型号		YWZ300/90	YWZ300/90	YWZ400/125	YWZ500/125
整机质量/kg		4000	6000	9000	1300

图 5-2-4　JK1 型曳引机

表 5-2-4　JK1 型曳引机卷扬机主要技术参数

型　　号			JK1
钢丝绳额定拉力/kN			10
钢丝绳额定速度/m·min⁻¹			40
总传动比　i			40.16
卷筒	直径长度/mm		φ360×146
	转速/r·min⁻¹		35.86
电动机	型号		Y132M-4
	功率/kW		7.5
	转速/r·min⁻¹		1440
制动器型号			TJ₂-200
制动电磁铁型号			MZD₁-200
外形尺寸(长×宽×高)/mm			870×840×510
整机质量/kg			350

图 5-2-5　JKL3.2-5 型卷扬机

表 5-2-5　JKL3.2-5 型卷扬机技术参数

型　号		JKL3.2	JKL5
起重量		32	50
配 JZQ 减速器型号		500	650
总减速比　i		36.86	40.17
平均绳速/m·min^{-1}		33.7	30.34
卷筒	直径/mm	$\phi325$	$\phi410$
	长度/mm	620	840
钢丝绳直径/mm		$\phi17$	$\phi21.5$
容绳量/m		0(250)	0(250)
电动机	型　号	Y200L$_2$-6	Y250M-8
	功　率/kW	22	30
磁力启动器型号		QC10-5/6	QC10-7/6
外形尺寸(长×宽×高)/mm		1550×1250×1075	1850×1560×1130
整机质量/kg		1500	2100

三、使用电动卷扬机的注意要点

电动卷扬机的操作使用一般由起重作业人员负责,因而要求起重作业人员具有良好的素质,不仅懂得电的知识、掌握起重设备的操作技术、维修技术,还应有高度的责任心。

(一)使用前检查

(1)使用前操作者应对卷扬机的外观进行检查,包括手柄、各机械零件、各电器元件等。

(2)由专职电工(具有电工操作证)接妥电源线,并试运转。

(3)检查机械制动器、紧急开关、钢丝绳等。

(二)谨慎操作

(1)不可因为是轻型起重设备而产生麻痹思想,必须认真对待。

(2)必须听从起重作业人员的专业指挥员的号令,对任何人发出的紧急停车信号都应立即停车。

（3）对有离合器机构的卷扬机，必须确认离、合到位后方可启动。

（4）对没有排绳机构的卷扬机，其第一个导向滑轮的距离，应大于卷筒宽度的 15 倍。否则容易引起钢丝绳碰擦绳槽侧边，甚至跳槽。若客观条件不允许达到此数值，则必须采取措施，以防止相邻的钢丝绳相互倾轧。

（5）若与滑轮组配合使用时，操作者必须对钢丝绳的走向、路径及滑轮之间的钢丝绳受力的情况了如指掌，切不可盲目操作。

（三）作业完毕后

（1）作业结束后，应符合"5S"管理要求，做到工完、料净、场地清。

（2）钢丝绳收进卷筒，各滑轮检查后入库。

（3）通知电工拆除电源线，待电气箱全部冷却后，盖上帆布罩或入库。

（4）如当日未全部完成作业，应采取在卷扬机上盖妥帆布罩等防雨措施。

四、固定电动卷扬机的移动锚碇计算

通常来说，电动卷扬机的流动性很大。因而固定电动卷扬机就显得很重要了。条件比较好的，可以用固定底座螺栓螺母连接。差一点的，只要有预埋铁之类的东西，可以用电焊来固定。当客观条件都不允许时，只能用锚碇作临时固定。从而达到起重的目的。为防止电动卷扬机倾覆，确保安全，必须对绞车固定点所受的力进行计算。

（一）桩式锚碇平衡重

图 5-2-6 所示，将绞车固定在木垫上，前面设置木桩以防滑动，后面加设平衡重以防倾覆，钢丝绳受到水平方向的拉力，可按下式计算所需的平衡重产生的重力为：

$$Q = 1.5 \frac{Sa}{b} \tag{5-2-1}$$

式中　Q——平衡重产生的重力（N）；

　　　S——钢丝绳上的牵引力（N）；

　　　a——钢丝绳离地面的高度（m）；

　　　b——平衡重心至绞车前沿的距离（m）；

　　　1.5——安全系数。

当钢丝绳受拉力后与地面有夹角时（见图 5-2-7），除后面的平衡重外，有时在前面还要加平衡重，列出 B 点的力矩平衡方程，即可来求出需要的平衡重。

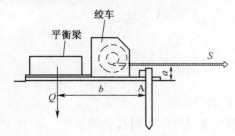

图 5-2-6　桩式锚碇加平衡重

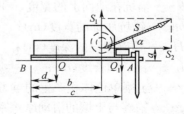

图 5-2-7　桩式锚碇加设两个平衡重

$$S_1b = S_2a + Q_1c + Qd,$$

$$\because S_1 = S\sin\alpha, S_2 = S\cos\alpha,$$

$$\therefore Q_1 = \frac{bS\sin\alpha - aS\cos\alpha - Qd}{c}$$

注：卷扬机的自重不参加计算，加大了安全裕度。

计算结果，Q 为正值，则需要在绞车前面加设平衡重。

(二) 水平式锚碇

图 5-2-8 所示，将水平式锚碇的横梁，即圆木横置于土中，承载能力较大。水平式锚碇可分为有挡板和无挡板两种。为了使锚碇在土壤中保持稳定状态，必须对水平锚碇的抗拔力和抗拉力进行计算。

1. 无挡板的水平式锚碇的计算

图 5-2-9 所示，抗拔力就是锚碇在受外力垂直向上的分力作用下，锚碇抵抗向上滑移能力。抗拔力 Q 由锚碇上部埋土产生的重力 G 和作用在锚碇上的土壤摩擦力下两部分组成。因此，在垂直分力的作用下应符合锚碇的稳定性。

$$Q = G + F$$

其中 $G = \dfrac{b+b_1}{2}HL\gamma$，$F = f_1S_1 = fS\cos\alpha$

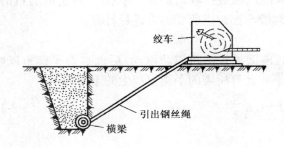

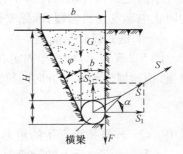

图 5-2-8　水平式锚碇　　　　图 5-2-9　无挡板的水平锚碇计算简图

为了保证锚碇有足够的稳定性，抗拔力必须成倍于外力向上的垂直分力 S_2，即：

$$G + F \geqslant kS_2 = kS\sin\alpha$$

所以　　　　$$\frac{b+b_1}{2}HL\gamma + fS\cos\alpha \geqslant KS\sin\alpha$$

式中　G——锚碇上部的土壤产生的重力（N）；

　　　b——锚坑在地面上的宽度（m）；$b = b_1 + H\tan\alpha$；

　　　b_1——锚坑底部的宽度（m）；

　　　H——锚碇埋设的深度（m）；

　　　L——锚碇的长度（m）；

　　　γ——土壤单位体积产生的重力（N/m³），查表 5-2-6；

　　　f——锚碇与土壤的滑动摩擦系数，硬木与土壤 $f = 0.5$，钢与土壤 $f = 0.4 \sim 0.45$；

　　　S——外力（N）；

　　　α——外力与水平面的夹角；

　　　k——抗拔安全系数，$k = 1.8 \sim 2.1$。

表 5-2-6　土壤单位体积产生的重力的抗拔角 ϕ

土的名称		粘 性 土								砂 性 土		
		坚硬粘土	硬粘土	可塑粘土	坚硬亚粘土	硬亚粘土	可塑亚粘土	坚硬亚粘土	可塑亚粘土	粗砂土	中砂土	细砂土
γ	kN/m³	17.64	16.66	15.68	17.64	16.66	15.68	17.64	16.66	17.64	16.66	15.68
	t/m³	1.8	1.7	1.6	1.8	1.7	1.6	1.8	1.7	1.8	1.7	1.6
ϕ		30°	25°	20°	27°	23°	19°	27°	23°	30°	28°	26°

抗拉力就是水平式锚碇在受外力水平向前分力的作用下,锚碇抵抗向前移动的能力。在水平分力的作用下,土壤所受的压力应符合,

$$[\sigma]\eta \geqslant \frac{S_1}{hL} \qquad (5\text{-}2\text{-}2)$$

即:$hL[\sigma]\eta \geqslant S_1$,$\because S_1 = S\cos\alpha$,

所以保证锚碇不向前移动的抗拉力大小应为:

$$hL[\sigma]\eta \geqslant S\cos\alpha$$

式中　h——锚碇的高度(m);

　　　L——锚碇的长度(m);

　　　$[\sigma]$——深度 H 处土壤的许用压应力(N/m²),查表 5-2-7;

　　　η——由于土壤压力不均所采用的许用压应力折减系数,查表 5-2-8。

表 5-2-7　深度 2m 处土壤的许用压应力 $[\sigma]$

土 层 种 类	$[\sigma]$		土 层 种 类	$[\sigma]$	
	kN/m²	t/m²		kN/m²	t/m²
干燥、密实的中砂土	343	35	硬块砂质粘土	245～392	25～40
潮湿、密实的细砂土	294	30	片状砂质粘土	98～245	10～25
硬质粘土	245～588	25～60	碎石	392～588	40～60
片状粘土	98～245	10～25			

表 5-2-8　土壤的许用压应力的折减系数 η

锚碇材料		木 材			钢 材		
锚碇应力	MN/m²	$\sigma \leqslant 2.94$	$2.94 \leqslant \sigma$ $\leqslant 6.86$	$6.86 \leqslant \sigma$ $\leqslant 9.8$	$\sigma \leqslant 49$	$49 \leqslant \sigma \leqslant 98$	$98 \leqslant \sigma \leqslant 147$
	kg/m²	$\sigma \geqslant 30 \times 10^4$	$30 \times 10^4 \leqslant$ $\sigma \leqslant 70 \times 10^4$	$70 \times 10^4 \leqslant \sigma$ $\leqslant 100 \times 10^4$	$\sigma \leqslant 500$ $\times 10^4$	$500 \times 10^4 \leqslant \sigma$ $\leqslant 1000 \times 10^4$	$1000 \times 10^4 \leqslant \sigma$ $\leqslant 1500 \times 10^4$
η	无挡板水平式锚碇	0.38	0.33	0.28	0.30	0.26	0.23
	有挡板水平式锚碇	0.48	0.43	0.38	0.43	0.38	0.33

2. 单点固定锚碇的计算

图 5-2-10 所示,对单点固定锚碇,可以认为外力 S 均匀分布在横梁的全长。其最大弯距为:

$$M_{max} = \frac{QL^2}{8}$$

横梁的强度验算 $\qquad\qquad \sigma = \frac{M_{max}}{W} \le [\sigma]$ (5-2-3)

式中 $\quad q$——横梁单位长度上的平均载荷，$q = \frac{S}{L}\left(\frac{N}{m}\right)$；

$\quad S$——锚碇的许用拉力（N）；

$\quad W$——横梁的断面系数（m^2）；

$\quad [\sigma]$——横梁的许用应力（N/m^2）。

两点固定锚碇的计算：

图 5-2-11 所示，$a = 0.207L$ 的情况为最好。横梁的强度校核按弯曲和压缩的条件校核，其最大弯距为：

$$M_{max} = qa^2/2$$

$$P = \frac{S}{2}\tan\beta$$

$$\sigma = \left(\frac{M_{max}}{W} + \frac{P}{F}\right) \le [\sigma]$$ (5-2-4)

式中 $\quad P$——横梁所受的轴向力（N）；

$\quad F$——横梁的断面面积（m^2）；

$\quad \beta$——系结绳交点的中心线与系结绳之间的夹角。

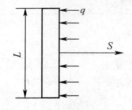

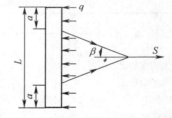

图 5-2-10 单点固定锚碇的计算简图 　　　图 5-2-11 两点固定锚碇的计算简图

3. 有挡板加固的水平式锚碇的计算

图 5-2-12 为上面有压板，前方有挡板加固的水平式锚碇的计算简图。

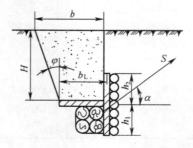

图 5-2-12 有挡板加固的水平式锚碇的计算简图

抗拔力的计算与无挡板的水平式锚碇的计算方法相同，即：

$$\frac{b+b_1}{2}HL\gamma + fS\cos\alpha \geqslant KS\sin\alpha$$

抗拉力计算需要考虑因挡板高度大于横梁高度,挡土面积增加,即:

$$(h_1+h_2)L[\sigma]\eta > S\cos\alpha$$

式中的符号同无挡板水平式锚碇的相同。

横梁的强度校核与无挡板水平式锚碇的计算方法相同。

水平锚碇一般规格和承载能力可从表5-2-9中选取。

表5-2-9 一般水平式锚碇的规格和许用拉力

作用在锚碇上的拉力（与地面夹角30°）	横梁埋没深度/m	横梁与挡板规格/cm			
		横梁为两根圆木		挡 板	
		直径 d	长度 L	直径 D×根数	长度 L
29.4	3	1.5	24×2	120	
49	5	1.5	26×2	120	14×8	90
98	10	1.5	26×2	200	16×10	110
147	15	2.0	28×2	200	18×11	150

例 一桁架式把杆的缆风绳最大受力为 58.8kN,与地平夹角为30°,用无挡板水平式锚碇,横梁用直径325mm,厚8mm,长2m的无缝钢管锚碇使钢丝绳在横梁中间一点系结,选用两根抗拉强度为 $\sigma=151.9\text{MN/m}^2$、规格为 6×19+1、直径为 15.5mm 钢丝绳,横梁埋设在密实的中砂土壤中,横梁埋没深度为1.8m,此水平式锚碇是否安全。

解:如图 5-2-13 所示。

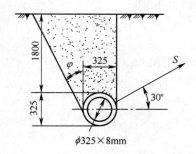

图 5-2-13 钢管无挡板水平式锚碇的示意图

1. 钢丝绳的强度

根据经验公式得 $T_1=\dfrac{CP_{总}}{k}=\dfrac{0.85\times135.73\times10^3}{3.5}=32.963\times10^3(\text{N})$。因而引出钢

丝绳是两根,所以总许用拉力 T 为:

$$T=2\times T_1=2\times32.963\times10^3=65.926\times10^3\text{N}=65.926(\text{kN})>58.8(\text{kN})$$

能够安全使用。

式中 T_1——钢丝绳的许用拉力(kN);

　　　C——换算系数;

　　　$P_{总}$——钢丝绳的破断拉力总和(kN);

　　　k——安全系数。

2. 校核横梁的强度

$$P=\frac{S}{L},M_{max}=\frac{PL^2}{8}$$

$$M_{max}=\frac{SL}{8}=\frac{58.8\times10^3\times2}{8}=14.7\times10^3(N\cdot m)$$

所用 $\phi325\times8mm$ 的无缝钢管，$W=613cm^3$，$[\sigma]=151.9MN/m^2$，则：

$$\sigma=\frac{M_{max}}{W}=\frac{14.7\times10^3}{613\times10^{-6}}=23.98MN/m^2<[\sigma]，$$

横梁的强度足够了。

3. 校核锚碇的抗拔力

$\because b_1=0.325m$，$H=1.8m$，$L=1m$，$S=58.8kN$，$\alpha=30°$。

查表 5-2-6　$\gamma=16.66kN/m^3$，$\phi=28°$，取 $f=0.45$。

$$\therefore b=b_1+H\tan\phi=0.325+1.8\times\tan28°=1.283(m)$$

$$Q=\frac{b+b_1}{2}HL\gamma+fS\cos\alpha \tag{5-2-5}$$

$$=\frac{1.283+0.325}{2}\times1.8\times2\times16.66\times10^3+0.45\times58.8\times10^3\times\cos30°$$

$$=71.13\times10^3N=71.13(kN)。$$

按稳定性要求：$Q\geqslant kS\sin\alpha$，

取 $k=2$，则：

$kS\sin\alpha=2\times58.8\times\sin30°=58.8(kN)，$

$Q=71.13kN>kS\sin\alpha=58.8(kN)$

抗拔力符合稳定性要求。

4. 校核锚碇的抗拉力

$\because h=0.325m$，$L=2m$，$S=58.8kN$，$\alpha=30°$，

查表 5-2-7 $[\sigma]=343kN/m^2$，查表 5-2-8 $\eta=0.23$，

$hL[\sigma]\eta>S\cos\alpha$

$\therefore 0.325\times2\times343\times0.23>58.8\times\cos30°$

$51.279kN>50.921(kN)。$

抗拉力满足要求。所以锚碇可以放心使用。

（三）桩式锚碇的计算

桩式锚碇一般是用直径 18mm～30mm 的圆木木桩打入土中。其入土的深度不小于1.5m，桩木向后倾斜 10°～15°，如图 5-2-14 所示。为了增加桩锚的抗拉能力，木桩前部靠近地面处需埋置木挡板。

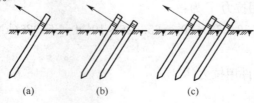

图 5-2-14　桩式锚碇的示意图

（a）单桩式；（b）双桩式；（c）三桩式。

图 5-2-15 所示,设打入土中的锚桩直径为 d,桩的入土深度为 H,在靠近地面处埋置木挡板面积为 $2Ba$,则土壤所受的应力为:

$$\sigma = \dfrac{\left(mH^2 - 2\dfrac{S}{d} + 2ma^2b\right)^2}{mH^3 - \sigma\dfrac{S}{d}(H+h) + \sigma ma^2\left(h - \dfrac{2}{3}a\right)} - mH \tag{5-2-6}$$

式中　σ——土壤中的应力(N/m²);

　　　H——锚桩埋入土中的深度(m);

　　　h——到内力作用点的距离(m);

　　　S——水平内力(N);

　　　d——锚桩的直径(m);

　　　a——挡板的高度(m);

　　　b——半个挡板的宽度(桩木不计算在内)(m)。

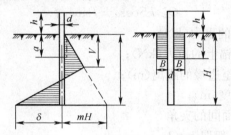

图 5-2-15　桩式锚碇的计算图

该应力应小于许可应力,许可应力为:

$$\sigma = mH$$

$$m = \gamma\left[\tan^2\left(45° + \frac{\phi}{2}\right) - \tan^2\left(45° - \frac{\phi}{2}\right)\right]。$$

如 σ 值为负值,即表示需要增大 H;

其中　γ——土壤的单位体积产生的重力(N/m³);

　　　ϕ——土壤的自然坡度角。

(四)混凝土锚碇的计算

图 5-2-16 所示的混凝土锚碇,它是依靠自重来平衡作用力的,必须校核其对颠覆的稳性。按下式校核

$$Qb \geqslant kSL \tag{5-2-7}$$

式中　Q——锚碇产生的重力(kN);

　　　S——作用于锚碇上的拉力(kN);

　　　b——锚碇质心至边缘的距离(m);

　　　L——锚碇受力处至锚底端的距离(m);

　　　k——安全系数,一般 $k \geqslant 1.4$。

(五)活地锚的计算

图 5-2-17 所示,活地锚在地面上固定,靠自重来平衡作用力,须校核其对颠覆的稳定性。

181

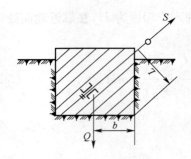

图 5-2-16　混凝土锚碇

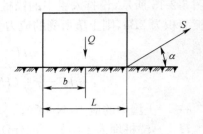

图 5-2-17　活地锚的计算示意图

垂直方向的稳定条件为：

$$Q \geqslant kSL\sin\alpha/b \tag{5-2-8}$$

水平方向的稳定条件为：

$$Q \geqslant kS\cos\alpha + f\sin\alpha/f \tag{5-2-9}$$

式中　Q——活地锚产生的重力(kN)；

S——作用于活动锚上的拉力(kN)；

b——活地锚质心至边缘的距离(m)；

L——活地锚的长度(m)；

α——拉力与水平面间的夹角；

k——安全系数，一般取 $k=2$；

f——滑动摩擦系数。

例　一台重力为 49kN 绞车在水泥路面上，不允许打桩、开孔，应采用何种方法固定？

解：不允许打桩和开孔，就不能采用桩式锚碇、水平式锚碇和混凝土锚碇，若无可利用的建筑物作地锚，则只能采用活动锚。

已知活动锚受的拉力 $S=49$kN。如果拉力方向 $\alpha=0$，活地锚材料采用压铁，滑动摩擦系数 $f=0.4$，所需压铁产生的重力为：

$$Q = \frac{kS(\cos\alpha + f\sin\alpha)}{f} = \frac{kS}{f} = \frac{2 \times 49}{0.4} = 245(\text{kN})$$

第三节　门座式起重机

门座式起重机是以其门形机座而得名的。这种起重机多用于造船厂、码头装卸等场所。在门形机座上装有起重机的旋转机构，门形机座实际上是起重机的承重部分。门形机座的下面装有运行机构，可在地面设置的轨道上行走。在旋转机构的上面还装有起升机构的臂架和变幅机构。四个机构协同工作，可完成设备或船体分段的吊装，或者进行货物的装卸作业。

在造船厂，这种吊车一般设在码头沿线或者设在船台的两侧。在门形机座的下面可通过待吊的物件或设备，根据需要在设计时应确定轨距。门座式起重机的常选轨距有 6m、10.5m、12m 和 15m。

门座式起重机通常由外部电网经软电缆供电,其四大机构一般均采用三相感应电动分别驱动。下面就门座式起重机四大机构作些简单介绍。

一、门架机构

门座式起重机的门形机座又叫做门架,一般是用钢材焊接而成的。门架承受着本身重量,货物重量及风的载荷,此外各种运动所产生的惯性力以及由此引起的力矩也均由门架承受,因此门架必须有足够的刚性和强度。

门架一般采用三种型式。

(一) 连杆门架

这种门架顶部是钢质圆环,中部由多根型钢或钢板焊制而成的支杆,下部的门座则用钢板焊成箱形结构。连杆门架的特点是门架的重量轻、结构简单、制造比较方便。最常见的连杆门架是八连杆结构,现在为了适应造船生产的需要,起重机的门架还有采用 12 连杆结构的。它分上下两层,上层有四组连杆,下层有八组连杆。多杆门架的构造,如图 5-3-1 所示。

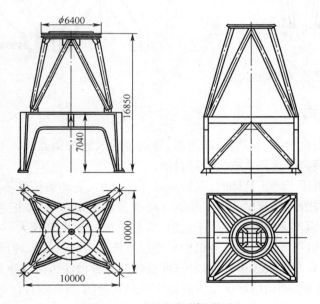

图 5-3-1　多连杆门架的构造

(二) 交叉门架

交叉门架的顶部常是箱形断面的圆环,在这个圆环上装有圆环轨道及针轮。其中部常有两层水平放置的十字梁,用以支撑四条立腿。上层的十字梁主要用来装置转柱的下支承座。

交叉门架的构件少,刚性好,制造也比较简单,是造船老厂用得比较多的一种门架。这种门架的十字梁及门腿都受到较大的弯矩,因此都采用较大的截面,这样的结果是起重机的自重增加,也势必增大了车轮的轮压。因此近年来新设计制造的门吊已很少采用这种形式了。交叉门架的构造,如图 5-3-2 所示。

（三）圆筒门架

圆筒门架的中间部分是大直径的钢筒。在其顶面上装有相应尺寸的滚动轴承和大针轮。在大直径钢筒内部可安装登高用的电梯。

这种门架都是焊接制成的，它的外形简单、自重轻、制造和安装都比较方便。

在安装联接螺栓时最好使用气泵控制扳手，这样可使预紧力比较均匀，各对角同时进行，逐步扳紧。联接螺栓要经常检查，如发现松动，要马上拧紧。对经常松动的螺栓要作好记录。作为分析问题时的参考依据。圆筒门架的构造，如图 5-3-3 所示。

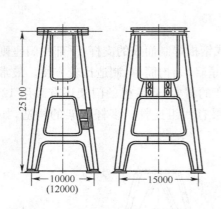

图 5-3-2　交叉门架的构造

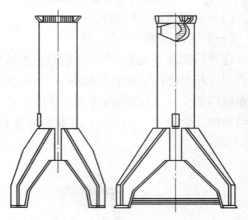

图 5-3-3　圆筒门架的构造

二、起升机构

起升机构是由电动机、制动器、减速器、导向滑轮及缠绕钢丝绳的卷筒等组成的。通过改变电动机的转向来达到重物的升降目的。

门座式起重机用于码头装卸时，其特点是工作繁忙、装卸物精度不是很高，所以要求起升机构具有较快的工作速度。为了使钢丝绳有足够的寿命，必须把卷筒做成单层缠绕的，这样可以减轻钢丝绳的磨损。用于造船时，起重机的起重量较大，对于起重量较大的起重机，除主起升机构外还有副起升机构。主起升机构的起重量大，但起升速度较慢。副起升机构则相反，其起重量较小，但起升速度较快。这种做法可使门座式起重机的生产率有所保证。一般来说，副钩的起重量一般是主钩起重量的 25％左右。

门座式起重机的取物装置可以是吊钩形式的，也可以是其他形式的。为了使门座式起重机用途较广泛，通常把起升机构设计成双卷筒结构。每一个卷筒都用一台电动机来驱动。两只卷筒上的绳槽方向相反。通常把左边的卷筒作为支持绳卷筒，并使用左旋钢丝绳，而把右边的卷筒用作闭合绳卷筒，使用右旋钢丝绳。这样若用抓斗作为取物装置的话，人们会习惯性地把支持绳接到支持绳卷筒上，把闭合绳接到闭合绳卷筒上。

若选用吊钩作为取物装置的话，吊钩设计需有足够的重量，便于在空载下降过程中可以克服滑轮组和卷筒的阻力，使得吊钩具有正常的下降速度，确保生产。

在门座式起重机的卷筒与人字架顶端的滑轮间，装有应力感应片。当起吊的负荷达到额定起重量的 90％时，设在驾驶室内的显示器即发生预紧信号，提醒司机谨慎操作。当起吊的负荷超过额定起重量时，会自动切断起升电源并发出停吊报警信号。

184

在门座式起重机卷筒两端装有限制起升高度和下降深度的行程开关。当吊钩起升到极限高度时,它会自动切断起升的电源,但仍然可以执行下降的任务。当吊钩下降到极限深度时,能自动切断下降的电源,但仍然可以执行起升的任务。这就不但能防止因吊钩上升过高顶撞导向滑轮而拉断钢丝绳,又能防止缠绕在卷筒上的钢丝绳因圈数不足甚至改变缠绕方向导致设备受损或人员伤亡。

起重机的起升机构均装有制动器,起升机构的制动器通常是液压推杆式的。为了使起升机构的常态处在静止的,因而选用常闭式制动器,平时制动器的制动轮被紧紧地抱住。当需要起升或下降动作时,液压通过推杆松开制动轮,实现吊钩的起升或下降。为了避免起重机在制动时产生强烈的震动,一般容许制动时吊钩有 0.3m~0.6m 的溜钩距离。

对起重机而言,其制动器是尤为重要的,因而制动器要经常检查,检查液压推杆是否漏油,还要防止漏进空气。确保制动器动作灵敏可靠。

需要经常吊运危险物品的起重机的起升机构,应设置两个制动器,保证起升机构的制动安全可靠。

三、变幅机构

在门座式起重机中,从其回转中心线至取物装置中心线的径向水平距离,称为工作幅度。这个概念对起重工而言相当重要,是否掌握,往往会决定你工程作业的成败。门座式起重机是靠变幅机构顶推臂架,使得臂架起伏来实现改变工作幅度的。门座式起重机是通过运行机构、回转机构、起升机构和变幅机构四者联合动作来改变货物的位置,从而完成起重吊装任务的。这其中的回转机构和变幅机构性能的优劣,将对起重机的生产能力有着重大的影响。因为门座式起重机的变幅机构的臂架是在负荷情况下进行变幅的,也就是说它是工作性变幅机构。而对工作性变幅机构,不但要求能克服比空载变幅大得多的各种阻力外,而且要求机构的刚性强、变形小、具有高效率的传动能力,才能完成繁忙的起重吊装任务。

采用简单的臂架进行变幅,当幅度减小时,吊钩升起,当幅度增大时,吊钩降下,也就是说臂架的重心、载荷会随之上升或下降。因此,在变幅过程中,门座式起重机的传动机构除了克服臂架及负载的惯性阻力,摩擦阻力外,还要克服伴随臂架及负荷升降而产生的阻力。这种阻力数值很大。为了消除或减少这种阻力采用了现在常见的这种结构和形式都比较复杂的门座式起重机变幅机构。这种变幅机构保证了变幅过程中,臂架系统的合成重心高度变化微小;货物接近于水平移动,这就使得变幅机构的驱动功率相应减小。由于货物基本上接近水平运动,所以在起重吊装过程中的安全也大有改善。然而,凡事有利有弊,这种变幅机构导致了货物移动的速度减慢,影响了工作效率。况且要使货物完全沿水平匀速移动是很难的。因此,新设计制造的门座式起重机变幅机构的性能应该满足以下要求。

(一)在变幅过程中,货物作水平移动时的高度变化 $\triangle h_{max}$ 应小于 $0.03(R_{max}-R_{min})$。其中,R_{max} 是起重机变幅机构能达到的最大幅度。R_{min} 是起重机变幅机构能达到的最小幅度。

(二)额定起重量 Q 对臂架下铰点所作用的平衡力矩 M_0 应尽量小。

(三)最大幅度时象鼻梁端水平速度与最小幅度时象鼻梁端水平速度的比值

$$\frac{V_{\max}}{V_{\min}}<2.5$$

式中　$V_{\max}$——最大幅度时象鼻梁端水平速度；

　　　$V_{\min}$——最小幅度时象鼻梁端水平速度。

因此,现在的门座式起重机的变幅机构一般采用起伏摆动的臂架平衡系统,货物升降补偿装置和驱动装置三个部分组成。

1. 臂架平衡系统

在变幅过程中要使臂架系统的重心不出现或极小地出现升降现象。一般采用绳索补偿法(包括补偿滑轮、补偿滑轮组、连杆补偿滑轮组、补偿卷筒),组合臂架补偿法等。目前,正在使用的门座式起重机上大都采用组合臂架补偿法的臂架平衡系统。

组合臂架补偿法是利用臂架端点在变幅过程中沿接近水平线的轨迹移动来保证其重心极小地出现升降现象。

组合臂架系统由臂架、象鼻梁、大拉杆所组成。上述三种杆件与回转部分的上部(或者人字架)构架一起组成了一个平面四连杆机构。拉杆与象鼻梁一端铰接,另一端铰接于回转部分的上部构架上,位置固定不变。载重绳绕过象鼻梁端点上的滑轮,通过臂架端或臂架尾部滑轮卷在起升机构的卷筒上。一般来说,起升绳是与拉杆或臂架平行的。当臂架摆动时,带动象鼻梁作上下转动,此时象鼻梁端部将以接近水平线的轨迹移动,使货物在接近水平状态下变幅。在小幅度时,拉杆可能受压,因此采用金属结构的刚性拉杆来承受压力(见图 5-3-4)。

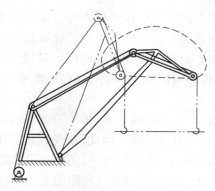

图 5-3-4　臂架、象鼻梁和刚性对重拉杆组成的臂架系统

如果采用起升绳不与拉杆或臂架平行的结构,当臂架摆动时,则象鼻梁端部的轨迹将是一条斜线。此时,可依靠收、放起升线的办法来补偿象鼻梁端部升降的高度差,使货物在接近水平状态下变幅。这种结构,在小幅度时拉杆不受压。因此可使用柔性拉杆。

组合臂架补偿机构的起升绳长度较短,钢丝绳的磨损小,避免了货物起吊过程中摆动过大的缺点,因此比较安全。也是目前应用最多的形式。

由于组合臂架补偿法与绳索补偿法相比,虽然具有结构强度高,吊运速度快等优点但同时也存在着结构复杂(设有平衡梁、活配重、对重小拉杆等构件)、质量较大等缺点,所以近些年来好多新船厂大都采用结构简单、制造方便、投入资金少的绳索补偿法的门座式起重机。

186

绳索补偿法机构很简单,它与组合臂架补偿机构相比少了象鼻梁,也无须平衡梁等。当臂架摆动时,变幅绳索随之收放。此时,起升绳也自动放收作为补偿,从而达到被吊物件近似于水平运动的目的。

2. 变幅驱动装置

门座式起重机的臂架变幅驱动装置是必不可少的,它的种类大约有以下几种,如齿条驱动装置、扇形齿轮驱动装置、液压驱动装置、螺杆螺母驱动装置。

(1)齿条传动变幅驱动装置。我国某港口机械造厂制造的 MQ—25 型门座式起重机、国外起重机制造厂生产 GANZ5—30 型门座起重机都采用齿条传动变幅驱动装置。

齿条通过装于机房顶上的减速器直接带动臂架。齿条的齿形常制成针齿形状,这对简化制造工艺和维修带来了方便。齿条传动变幅驱动装置虽然能承受双向力,结构较小,也比较紧凑,工作效率也很高,但其齿条较易磨损,因而容易在起动和制动时发生冲击现象,所以很不平稳。另外,还有可能发生齿条超过行程臂架坠落的危险源。这就要求各项安全设置必须灵敏、可靠。上海船厂曾使用过这种类型的门座式起重机,已经于 10 多年前予以报废处理了。

(2)扇形齿轮驱动装置。上海某机械制造厂制造的 Q5—25I 型门座式起重机的变幅机构采用扇形齿轮驱动装置。使用结构简单的这种装置可完成臂架的起伏动作。但这种结构只适用于配重置于臂架延长线上的臂架。在这种驱动装置中,齿轮是等速旋转的,因而臂架以等角速度起伏,但起吊货物的水平移动速度,则随臂架倾斜角的增加而逐渐增加,也随臂架倾斜角的减少而逐渐降低。扇形齿轮驱动装置一般只用在小型、低速起重机上,造船厂使用不太适合。

(3)液压传动变幅驱动装置。臂架用装于机房顶部的液压系统的活塞推杆直接推动。上海某机械制造厂生产的 M5—30 型门座式起重机的变幅机构采用这种驱动装置。目前,各造船厂的门座式起重机大都选用这种形式的变幅驱动装置。

采用这种装置具有结构紧凑、自重轻、能承受双向力等特点,但最大的优点还在于工作平稳。然而,液压传动中的构件,如活塞、缸筒、推杆及各种阀门的制造和安装,都要求有一定的精度。因此,在制造、安装中稍有大意或技术不精便会出现漏油甚至咬缸等情况。为确保该装置的性能良好,在平时的工作中加强设备的保养显得更加重要。液压传动变幅驱动系统中除油泵外,还包含驱动油泵的电动机,盛放液压油的油箱活塞及油缸、滤油网、管道、控制及溢流阀和压力表等。

图 5-3-5 和图 5-3-6 分别是液压传动驱动装置的变幅机构传动示意图和变幅机构液压系统图。油泵出口处接有溢流阀可防止油泵过载。分配—制动阀组内的制动阀有二只单向阀和一只溢流阀。此溢流阀可保证变幅停止,分配阀杆将油腔关闭时,变幅系统惯性所造成的管内压力迅速上升到一定值后,溢出少量液压油以确保管路的安全并消除结构振动。二只单向阀保证一腔放油时,另一腔可通过其中的一只阀补充液压油,并通过缓冲器吸收振动。

油泵内的液压油的品种应根据地区温度而选择。一般我国南方地区选择的余地大一点,北方地区相对小一点。液压油的质量一定要好,杂质一定要少。太稀薄了容易泄漏,过厚了会出现粘滞现象。若寒冷地区选用较稠密的液压油。则必须考虑在液压油的油箱内装设管状加热器,供液压油凝固时加热使用。

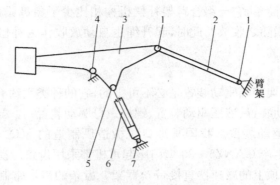

图 5-3-5　变幅机构传动示意图

1—变幅拉杆轴；2—变幅拉杆；3—平衡梁；4—平衡梁铰轴；

5—油缸铰轴；6—变幅油缸；7—油缸铰轴。

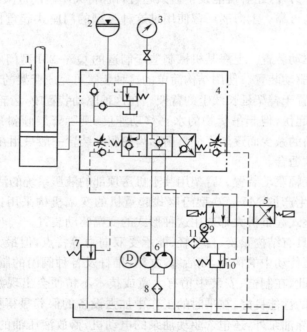

图 5-3-6　变幅机构液压系统图

1—油缸；2—液压缓冲器(充氮、压力 30kg/cm²)；3—压力表；4—控制阀；5—电磁
换向阀；6—双联叶片油泵；7—溢流阀(溢流压力 85kg/cm²)；8—滤油网；9—压
力表；10—溢流阀(溢流压力 20kg/cm²)；11—线隙式滤油器。

　　如果在液压系统中存有空气，则会在管道中出现噪音。此时，应对液压系统进行放气，也就是说要排除整个系统管道内的空气或将液压油量补充到规定值。必要时更换整个系统的液压油。然后在空载的情况下变幅多次，同时还应检查吸油管处是否有漏气现象，油的粘度是否过高以及滤油网有无赌塞等。

　　(4)螺杆螺母传动变幅驱动装置。比较典型的是意大利巴尔都罗麦斯——米兰工业炉和工业设备公司制造的 db10/20—30/22/10 型门座式起重机的变幅机构采用螺杆螺母传动装置。

这台起重机的起重量为 20t 时,最大幅度为 22m。当起重量为 10t 时,最大幅度为 30m。不论起重量是 20t 还是 10t,其最小幅度均为 10m。图 5-3-7 是这台起重机变幅机构的传动示意图。

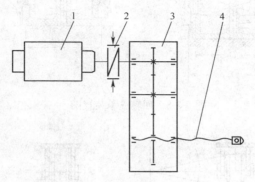

图 5-3-7 螺杆、螺母变幅机构传动示意图

对于螺杆螺母传动变幅驱动装置来说,灵敏、可靠的安全装置是避免发生危险的重要保证。螺杆螺母的变幅过程比较平稳,能够承受双向力,它的外形尺寸较小,自重较轻。但最大的缺点是变幅虽然平稳但需要其相当低下的工作效率作为代价的。现在人们已采用滚珠丝杠来代替一般的丝杠来提高工作效率。然而滚珠丝杠要求采用高强度的合金钢制造,并且要进行热处理来提高其表面硬度,所以制造成本较高。由于螺杆比螺母长得多,所以在热处理时应把螺母的表面硬度做得比螺杆的表面硬度要高一些,使得使用过程中螺母的磨损要比螺杆的磨损小一些。

四、回转机构

门座式起重机的回转机构确立了所吊重物是沿圆弧进行水平移动的。它与起升机构、变幅机构、行走机构一起确定了所吊重物可以到达的空间范围。

回转机构由回转支承装置和驱动装置两部分所组成。

(一) 回转支承装置

目前通常采用的回转支承装置主要有转盘式回转支承装置、转柱回转支承装置和定柱回转支承装置三种。

1. 转盘式回转支承装置

采用这种回转支承装置的起重机,其回转部分安置在一个大转盘上,转盘由滚动元件支承式三种。

(1)支承滚轮式。这种结构是在转盘下面装置若干个滚轮,滚轮压在圆形轨道上,并由圆形轨道承担垂直负荷。转盘以中心轴为圆心进行旋转,因而回转部分就可以将起重机上部转动起来,从而使得被吊物体沿圆弧的轨迹运动。滚轮的形状一般是圆柱形,也有圆锥形的。大型门座式起重机以采用圆柱形滚轮为主。在转盘上还设有反滚装置,来克服运转中产生的倾覆力矩。支承滚轮式回转支承装置和支承滚轮的结构简图,如图 5-3-8 和图 5-3-9。

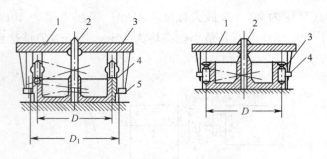

图 5-3-8　回转支承装置图

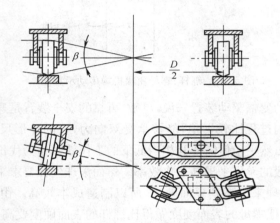

图 5-3-9　支承滚轮结构简图

（2）滚子夹套式。这种型式的支承装置的结构简图，如图 5-3-10 所示。在这种装置中，转盘和底座上都装了轨道。滚动体可以是滚珠、滚柱或滚轮，它们置于两个轨道之间。为了减轻每个滚动体所承受的负荷，尽可能地让滚动体布满整个轨道。同时在滚动体之间置有隔离夹套，以避免滚动体之间产生摩擦。为了保持滚动体的径向位置，装有容许调整距离的中心拉杆来防止滚动体的径向窜动。在这种装置中也装有反滚装置来抵消运转中产生的倾覆力矩。

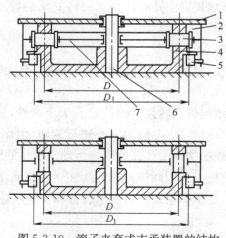

图 5-3-10　滚子夹套式支承装置的结构

（3）滚动轴承式。滚动轴承式回转支承装置，如图5-3-11所示。它的结构形式有很多种。主要是采用特制的滚动轴承来代替滚动体和滚道，转盘就固定在轴承的旋转座圈上。固定座圈与起重机的门座固接在一起。由于滚动轴承式旋转支承装置中的滚珠是由高强度合金钢制成的，制造及热处理的工艺要求都很高，制造的费用较高。该装置在上、下两环之间一般置有调整垫片，用来调整滚珠和座圈磨损后所产生的间隙松动。为防止灰尘进入从而加速滚珠和座圈的磨损，还设有防尘用的密封。

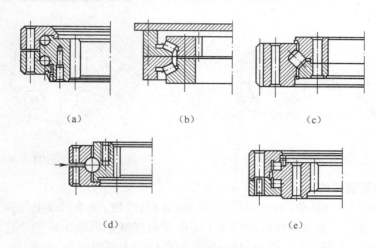

图5-3-11　滚动轴承式回转支承装置
（a）双排球轴承式；（b）双排滚子轴承式；
（c）交叉滚子轴承式；（d）四点接触滚珠式；（e）三排滚子式。

2. 转柱支承装置

转柱支承装置由倒锥形大支柱、支撑滚轮组成的上支座及平面轴承组成的下支座三部分组成。这个锥形大支柱的锥底固定于转动部分的下方，并插在门座桁架的中间部位。倒锥体上部侧面用滚轮在水平方向支撑着。使倒锥形大支柱受到径向压力。倒锥形大支柱的底部支承在底部轴承上，使底部轴承受垂直方向的压力。滚轮轨道装在门架桁架上时，转柱一般不会发生倾斜的现象。水平滚轮一般装有偏心的轴套，只需转动滚轮的心轴，就可以调整水平滚轮与滚道之间的间隙。

上、下支座都是承受载荷的部件，因为载荷的数量很大，故平面轴承应得到充分的润滑。不然的话，磨损将加剧。一旦轴承碎裂，起重机将发出及其刺耳的异声。此时，则必须将门型起重机的下转柱以上的部分顶高起来，更换平面轴承。图5-3-12是转柱支承装置的示意图。

3. 定柱回转支承装置

定柱回转支承装置使用的频率比起上述两种装置要低得多。它与转柱支承装置不同的是它有一个与起重机回转部分固定在一起的圆锥形罩。这个圆锥形罩覆盖在固定不转的圆锥形立柱上。上支座有圆锥形罩上端的圆柱内壁和圆锥形立柱上端延伸的圆柱部分构成。圆锥形罩的下端与定柱下部组成下支座。其滚轮数可适当增加以减少滚轮水平方向的轮压。定柱回转支承装置的示意图，如图5-3-13所示。

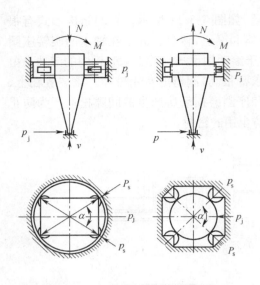

图 5-3-12　转柱回转支承装置

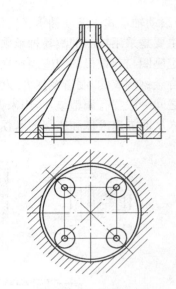

图 5-3-13　定柱回转支承装置

（二）回转驱动机构

门座式起重机的回转驱动机构由电动机、减速器、齿轮、制动器及电气操纵等部分组成,其驱动机构通常设置在起重机的转盘上。电动机经减速器输出轴的小齿轮与装在门架上固定部位的大齿圈啮合。电动机转动时,小齿轮沿大齿圈滚动,带动整个转盘围绕回转中心回转,即起重机完成了回转运动。有的起重机为了使回转时更平稳些而采用了左右两套回转驱动装置。然而,要使两套装置能够同步确非易事,水平差一点的安装钳工往往不能一次成功。

目前船厂门型起重机采用的回转驱动机构的结构主要有以下四种:

(1)立式电动机、立式圆柱齿轮减速器传动;

(2)立式电动机、立式行星减速器传动;

(3)卧式电动机、圆柱及圆锥齿轮传动;

(4)卧式电动机、蜗轮减速器直接带动。

前些年还有采用气动控制的。设立一台空压机负责供气。其优点是回转时非常平稳,但由于缺点不少,未能大力推广。

如上所举的(1)即:立式电动机、立式圆柱齿轮减速器传动;(2)即:立式电动机、立式行星减速器传动,这两种形式的驱动机构紧凑,所占的面积较小,效率较高,所以使用者日益增加。而后两种(3)即:卧式电动机、圆柱及圆锥齿轮传动;(4)即:卧式电动机、蜗轮减速器直接带动,由于其占地面积大、传动效率低而逐步被淘汰。

在回转驱动机构中,不再采用自动上闸的常闭式制动器。它是在旋转驱动机构的电动机与减速器箱联接处的联轴节上装有制动轮。这样在制动时可以使旋转部分及时停止转动,且比较柔和,同时避免了因制动过猛而引起的整机振动。

五、行走机构

门座式起重机若停止在固定的位置上,则可使吊运工作在一个环形范围内进行。当门座式起重机能在所设置的轨道上运行,则吊运工作可在一椭圆形范围内进行。

使门座式起重机在轨道上运行的机构,叫做门座式起重机的运行机构。由于门架下面必须通过物件或卡车,因而不能像桥式起重机那样,采取集中驱动的方式。所以门座式起重机的运行机构一律采用分别驱动的方案。在门架的四条支腿下都装置了均衡台车,用以支承整台门座式起重机的重量。均衡台车的多少或者说车轮的多少取决于门座式起重机的重量(包括起重机的自重加上吊重量)及轨道地基的承受力。为了保证起重机能沿着轨道顺利运行,一般要求至少有一半的车轮由驱动机构来驱动。

运行机构中的部件还可根据用途而分为驱动部分和支承部分。属于驱动部分的有电动机、减速器、齿轮、制动器等部分。而均衡梁、销轴、车轮等组成的均衡台车则为其支承部分。因为起重机的行走轨道不可能很直,所以门架的支腿一般用圆柱形凸缘插入均衡台车的均衡梁的座孔中,这种结构保证了均衡台车能对支腿作水平方向的转动,以使起重机可以在有点曲线的轨道上行走。

(一) 驱动机构

采用分别驱动使其自重减轻、维修方便,工作可靠。特别是起重机变形对驱动装置影响较小。但由于所用的电动机、减速器。制动器的数量相应地有所增加,故制造成本有所增加。

根据上面所提出的至少有一半的车轮由驱动机构来驱动的要求,那么门座式起重机的四条支腿起码装有两套驱动装置。当然装置四套驱动装置则更好,在每一条支腿下都装有一套驱动装置,称为全驱动方式。换言之被称为半驱动方式。全驱动方式有很强的驱动力。

对于半驱动装置的门座式起重机而言,其驱动装置的布置一般有三种形式可供选择,即第一种把两套驱动装置安置在同一侧轨道上的两条支腿上,第二种是把两套驱动装置安置在不同轨道上而对轨道中心线对称的两条支腿上,第三种是把两套驱动装置安置在成对角线的两条支腿上。在这三种方式中,采用对角驱动的方式相对比较妥当。这种布置方式保证臂架转动时对角轮压之和变化相对较小,使得整机的运行相对比较安全。

(二) 均衡台车

在门座式起重机的四条支腿下,安装着相同数目的车轮。为了尽量使得各车轮承受的轮压比较接近,采用了均衡台车结构。图5-3-14是两个车轮的均衡台车的示意图。图中的2是均衡梁,此梁两端各装一个车轮。通过销轴将均衡梁与支腿铰接。铰接轴中心到两轮中心的水平距离相等,这样两轮的轮压就基本均匀,而且均衡梁还能绕销轴摆动。

对于载荷量很大的门座式起重机,其车轮数可以达到几十个,其目的是使车轮轮压减小而不致超过允许的极限。大量的车轮通过多层均衡梁相联结使各轮轮压比较接近。

均衡台车的车轮都是铸钢的。车轮具有圆柱形的双轮缘,这有利于防止脱轨及延长其使用寿命。车轮和轨道的接触面都要进行淬火处理;其表面硬度应在 HB300~350 之间。轨道的表面要比车辆的表面稍硬一些。接触面进行淬火处理后可提高耐磨性。

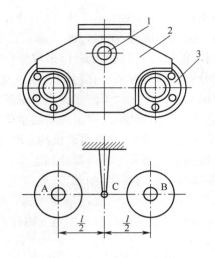

图 5-3-14　两个车轮的均衡台车

（三）运行机构的检查

为确保起重机的吊装安全。一般要在设计制造门座式起重机时就对门座式起重机的轮压进行计算。如果轮压超过规定值或地基过软，例如，采用钢筋混凝土作为基础，并在其上铺钢轨的运行轨道，其许用轮压应小于 60t。如超过此数值，则应通过增加车轮数来降低轮压。否则就有可能在起重机运行时发生倾斜甚至翻倒的事故。此时必然会损坏设备，甚至还可能发生机毁人亡的事故。

造船厂的门座式起重机通常位于露天场地上，当冬季到来时，轨道表面可能有露水甚至有冰。于是造成主动轮与轨道表面之间的附着力（摩擦力）过小，不能克服所有阻力之和，使得车轮原地打滑而不能行走。运行机构的制动器应保证门座式起重机准确地停到所需位置。而且制动时间不应过短，也不宜太长。如果制动时间过短，则在制动时可能使门座式起重机产生剧烈的震动，这也是我们不希望出现的。但如果制动时间太长，则门座式起重机的滑移距离就会较长。一旦出现紧急情况，就比较麻烦了。因此通常将运行机构的制动时间控制在 6s～8s 左右。或者说，将门座式起重机制动后的溜车（滑移）距离控制在 1.2m～1.5m 的范围内。

运行机构的制动器应天天检查。要保持完好。如果一旦制动器失灵，行走中的门座式起重机往往因本身的惯性作用继续滑移，尤其是风力较大时，阵风一刮就可能发生起重机设备事故或人身伤亡事故。因此特别要检查起重机的制动器电磁铁是否因震动而被卡住不动。此外，还应检查电磁铁的线圈是否因天雨的关系而受潮。由于门座式起重机在操作中出现震动，因此，还要检查固定制动器的螺栓是否有松动情况。

采用液压驱动的制动器应经常检查液压油的数量，不足时要适量补充。而最重要的是检查油管接头处是否有液压油漏出或空气是否漏入油缸内部，如油缸内有空气应及时排除。

六、门座式起重机的稳定性

对于具有变幅机构的起重机来讲，都有在自重和起吊载荷作用下可能产生的倾翻事故。就发生倾翻事故的可能性来讲,塔式起重机的倾翻事故可能性最大,其次是汽车式起重机和轮胎式起重机,门座式起重机也同样存在倾翻事故的可能。起重机抗拒自重和起吊载荷作用产生倾翻的能力,叫做起重机的稳定性。

门座式起重机在工作状态下的稳定性,即起吊载荷作用下的稳定性叫做载重稳定性。而在非工作状态下的稳定性,即在自重下的稳定性叫做自重稳定性。不论是哪一种稳定性,都是以相对于倾覆边的稳定(复原)力矩与倾覆力矩的比值来表示稳定性的大小的,称之为稳定性安全系数。

(一) 载重稳定性

载重稳定性的验算应以起吊额定载荷时,起重机对倾覆边的倾覆力矩最大的条件(即臂架处于最大幅度并垂直于运行轨道的情况、再考虑路轨高度不一致时坡度对稳定性处于不利时)下进行的。

除了上述条件外,还应考虑风力自臂架后方吹来的影响。再加上吊钩起升和机身旋转所产生的惯性力的影响。一般地说,只有自重力矩能使起重机稳定。不论是设计还是使用时,都必须使起重机的自重稳定力矩大于倾覆力矩。这二个数值的比值应大于 1.4。

图 5-3-15 是门座式起重机稳定性计算用的受力分析图。从这个图中可以看出,轨道所允许的最大坡度时的夹角用 α 表示。所受的力有起重机本身重量 G,起重机的额定起重量 Q,起重机受到的最大风力 $W_{风G}$,额定起重量受到的最大风力 $W_{风Q}$。

在图中表示距离的有下列符号:

C 表示最大幅度时,起重机自重重心到旋转中心的水平距离;

h_1 表示最大幅度时,起重机自重重心的高度;

h_2 表示起重机挡风面积的形心高度;

h_3 表示起重机最大幅度时象鼻梁端点的高度;

R_{max} 表示起重机最大幅度;

b 表示轨距的一半。

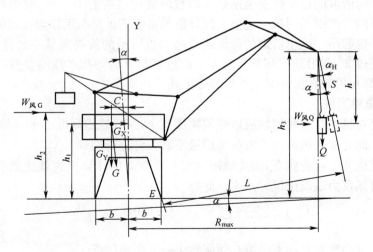

图 5-3-15　门座式起重机受力分析图

在上面所示的一些符号中,有关重量和力的符号,其单位都是千克(kg)。而有关距离的符号,其单位都是米(m)。

因此，稳定性安全系数 K 的计算公式应为：

$$K=\frac{G(b+c)-G\cdot\sin\alpha\cdot h_1\left[W_{风G}\cdot h_2+W_{风Q}\cdot(h_3-h_0)+\dfrac{QV_{起}}{gt_1}(R_{max}-b)+\dfrac{Qn^2R_{max}h_3}{900-n^2h_0}\right.}{Q(R_{max}-b)}\geqslant 1.4$$

(5-3-1)

式中　$V_{起}$——起升速度（m/s）；

$\quad\quad t_1$——起升机构从起动到 V 起速度时的时间（s）；

$\quad\quad n$——起重机旋转速度（r/min）。

式中的分母 $Q(R_{max}-b)$ 额定起重量产生的倾覆力矩。

分子中 $G\cdot\sin\alpha\cdot h_1$ 是轨道有坡度后自重的水平分力产生的倾覆力矩。$W_{风G}\cdot h_2$ 是风力作用于起重机使其倾覆的力矩。$W_{风Q}\cdot(h_3-h_0)$ 是风力作用于货物使起重机倾覆的力矩。可以看出当货物到达象鼻梁端部，也即 h_0 等于零时其倾覆力矩为最大。

$\dfrac{QV_{起}}{gt_1}(R_{max}-b)$ 是起升时产生的惯性力所引起的倾覆力矩。$\dfrac{Qn^2R_{max}h_3}{900-n^2h_0}$ 是起重机旋转时的惯性力所引起的倾覆力矩，不难看出旋转速度越大，货物起升得越高时即 h_0 为零时所引起的倾覆力矩越大。

上述这个计算公式是设计时，用来计算起重机稳定性安全系数的，检验其数值是否满足国家标准 GB 3811—83《起重机设计规范》的规定。

在这里介绍这个计算公式，目的是让广大学员了解起吊载荷后，起重机上受到了哪些力的作用。

接着便要提出稳定性安全系数 k 是不是越大越好。从起重机不会倾覆的角度来看，k 值应该是越大越好。要达到这样的目的只有依靠增加起重机自重 G 的办法来实现。其结果是轨道所用的钢轨要更坚强些，钢筋混凝土基础也要牢固些。根据这些理由，我们认为稳定性安全系数 k 不是越大越好，而是有个限度。对门座式起重机而言，k 值为 1.4。

现在设计时所取的稳定性安全系数 k 的数值要比过去的小一些，但仍然是可以保证起重机不倾覆的。关键是司机一定要掌握好所吊重物的重量与工作幅度之间的关系。在操作中做到平稳起吊。这里所谓的保证是指起重机所吊的货物重量不超过额定起重量，轨道坡度不超过 $2°$，起升速度和旋转速度不超过该起重机的技术性能参数。要做到这一点，关键就得靠司机们在操作时很好地遵守上述几点要求了。

（二）自重稳定性

门座式起重机的自重稳定性应以臂架幅度最小，两根轨道高低不平（臂架处于垂直于轨道的位置），此外最大风力从前方吹来的最不利条件进行检验。

由于起重机处于静止状态，因此稳定性安全系数 k 的计算公式就比载重稳定性的简单得多。这时倾覆力矩仅由风力产生。此时

$$k=\frac{G\cos\alpha(b-C')-G\sin\alpha h_1'}{W_{风}\cdot h_2'}\geqslant 1.15$$

(5-3-2)

式中　C'——最小幅度时起重机重心到旋转中心的距离（m）；

$\quad\quad h_1'$——最小幅度时，吊重重心高度（m）；

$\quad\quad h_2'$——起重机挡风面积的形心高度（m）；

$\quad\quad W_{风}$——作用在起重机上的最大风力（kg）。

自重稳定性安全系数 k 的值是 1.15。

当稳定性安全系数 k 不能满足国家标准 GB 3811—83《起重机设计规范》的规定时，一般可以采取两种办法。

一种是增加配重，这种办法对结构、基础、轮压等方面都是不利的，因此一般不过多地增加配重。

还有一种办法就是彻底修改设计参数，如对起重量、幅度等数值进行修改，或增大轨距或轮距的数值，使稳定性得到改善。

第四节　桥式类型起重机

一、桥式起重机的分类与用途

桥式类型起重机有桥式起重机、电动单梁起重机、龙门起重机，装卸桥和各种专用起重机。

桥式起重机又称通用桥式起重机，使用最为普遍，它架设在建筑物固定跨间支柱的轨道上，适用于厂矿企业的车间、仓库。在室内或露天用作物料的装卸和起重搬运工作，其最大特点是不侵占工作场地的有效面积。

桥式起重机的类型很多，按照应用的范围和所搬运的物品种类分为吊钩起重机、抓斗起重机、电磁起重机、两用起重机、三用起重机和双小车起重机等。还有一些冶金专用起重机，如淬火起重机、锻造起重机、铸造起重机和加料起重机等。

（一）吊钩起重机

吊钩起重机由具有运行机构的桥架，具有起升机构和运行机构的起重小车，还有装有操纵机构和电气设备的驾驶室组成，因其取物装置为吊钩，所以称为吊钩起重机。

起重量在 10t 以下的，仅一个吊钩，起升机构也仅一套。起重量在 15t 以上的采用两个吊钩，相应的起升机构也有两套。起吊额定起重量的吊钩叫主钩，另一个吊钩允许起吊的重量仅为额定起重量的 20%～30%，称为副钩。副钩的升降速度比主钩要快，副钩的作用是为了实行辅助工作和起升重量轻的物品。吊钩起重机是桥式起重机的最基本类型。吊钩起重机的额定起重量，不包括吊钩在内。

（二）抓斗起重机

抓斗起重机的取物装置是抓斗，用它代替了吊钩，其他与吊钩起重机基本一样。抓斗起重机是用来搬运散碎物品的。抓斗根据构造及工作原理的不同，有很多型式，常见的有单绳、双绳以及马达抓斗。

（三）电磁起重机

电磁起重机的取物装置是起重电磁铁，利用电磁的吸引力，吊运物件。它与其他起重机最大的区别就是所吊运的物件必须是具有导磁性的物件。电磁起重机的各机构是使用交流电源的，而电磁铁是使用直流电源，故需要变流装置来进行变流，把交流电变换为直流电，当然现在船厂采用硅整流器或可控硅整流器供给直流电的也甚为广泛。

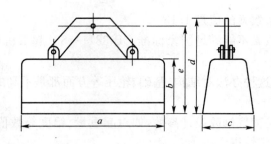

图 5-4-1　矩形起重电磁铁

（四）两用起重机

为了使吊钩起重机使用场合更为广泛，在吊钩上附以能更换的起重电磁铁或马达抓斗，这样能适应两种不同的吊运要求，叫做两用起重机。

两用起重机根据取物装置的不同有：吊钩、电磁起重机和吊钩、抓斗起重机。

（五）三用起重机

三用起重机是一种多用途的起重机，其基本结构与吊钩起重机相同。它配备一个马达抓斗和一个电磁铁，可以根据不同的物料，选用不同的取物装置。因为共有三种用途，所以称为三用起重机。

（六）双小车起重机

在桥式起重机的桥架上，装有两台起重量相同的起重小车，这种起重机适宜于吊运较长的工件。

二、龙门式起重机的分类与用途

龙门式起重机与桥式起重机的主要区别在桥架部分，它在主梁的两端有两个高大的支承腿，大车行走车轮就装在支承腿的底梁上，沿着铺设在地面上的轨道作直向运行。

龙门式起重机适合于在露天场地的堆装，吊运工作，如码头、船厂和露天仓库等，在选择龙门式起重机时，应考虑其在整个生产工艺过程中的地位与作用，使上下工序相适应。

龙门起重机的构造包括：门架、起重小车、大车、维修车及运行机构和电气设备等部分。其分类有：

(1)按门架的支承腿数分，只有单面支承腿的叫半龙门起重机（见图 5-4-2），有双支承腿的叫全门架起重机，如单梁和双箱形主梁龙门起重机（见图 5-4-3）。

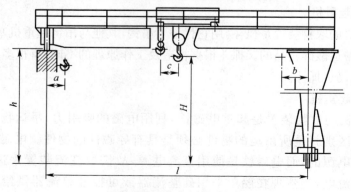

图 5-4-2　半龙门起重机

（2）按门架有无悬臂分有：无悬臂门架，单悬臂门架和双悬臂门架（见图5-4-4）。

（3）按桥架主梁形式分：有单主梁、单梁和双梁门架。

（4）按桥架的截面形状分：有"Π"形桁架、三角形截面桁架和箱形截面等。

一般小于30m跨度的龙门起重机两支承腿均为刚性腿；大于30m跨度时，采用一个刚性腿和一个柔性腿的结构，如船厂船坞上的龙门起重机，其跨度远超过30m的界限。箱形单主梁的支腿多为"L"形，其余为"八字"形。

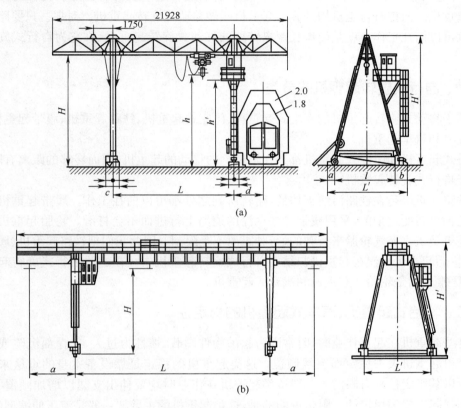

图 5-4-3　单梁和双箱形主梁龙门起重机

(a) 单梁龙门起重机；(b) 双箱形主梁龙门起重机。

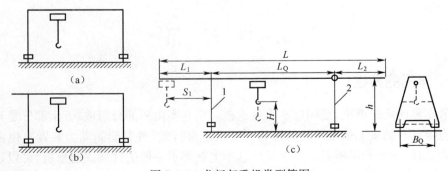

图 5-4-4　龙门起重机类型简图

(a) 无悬臂；(b) 单悬臂；(c) 双悬臂。

1—刚性腿；2—柔性腿（铰接）。

第五节　自行式旋转起重机

桥式起重机是通过起升机构、小车水平移动和大车运行来完成起重吊运工作的。除了桥式起重机之外,还有一种旋转起重机。旋转起重机有起升机构、变幅机构和旋转机构,此外还依靠行走机构来扩大其工作范围。有的旋转起重机没有行走机构称为固定式旋转起重机。而把有行走机构的旋转起重机叫做移动式旋转起重机。对那些只要路面条件好就可以前往工作也就是能作长距离转移的移动式旋转起重机,称它为自行式旋转起重机。

一、自行式旋转起重机的分类

属于移动式旋转起重机的有塔式起重机、门座式起重机、铁路起重机、履带起重机、轮胎起重机和汽车起重机。

塔式起重机和门座式起重机都是在轨道上的移动的起重机,因而转移的距离有限,故不属于自行式旋转起重机。

铁路起重机是在铁路沿线工作的,路轨所到之处都可以前往工作。履带起重机是由履带挖掘机转变过来的,采用履带可在泥泞的道路上行进而不会打滑。轮胎起重机和汽车起重机是依靠充气轮胎来行驶的,行驶距离不受限制。因此我们把铁路起重机、履带起重机、轮胎起重机和汽车起重机归结在自行式旋转起重机中。在这些自行式旋转起重机中,船厂常见的是轮胎式起重机和汽车式起重机。

二、轮胎式起重机、汽车式起重机的稳定性

这些起重机在起重作业时,时常因为起吊物件超载、惯性力过大、支撑面沉陷或风力过猛使得起重机失去稳定而突然倾覆。这类起重机的稳定是靠设备本身的重量来保证的。所以其稳定性是有限的。一般该类起重机在作业时均要伸出支腿以增加倾覆力臂,从而加强起重机的稳定性。附带说明的是,这类起重机的主臂架一般是液压伸缩型的,应该严格按照其使用说明书中的规定,正确使用起重机。不得超载。否则即便是起重机的稳定性足够时,也会令起重吊臂损坏。

第六节　浮　吊

一、浮吊的特性

浮吊亦称浮式起重机,或叫做水上起重机。它其实由两部分组成,下半部分是具有一般船舶均应具有的水上运载工具的性能。可以是自行式,具有船舶动力装置。也可以是非自行式,酷似一般的甲板驳。上半部分基本上就类于一般的臂架式起重机,可以是旋转式的,也可以是非旋转式的。由于他隶属水上起重设备,因而不但要满足水上运载工具的技术要求,还应符合起重特殊设备的各种规范。中华人民共和国国务院(令109号)《中华人民共和国船舶和海上实施检验条例》及以后由国务院交通主管部门批准公布施行的《起

重设备法定检验技术规则》对该类设备作了详细的规定和要求。浮式起重机与其他起重机最大的区别就在于它能够在水上区域移动,吊不吊重物、吊多少重物,其吊钩高度都会发生变化,因为浮式起重机的反倾覆支撑力是靠浮力来完成的。由于受力的变化导致吃水的变化,吊钩高度就会随之而改变。

二、浮吊的用途

浮吊的特殊性决定了它的活动范围,因而适用于水上作业,如船舶航修、拔桩、水上造桥等。由于近些年不断有大型浮吊出现,码头沿线的起重吊装作业亦趋频繁。尤其是各大造船厂,新造船舶的主机、上层建筑等利用浮吊在码头沿线进行整体吊装。为缩短造船周期作出了贡献。另外,利用浮船坞造船,其分段都由浮吊吊装合拢,大大增加了造船产量。

第七节　起重机的通用装置及主要零部件

一、吊(取)物装置

吊(取)物装置是起重机上的重要部件,为确保作业安全,取物装置必须工作可靠,操作简便。取物装置的型式很多,按所取物料型一般可分为三类。

(一)分类

1. 用于成件货物的——吊钩、扎具、夹钳等。

2. 用于散装物料的——料斗、抓斗、起重电磁铁等。

3. 用于液态物品的——筒、罐、特种容器等。

(二)几种常用的取物装置

1. 单钩(见图 5-7-1)

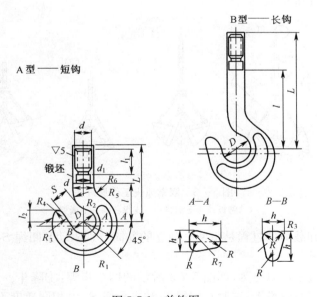

图 5-7-1　单钩图

2. 双钩（A 型短钩），见图 5-7-2(a)

3. 板钩

(1)单钩，见图 5-7-2(b)

(2)双钩，见图 5-7-2(c)

以上 1、2、3 在第二章中已有介绍，这里不再做叙述。

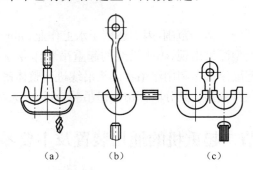

(a)   (b)   (c)

图 5-7-2　吊钩简图

4. 抓斗及抓斗的工作原理和安全检验

在过去抓斗只是一种自动装卸散粒物料的取物装置，而现在对抓斗的颚板进行改造后，还可以用来装卸原木等其他物料。采用抓斗不仅可使装卸效率大大提高，体力劳动强度也大为降低，装卸原木后安全状况也大有改善。抓斗广泛用于铁路货场、港口、散粒物料库、建筑工地等。造船厂用于挖泥的机会多一点。

抓斗按其操作特点分为单索抓斗、双索抓斗和电动抓斗三种。其中双索抓斗使用最为广泛。电动抓斗在我国应用不多。

(1)双索抓斗的工作原理。抓斗的结构如图 5-7-3 所示。抓斗由颚板 1、下横梁 2、支撑杆 3 和上横梁 4 等组成。

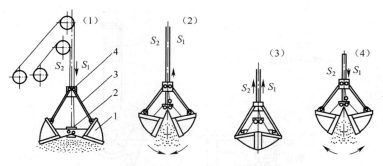

图 5-7-3　双索抓头工作原理图

1—腭板；2—下横梁；3—支撑杆；4—上横梁。

双索抓斗装卸载荷的过程是由两个独立的卷筒分别驱动开闭绳 S_1 和支承绳 S_2 来实现的。

抓斗的操作过程可以分为，如图 5-7-3 所示的四个步骤：①降斗——卸载后张开的抓斗依靠自重下降到散货堆上，这时开闭绳 S_1 和支承绳 S_2 以相同速度下降，但 S_1 绳较松，以免下降过程中抓斗自动关闭；②闭斗——抓斗插入物料后，支承绳 S_2 保持不动，而开闭

绳 S_1 开始收紧,使颚板闭合,把散粒物料抓取到斗中;③升斗——抓斗抓好散粒物料后,开闭绳 S_1 和支承绳 S_2 以同样的速度起升,直到所需的卸载高度为止;④开斗——支承绳 S_2 不动,并承受抓斗和抓斗内散粒物料的全部重量,把开闭绳 S_1 放松,这时颚板在自重和下横梁的共同作用下张开,并卸出散粒物料。然后抓斗在保持张开的状态下进入下一个工作循环。

(2)单索抓斗,如图 5-7-4 所示,为用一根绳索悬挂在起升机构的一个卷筒上工作的抓斗,抓斗的颚板 1 和撑杆 3 下端铰接相连,撑杆 3 上端和抓斗上横梁 6 也是铰接相连,于是颚板可以绕下横梁 2 的支点转动。下横梁 2 借钩 9 与拉杆 5 下边的钩 4 挂接,而拉杆 5 通过其上的环孔与绳索 7 连接,绳 7 把整个抓斗连接到起升机构卷筒上,也可以通过环套挂在起重机吊钩上使用。当抓斗起升到上极限位置时,钩 9 的杠杆 8 被固定的挡板压下,或用牵引绳拉下,使钩 4 与钩 9 脱开,颚板受自重作用而张开,张开的抓斗下降到物料堆时,颚板即自动插入物料中,此时放松绳 7,使钩 4 与钩 9 挂住。然后拉紧绳 7 吊向上提,颚板抓取物料并逐渐闭合,到颚板完全闭合以后,装满物料的抓斗随绳 7 一同上升,待上升到极限位置时,钩 9 上的杠杆 8 又碰到挡板而张开,自动卸下物料。

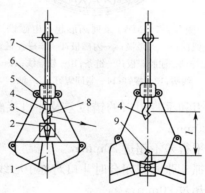

图 5-7-4 单索抓斗

1—颚板;2—下横梁;3—撑杆;4—挂钩;5—拉杆;
6—上横梁;7—绳索;8—杠杆;9—挂钩。

这种抓斗的优点是可以直接挂到起重机吊钩上使用,而不需要任何附加装置,缺点是工作可靠性较差,生产效率低,不能在任意高度卸下物料等。

电动单绳抓斗能克服部分单绳抓斗的缺点,颚板的启闭由固定在横梁上的电动机来操作,但由于启闭机构工作条件较差,启闭机构受空间位置限制,功率受到限止。不能满足高生产率的要求。目前生产的马达抓斗容量仅 $0.75m^3$ 和 $1.5m^3$ 两种。

抓斗起重机的额定起重量包括抓斗自重在内,亦即起重机的额定起重量应减去抓斗自重。

(3)抓斗的安全检验。

①抓斗上滑轮和钢丝绳分别按标准进行检验;

②抓斗刃口板磨损严重或有较大变形时,应及时修理或更换。在更换新刃口板时要选用能保证焊接质量的焊条进行焊接,并对焊缝进行严格的质量检查;

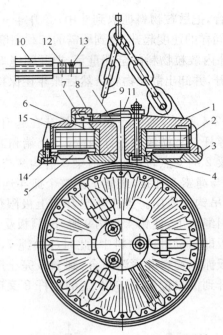

图 5-7-5　MWI 系列圆形起重电磁铁

1— 外壳；2—线圈；3—外磁板；4—内磁板；5—非磁性锰钢板；6—软导
片；7—出线螺杆；8—注胶盖板；9—链条；10—软导线；11—盖板；12—接
线头；13—螺钉；14—紧固螺钉；15—油。

③抓斗闭合时，两水平刃和垂直刃口的错位差及斗口接触处的间隙不得大于 3mm，最大间隙处的长度不大于 20mm；

④抓斗张开后，斗口不平行差不超过 20mm；

⑤抓斗起升后，不论在抓斗张开或闭合时斗口对称中心线及抓斗垂直中心线，都应在同一铅直平面内，其偏差不超过 20mm；

⑥抓斗的铰接部位的轴、销、钢丝绳套环等必须经常检查，如发现裂纹、松动应及时更换。

5. 起重电磁铁吸铁盘以及它的构造和检验

对于具有导磁性的黑色金属及其制品，采用电磁吸铁盘作取物装置可以大大缩短钢铁料及其制品的装卸时间和减轻装卸人员的劳动强度。所以在冶金、机械工厂、造船厂的铁板仓库、冶金专用码头及铁路货场应用较多。但是起重电磁铁的缺点是自重大、安全性较差，并受温度及锰、镍含量的影响较大。起重电磁铁的起重能力与物件形状、尺寸有较大的影响，具体关系如表 5-7-1 所示。

表 5-7-1　电磁铁直径与起重力表

物 件 名 称	电磁铁直径/mm 与起重力/kg		
	785mm	1000mm	1170mm
钢锭及钢板	6000	9000	16000
大型碎料	250	350	650
生铁块	200	350	600
小型碎料	180	300	500
钢屑	80	110	200

（1）起重电磁铁的构造。图 5-7-5 所示。起重电磁铁由外壳 1、线圈 2、外磁极 3、内磁极 4、非磁性锰钢板 5 等构成。

（2）起重电磁铁的检验。

①必须每班检查起重电磁铁电源的接线部位和电源线的绝缘状是否良好，如有破损应立即修复或更换；

②电磁铁的起升钢丝绳和链环分别按标准进行检验和更换；

③起重电磁铁在吊运物件，特别是碎钢铁时，要特别注意其通行路线，不允许在人和设备上面通过，因为起重电磁铁一旦断电，重物就要坠落下来，掉在人或设备上将会造成重大事故。虽然经过改进，起重电磁铁具有一定的延时性能，但危险性还是很大的；因此应设置断电报警装置，以便操作人员在断电后及时采取防范措施；

④不准用起重电磁铁吊运温度高于 200℃ 的钢铁物件。

二、滑轮和卷筒

（一）滑轮

滑轮是起重机中的承装零件。按用途可分定滑轮与动滑轮。定滑轮固定不动，用来改变钢丝绳的方向。动滑轮装在可上、下移动的心轴上，通常与定滑轮一起组成滑轮组，达到省力的目的，并使电动机的高速旋转与上、下移动的心轴速度相适应。

滑轮一般由 HT15—32、HT18—36 灰铸铁或 ZG25 铸钢浇铸而成。对于直径较大的滑轮，一般采用焊接滑轮为好，焊接滑轮的重量比铸钢滑轮的重量轻得多。这样，对减轻动臂式起重机臂端滑轮的重量有重要的意义。

图 5-7-6 是铸造滑轮与焊接的剖面图。

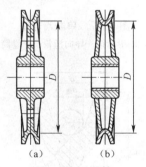

图 5-7-6　滑轮
（a）铸造滑轮；（b）焊接滑轮。

采用铸铁滑轮除了价格低廉之外，而且对钢丝绳的寿命也是有利的。但是，铸铁滑轮容易磨损，特别是容易破碎。考虑到延长钢丝绳的使用寿命，常在钢制滑轮的绳槽底部镶上铝合金或卡普隆衬垫。

滑轮的主要尺寸是滑轮绳槽底部的直径，这个直径叫做滑轮的名义直径 D。这个直径的大小与钢丝绳的寿命有很大的影响。因为钢丝绳在滑轮上作 180° 的弯曲，这时钢丝绳的中心线既不伸长也不缩短，因此没有因变形而产生的拉应力和压应力。但在靠近滑轮绳槽底部的钢丝绳则因弯曲而压缩，在远离滑轮绳槽底部的钢丝绳则因弯曲而伸长。于是，它们分别承受了压应力和拉应力。钢丝绳出入滑轮绳槽的偏角过大时（＞5°），绳槽侧壁将受到较大横向力的作用，容易使槽口损坏，使钢丝绳脱槽。离开滑轮绳槽底部的钢丝绳恢复了原状，因变形而产生的应力消失。可见，在滑轮附近的钢丝绳易于疲劳，特别是滑轮绳底部的钢丝绳常出现疲劳引起的断裂。为了保证钢丝绳有足够的寿命，根据机构的工作级别，选定滑轮名义直径 D 与钢丝绳直径 d 的最小比值。

滑轮绳槽截面形状和尺寸，对滑轮工作可靠性和钢丝绳的使用寿命有很大的影响。绳槽底部的半径都应稍大于绳索的半径，以避免绳在槽中卡住。要求槽壁表面光滑，不得有毛刺。当绳索对绳槽中心平面稍有偏斜时也能正常工作，通常把绳槽的两壁做得稍有些向外倾斜。两壁之间的夹角一般在 $45°\sim80°$ 之间。

滑轮绳槽各部分的尺寸与钢丝绳的直径 d 的大小有关。主要尺寸，如表 5-7-2 所示。

(二) 滑轮组

滑轮组由若干个动滑轮和定滑轮所组成。

按构造形式来分，滑轮组可分为单联滑轮组和双联滑轮组。

单联滑轮组的特点是绕入卷筒的钢丝绳数为一根，结构比较简单。但操作起来很难使其实现平稳的要求。当物品升降时，常发生水平移动。特别是高速升降时，物品在空中晃动得很厉害。图 5-7-7 是单联滑轮组的示意图。

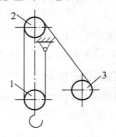

图 5-7-7　单联滑轮组

1—动滑轮；2—导向滑轮；3—卷筒。

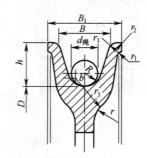

表 5-7-2　滑轮绳槽主要尺寸（mm）

钢丝绳直径 d	R	B	B_1	h	r	r_1	r_2	r_3	b
11～14	8	28	40	22	16	3	3	19	4
14～18	10	34	50	28	20	3	3.5	23	6
18～23	12.5	45	65	36	25	4	5.5	30	8
23～28.5	15.5	55	80	45	30	6	7	35	10
28.5～35	19.5	67	95	55	36	7.5	8.5	44	12
35～43.5	24.5	85	120	70	50	9	11	56	12

不言而喻,双联滑轮组进入卷筒的钢丝绳是两根。它克服了单联滑轮组产生水平移动的缺点。双联滑轮组由两个倍率相同的单联滑轮组连接而成,它的钢丝绳的两端都固定在刻有左右螺旋槽的卷筒上,中间用一个平衡滑轮来调整滑轮组两边钢丝绳的长度和张力。一般来说,平衡滑轮的直径比较小一些。这是因为绕在平衡滑轮上的钢丝绳基本上是不动的。

这里还必须将倍率的概念作一叙述。倍率通常是指滑轮组省力的倍数或滑轮组增速的倍数,并用字母 a 来表示。写成公式如下:

$$a=\frac{\text{重物的重力}\ Q}{\text{理论提升力}\ F}=\frac{\text{提升速度}\ V_F}{\text{重物速度}\ V_Q}=\frac{\text{提升的行程}}{\text{重物的行程}}$$

滑轮组承载钢丝绳数的多少和起重量有关。若起重量一定时,钢丝绳数不宜太少,否则将增加钢丝绳的直径,并导致滑轮和卷筒的直径增加。

双联滑轮组的示意图 5-7-8。

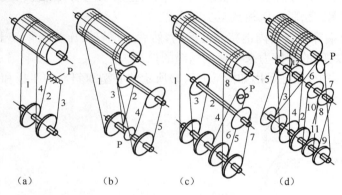

图 5-7-8　双联滑轮组
(a) 平衡杆式;(b) 6 分支;(c) 8 分支;(d) 12 分支。

(三) 卷筒

卷筒用来卷绕钢丝绳,并把原动机的驱动力传递给钢丝绳,同时还将原动机的旋转运动变为直线运动。

一般来说,卷筒的外形是圆柱形的。在要求变幅时保证物件高度位置不变。可把卷筒做成圆锥形的。

钢丝绳在卷筒上卷绕的层数可以是单层的,也可以是多层的。

单层绕卷筒表面通常切有螺旋形绳槽。绳槽节距比钢丝绳直径稍大,绳槽半径也比钢丝绳半径稍大,这样既防止了相邻钢丝绳之间的相互摩擦,也增加了钢丝绳与卷筒的接触面积,使钢丝绳的使用寿命有所提高。

多层绕卷筒用于起升高度很大的起重机上,其容绳量大,因而机构尺寸较小。多层绕卷筒的表面一般没有螺旋形绳槽,而是光卷筒。因此,钢丝绳排得很紧,相互之间摩擦力很大。此外,各层钢丝绳互相交叉,内层钢丝绳受到外层的挤压,所以钢丝绳的使用寿命有所降低。

多层绕卷筒的两端必须有侧缘,以防止钢丝绳脱出。侧缘的高度要比最外层钢丝绳高出(1~1.5)倍的钢丝绳直径。

卷筒用 HT15—32 灰铸铁或 QT45—5 球墨铸铁铸造。也有用 ZG25 铸钢铸成的。

钢丝绳的末端应牢固地固定在卷筒上。除了应保证工作安全可靠之外,还要求便于检查和更换钢丝绳。此外,在固定处不应使钢丝绳过分弯折。现有的固定结构都是用摩擦力将钢丝绳末端压在卷筒的壁上。

由于钢丝绳在卷筒上的附加圈数对卷筒表面的摩擦,使作用在固定装置上的作用力有所降低。

常用的钢丝绳末端固定法有三种。

1. 利用楔形块固定绳端的方法(见图 5-7-9a)。常用于直径比较细的钢丝绳。为了确保自锁起见,楔形块的斜度一般在 1:4 到 1:5 的范围内。

2. 钢丝绳端用螺钉压板固定在卷筒外表面(见图 5-7-9c)。在压板上刻有梯形或圆形的槽。采用这种固定法使卷筒的构造简化,且工作可靠,便于观察和检查。在卷筒上的螺钉受到的是拉力。对于需要经常拆装钢丝绳时,建议采用双头螺栓来代替螺钉,以避免因经常拆装而使螺钉松脱。压板数至少 2 个。

3. 钢丝绳末端穿入卷筒内部特制的槽内,然后用螺钉及压板压紧。于是可利用钢丝绳和压板及卷筒之间的摩擦力来平衡钢丝绳的拉力。

在这种固定法中,最好运用如图 5-7-9(b)所示的Ⅱ型双斜面的压板和支承槽。

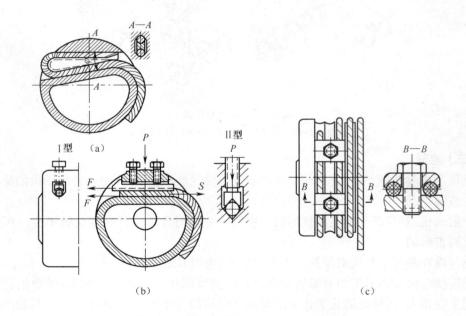

图 5-7-9　绳端在卷筒上的各种固定方法

(a) 用楔形块;(b) 螺栓及板条;(c) 螺栓压板。

(四) 滑轮和卷筒的检查

在使用起重机时,要检查起重机的起升机构、变幅机构、旋转机构、运行机构的运转状态是否良好。每个季度都要检查滑轮和卷筒一次,并作好记录。

对滑轮来说,首先应该检查的是滑轮转动情况,以能用手使滑轮作灵活的转动为佳,此时还要观察滑轮是否有侧向摆动,若侧向摆动超过千分之一的名义直径时,应修理滑轮。其次应用 20 倍的放大镜检查滑轮上是否有裂纹,如有裂纹,应更换滑轮,因为滑轮是不允许焊补后继续使用的。然后对滑轮的绳槽和槽壁进行检查,绳槽的径向磨损不得超过绳径的 30%。槽壁的磨损不得超过原壁厚的 30%。滑轮轴的磨损不得超过其直径的 3%。若超过上述规定,应予更换。

对卷筒来说,首先要检查的是卷筒有无变形和裂纹,若裂纹长度超过 10mm 则应报废,否则可在裂纹两端钻孔,以阻止裂纹的扩展。其次应检查卷筒轴的情况,若有裂纹或磨损严重,则应报废。然后检查卷筒绳槽磨损的情况,若卷筒厚壁小于原壁厚的 85% 时,能够报废换新。最后可检查固定钢丝绳末端用的压板与压板螺栓是否松动,松动的话,可用扳手板紧。

三、制动器

在起重机的各机构中,制动装置的主要作用是实现各运动状态的趋于停止的变化,如被吊物件的上升或者下降的过程中需要停止、起重机正在行进需要停车以及按工作需要实现降低机构运动速度,则是依靠制动器来完成的。因此只有具备了可靠的制动器后,各机构的动作准确性和安全性才有保障。

制动器是利用摩擦原理来实现机构制动的,制动器的摩擦零件以一定的作用力压紧机构中某一根轴上的制动轮,这时两接触表面间产生摩擦力,摩擦力对转动轴线形成摩擦力矩,即通常所说的制动力矩,制动器就是利用这个制动力矩使物体重力和惯性力等所产生的力矩减小,直至二个力矩平衡,用以达到调速或制动的要求。

起重机所用的制动器是多种多样的。按结构特性可以分为块式、带式和盘式三种,其中块式用得最多。块式的按工作状态,可分为常闭式和常开式两种。常闭式制动器经常处于合闸状态,当机构工作时,可用电磁铁或电力液压推杆器等外力的作用使之松闸。常开式制动器与此相反,它经常处于松闸状态,只有施加外力时,才能使它合闸。从工作安全出发,起重机的各工作机构都应采用常闭式制动器。

起重机在额定负荷下运行时,当制动器发生制动作用后,在惯性的作用下,还会继续运动一段距离,这段距离叫做制动行程,俗称溜车距离或溜钩距离,从起重机的安全和工作要求出发,必须有一段溜车和溜钩距离。

制动行程对起重机的工作和安全十分重要,当大车运行的溜车距离过小,则会使刹车太猛。造成冲击和吊物晃动,而且容易使桥架变形和某些零部件的损坏。但溜车距离太大又会使吊物不准,需要停止时而不能很快实现,也会发生事故。溜钩距离对起升机构的影响更大,在吊有载荷时,突然制动,负载和惯性力除了会引起主梁的振动外,对钢丝绳来说有可能经受不住过大的短暂而急剧的冲击负荷,而导致破断。相反起升机构的溜钩距离太大时,起重机就不能正常工作,而且极易发生事故。可通过调节制动力矩获得适宜的溜钩距离。

(一)大车和小车运行机构的制动行程 S,可用下式计算。

$$S_{最小} = V^2/5000 (\text{m})$$

式中　$S_{最小}$——最小的制动行程(m);

V——运行机构的速度(m/min)。

大车：$S_{最大}=8V/120(\text{m})$

小车：$S_{最大}=6V/120(\text{m})$

式中　$S_{最大}$——大车或小车的最大溜车距离(m)。

例1　桥式起重机大车的运行速度 $V=100\text{m/min}$，计算溜车距离的范围。

解：$S_{最小}=V^2/5000=100^2/5000=2(\text{m})$

$S_{最大}=8V/120=8\times100/120=6.7(\text{m})$

因此可调整制动器使大车的溜车距离在 2m～6.7m 的范围内。

(二)起升机构的制动行程 S 可用下式计算。

$$S=\frac{V}{100}(\text{m})$$

例2　已知桥式起重机的起升速度为 6m/min，计算制动行程。

解：$S=\dfrac{V}{100}=\dfrac{6}{100}=0.06(\text{m})$

即：制动行程为 60mm。

根据操作者的经验，起升机构的制动行程应在 50mm～100mm 为宜。

四、起重机的安全装置

我们力求起重机设备完好，必须严格按照安全操作规程进行操作，这是确保起重作业不发生设备和人身事故的先决条件。但是，在吊装作业过程中往往会出现一些人们意想不到的情况，例如，暴风骤雨突起，大雾弥漫或者操纵手柄突然折断等，结果使起重机作业无法控制，造成事故。为了防止事故的发生或者说将事故发生的几率降到最低点，在起重机的有关部件上安装了一些安全装置，目前常用的安全装置一般有下列：

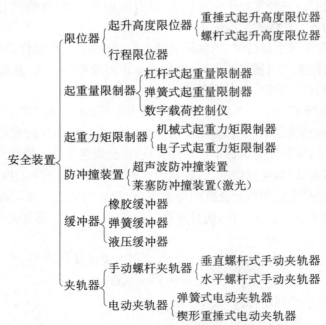

复习题

1. 起重机械有哪些基本参数?

2. 使用电动卷扬机作业完毕后,应做好哪些工作?

★3. 当门座式起重机的稳定性安全系数不能满足国家标准的规定时,一般应采取哪两种办法予以改善?

4. 在门座式起重机中,工作幅度是指从何处到何处的距离?

★5. 龙门式起重机与桥式起重机的主要区别是什么?

★6. 起重机在额定负荷下运行时,为什么允许在制动后还会继续运动一段距离?

第六章 起重吊装及运输的基本操作方法

第一节 连 接

一、用绳结连接重物的方法、用途及特点

（一）绳端的连接方法

绳 结 名 称	简 图	用途及特点
直结（又称平结、交叉结、果子扣）		用于麻绳两端的连接，连接牢固，中间放一短木棒易解
组合结（又称单帆索结，三角扣及单绕式双插法）		用于麻绳或钢丝绳的连接。比直结容易结，易解，也可用于不同粗细绳索两端的连接
活结		用于麻绳需要迅速解开时
双重组合结（又称双帆结、多绕式双插结）		用于麻绳或钢丝绳两端有拉力时的连接及钢丝绳端与套换相连接。绳结牢靠
索环结		将钢丝绳与索环或套环连接在一起时用

（二）固定绳索的结法

绳 结 名 称	简 图	用途及特点
海员结（又称琵琶结、航海结、滑子扣）		用于麻绳或钢丝绳头的固定，系结杆件或拖拉物件。绳结牢靠，易解，拉紧后不出死结

绳结名称	简图	用途及特点
梯形结（又称八字扣、猪蹄扣、环扣）	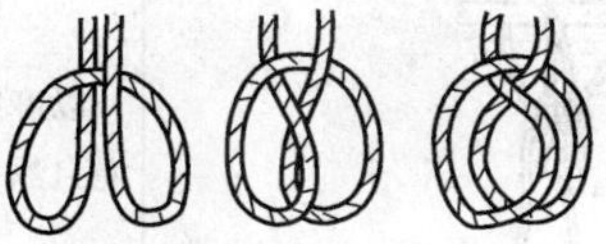	用作人字及三角桅杆拴拖拉绳，可在绳中段打结，也可抬吊重物。绳圈易扩大和缩小，绳结牢靠又易解
双圈结（又称锁圈结）		用途同上，也可做吊索用，结绳牢固可靠，结绳迅速，解开方便。可用于钢丝绳中段打结
双梯形结（又称鲁班结）	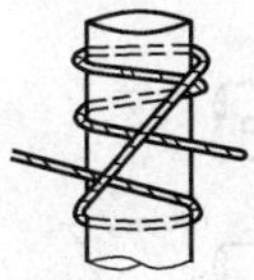	主要用于拔桩及桅杆绑扎缆风绳等，绳结紧且不易松脱
拴柱结（锚桩结）	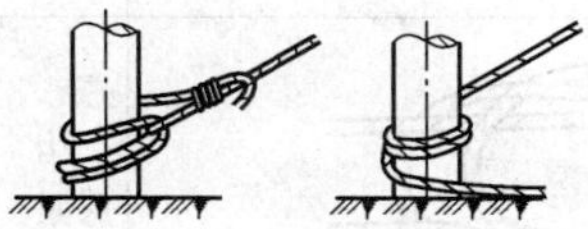	(1)用于缆风绳固定端绳结 (2)用于溜松绳结，可以在受力后慢慢放松，且活头应放在下面
单套结（又称十字结）		用于连接吊索或钢丝绳的两端或固定绳索用
双套结（又称双十字结、对结）		用于连接吊索或钢丝绳的两端，也可用于绳端固定

（三）起吊运输物件的绳结

绳结名称	简图	用途及特点
背扣（又称木结、活套结）		用于起吊轻量杆件，如圆木管子等。容易绑扎，并能迅速解开
倒背扣（又称叠结、垂直运扣）		用于垂直方向捆绑起吊轻量细长杆件。如在高空绑脚手架子、吊木杆和空中吊运管件等

绳结名称	简图	用途及特点
抬扣（又称杠棒结）	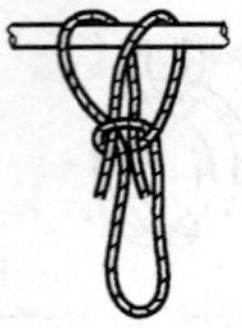	以麻绳搬运轻量物件时用,抬起重物时绳自然缩紧。结绳、解绳迅速
死结（又称死圈扣）	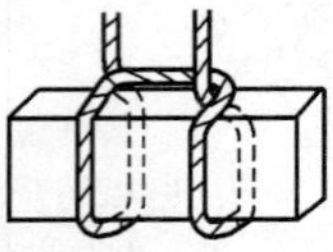	用于重物吊装捆绑,方便牢固安全
水手结		用于吊索直接系结杆件起吊。可自动勒紧,容易解开绳索
瓶口结	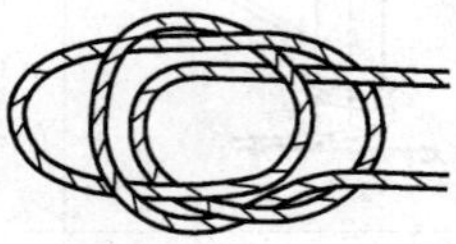	用于拴绑起吊圆柱形杆件,特点是愈拉愈紧
蝴蝶结（又称拨人结）	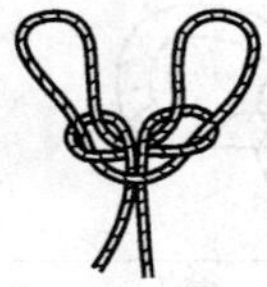	用于吊人升空作业,（但操作者必在腰部再系一绳以增加稳定性）一般只限于临时紧急作业使用
跳板结（又称板头结）	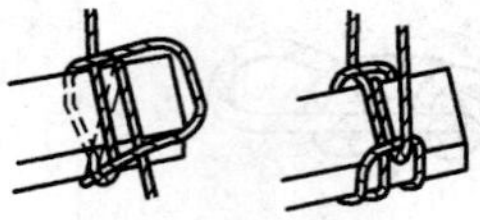 1　　　2	用于捆绑跳板,跳板不易翻转
桅杆结		用于竖立桅杆,牢固可靠
挂钩结	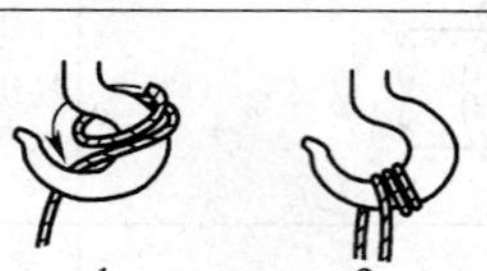 1　　　2	用于起重机挂钩上,特点是结法方便、牢靠,绳套不易滑脱
抬缸结	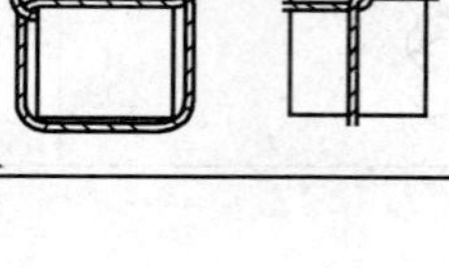	用于抬杠或吊运圆桶形物件

二、绳与卸扣的连接(见图 6-1-1~图 6-1-3)

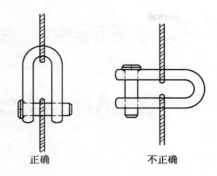

正确　　　　不正确

图 6-1-1　绳与卸扣的连接(a)

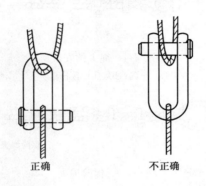

正确　　　　不正确

图 6-1-2　绳与卸扣的连接(b)

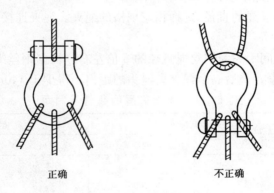

正确　　　　不正确

图 6-1-3　绳与卸扣的连接(c)

(1)如图 6-1-1 所示,应让卸扣的两端受力(本体、销轴),不允许全部是本体或全部是销轴端受力。

(2)如图 6-1-2 所示,应让绳索的活头端与卸扣的本体连接。绳索的活头端若与销轴端连接,在绳索收紧的时候,容易使卸扣的销轴产生旋转。

(3)如图 6-1-3 所示,当多根绳索与卸扣连接时,应选用 B 型卸扣,并且多根绳索应与卸扣的本体连接。

三、绳与绳夹的连接（见图 6-1-4 及图 6-1-5）

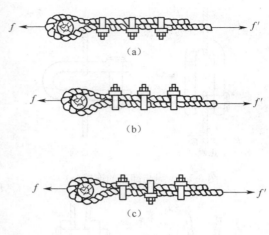

图 6-1-4 绳夹的安放

(a) 正确；(b)、(c) 不正确。

图 6-1-5 保险绳夹

绳与绳夹连接的注意事项：

(1)根据所卡接钢丝绳的直径，选择相应规格的绳夹。绳夹连接强度应不低于钢丝绳破断拉力的 80%。

(2)绳夹之间排列间距约为钢丝绳直径的 8 倍左右。根据钢丝绳直径，按表 6-1-1 选择绳夹间距及绳夹数量。最后一个绳夹离绳头的距离不得少于 140mm～150mm。

表 6-1-1 绳夹需用的数量及间距

钢丝绳直径/mm	马鞍式绳夹		抱合式绳夹	
	绳夹数/个	绳夹之间距离/mm	绳夹数/个	绳夹之间距离/mm
5～8	—	—	2	100
9～13	3	100	3	100
14～15	3	100	3	100
16～18	3	120	4	120
19.5～20	4	120	4	120
21.5～22	4	140	4	140
23～24	5	150	5	150
25～28	5	180	5	180
30～36	7	230	—	—
36 以上	8	250	—	—

注：表中钢丝绳直径包含了新、旧国标；6×19＋FC、6×37＋FC、6×61＋FC 的规格

（3）使用绳夹时应将 U 形环部分卡在绳头（即活头）一边，见图 6-1-4(a)。而图 6-1-4(b)、图 6-1-4(c)所示连接方法都是不正确的，这是因为 U 形环对钢丝绳的接触面小，容易使钢丝绳产生弯曲，如有松动和滑移，绳头也不会从 U 形环中滑出，只是绳夹与主绳滑动，有利于安全。

（4）每个绳夹都要均匀拧紧，以压扁钢丝绳直径的 1/3 左右为宜。

（5）由于钢丝绳受力后会产生拉伸变形，其直径也会略有减小。因此，对绳夹要进行第二次拧紧。重要的设备起吊时，可在绳头的尾部加一个保险绳夹，如图 6-1-5 所示。它一方面可以及时发现绳夹是否有松动，另一方面有可能使保险绳夹自动进入工作状态。

（6）绳夹在使用时，要检查螺栓丝扣有无损坏。暂不使用时，在丝扣部位涂上防锈油，并放在干燥处，防止生锈。

第二节　起重运输和吊装的几种基本操作方法

近些年来，造船厂的起重作业多以机械吊装为主。即使一些船舶机舱内的设备也是在分段翻身前或是封舱前吊装完成的。这对造船的提速起了重要作用。然而凡事都有双重性，因为长此以往容易忽视基本技术。而基本技术是从事起重技术工作的基础。只有掌握了基本技术，才能根据作业的场地、劳动生产率、施工成本和作业周期等各方面具体条件要求，有时甚至进行土法上马来完成起重作业工程。所谓"土法"即土办法，或者叫手工起重——起重作业的基本操作方法。它作业范围广，条件比较复杂。一般来说，起重作业的基本操作方法是扛（抬）、撬、拔、滑、吊、顶、滚、转、卷等几种，随着作业的要求、时间、地点、工具设备及人力等情况变化而变化。有时选用一种，有时是选用几种方法混合使用。

（一）扛

一般重量在 1t 以下，由于受到通行线路障碍或设备存放地点狭窄等原因，不便使用机械运输时，一般就使用肩扛（抬）的方法。所谓"肩扛"，由 2 人、4 人、6 人、8 人、10 人等共同进行。

2 人扛。当物体重量在 200kg 以下，占地面积不大时（如电动机等），可用两人扛。扛时两人要并肩走，杠棒要放在两人靠后颈的肩上，手心向上，脚向外侧伸，上体微里斜，肩相靠，前杠出左脚，后杠出右脚，两人同时迈步，保持步调一致，以免扛时左右摇摆，造成事故。

4 人扛。当设备在 200kg～300kg 时，须用 4 人肩扛。先用一根牢固的长木杠放在物体上，再用两根绳索套在物体下端绑紧，两头各两人分别站在长杠两端，并肩扛住物体，步调一致前进。

6 人扛。设备在 300kg～500kg 时，一般用 6 人扛。扛前将一根长木棒放在物体上，并使其 1/3 处放在物体的重心处，在物体两端将长杠绑住，在距物体重心 1/3 的一端绑上一根短杠，而后三根杠棒必须在一个水平面上，这样才不致产生两端不平衡的现象。扛时 4 人在前，2 人在后，或反之。其他 8 人，16 人及多人肩扛方法基本与上述相同。

多人肩扛时应注意步调一致，用杠棒号子指挥统一行动，特别是起步和将要到达目的时不可迈大步，脚步须同起同落，否则容易出事故。在起重运输的基本操作方法中，物体的捆扎和肩抬,是完全利用手工人力操作。不同的物体有不同的捆扎方法,而且捆扎方法也与起运所采用的起重机械不同而不同。这里着重图示肩抬的捆扎方法。

图 6-2-1 所示是 4 人抬的捆扎方法。

图 6-2-2 所示的是 6 人抬的捆扎方法。

图 6-2-3 所示是多人肩抬法示意图。

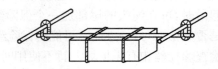

图 6-2-1　4 人肩抬法

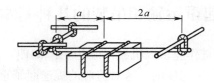

图 6-2-2　6 人肩抬法

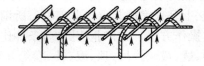

图 6-2-3　多人肩抬法

(二) 撬

"撬",就是用撬杠将物体撬起来。一般在起重量轻(约 2t～3t),起升高度不大的作业中,可用这种方法。撬的时候可用一根撬杠作业,也可以用多根撬杠同时作业。撬杠一般用工具钢或圆钢做成。如遇起重量和起升高度较大的物体时,也可用枕木或钢轨撬起物体。撬是利用杠杆原理,撬杠的支点越靠近物体越省力。一般选用硬木做支点较合适。若支点下的土地较松软时,可在硬木的下边垫一块钢板或木板、木方等。

撬杠的操作要领:

(1)应用手压住操作,不准骑在撬杠上向下压;

(2)撬杠不得乱扔,尤其不准放在吊板和花蓝板上,应放在适当的地方,以防击伤人;

(3)使用撬杠起物体时,须用木板及其他物体下面,向下垫东西时不应将手伸出伸进,以免造成危险。

(三) 撞

"撞",实际上就是利用物体的惯性力或冲击力达到完成起重作业任务的目的。例如,利用木夯(也称撞山针)或临时用吊板(也称脚手板)做成木夯,数人合力撞紧船舱下的支板木(也称木墩、木楔)或撞松木楔等;用钢制的撞山针悬空吊起,数人合力撞紧船舱的尾轴管等;用抬夯扣上绳索,数人合力敲小桩,敲实、敲平地基等。关于木制撞山针、钢制撞

218

山针、夯具的示意图,如图 6-2-4 中(a)、(b)、(c)。

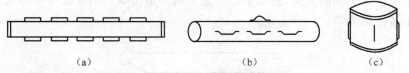

图 6-2-4　木制撞山针示意图、钢制撞山针、夯具示意图
(a)木制撞山针示意图;(b)钢制撞山针示意图;(c)夯具示意图。

(四) 拉

"拉",包括三个方面:第一,使用人力拉物体。第二,使用半机械或手工机械,例如,通过人力立式绞盘、人力摇车、手拉葫芦拉拖物体。第三,通过电气机械化,例如,电动卷扬机、牵引机车等。拉和拖,并无明显的区分,都是指把物体沿地面从甲处移到乙处。

(五) 滑

"滑",就是利用地形物,将重物放在钢排上或人工制成的滑道上,利用物体的自重力下滑或者用电动卷扬机(或人力)配以滑车组牵引,用滑车的方法进行运输或装卸作业,从而达到起重作业的目的。例如,船舶建成后,在纵向和横向滑道上,利用其 1/20 左右的坡度使其自行下滑下水。

(六) 转

"转"就是按需要将设备或物件原地水平旋转 90°、180°或任意角度。转的方法常用平面转盘、物体原地翻身转盘、利用管子、托板和起重工具、起重机械等使物体原地转动。

用滑动的方法旋转设备或物件又分两种情况:

1. 对中、小型、细长的一般物件旋转 90°,其操作步骤如下:

(1)将要旋转物件的一端撬起(或顶起),其重心放在支点上,用作支点的圆棒(如圆钢)应放平稳,也可根据需要把圆棒架在道木垛上。

(2)转动物件约 30°～45°左右,再将物件一端撬起,把圆棒同方向转动 30°～45°左右,这样经 2 次～3 次转动,即可将物件原地旋转 90°,如图 6-2-5 所示。

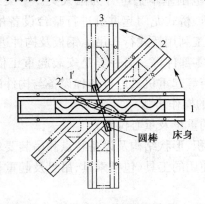

图 6-2-5　中、小型物件的旋转

这种方法简便灵活,可在现场作业中缺乏起重机械的情况下使用。

2. 对于长大型设备

需要搭设一个临时转台进行水平旋转,图 6-2-6 是一个 32m 长的行车吊梁,约 20t,需

要旋转 90°的方向再运进车间进行安装,其操作步骤如下:

(1)用千斤顶水平顶高大梁,在其重心位置下搭一道木垛。木垛底面积的大小应能承受梁重,而不致发生倾斜。

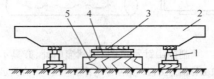

图 6-2-6　转动桥式起重机的大梁

1—千斤顶;2—行车大梁;3—垫木;4—三层钢板;5—木垛。

(2)在木垛上放三层厚度不小于 10mm 的平整钢板,中间的一层钢板稍小于上下两块,并在钢板之间接触上涂满黄油。

(3)再将大梁落在转盘上,转盘与大梁之间垫一层垫木。

(4)牵动大梁的两端,即可将大梁转至需要的角度。在转动时应注意木垛及转盘保持水平。

(七)滚

"滚",就是利用滚动比滑动省力的特点,它经常和拉、拖、推同时并用。"滚"通常用托板、滚杠、钢球滚珠的方法,进行设备的移动或装卸作业或者采用钢球轴承走轮轨道和无滚珠走轮轨道平板车,通过机械牵引或人力驱动使物体移动,从而达到起重运输物体的目的。详细介绍见本章第四节中滚行运输的内容。

(八)吊

"吊",在起重作业中极为广泛,也是最常见的操作方法之一。有时利用起重机,有时利用滑车组等。这种方法既可移动物体,也用于吊装、组装等。

1. 吊装作业的应用场合

船厂起重工吊装作业的范围基本上可分为两大类。一类是指挥天车起重工吊装作业,如利用臂架式门座起重机、桥式龙门起重机进行整台设备吊运、安装或大型船体分段翻身、吊装等,车间内场起重工利用桥式行车吊运钢板及构件进行分段组立工作或者配合机床操作者及维修人员装卸零部件等。另一类是安装起重工借助于各种吊车、起重滑车组及卷扬机、电动或手动葫芦等起重机具进行各种设备与构件的吊装作业。

2. 起吊大型、精密设备的操作步骤

(1)正确计算所吊设备的重量及重心位置;

(2)根据设备的重量、体积、形状结构及设备特点和吊装要求确定吊装方案;

(3)根据吊装方法选择使用的工具(包括索具、吊具及起重机具。若采用平衡梁,应校核其强度和刚度);

(4)按设备的形状结构、重心及吊装要求确定吊点位置,起重机吊钩应对准吊物重心;

(5)根据所吊设备的形状和吊装方法合理使用不同的绳结,牢固地绑扎好设备,并做好床体的保护;

(6)起吊庞大物体时,一定要在吊物上系结溜绳,以防止吊物在空间发生旋转而碰撞其他设备和建筑物;

220

(7)布置好场地,合理分配人员,统一指挥信号,然后才能起吊(重要设备要进行试吊)。

3. 吊装方法的选择

(1)弯曲机件的吊装,对于管道等弯曲形机件可用绳扣位置调节平衡的方法进行吊装。吊装前首先对所吊物件的形状和结构特点进行分析,通过计算找出重心位置,选好吊点后应进行试吊,如达不到要求,可放下物件重新调节绳扣位置,直到达到平衡吊装的要求为止。图 6-2-7 为一直角弯管的水平吊装;图 6-2-8 为一直角弯管的垂直吊装,若用三个吊点,则容易找到平衡。

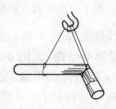

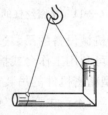

图 6-2-7　弯管的水平吊装　　　　　图 6-2-8　弯管的垂直吊装

(2)轴类零件的吊装:在机械设备的维修和安装中,一般采用等长或不等长的绳扣作水平吊装。图 6-2-9 是用两根等长的绳扣吊装一根大轴;图 6-2-10 是用两根不等长的绳扣吊装一根大轴。前者用起来简单方便,但在绳扣长度不等的情况下也可采用后一种方法,即将短绳扣套在大轴的一端,再将长绳扣一端挂于吊钩上,长绳扣的另一端绕过大轴的另一端后,在吊钩上绕几圈,再从短绳扣的两个绳套中穿过,然后挂于吊钩上。利用缠在吊钩上圈数的多少来调节机件的水平位置。

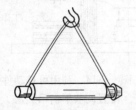

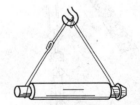

图 6-2-9　用等长绳扣吊装　　　　　图 6-2-10　用不等长绳扣吊装

对于精密丝杠的装卸,为了防止变形,可在中间加一个辅助绳扣,如图 6-2-11 所示。

(3)安装要求较高的机件的吊装:在安装要求非常严格的情况下,特别是大型机件轴孔的装配,必须严格对准,为了保证其顺利地装配,可采用机具调节平衡的吊装方法,常采用环链手拉葫芦调节机件的水平位置,如图 6-2-12 所示。如果机件或设备的形状复杂,可采用两个或三个手动葫芦来调节机件的平衡。

此外也可采用滑车来调整机件的位置进行吊装,如图 6-2-13 所示。主滑车①用来吊装机件的整体,滑车②用来调整 B、C 位置,A 点位置的调整可由主滑车来承担,因绳索①是悬挂在主滑车内的,当 A 点不动需调整 B、C 位置时,可由滑车②承担,当 C 点不动而调整 B 点位置时,可由滑车③承担,滑车③的跑绳是由手拉葫芦驱动的,而手拉葫芦是固定在 C 点处的(绳索②是悬挂在滑车②上的)。

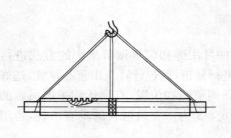

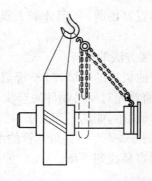

图 6-2-11　精密丝杠的吊装　　　　　　图 6-2-12　用手拉葫芦调节平衡的吊装法

在大型机械设备的吊装过程中,有时采用配重的方法,使其保持平衡,如大型摇臂钻床的吊运还可利用工作台或摇臂上主轴箱等可移动件位置调节平衡,如图 6-2-14 所示。

(4)大型精密机件的吊装:吊装大型精密机件时,既要保持机件的平衡,又要保证机件不被绳索损坏,不产生变形。如大型电动机转子、发电机轴等精密机件,一般多采用特制的平衡梁进行吊装,如图 6-2-15 所示。这种吊装方法的优点是:

①吊装方法简单,容易操作,可减少捆绑时间,提高生产效率。

②平衡梁可承受由于歪斜而产生的水平分力,工作平稳、安全可靠。

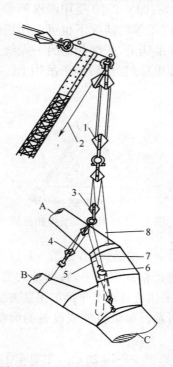

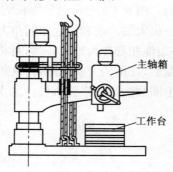

图 6-2-14　利用可移动件
位置调节平衡吊装法

图 6-2-13　用滑车调整位置吊装法
1—主滑车①;2—滑车②的跑绳;3—滑车
②;4—滑车③;5—滑车③的跑绳;6—环链
手拉葫芦;7—绳索②;8—绳索①。

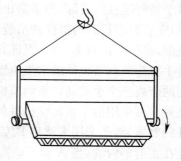

图 6-2-15　用平衡梁吊装

222

③能改善吊耳受力情况,使设备不致发生危险变形。

④可以缩短吊索的高度,减少吊装作业所占用的空间。

因此这种吊装方法不仅用于吊装大型精密机件,在各种大型设备和物件的吊装作业中也被广泛采用。

(5)大直径、薄壁件的吊装:一些大直径、薄壁物件,如烟囱、薄壁管道等,以及用型钢拼焊成的框架或桁架等大型构件,为了防止在吊装时产生各种变形常采取一些临时加固措施,使构件在吊运过程中,具有足够的刚度,不致产生变形。图 6-2-16 和图 6-2-17 分别为大型薄壁管和大型屋架构件临时加固的吊装示意图。

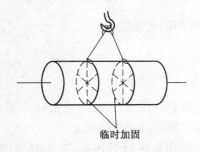

图 6-2-16　薄管件临时加固吊装

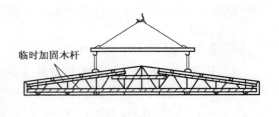

图 6-2-17　大型屋架临时加固吊装

4. 吊点位置的选择

(1)有起重耳环或起重孔的物件,使用原设计的吊点。

(2)没有规定吊点时,要使吊点或吊点连线与重心铅垂线的交点在重心之上,绑扎点要看物体的形状:

①对长形物件,如圆木、电杆等均质细长杆件,若采用竖吊,则吊点应在重心之上。

②用一个吊点,其位置应在距离吊端 0.3l(l 为杆件长度)处,如图 6-2-18 所示。

如采用水平吊,两个吊点时,吊点距两端为 0.21l 处,如图 6-2-19 所示。

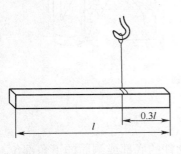

图 6-2-18　一个吊点起吊位置

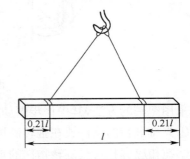

图 6-2-19　两个吊点起吊位置

三个吊点时,其中两端的两个吊点距两端均为 0.13l,而中间的一个吊点在杆中心,如图 6-2-20 所示。

四个吊点时,两端的两个吊点距两端均为 0.1l ,中间两个吊点距两端吊点均为 0.27l,如图 6-2-21 所示。

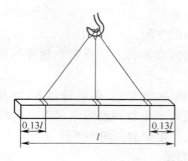

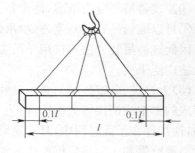

图 6-2-20　三个吊点起吊位置　　　　　　　图 6-2-21　四个吊点起吊位置

③吊方形物件时,重心应在四根绳索位置所组成的四边形之中。

（九）翻转

1. 准备工作

（1）正确估计被翻转物件的重量及其重心位置;

（2）根据被翻转物件的形状和结构特点,结合现场起重设备条件,确定翻转方案;

（3）根据选择的翻转方案,正确选择吊、索具,确定吊点和捆绑位置;

（4）安排好被翻转物件的保护措施,并指挥起重机司机进行翻转操作,要时刻控制被翻转物体,防止冲击。

2. 操作步骤

（1）大型铸、锻件的翻转(一次绑扎翻转 90°),如图 6-2-22(a)所示。

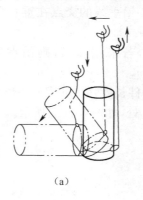

　　　　（a）　　　　　　　　　　　　　（b）

图 6-2-22　物件兜翻

采用兜翻的方法,其操作步骤如下:

①先将翻转的物件放在翻转砂坑内。

②绳扣应绑扎在被翻转物件的重心之下,靠近物件的底部或侧面的下角部位。

③在物件翻倒处垫好硬木垫(在砂坑内可不垫)。

④指挥起重机司机,边起钩边校正大、小车位置,使吊钩始终处于垂直状态。

⑤在被翻转物件翻转的瞬间要立即落钩,以防物件在重力矩作用下,对起重机的冲击和物件的连续倾翻。

为了防止物件的连续倾翻,避免起重机受到冲击,可在被翻转物件上角部位挂较长的绳扣(即"副绳",又称"保绳"),如图 6-2-22(b)所示。当物件翻转后,可由副绳拉住倾翻的物件。这种翻转方法适用于直立的圆柱体或棱柱体在垂直面内翻转(一般都在翻转砂坑内进行)。

(2)柱子、横梁等大型构件的翻转(一次绑扎翻转 90°)

也采用兜翻的方法,操作步骤同上述(1)。

在水平面内翻转的绑扎位置在重心两侧,如图 6-2-23 所示。水平放置的圆柱体或棱柱体在垂直面内翻转的绑扎点位置在重心之上,如图 6-2-24 所示。

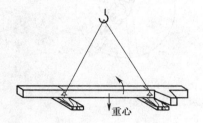

图 6-2-23　水平面内一次绑扎翻转　　　　图 6-2-24　垂直面内一次绑扎翻转

(3)大型扁体的翻转(一次绑扎翻转 180°),如图 6-2-25 所示。

大型扁体物件如大型圆柱齿轮毛坯和空砂箱等,可采用游翻的方法,其操作步骤如下:

①绑扎点:物体起吊后,吊点应在重心之上。

②根据需要,在物件翻倒处垫好硬木垫。

③根据被翻转物件的大小和起升速度,把物体提高到适当的高度,然后指挥天车司机开动大(小)车造成物体在空中游摆(注意防止摆动的物件与周围物体相碰撞)。

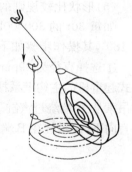

图 6-2-25　物件的游翻

④在被翻物件摆动到幅度最大的瞬间迅速落钩,动作要果断,同时向回开车,被翻物件下部着地后,上部就在惯性作用下继续向前倾倒,这时吊钩要一直顺势往下落,同时还要开车继续校正,让吊钩在游翻过程中保持垂直位置。

(4)大型薄壁的板金件(如高炉除尘器)需要一次绑扎后在空中翻转 180°,再进行组装。绑扎翻转操作步骤如下:

①在 A、B 两点用一根绳扣拴好挂于主滑车 1 的下端卡口 D 点处。(除尘器的三个吊耳 A、B、C 呈 120°三等分,A、B、C 三点应高于除尘器重心,而 C 点应略高于 A、B 两点)。

②C 点用滑车组 2 拴好也挂于主滑车 1 的下端卡口 D 点处。

③开动卷扬机,使主滑车 1 起升,与此同时调整滑车 2,使 A、B、C 三点处的绳索均匀受力,见图 6-2-26(a)。

④当除尘器吊至需要翻转的高度时,主滑车 1 停止上升,滑车 2 开始启动,并以 A、B 两点为轴旋转(图 6-2-26 中 B 点在虚线位置),直至滑车 2 使 C 点转 180°,即完成除尘器的翻转操作,如图 6-2-26(b)所示。

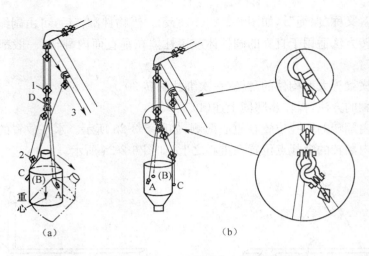

图 6-2-26　用滑车一次绑扎进行空中翻转

1—主滑车；2—滑车（供翻转用）；3—导向滑车。

（5）形状比较规则的大型机件的翻转（见图 6-2-27）。

如重 30t 的 300000kW 汽轮机上缸件一次绑扎后，用桥式起重机主、副钩吊至空中翻转 180°，其操作步骤如下：

①选择直径为 39mm 和 52mm 的 6×37 钢丝绳吊索各一对，其长度为 14m 或 16m。在桥式起重机的主钩上系挂一对直径为 39mm 的吊索，并分别将吊索的两个绳套挂钩，主钩上的吊索从 A 端绕过汽缸下面，两个绳索高挂在 B 端的两个吊耳上，副钩上两个吊索的绳索垂直向下，也系挂在 B 端的两个吊耳上，但必须套在主钩吊索绳套内侧，如图 6-2-27 所示。

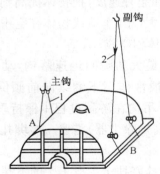

图 6-2-27　空间翻转千斤绳的绑扎

1—主钩千斤绳；2—副钩千斤绳。

②主、副钩同时提升，将缸体吊离地面约 0.5m 高。

③主钩继续提升，副钩停止提升，并配合主钩作间断下降，以保持汽缸的最低点离地面约为 0.3m～0.5m 高即可，如图 6-2-28（a）所示。

④当汽缸翻转 90°时，如图 6-2-28（b）（A、B 端近于垂直线位置）所示。主钩停止提升，副钩开始连续下降，此时主钩作间断上升，以保持缸体的最低点不接触地面。在继续翻转的过程中，汽缸的上面逐渐被副钩的吊索兜住，随着副钩的下降，汽缸 A 端绕 B 端顺

时针方向转动180°,如图6-2-28(c)所示。

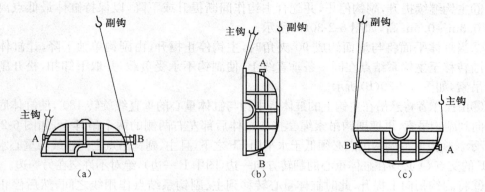

图6-2-28　用主副钩一次绑扎空间翻转过程
(a)开始翻转;(b)翻转90°;(c)翻转180°。

（6）形状不规则的大型机件的翻转。

对形状不规则的大型机件,如重20t的300000kW气轮机上缸体,外形前小后大,左右对称,需要采用空间换点翻转法,操作步骤如下:

①根据上缸体的形状和重量确定其重心位置,如图6-2-29所示。

②拟用桥式起重机主、副钩翻转90°后,更换副钩吊点位置,再继续翻转90°。

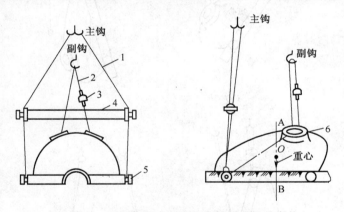

图6-2-29　用更换吊点法空间翻转千斤绳的绑扎
1—主钩千斤绳;2—副钩千斤绳;3—卸扣;
4—支撑横吊梁;5—吊耳;6—导气管孔。

③选择索具:主钩选用6×37直径39mm,长12m的吊索一根。副钩选用6×37直径32.5mm,长14m的吊索一根。选择吊具:横吊梁一个,52mm卸扣一个。选择吊点:主、副钩两吊点选在重心垂直线AB两侧,且吊点连线与重心垂直线AB交点O必须在缸体重心之上。

④缸体绑扎:将吊索1的中心系挂在主钩上,使两段等长,并使两个绳套向下,在绳套上2m处,在主钩吊索之间,加设一根支撑横吊梁,主钩吊索的两个绳套系结在缸体前端左右两个吊耳上。将吊索2的中段系挂在副钩上,使两段长度不等,并使两个绳套向下,将长的一段绕过汽缸后部的两个导气管孔,用卸扣将两段长短吊索的绳套连接一起,如图6-2-30所示。

⑤指挥天车司机，将主、副钩同时提升，使缸体吊离地面约为 0.5m。

⑥主钩继续提升，副钩停止，并配合主钩作间断提升或下降，以保持缸体最低点离开地面 0.3m～0.5m 高，如图 6-2-30(a)所示。

⑦当缸体平面将与地面约成 90°夹角时，主钩停止提升，由副钩单独下降，让缸体重心逐渐转移至主钩系结点在同一条垂直线上，使副钩不承受负载，并取下卸扣，松开副钩上的吊索，如图 6-2-30(b)所示。

⑧由操作者将悬吊在主钩上的缸体绕主钩与缸体重心的垂直线旋转 180°，使缸体底平面转向到副钩吊索，再把副钩吊索绳套挂在缸体后部左右两侧的两个吊耳上，如图 6-2-30(c)所示。换点时的副钩吊点必须低于水平面 EF 之下，且主、副钩吊点之间连线与重心水平面 EF 的交点 O' 必须在缸体重心的翻转方向一边(图中 F 一边)，绝对不许交在另一边。

⑨将副钩稍向上提升，此时缸体重心转移到主、副钩系结点作用线之间，然后停止副钩提升，由主钩连续下降，使缸体平面逐渐放平，直至缸体底平面方向朝上，即完成缸体翻转 180°，如图 6-2-30(d)所示。

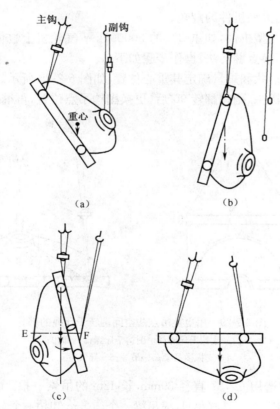

图 6-2-30　更换副钩吊点空中翻转过程
(a) 开始翻转；(b) 翻转 90°后拆除副钩千斤顶；
(c) 绕主钩作用线旋转 180°后系结副钩千斤顶；(d) 翻转 180°。

(十) 顶

所谓"顶"，就是利用千斤顶把物体顶起来，这是一种简便、安全、可靠、省力的起重方法。千斤顶的起重能力最大可达 1000 多吨。千斤顶的一次行程有 200mm、400mm 等，这要依据千斤顶的类型和构造,顶升时的注意事项在第二章千斤顶一节中已作过介绍。随着国民经济的发展,起重作业中用顶的方法也日益增多,技术也逐步改进。在生产实践中,逐渐完善使用千斤顶的操作规程,使千斤顶发挥越来越大的作用。

(十一) 卷

"卷",一般是指长条形,或长圆形的物体在陡坡下或洼地里往上搬运,一般可用卷的方法。如图 6-2-31 所示意圆形的物体搬运上坡时,先将绳索圈绕在物上,一端固定在桩头上,拉动另一端,物体就顺着坡道向上移动,这比硬拉省力得多。若把物体从陡坡上往下放,就可以利用物体的自重,把拉绳往下松即可。

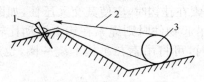

图 6-2-31　用卷的方法搬运长管道
1—地锚;2—拉绳;3—铸铁管。

例如,有一只 300t 重大型整体高炉炉体,处于施工场地附近的河边,现需要通过河滩运至岸上,然后运送工地安装。为此,采取如图 6-2-32 所示的方法。

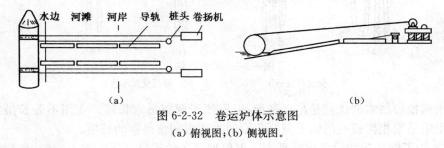

图 6-2-32　卷运炉体示意图
(a) 俯视图;(b) 侧视图。

具体做法是:

①先将炉体封闭,借水的浮力运至岸边,用两根强度足够大的长钢丝绳,在炉体的两端各绕一至三圈,一头固定在桩头上,另一头各绕在一台卷扬机滚筒上。

②在水边至岸上(即沙滩上)平行放置两道长枋,其开挡略小于钢丝绳的开挡,以此木方做导轨。

③缓慢匀速的同时开动两台卷扬机,即可将炉体渐渐卷至河岸上。

第三节　吊运机械设备的挂绳与保护

一、挂绳的要求

(一) 一般机械设备用单钩起吊时(翻转除外),则吊钩必须通过设备的重心。若用双钩起吊,则两钩与重心之间的距离与其承受的重力成反比。即距离重心近的吊钩受力大,反之则受力小。

(二) 设备在吊运过程中始终要保持平稳,不得产生歪斜,绳索不允许在吊钩上滑动。

（三）吊索之间的夹角不应太大，一般不超过 60°，对于薄壁及精密设备夹角应更小。这可以通过缩小吊点之间的距离获增加吊索的长度来实现。

（四）对于精加工后的工件或完成油漆工序后的设备，在吊装时不得擦伤工作表面或造成漆皮脱落。

二、挂绳方法

（一）四点起吊时可用一根长吊索，也可用两根短吊索。使用一根长吊索的优点是便于调节吊索位置，使吊钩与设备重心重合，缺点是对偏重的设备在吊运过程中绳索容易在吊钩上滑动，所以较长的绳索在挂钩时，应使其交叉压住，如图 6-3-1(a)所示。若不将其压住，如图 6-3-1(b)所示，吊起物件时则绳索在钩上滑动比较严重，因此是错误的挂绳。用一根长吊索作两点起吊时，可将吊索在吊钩上绕一圈，也起到防止滑动的作用，如图 6-3-1(c)、图6-3-1(d)所示。

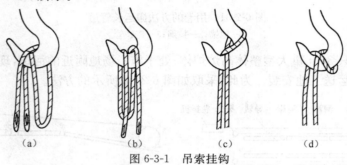

（a）　　　　　　（b）　　　　　　（c）　　　　　　（d）

图 6-3-1　吊索挂钩

（a) 交叉压住；(b) 错误；(c)、(d) 绕一圈后交叉压住。

使用两根短吊索的优点是吊运平稳，但不便于调整吊索长短。在用不等长吊索时往往需要用短吊索相接或在吊钩上缠绕几圈的方法来调整吊索的长短。

（二）为了使吊运的设备保持平衡。可根据设备的重量、形状、重心位置、吊装要求及现场使用的吊索尺寸等采用等长吊索（见表 6-3-1 插齿机）、不等长吊索（见表 6-3-1 镗床）、环链手拉葫芦（见表 6-3-1 平面磨床）及增加吊点，如两点起吊改为三点起吊，四点起吊改为五点起吊、六点起吊（见表 6-3-1 普通车床）等方法来解决。

（三）用吊索挂绳时，一般绳圈都直接挂在设备的起吊钩或吊耳上；对于吊索需要穿过设备的起吊孔或耳环时，绳圈则挂在起重机吊钩上。

（四）机床起吊挂绳及特点举例：如表 6-3-1 所列。

表 6-3-1　机床起吊挂绳及特点举例

序号	机床名称	示　图	特　点
1	立式钻床		高度尺寸较大，其吊点都设在机床上部

序号	机床名称	示 图	特 点
2	立式车床		高度尺寸较大,其吊点都设在机床上部
3	平面磨床		高度尺寸较小,其吊点一般都设在机床中间或下部
4	插齿机		高度尺寸较小,其吊点一般都设在机床中间或下部
5	镗床		高度尺寸较小,其吊点一般都设在机床中间或下部
6	普通车床		由于结构上的原因,没有起吊设施,起吊时应依照机床使用说明书中的吊装图进行挂绳

序号	机床名称	示　图	特　点
7	立式铣床		由于结构上的原因,没有起吊设施,起吊时应依照机床使用说明书中的吊装图进行挂绳
8	卧式铣床		由于结构上的原因,没有起吊设施,起吊时应依照机床使用说明书中的吊装图进行挂绳
9	精密磨齿机		常用专用的平衡梁进行吊运

三、床体保护方法

(1)在起吊绳索与机体接触部位用麻袋、橡胶、木块等隔垫物保护。

(2)将钢丝绳吊索用橡胶管套好,使用方便,可省去加垫操作时间。

(3)将钢丝绳吊索用麻袋布包妥或用尼龙管套好。

(4)用合成纤维吊装带作为吊索以替代钢丝绳。

(5)用专用工具如平衡梁、专用吊索等起吊,使用于精密设备或成批生产的场合。

四、精密部件和机械零件的吊运

船舶的通信导航设备,例如雷达、罗径、电台设备及操纵设备的控制台、操纵台、配电板等,与各种机器的心脏一样都是精密设备。它们的共同特点是:质量较小;价格昂贵。不仅是摔不得,且是碰擦不得。那些电气设备不仅是外壳油漆光亮,而且装有各种电子元件和仪器仪表,因此在吊运时,必须十分谨慎,要轻起轻放,不能受任何的冲击。

安装前,必须要了解设备对吊运的技术要求、捆扎的部位。一般多采用白棕绳、尼龙绳等较柔软的绳索进行捆扎,如采用钢丝绳捆扎吊运时,必须要用布等衬垫包扎好后方可进行捆扎,不能损坏外壳的油漆。同时应找好物体重心的正确位置,捆扎好以后,可指挥起重机略微把吊索收紧,根据捆扎的情况,调整好吊索的位置,使其符合安装的要求,再指挥起重机慢速起升,待设备稍微离地时仔细观察捆扎的情况,确认安全可靠以后,方可指挥起重机起升,运至安装地点。捆扎的绳索在使用前,必须经过仔细的检查,如有腐烂、发霉、烧焦、断丝等现象禁止使用,捆扎绳索的安全系数一般取 10。

这些设备在船上的安装位置主要在驾驶室、电报间和集控室等,起重机一般不能直接吊到安装位置,必须根据具体作业场地的环境条件,采用手拉葫芦悬空接运到位或托板滚杠运输到位的方法安装。安装驾驶室中的设备,通常由于驾驶室的形状狭长,加之驾驶室的门在两边,需要移动的距离较长,一般用脚手板在驾驶室的地面上铺置高于地板的垫板,代替移位时的道木,在上面安放滚杠,把设备座落在滚杠上,滚运到位。垫板间内的设备接运距离较小,通常在安装位置的上方,用型钢卡挂好手拉葫芦,用手拉葫芦的吊钩接住起重机吊运来的设备,然后手拉葫芦缓慢拉紧,起重机跟着慢慢地松,进行留住,直接接运到位安装。而在集控室的设备可利用移位配电屏所铺的道路,采用托板滚杠运输或手拉葫芦接运到位,进行安装。但必须根据集控室设备布置的情况,由里到外,不能把路封死的原则,依次安排好安装的程序,逐台运进安装。在进行船舶主机心脏散件安装的时候,尤其是船靠码头吊装时,由于船身的晃动容易造成机械零件的撞击。为了准确、安全、顺利地进行安装,一般应在吊钩下增设手拉葫芦,以便可以进行微升或微降。另外还应在船舶外配置拖轮顶住船舶以减少其晃动。

第四节　厂区内运输

一、载重汽车及大平板拖车运输

当设备或构件的运输距离不是很长,且可通过公路交通时,一般多利用载重汽车和大型平板车进行运输。这种运输机动灵活,周转快,到货准时。但与水上船舶运输相比,它的装载量要小得多。如果是二级运输(厂区内运输)的话,载重汽车运输或大平板车运输就要比其他运输方式的优势明显的多。

船厂的厂区一般比较大,因而就有大量的运输工作。这些运输工作往往是由载重汽车和平板车来完成的。载重汽车通常用于小型设备和比较轻的货物的运输,平板车则用于中大型设备和沉重的货物的运输。如在车间安装好的中型柴油机运到船台或码头吊船安装或者把船体车间内的船体分段运到船台合拢,一般都是利用大型平板车来运输。现在有些造船厂已经拥有装载量 300t 以上的平板车了。

(一) 分类

1. 按运输的货物状态

(1)成件货物——每一件货物都有一定的质量、形状和体积,其又有包皮与不包皮之分,包皮的有箱装、袋装和桶装等。

(2)堆积货物——是用堆积方法装载的货物。

(3)灌注的货物——是指无包皮的液体货物。

2. 按运输的保管条件

普通货物和特种货物。特种货物是根据运输中所采取的特别措施，以保证行驶安全和货物完整无损为依据而确定的，如特大的、长形的、沉重的、危险的和易爆、易燃的等。

（二）货物的装载限度

载重汽车和平板车装载货物即便是厂区内同样要严格执行交通规则的有关规定，不得超重、超高、超宽、超长。若遇特殊情况时，运输的物体超过了规定的限度，则必须经过厂生产管理部门与安全部门的同意并采取有效措施后方能出车，按照指定的路线在管理人员的监督下行驶。

交通安全方面的规定：载重汽车装载的高度，从地面起，不得超过 4m；装载后的宽度每边不得超过前叶子板或后轮胎外缘 20cm（见图 6-4-1）；装载后的长度，车上货物伸出车箱前后的总长度不得超过 2m（见图 6-4-2）。

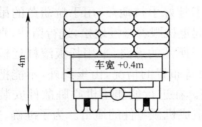

图 6-4-1　汽车高、宽装载限度

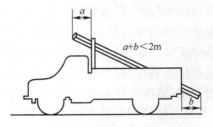

图 6-4-2　汽车纵向装载限度

（三）货物的装载和捆绑加固

用载重汽车和平板车运输的货物，在船厂内目前通常采用起重机械进行装卸，在缺乏起重设备的地方，可采用滑车装卸法或滚行装卸法来装卸货物。吊运货物时必须遵守起重操作规程，货物必须捆绑平稳牢固，棱角快口部位及精密部件必须采取衬垫措施。吊点要选择正确，一般重大型设备都有吊装标记，如没有标记，应看有关资料或仔细观看以前装卸时钢丝绳的捆绑痕迹，如二者都没有，应会同有关技术人员一起确定吊装位置。

装载货物的质量分布要均匀，前后左右要一致，不能偏重一边，重心要越低越好。不需要捆绑的较重货物，可均匀地放在车板上。容易滚动的货物和形状不规则的货物要绑牢和用木楔垫牢。比较沉重的货物，不能单面放置，因为车辆转向行驶时所受的横向力，主要是圆周行驶时的离心力，其数值为 Mv^2/r，它和物体的质量（M）、车速（v）的平方成正比，转弯半径（r）成反比。也就是说，货物的质量越大，离心力越大。当车速增加 2 倍时，离心力增加 4 倍，车速增加 3 倍时，离心力增加 9 倍，转弯半径越小，离心力也越大。因此装载货物过高或不均衡时，容易发生横向翻车。例如，比较沉重的货物单边偏置左侧，汽车向右转弯时，就有向左侧发生横向翻车的危险；同时，装载偏置于后轴，就可能由于载荷分布的变化而使转向失去控制，甚至造成向后翻车；装载偏置前方，会因前轴负荷过大，如果在松软道路上行驶，前轮陷入土内较多，过多的增加了汽车前轮的滚动阻力，影响车辆的正常行驶。

装运危险物品，必须按危险物品的特点和性质分类装运，夏天要采取防晒措施，严格做到轻装轻卸，严禁吸烟和携带火种。车上应按规定挂上"危险品"标志旗。装运各种受压气瓶,应事先检查气瓶的安全情况,瓶口安全帽要齐全,气瓶装运后瓶口要朝一个方向,必须垫平放稳不能滚动。搬运时,要轻装轻卸,严禁抛、滚、滑等不安全的装卸操作,并禁止接触油类。

装载船体的分段体积大,重心高,放置平板车上应使支撑面最大,处于稳定的平稳状态,并在分段与车板之间用木楞头垫好。木楞头的垫放位置一定要在车的主梁处和分段的肋骨处,以确保强度。

货物装载后的捆绑加固,应根据货物的性质、质量、形状和重心位置进行。捆绑加固的部位(即着力点)应在与货物重心高度相等处。捆绑形状拉成八字形,拉索要与车底板成一角度。如受条件限制时,绑绳也可经过货物的上面再由两边向下。加绑角度的大小随货物的大小、车板的条件而定,绑绳的张力与加绑角度的大小有很大关系,加绑角度大,绑绳的张力也大,所以,在条件许可的情况下,应尽量使加绑的角度减小。

此外,还应掌握重大物件的外形尺寸(装车后)对沿线的净空、净宽、超长等影响。如架空线路是否防碍,路宽与弯道对重车、超重车转弯半径等因素,根据厂区的路况和交通情况限定车速,一般重车以不超过 20km/h 为妥。以期顺利安全运输。

二、拖板运输

船厂内现在一般吊运工作主要依靠吊车、卡车等现代化的设备,但偶尔也会在没有这些设备的条件下进行起重运输工作(尤其是新建造船厂),而这时往往采用拖板运输。拖板运输又称"排子"运输。是结构吊装和设备安装工地现场最为广泛使用的简便易行的重物移运法。特别对缺乏大型起重机械设备或起重机械受场地限制时尤为有效。

拖板运输一般是指拖板滑动运输、拖板滚筒(即滚杠)运输、钢排子运输。

用于运输的拖板有木拖板和钢拖板,前者多用于滚动运输,后者则适用滑动运输。

(一) 拖板滑动运输

对于大型设备,拖移途径多是泥地时,一般可采用润滑脂(黄油)滑板运输。

1. 润滑脂滑板、滑道的布置

图 6-4-3 所示是润滑脂滑板的工艺布置图,主要有木滑道、木滑板和横撑木(龙门撑)组成。

木滑道一般常用 300mm×300mm、250mm×250mm、200mm×200mm 的木方在地面上铺设而成。设备移动时,滑道起导向作用。因此在排滑道时,两根滑道必须互相平行,两根滑道间的横向水平误差应取正值。如取负值,在设备移动时,由于滑板两端横撑木的长度是确定的,就会造成滑道的开档过小而影响通过。为了防止设备移动时滑道移动,滑道与地面一般要采取固定措施。有时泥地无地锚而固定困难时,应采取在滑道周围打上若干根桩楔作为固定措施,如能确保滑道与地面间的摩擦系数远远大于滑道与滑板间的摩擦系数也可以。

滑道上面涂有润滑脂(通常涂黄油),有必要时还可以浇蜡,蜡面上再涂黄油以降低摩擦系数,从而减少摩擦力,然后再放上滑板,滑板可利用船舶上下排时用的滑板。为了防止设备移动时,滑板向内横向移动,应在并排的两块滑板的两端架设横撑木。横撑木的放置位置不能过高或过低,如图 6-4-4 所示在护木伸出端和滑板交界处,应使这两部分在设备移动时,均能受到力。

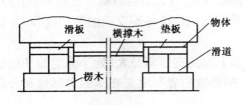

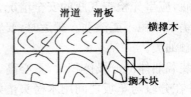

图 6-4-3　润滑脂滑板的布置图　　　　　图 6-4-4　横撑木的放置位置

2. 一般操作顺序

(1)准备工作：根据设备的质量、外形尺寸、重心位置,行走路线及周围场地环境,配备好木滑道、木滑板、木楞头、垫板、横撑木等。根据计算配备好绞车、钢丝绳、滑轮、卸扣、千斤顶等。同时根据需要,配备好垫板、衬垫、榔头、黄油等材料。

(2)固定好绞车、定滑轮、导向滑轮,并把钢丝绳从滑轮中穿好。

(3)铺排滑道：排滑道时地面要夯实,遇有电缆沟、水道沟等处,要采取措施扩大承载面积,降低单位面积上地面的承载压力。需要爬坡时,可根据需要排出一定的坡度,两根滑道必须互相平行。

(4)清洁滑道：如使用旧滑道,应把滑道上的脏物等铲清。

(5)把设备捆绑好[可参照下面拖板滚动运输中 5.(3)项捆绑内容],顶高设备,填好保险楞头[可参照下面拖板滚动运输中 5.(4)项顶高内容]。

(6)安放滑道、滑板和横撑木：先安放滑道,固定妥当后,视滑道表面的平整度确定是否需要浇蜡涂油还是直接在滑道上涂上黄油,然后再安放滑板,最后放置横撑木。

(7)顶起千斤顶,抽去四周楞头,松下千斤顶,把设备座落在滑板上后,开动绞车开始拖移。必须注意,设备座落到滑板上后,应立即开动绞车进行拖移,因滑道与滑板之间是黄油隔层,停留时间过长,导致真空趋势使得起动时的牵引力大大增加以致不能起动。

(二)拖板滚动运输

众所周知滚动摩擦系数比滑动摩擦系数小,因而滚动比滑动省力。在起重作业中经常用滚杠进行设备的移动或装卸作业。

1. 用滚杠运输设备的特点和应用场合

其特点是灵活简便,适用性广,但速度慢、效率较低。广泛应用于各种设备的搬运与安装,特别适用在道路狭窄、各种运输车辆无法通过,或不具备机械化运输条件的情况下。

2. 使用的工具

滚杠、排子、千斤顶、垫木、撬棍、大捶、牵引设备及滑车组等。在被滚运的重物重量和尺寸都不大时,可不用牵引设备,而直接用撬棍拨动的办法进行搬运。

3. 用滚杠运输设备的操作方法

(1)将放在地面上的设备 2 用撬棍撬起见图 6-4-5,用两个齿条千斤顶的下脚将设备一端顶起,在下面的两角处放置垫木 A、B。同样,用千斤顶顶起另一端,放置垫木 C、D。不停重复刚才的过程,直到垫木顶起的高度略高于放入排子后的高度为止。在设备下面放好滚杠、排子,然后用千斤顶顶起 AD 侧,拿掉此侧垫木,同样顶起 BC 侧,拿掉垫木,当设备较宽时,也可放三至四个排子。当搬运距离较近,地面平整时,可直接将设备放在滚杠上,也可以不用走板。

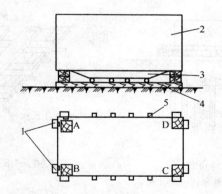

图 6-4-5　设备下放入滚杠和排子

1—齿条千斤顶;2—设备;3—排子;4—走板;5—滚杠。

(2)滚杠的摆放(见图 6-4-6)。

图中箭头所示为设备运行的方向。滚杠的摆放形式有:

①直行用"一"字滚;

②转小弯用"七"字滚;

③转大弯用"八"字滚;

④转任意角度用"八卦"滚。

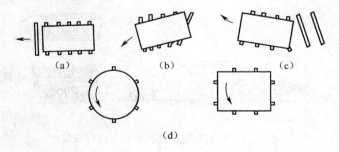

(a)　　　　　　(b)　　　　　　(c)

(d)

图 6-4-6　滚杠的摆放

(a)"一"字滚;(b)"七"字滚;(c)"八"字滚;(d)"八卦"滚。

(3)固定好滑车和牵引设备,在专人指挥下,使设备在滚杠上滚运,如图 6-4-7 所示。

在搬运过程中应根据设备运行的方向,随时用大锤敲击滚杠进行调整。在松软的泥土路面上滚运时,应垫木板或枕木,其搭头应平放错开,以免滚杠掉在枕木间隙中。

(4)图 6-4-8 是排子的工艺布置图,由下托板、上托板、格栅栏板、走板和滚杠组成。一般情况下设备底下是上托板,上托板下面是格栅栏板,格栅栏板下面是走板,走板下面是滚杠,滚杠下面为下托板,下托板是直接铺在地面上的,起道木的作用。

(5)各种工具板填放好之后,应用搭马将走板和格栅栏板钉牢,防止设备移动时,受力而扯移走动。

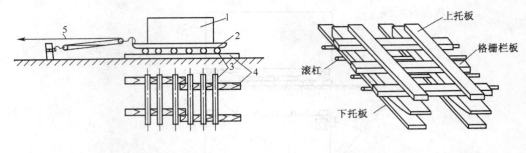

图 6-4-7　滚杠搬运布置　　　　　　图 6-4-8　排子工艺布置图
1—重物;2—排子;3—滚杠;4—枕木;5—牵引滑车。

4. 用滚杠装卸设备的操作方法

这和用滑动法装卸设备的操作方法基本相同。在搭好的斜道木垛上放置两根、三根或更多一些钢轨,将滚杠放在排子下面,安装好滑车及卷扬机,在统一指挥下,开动卷扬机牵引排子,就可以进行设备的装车和卸车。与滑动法不同之处是必须由 3 人~4 人摆放滚杠,两侧要由专人负责摆正滚杠。为防止滚杠在斜面上向下滚动,可在斜坡路上撒些砂子或其他可以增加摩擦系数的物料。

5. 将地面上的设备用搭设斜面的方法滚运到高平台上安装就位,其操作方法如下:

(1)用道木和钢轨(或槽钢)组成斜面,斜面一端着地,另一端靠到高平台的边缘上(见图 6-4-9(a))。

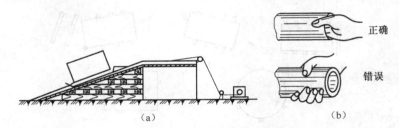

图 6-4-9　沿斜面滚运到高平台上进行安装
(a)搬运布置图;(b)手持滚杠的方法。

(2)安装好导向滑轮及卷扬机并固定妥当。

(3)捆绑好设备:体高的设备捆绑点位置必须在重心的下端,不能在重心的上端,否则拖移时设备容易摇动,造成倾覆。长形设备,如沿着长的方向拖拉,捆绑点位置应在重心的稍前端;如果横向拖拉,两绑点位置应在距重心等距离的两端。牵引绳索的引出端与钢排牢固地连接在一起,然后绕过高平台上的导向滑轮连接到卷扬机的卷筒上。

(4)把设备顶高:把着地放置的设备设法顶高,一般均采用若干只千斤顶把设备同步顶高。但有些外形特殊的设备不能采用单边顶高法。但单边顶高之前,必须先在顶高位置的对面处用木楞头等填塞着实,防止顶高时,设备移动,进行单边顶高时应注意,不能一下子就把单面顶得太高,必须两面逐步顶高,逐步填实,直至到需要的高度为止。

设备顶到所需高度后,四周用木楞头垫好,木楞头必须都垫得平稳着实,同样高低,有圆弧状或不平整的地方用木楔塞紧,不能有丝毫摇动不稳的现象。四周楞头放置的位置还需注意,应留有一定的开档,作为填放走板与格栅栏板的位置。四周木楞头填实后作保险楞头

238

用,千斤顶不应松下,应使保险楞头和千斤顶同时受力。在其下面垫妥钢排与滚杠。

(5)在统一指挥下开动卷扬机,并由专人摆放滚杠,添放滚杠人员不准戴手套,大拇指应放在滚杠侧面,其他四指放在滚杠内,如图6-4-9(b)所示。

(6)所有在场人员包括操作者均应在设备的两侧,并且不准在重力倾斜方向一侧,滚筒应从侧面插入。

(7)绞车司机的注意力应高度集中,听从统一指挥。

(8)设备沿斜面滚运到安装位置以后,用千斤顶把设备顶起,取出钢排、滚杠等,即可进行安装。

6. 使用滚杠运输的注意事项

(1)使用滚杠的数量和间距应根据重物的重量来决定,选用的滚杠要直径一样,长短尽量一致。其长度按搬运物件两端伸出0.3m～0.4m为宜。

(2)这些工具板的厚度必须能够承受设备产生的重力。其中的走板一般用红松、水曲柳、落叶松、榆木、柞木、楠木、柏木等木材制成较厚的木板或木方而成。走板的两头必须要有适当的坡口,使其容易走上滚杠。走板的长短应根据设备的长度而定,但两块走板的长短、厚度必须一致,以免设备在滚杠上前进时发生偏斜,产生受力不均等现象。所用的上托板、格栅栏板和走板的长度、宽度和厚度都应根据设备的质量和外形尺寸而定。

(3)滚运的道路要平整,坑沟及高坎要修平。

(4)重物的重心应放在下走板中心,牵引物体的绳索位置不要太高。为避免拖运高大物件时摇晃或倾倒,可适当增加几根拖拉绳来增加物件的稳定性。对于薄壁和易变形物体的拖运应做好加固措施。

(5)拖运物件时,有牵引钢丝绳造成的危险区域(见图6-4-10),严禁有人通过。此时摆放滚杠人员应在设备前进方向的右侧。

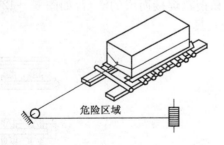

图6-4-10　牵引钢丝绳危险区域

(6)滚杠一般由无缝钢管制造,在选用时,应根据重物的重量,选择滚杠直径,并确定滚杠的根数,有关滚杠的技术规格可参见表6-4-1。

表6-4-1　滚杠技术规格

滚杠钢管规格/mm	滚 杠 材 料	每根滚杠承载力/kN	每根滚杠长度/mm
$\phi89\times4.5$	10钢	20	2000
$\phi108\times6$	10钢	40	2000
$\phi114\times8$	10钢	65	2300
$\phi114\times10$	20钢	109	2300
$\phi114\times12$	35钢	160	2500
$\phi114\times14$	35钢	250	2500

（三）钢排子运输

排子运输除采用拖板滚杠和拖板滑动（润滑脂滑板）运输外,还可采用钢排子进行运输。钢排子通常由钢管、槽钢、角钢等构成,也可利用旧钢轨等制成。运输时将设备放在排子上。两侧用木楔或挤木塞牢,进行拖移。图6-4-11所示为滑运钢排子的结构形式。

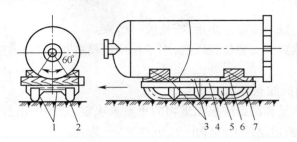

图 6-4-11　钢质滑运排子结构与使用形式
1—角钢;2—排管;3—托木架;4—槽钢;5—支管;6—托木;7—挤木。

1. 钢排子运输作业的特点和适用场合

运输工具简便;运输设备的重量和外形尺寸可以很大;对运输路面的要求不高,不需要有专门的运输车道。但运输速度慢,操作较复杂,特别是使用卷扬机牵引时,每搬动一次卷扬机就需要设置一次固定地锚,辅助劳动量很大,效率低。主要应用在运输外形尺寸很大或重型设备时,道路狭窄不平,障碍物较多,不便于采用机械化运输方法,或没有适当的运输机械的情况下。

2. 使用的工具

主要是钢排,它有两种形式:一种是用钢板制成船形的拖板,俗称旱船,如图6-4-12(a)所示;另一种是用槽钢和钢轨焊接而成的滑台,如图6-4-12(b)所示。此外还有千斤顶、滑车组、钢轨、卷扬机及索具等。

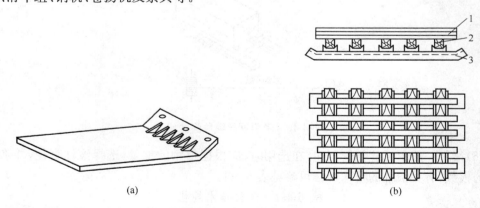

图 6-4-12　旱船与滑台
（a）旱船;（b）滑台。
1—钢轨;2—枕木;3—槽钢。

3. 钢排子运输的操作方法

钢排子的一般操作方法与拖板滚杠、拖板滑动运输方法基本相同。可根据具体的运输设备情况参照进行。

复 习 题

1. 用绳卡连接钢丝绳,绳夹之间排列间距与钢丝绳的直径有关系吗?
2. 一般来说,起重作业的基本操作方法有哪几种?
3. 吊运机床等精密设备时,采取何种措施从而起到保护设备的目的?
★4. 交通安全方面的规定,载重汽车装载的高度、宽度、长度是多少?
★5. 试描述运用滚杠运输设备的注意事项?

第七章 船舶起重的较大工程及部分 实例操作要领

第一节 船体分段、上层建筑等翻身和吊装

一、板、型钢的吊运及堆放的操作要领

吊运诸如钢板、拼板、板架、型钢之类的物件，常规要求与其他吊运操作规程的有关内容基本相同。例如，挂钩人员必须持有特殊工种操作证方能上岗，操作指挥员还应具有中级工及以上技术职级。他们必须是身体健康者，他们应熟悉作业环境，熟悉船体板架生产的工艺流程，了解所使用起重设备的技术性能、不得超载等。

（一）板、型钢的吊运及堆放

1. 吊运

若是一张张钢板的整理吊法可以采用电磁吊。平时最常见的吊法是数张钢板或者成捆的型钢一齐兜吊，这时应该注意几个问题。首先是不得超载，数张钢板的重量或者成捆的型钢不能超出起重机的额定起重量，并且所使用的吊索具的安全额定负荷能承受数张钢板或者成捆的型钢重量。如果数张钢板或型钢上原先就有前道工序留下的吊索具，你必须确定这些吊索具是否符合安全要求并仔细检查吊索具是否有损伤。起吊时则应在棱角快口处垫妥木条等软质材料以求对钢丝绳的保护。还应保证被吊物件的重心在兜吊绳索的中间位置。吊运的高度不宜过高。

2. 堆放

数张钢板或成捆的型钢兜吊至目的地后，为能顺利抽出钢丝绳一般采取在钢丝绳附近、钢板或型钢的下面垫上木条。关键是要垫妥，堆放整齐。就是说垫的面积要适当的大一点，不应太高。堆放时，上面垫的物料要与下面垫的物料保持纵向直线形，不应错开。

（二）拼板、板架的吊运及翻身

1. 吊运

由于板架的形状不是很规则，故应在吊前先确定重心，然后在其对称的周围设立吊耳。起吊时，要有专人指挥，其他操作人员密切配合并疏散危险区域的人。板架在转运过程中，有时需要堆叠。此时切不可为了求快或心存侥幸，必须在吊耳附近垫放木块等其他缓冲物料，以防吊耳将上面的板架顶坏。在使用门式起重机转运大板架时，一般应借助起重梁等辅助工具进行吊运，有时在转运超大板架时需要框架式吊排协助吊运以确保板架不变形。当吊运长度大于16m的超长拼板时，也应使用起重梁进行吊装。

2. 翻身

单面焊接的4张及4张以上整板拼接的大拼板翻身时，应采用起重梁沿着焊缝纵向

242

翻身。若横向翻身,拼板容易在焊缝处撕裂。平面板架、曲面板架翻身时应注意以下环节:

(1)板架表面的清洁工作不容忽视。碎铁、焊条等工业垃圾不应残留在板架上。

(2)板架翻身的场地必须平整、干净,并留有足够的空间。

(3)板架翻身落地处要加垫木棱等缓冲物料。

(4)板架翻身应根据要求,设立、焊妥翻身吊耳。不可以用第二章中介绍的各种钢板专用吊钩进行翻身。

二、船体分段的特征

船舶在建造期间,起重外场工作的范围除了船舶设备的吊运安装,还应做好船坞、船台的维护保养工作,并随着建造船舶产生的重量的增加,应经常检查船底墩木的受力情况,视情况进行及时的调整。除此之外还有大量的工作是把建造好的船体分段翻身、吊运进船坞、上船台合拢。分段的翻身、吊运一般应考虑是什么分段、采取的加强措施、分段大小及重量、起重机的许用负荷、翻身吊运的方式、吊环的数量、强度和安装位置、吊索的许用负荷和吊运时的夹角等。

(一)船体主要分段的特征和吊运特点

(1)底部分段:形状规则、结构坚固、刚度较好,重心较低,翻身吊运一般不需加强,可以临时重叠堆放。

(2)舷部分段:面积较大,吊运和翻身应选择主骨架一致的方向,但下胎架应采取加强措施,重叠堆放需用棱木垫好,防止变形。

(3)甲板分段:面积大,结构刚度差,除了采取平衡梁吊运外,还可根据分段结构和舱口的大小采取加强,可以腾空和着地翻身,重叠堆放时应采取措施,防止变形。

(4)半立体分段:呈开门箱形,内部结构复杂,横向强度较差需采取加强,应腾空翻身。

(5)上层建筑分段:体积大,板薄、刚度差,下胎架前内围壁及外围壁近围脚处须牵拉加强,否则吊运时易变形。

(6)首尾分段:形状复杂,重心不易估计,翻身难度较大,不能重叠堆放。

(二)船体分段特征与翻身要求

由于船舶种类多,各厂船体加工及起重设备的能力、船体建造工艺的不同,各船厂建造船舶时船体分段的尺寸、体积、划分的形式也就不同。因此,在翻身吊运时采取的加强措施,应根据具体分段的形状、结构特点及翻身的方法等各个方面决定。一般地讲,近似正方形的分段,应选择分段的主向构件方向进行翻身。纵构架的分段,由于纵向长,宜采取横向翻身,如果横向刚度较差,则需考虑横向加强。横构架的分段,因大多数构架宽度较大,宜采用纵向翻身,但必须考虑纵向加强。两端宽度相差较大的分段,如首尾分段,空中横向翻身时由于宽度相差较大,会造成两端吊环和吊索受力不均匀,宽端的吊环和吊索承受的负荷大,窄端的吊环和吊索承受的负荷小或甚至于不受力,故这类分段宜采用纵向翻身。

三、分段的吊运和翻身的操作要领

板材与型材组合成分段后,为了尽量把分段中的焊缝置于俯焊位置,需要把分段翻身,在分段进行合拢时,也需将完工的分段吊运到船坞里或船台上搭载。

船体分段合拢的相接处,有的布置成骨架超出板材,有的是板材超出骨架,若翻身支承边是板材时,则该边应用型钢加强,让型钢成为翻身的支承点;若翻身支承边为骨架时,则不需要考虑加强,但需在分段下垫好楞木,其高度应超过骨架的伸出长度,以免骨架在翻身时受损。吊运前,应尽可能正确地估算出分段本身、起吊工具(吊环、钢索、卸扣等)和加强材等重量。当分段重量在吊运许可负荷能力范围内,才是安全的,如果超过了吊车起重能力,则应考虑几台吊车联吊或设临时扒杆。为确保吊运安全,还应仔细核算起升高度及翻身场地,吊车的辐度等诸因素。吊运翻身,一般有两种方式,即空中翻身和着地翻身。

(一) 空中翻身的操作方法

1. 空中翻身的条件

使用两台起重能力相同的起重机将物体空中翻身时,应符合下列条件:

①物体重量不得超过一台起重机的额定负荷量;

②物体的最大尺度应小于两台起重机吊钩的最小距离;

③物体的翻身方向尺度应小于起重机吊钩的有效高度。

2. 翻身前的准备工作

①检查分段的加强是否完整、恰当和牢靠;

②检查吊环眼板位置是否正确,焊接是否牢靠(吊环眼板的尺寸和强度,以每只吊环眼板承受整个分段重量为准);

③清除分段内部的所有杂物、移动物,防止翻身过程中坠落伤人;

④选择合适的吊扣和卸扣,不仅安全系数要满足,还要考虑到翻身时的一台吊车受力的情况。

3. 翻身前的试吊

对于船舶分段的重量接近每台吊车额定负荷的情况时,试吊工作是必须的,具体操作方法是:将吊索的环扣用卸扣连接在吊环眼板里,分别挂上起重机吊钩,然后指挥起重机吊钩垂直对准受力点位置,指挥者先指挥一台起重机缓慢升起约 300mm,仔细检查确信一切无误时放下,再指挥另一台起重机依上述方法试吊一遍,然后再同时指挥两台起重机缓慢匀速升高到一定高度,将其吊到选定的回旋余地较大的地方,准备腾空翻身。

4. 翻身时的指挥方法

①分段运至翻身地点后,由专人负责指挥,其余人员分布在翻身区域周围,观察翻身过程中的情况,并禁止无关人员进入场地;

②指挥员所处的位置,应使两台起重机司机均能清楚地看清手势,且给自己留有退路并能看清分段翻身的情况。一切准备就绪,指挥人员发出信号指挥两台起重机匀速上升到一定高度后停止。如图 7-1-1(a)所示,然后指挥其中一台吊车(一般是挂长吊扣的一台)缓缓下降,使分段在空中悬挂在另一台起重机的吊钩上,如图 7-1-1(b)所示。然后摘下下降起重机的吊扣,翻转 180°后卡在吊车的吊钩上,如图 7-1-1(c)所示,然后单独指挥开始下降的那台吊车,使吊钩上升到吊扣将要拉紧的位置,这时可以指挥这台吊车继续起升,也可以指挥另一台吊车下降,待分段吊平稳后停止,如图 7-1-1(d)所示状态。到此,分段空中翻身全过程结束。此时,可继续由两台起重机共同将分段运到所需地点,也可由一台起重机,选择等长的吊扣将分段运到指定地点。

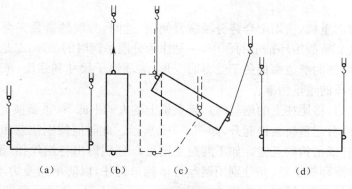

(a)　　　　(b)　　　　(c)　　　　　　(d)

图 7-1-1　空中翻身示意图

（二）着地翻身的操作方法

当分段重量过大，但又在两台吊车联合作业的许可吊运范围内，可采取着地（落地）翻身的方式。如在胎架上有一只万吨轮的尾部分段，重 170t，要使用两台 100t 门式起重机，将尾部分段吊下胎架，进行着地翻身、焊接或吊至船台总装合拢。

1. 着地翻身前的准备工作

①检查尾柱加强支撑位置是否恰当，焊接是否牢靠，翻身过程中有无妨碍；

②在分段两侧的舷边的适当位置（应选择在分段两侧与重心对称的四点上），每侧焊接两只特制的滚环销子，在尾柱底焊接两只普通吊环眼板，供分段翻身用；

③选择四根等长的相应直径的钢丝绳扣，其长度应使两绳之间的夹角不大于 60°为宜，分别挂在起重机 100t 吊钩上。

2. 试吊过程与空中翻身雷同（略）

3. 着地翻身时的指挥方法

①将尾部分段安全平稳地吊离胎架以后，同样吊运到回旋余地较大的可用来进行着地翻身的地方平稳放置，如图 7-1-2 所示。

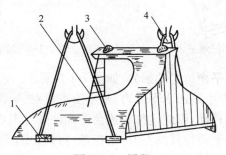

图 7-1-2　尾段

1—滚环销子；2—尾柱加强撑；3—普通吊环；

4—100t 起重吊钩。

②将分段副钩一侧钢丝绳从大钩上卸下，而下端仍挂在滚环销子上，而将尾柱上普通吊环垂下的钢丝绳移挂在大钩上，并徐徐收紧，其目的在于防止分段侧翻时冲击力过大而

245

突然倾倒。

③指挥两台起重机,密切配合将分段缓慢侧倒,这时,分段的重量完全由一侧两只特制滚环销子承受。特制滚环销子的作用,一是作为分段吊运时的吊环,二是在分段着地翻身时,保护分段两侧的舷边钢板免于受力而变形,滚环销子尺寸和强度,依据每只滚环销子能承受整个分段的重量为准。

④侧倒着地后,将尾柱上的钢丝绳从起重机上的大钩上卸下,重新换上落地滚翻一侧的钢丝绳,指挥两台起重机缓慢起升,如图 7-1-3 所示。此时应特别注意和防止两台起重机的象鼻梁、把杆或吊钩的互碰。如不能避免则可以分别拆出各钢丝扣,重新调整,跨越分段卡在特制的滚环销子里,并分别用钢丝将吊钩口封住,以防吊钩受力不均,使钢丝扣滑脱。一切准备就绪后,同时指挥两台起重机匀速平稳上升,分段吊平即可吊到船台合拢,特制吊环销子及分段翻身,如图 7-1-4 所示。

⑤在整个指挥过程中,要密切注意两台起重机的承载量。不得超载。

吊环的眼孔宜采用钻孔。气割孔眼容易损坏卡环及产生应力集中。孔眼周围可加腹板,以增强其抗剪能力。吊环要求采用碱性焊条焊接,并经严格检查,吊环的布置应与分段的重心对称,以保持吊环负荷均衡和分段吊运的平稳,另外吊环还应布置在纵横构架交叉处,或至少应布置在分段的一根刚性构件上,各个吊环的安装位置应与其受力方向一致,以免吊环产生扭矩。

较大部件的翻身,最关键的问题是吊环与部件重心平面位置关系。

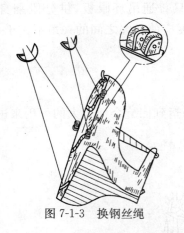

图 7-1-3　换钢丝绳

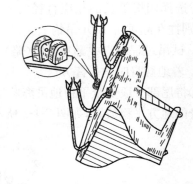

图 7-1-4　特制吊环销子及分段翻身

吊环假如布置在重心平面位置的上方,如图 7-1-5 所示。这在翻身的过程中,将会引起吊车的向前移动,从而产生冲击水平分力,来平衡重量对 A 点的力矩。由于吊车移动,往往会使整个分段也一起移动,因此这种布置会使部件翻身困难。

吊环假如布置在重心平面位置的下方,这在翻身过程中,会促进部件的旋转,从而使部件发生冲击现象,严重的会使钢索由于冲击而拉断。

吊环假如布置在部件重心的平面上,这是最理想的(见图 7-1-6)。这在翻身过程中,除了 AB 与地面垂直时钢索拉力 T 值是零与 G 之间以外,其余情况下 $T=G/2$。实在不能采用吊环与重心在同一水平布置时,可以采用吊环布置在重心平面位置上方,但在翻身部件的支承点处设置止滑装置。

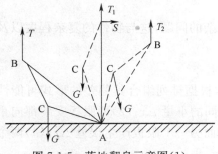

图 7-1-5 落地翻身示意图(1)

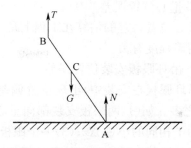

图 7-1-6 落地翻身示意图(2)

四、两台起重机联合作业的一般介绍

在第四章第三节中已经介绍过两台起重机联合作业吊点及受力分析,这里对两台起重机联合作业的状况作必要的补充介绍。

(一)两台起重机作业的简化描述

两台起重机联合作业,通常使用四根或更多根吊索。如图 7-1-7 所示。图中吊钩 A、B 和物件重心 C 应在同一垂直平面内。这其中,又分有吊点与重心在同一水平面内的情况,重心在吊点平面以下和重心在吊点平面以上的三种情况。这三种情况分别表示在图 7-1-8(a)、(b)、(c)中。图中 T_A、T_B 分别表示 A、B 两台起重机的负载,C 为重心位置,Q 表示物件重量。图(a)所示吊点与重心在同一水平面内;图(b)所示吊点在重心平面的上部;图(c)所示吊点在重心平面的下部。

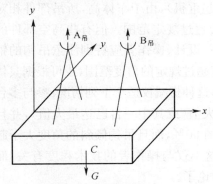

图 7-1-7 两吊联合作业

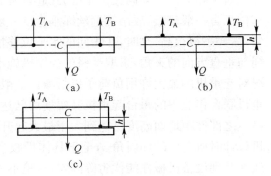

图 7-1-8 吊点与重心的位置

(二)影响起重机超载的几种因素

两台起重机联合作业,最关键的就是要控制在操作过程中的任何状态下,都不超过各台起重机在这种工况下的许用的最大负荷。

影响起重机负荷有以下几方面因素:

1. 重量计算误差

在两台起重机联合作业中,一般都是吊运较重大的分段或部件,起重机是否超载,和重量计算得是否准确很有关系。一般说来,重量误差不会大于 3%,这是因为凡重大部件的吊运,一般不允许作粗略的估算,更何况吊重接近起重机的额定负荷时,施工设计人员更要谨慎,所以重量误差在 3% 之内,是可以做到的。

2. 重心位置误差

重心位置误差的估算在工程上是一个较为复杂的问题,这与物件的复杂程度以及计算的精确程度有关。

3. 吊环眼板安装位置误差

吊环眼板在安装中,出现位置偏差也属正常,根据排列组合其偏差的形式可能性达16种之多。如(1)两眼板安装都向重心靠近了相同的小量 Δx;(2)两眼板安装都向重心外移动了相同的小量 Δx;(3)一个眼板位置正确,而另一个眼板产生误差 Δx;(4)两个眼板安装位置相对重心反向地移动了相同的小量 Δx 等。

4. 操作过程中速度不一致所引起的负荷变化

操作过程中的速度不一致,对于多台起重机联合作业是司空见惯的现象,有时甚至是不可避免的。这是因为除了每台起重机的机械性能互有差异以外,操作人员接受指挥信号也有反应快慢的差异,这体现在操作中,即反映出起重机的行走、旋转、起升的速度不一致。这样,就不可避免地会产生吊钩的相对位置和吊钩钢丝绳的垂直度发生变化。这里,我们分两种情况予以讨论。

(1)操作过程中的水平方向位置变化。多台起重机联合作业中吊钩在水平方向位置的变化,主要是由于部件的晃悠和收、伸变幅机构所致,这反映在吊钩滑轮组的钢丝绳垂直度上将发生偏斜。但是,这个偏斜角度只要不超过起重机设计时所允许的偏斜角 α 值(见起重机设计手册表1、2、5之规定),起重机的最大许用负荷就不受影响。当然我们对此也不予讨论。假如吊钩钢丝绳垂直度超过此规定范围,要根据具体情况另作别论。

对于船厂的各类高架吊车(门式起重机、龙门起重机),由于车体高,所吊部件相对于车体而言一般较矮,故吊钩钢丝绳垂直度一般不会超过规定范围。但有些高空部件的安装,需要吊得很高,这时,在相同的水平位移情况下,设计、操作者应特别注意吊钩的钢丝绳与垂直方向的夹角,采取严格的控制措施不使其超过规定的角度范围,或可根据具体情况对起重机的最大许用负荷予以折减。一般说来,这种折减仅适于下列情况:参与多台起重机联合作业中的每台起重机其幅度均已达到最大值(或其中一台已达最大值),并且所吊运之部件距地面高度已达到大于最大起升高度的50%,而且吊钩倾斜的角度大于起重机设计时所允许的偏斜角 α,至于具体折减多少,这不仅与操作者的技术程度有关,而且还涉及到设备机械性能优劣等因素,这里不一一讨论了。

(2)操作过程中竖直方向的速度不一致所引起的负载变化。两台起重机在竖直方向上由于起升速度不一致所引起的各台起重机负荷的变化是引起起重机超载的主要因素,这其中又和部件的长度、两吊钩相差的绝对值、部件重心位置到吊环眼板中心所在的平面距离等因素有关。如图 7-1-8(a)所示,由于吊点与重心在同一水平面内,此时 T_A 与 T_B 的承载只与其重心的距离有关,与 T_A 和 T_B 的速度及位置的高低无关。图 7-1-8(b)所示,吊点在重心的上部,此时若 T_A 的速度快了,A 点的位置则高于 B 点,物体的重心向 A 点移近,起重机 T_A 的承载就大于 T_B。图 7-1-8(c)所示,吊点在重心的下部,若 T_A 的速度快了,则物体的重心向 B 点移近,起重机 T_A 的承载就小于 T_B。一般来说,对于立体分段和舷侧分段,由于不确定部分因素比较多,引起起重机超载的可能性就更大些。

（三）各种因素的综合及说明

由以上的分析讨论可见，影响多台起重机联合作业中的各台吊车负荷不仅因素多，有的还不易确定，有的甚至只能凭经验和工程要求作必要的估计和估算，但是，这并不意味着参与多台起重机联合作业中的各台吊车负荷是不可计算、不能认识的，相反，正是在不断探索的实践中，人们对这一问题有了新的体会和了解。有些分段上船台合拢约用到每台吊车负荷的95%。还有一些物体的吊运、翻身等，用的负荷也都很满。

现在一些船厂根据自己的实际情况，制定了在常用的船体分段的吊运中，吊车负荷使用的百分比。如双层底分段比较规则、对称，因而定为90%～95%，有些厂甚至定为100%；而立体分段结构复杂，累计误差比较大，因而一般定为80%甚至更低。

五、上层建筑的整体吊装

船舶在建造中，船体的上层建筑采用整体吊装方法可以扩大平行作业的时间，缩短船台的使用周期，由于增大了平台的装配工作量，所以能够提高船体的建造质量。同时，船体的上层建筑采用了整体吊装方法以后，也为了船用主机的整机吊装创造了条件，加快船舶的建造进度。船体上层建筑的整体吊装，可在船台上利用大起重量的龙门起重机或门座起重机进行，也可在船体下水以后，利用大起重量的起重船（浮吊）进行，具体采用哪种方案，应根据各地区、各船厂的起重设备条件而定。采用起重船整体吊装上层建筑，是在船体下水后，船用主机整机吊进机舱以后，再吊装上层建筑。上层建筑一般均在邻近岸边，起重船能够将上层建筑整体吊起的有效幅度范围内的平台区域内建造。由于现在建造的船舶多为尾机型，因此，起重船把上层建筑从平台区域整体吊起以后，移位吊船安装。吊船安装有两种方法：一种是侧吊，即为起重船吊起上层建筑后，把起重机移位到被吊船舶机仓位置船舷旁，起重船与被吊船舶垂直，然后安装上层建筑。这种吊装方法的优点是占用厂区岸线长度小，缺点是要求厂区水域面宽阔，起重船定位较困难，同时因起重船靠近航道，江面上船舶来往航行，会引起起重船本身摇摆，影响上层建筑的就位安装；另一种方法是尾吊，即起重船吊起上层建筑以后，移位到被安装上层建筑船舶的尾后方，与被吊船舶成一直线，而后安装上层建筑。这种吊装方法的优点：对厂区水域面的宽度要求不高；起重船处在被安装船舶的后方，并且紧靠码头，可以直接靠起重船自身的设备进行转向，不需要变更系泊位置和拖轮来摇曳，定位方便；由于起重船远离航道，而由江中来往的船只所引起的波浪对起重船的影响比较小，在大多数的情况下，不至于使起重船摇动和影响上层建筑的整吊安装。缺点是占用厂区岸线的长度较长。采用尾吊安装法要注意船型，对于某些船型，为了防止起重船船体与船的舵碰撞而损坏舵，在起重船移位船尾之前，必须把舵转动35°。以增加舵和起重船船体之间的距离（见图7-1-9）。

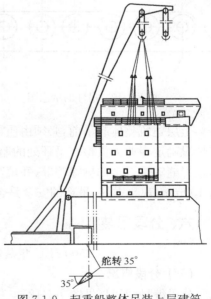

图 7-1-9　起重船整体吊装上层建筑

（一）吊点选择的一般原则是：

(1)考虑起重机的性能、参数和使用特点；

(2)各吊点的受力尽可能均匀，使上层建筑在吊装中保持平衡；

(3)吊点尽可能安排在强构件上，能充分利用原有结构，以减少补强构件。

（二）上层建筑整体吊装工艺的设计，目前有三种情况：

(1)根据分段的具体结构情况布置吊点，在不改变原结构的前提下进行临时吊装补强。这样做虽然保证了吊装安全，但却浪费材料和工时，同时又使预舾装工作受到影响。

(2)在满足规范和使用要求的前提下，根据吊装时的强度条件，局部改变原结构的型式和尺寸，这样不用增设临时补强构件，而利用构件本身的强度，即可安全吊装。

在详细设计和生产设计阶段，统一考虑上层建筑的强度、性能及吊装的要求，使其结构尺寸及型式不仅满足规范的要求，同时也满足工艺吊装的强度条件，达到设计工艺一体化。目前各船厂已基本采用这种方法，并争取做到壳、舾、涂一体化，为造船的提速创造了有利条件。

为了保证上层建筑整体吊装时的平衡，采用如图 7-1-10 所示的吊环，可避免吊环定位的不精确或安装构件产生的重力的不均衡，引起吊运时的不平衡，在正常情况下，使用中间的四只吊孔，当重心偏尾时，可改用后四只吊孔；重心偏前时，改用前四只吊孔。

由于上层建筑体积大，安装定位较困难，可在尾楼甲板左右舷对称布置定位导销（见图 7-1-11），上层建筑的对应位置布置定位眼板，解决定位的困难，在安装时，首先在上层建筑的定位眼板孔套入定位导销，然后使上层建筑沿着导销缓慢落下就位。

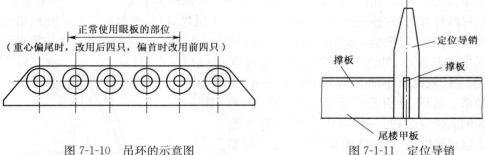

图 7-1-10　吊环的示意图　　　　　　　图 7-1-11　定位导销

上层建筑整体起吊前，必须由质检部门专职人员检查吊环的焊接质量；有各船厂的分工情况确定专业人员检查吊环处的船体结构是否有足够的强度和外板与胎架、平台间的连接焊缝等是否全部拆除等等，并填写起吊单。起吊时，应先把上层建筑吊离胎架或平台约 100mm，观察索具、吊环的安全是否可靠，然后再正式起吊，以确保安全。

六、分段吊装实例

3500TEU 集装箱船机舱上甲板分段翻身吊运

（一）分段概况

分段编号：2151（见图 7-1-12）

重量：108t

分段尺寸：18960×10951×4248（mm）

分段重心:纵向 X_c:FR39^{+406}
　　　　横向 Y_c:CL12394(mm)
　　　　竖直方向 Z_c:BL17819(mm)
　　　　肋距:790mm

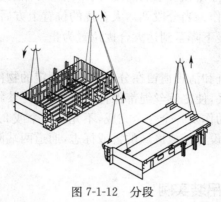

图 7-1-12　分段

(二) 分段状态

在甲板胎架上反态制造首部主钩 4 只吊攀在甲板表面;副钩 4 只吊攀,2 只在构架面,另 2 只在甲板表面,分段吊移胎架后,纵向腾空翻,翻身后,副钩使用甲板面吊攀。

(三) 受力分析

计算平吊时,主吊钩载荷为 53.6t,副吊钩载荷为 54.6t。翻身时主吊钩最大载荷为 108t。

(四) 吊攀设置

(1)主吊攀:30t 长吊攀 4 只,设在上甲板 FR51^{+150},距中 9606、9901、14700、15539 处。

(2)副吊攀:30t 平吊攀 2 只,设在上甲板 FR28,距中 9901、15400 处。

(3)翻身及平吊攀:30t 长吊攀×2 只,设在横舱壁 FR28 向首一端,距中 11280、13800 处。

(五) 起重设备及吊索具配置

(1)主吊 150t 门座起重机 1 台,副吊 120t 门座起重机 1 台。

(2)主吊钩吊索 ϕ90mm×10000mm×2 根,卸扣 35t×4 只,下接 ϕ67mm×14000mm×4 根,卸扣 35t×4 只(利用门吊原配)。

(3)副吊钩吊索 ϕ80mm×10000mm×2 根,卸扣 35t×2 只,下接 ϕ65mm×1000mm×2 根,卸扣 35t×2 只(利用门吊原配)。

(六) 操作程序

(1)分段起吊前先检查分段是否完全脱离胎架,不属于分段的部件,杂物等是否被全部清理。再检查吊索、卸扣的规格是否正确,是否完好。

(2)平吊移位:将主副吊钩所用的吊索,一一对应挂好,再用卸扣将分段与吊索连接好,随后起升吊钩至钢丝绳拉紧,然后根据计算吊重开始缓慢起升,至分段离开胎架 300mm 左右。再将分段平移到翻身场地准备翻身。

(3)分段翻身:主吊钩开始上升,副吊钩保持距地面 0.5m～1m,当分段翻转 90°时,此时副吊钩已不受力,可拆掉副吊钩(横舱壁上的),将其移至分段上面板副吊点处,与此处的吊攀连接。随后主、副钩同时起升，当观测到分段下端不能碰到地面时，主吊钩停止上升，开始下降，直到主副吊钩同处一水平面后，主副钩再同时一起下降到要求的高度，分段翻身到此结束。

（4）分段上船台：分段停留在要求的高度，两台门吊开始向船台方向动，此时门吊停止起升、变幅、旋转等所有动作。当分段到达大合拢的位置上方后，主副吊钩要调整高度，保持与船台坡度平行，再缓慢下降至到达大合拢位置为止。

（七）注意事项

（1）分段吊装前要检查和清理遗留在分段中的不固定的物件。

（2）主副钩臂架摆正妥，使之钢丝绳都保持垂直状态，严禁斜吊。

（3）指挥起重机起吊动作要一个一个完成，不允许2个或2个以上动作一起做。

（4）分段翻身现场，应设置警戒区域的警戒标志，通道两端派人看守，禁止车辆和非工作人员通行。

七、上层建筑总段吊装实例

3500TEU 集装箱船上层建筑总段吊装

（一）总段描述：计算质量为 570t，分段层数：7 层；总段长度：13.4m；宽度 32.2m；高度：19.25m（见图 7-1-13）。

（二）重心在 6910 分段纵向 FR55^{+194} 处。

（三）确定用 1000t 浮式起重机采用侧吊的方法（见图 7-1-14）。

（四）吊攀位置

分别在驾驶甲板 6180 分段的 FR49 与 FR63 肋位围壁上口延伸辅以加强而成（见图7-1-15）。

（五）吊索具配备

钢丝绳：ϕ110×40 米（周长）m4 根、ϕ85mm×30m×8 根、卸扣 120t×8 只、卸扣 85t×8 只、卸扣 55t×8 只。

（六）钢丝绳挂法（见图 7-1-16）与操作步骤

（1）起吊前，预先将 ϕ85mm×30m8 根钢丝绳与上层建筑 FR63（前吊点）、FR49（后吊点）四个组合吊攀连接。每组吊攀用 ϕ85mm×30m/2 两根钢丝绳，双头（滑头）进行交叉连接，前吊点用 55t 卸扣，后吊点用 85t 卸扣。

（2）起吊时，浮吊一号钩、二号钩分别挂两根 ϕ110mm×20m/2 双头（滑头）钢丝绳，8只琵琶头内各放 120t 卸扣。浮吊一号钩与 FR63（前吊点）钢丝绳连接，浮吊二号钩与 FR49（后吊点）钢丝绳连接。

（七）浮吊幅度

1000t 浮吊幅度定为 60°，吊钩有效高度为 71.8m。船首至主钩中心距 32m。

（八）安全要求

（1）现场操作必须有专人统一指挥，操作人员要服从指令。

（2）操作人员安全穿戴必须规范，严格遵守安全各项规程。

（3）大件吊装必须按照大件吊装规定，确认制动系统完好方可吊装。

（4）吊装必须具备完整的起吊手续，手续不完整不能起吊。

（5）上层建筑按工艺悬挂钢丝绳前，必须切断一切电源，以防损坏钢丝绳，造成事故。

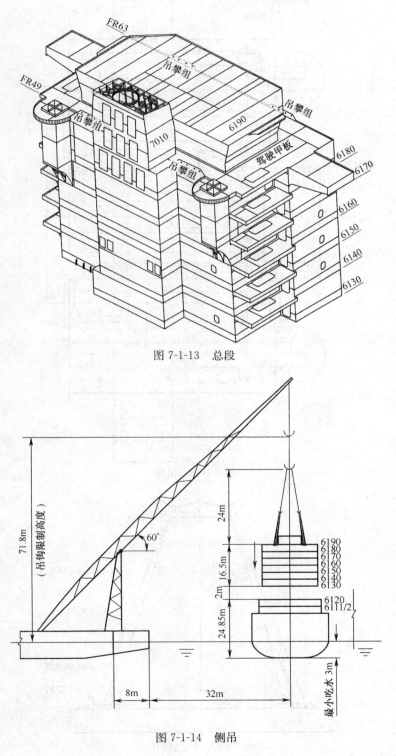

图 7-1-13　总段

图 7-1-14　侧吊

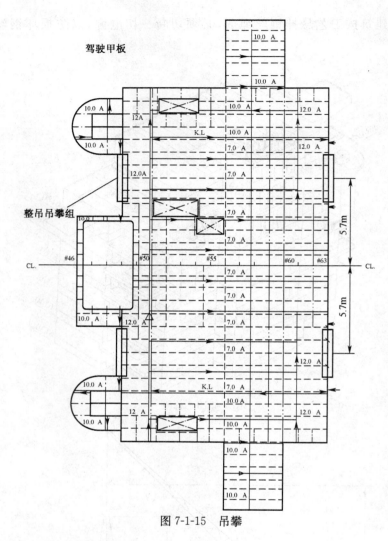

图 7-1-15 吊攀

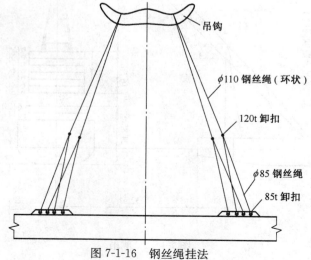

图 7-1-16 钢丝绳挂法

（九）填写记录分析表

表 7-1-1　SS1108 轮上层建筑吊装作业（3500TEU 集装箱船）

记录分析表

序 号	名 称	预 报	实 况	分 析
1	风力	3 级	2 级	凡风力小于 6 级可以操作
2	风向	偏北	偏北	风力小风向(吹开风)影响甚微
3	潮高	1.49m～3.34m	相符	正常
4	潮向	东→西　涨潮	相符	正常
5	重量	570t	575t	误差率只是千分之九
6	重心位置	FR55＋194	√	准确
7	♯1 钩承载	315.72t(FR49)	315t	准确
8	♯2 钩承载	254.28t(FR63)	260t	误差值不到 6t
9	作业人员数	12 人	11 人	一人生病返沪
10	指挥员姓名	李俊平	相符	指挥得当
11	作业时间(起、止)	05 年 12 月 13 日 8：30～11：30	8：00～10：20	提前移动浮吊、挂钩,准备工作充分,指挥得当因而提前完工
总结	由于在操作时间段内,潮水正处于急涨期,给指挥、操作、定位带来了不便。不得不依靠大功率拖轮稳住浮吊,使之波动降低至最小性。如果从上午 9 点开始可能更好一点。			

第二节　船用主机的吊装要领

一、船用主机的主要特征

一台船用主机是这艘船舶的心脏,是最主要的大型设备。他的吊船安装也是船舶起重工的一项重要任务。它的主要特征是体积庞大、重量大且集中、价格昂贵、内部精密等,其吊装形式分为分体吊装、整体吊装、半整体组件吊装。

二、吊船安装

(一) 分体吊装

船用主机分体的吊船安装,不仅工作量大,吊装所需的工具多、安装周期长,而且施工复杂,一般只是在修船或是起重能力不够的情况下才采用此方法吊装。

一般大型柴油机采用分体吊装法是将柴油机分成机座、曲轴、机架、汽缸体、缸套、活塞、扫气箱、缸盖等。分体吊装对起重工来说要掌握一个共同特点,这些机器的零部件比较精密,价格昂贵,吊运时不能碰擦。因此在进行分体吊装时,为了减缓升降速度,通常在吊钩的下面还悬挂手拉葫芦。吊索多采用钢丝绳外加包麻袋布或者直接使用尼龙吊装带,以防止擦伤机器零部件。

(二) 整体吊装

为了加快造船进度,缩短施工周期,为其他工序的作业创造条件,简化吊装工艺,减少劳动量,若起重设备条件许可则多采用整机吊装。

大型柴油机由于尺寸大、重力大,采用整体吊装时,首先要把柴油机从造机厂的试车台上整体移位到码头,然后用起重机把柴油机整机吊起,落泊至运输船并将其拖到船舶的机舱部位,定好船位,用浮式起重机把柴油机吊进机舱就位。如果造机厂的码头离待装主机的船舶距离较近,也可用浮式起重机将主机吊起直接移至待装主机的船舶附近,定妥船位将其吊进机舱就位。大型船用柴油机采用整体吊装时,应特别强调要加强现场勘查工作,对柴油机的尺寸、重力、吊运设备的起吊能力和幅度以及机舱口的大小等进行仔细的核算,并编制工艺方案。

一般主要的核算工作有:

1. 外形尺寸的核算

保证柴油机能安全吊进机舱口,四周要留有一定的余地。如果由于柴油机的外形尺寸受机舱口尺寸的限制,应拆除部分装置,使其符合吊装的要求。

2. 重力的核算

除去拆除部分产生的重力后,根据柴油机的净重加上吊索具产生的重力,必须符合起重机在吊装幅度位置的起吊能力。

3. 高度的核算

用起重船吊装时,所需的高度 H 可按下式求得(见图 7-2-1):

$$H = h_1 + h_2 + h_3 + h_4 \leqslant H'$$

式中　H ——采用起重船吊装时,从水平线算起所需要的高度(m);

　　　h_1 ——船舶从水平线至机舱开口处一层甲板的高度(m);

　　　h_2 ——吊入机舱口时的吊装高度余量(m);

　　　h_3 ——柴油机的高度(m);

　　　h_4 ——吊索的长度(包括吊具)(m);

　　　H' ——起重船在吊装幅度位置,吊起重物后吊钩从水平面算起的极限高度(应考虑吊重后,船首下沉的因素)(m)。

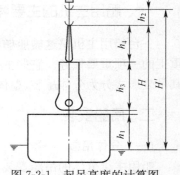

图 7-2-1　起吊高度的计算图

4. 起重船的幅度核算

主要核算起重船在有效幅度范围内,能否把柴油机吊入机舱。

5. 吊索具安全负荷的校核

对所选择的吊索具进行强度校核,是否符合安全规程的要求。

(三) 半整体组件吊装

半整体组件吊装法是介于分体和整体吊装之间的吊装方法。它是随着近些年来造船的吨位大,主机的质量也随之而大的特点产生的一种新方法。它也是为了尽量完整性吊装但又苦于起重能力不够或其他原因,而不得不采取的一种方法。通常一台船用主机可以分为几段组装。它们分别是"机座曲轴总成"、"机架总成"、"缸体总成"。然而,这些"总成"段的单件重量也已达到数百吨,因此均应视为大件吊装。其吊装方案、要求、步骤、注意事项可参照整体吊装和其他大件吊装的相关内容。

三、整体拖移、吊装的实例

以整机吊装载重量 12000t 的多用途集装箱船 5L55GFCA 柴油机的全过程为例,了解整机移位、吊装的一般过程和操作步骤。

载重量 12000t 的多用途集装箱船的主机在某造机厂安装好以后,采用气垫运输,将整台机移位到码头,然后由 500t 的起重船,吊入船上安装。其主要操作过程和步骤如下:

(一) 主要的数据

(1)通过现场勘察测量得:机舱口开口的宽度 6m,长 8.5m;

(2)5L55GFCA 柴油机的净重为 178t,柴油机移位时连试车底座的总重力约为 280t;

(3)柴油机的外形尺寸(见图 7-2-2);

(4)由于机舱口的尺寸比柴油机外形的尺寸小,因此需拆除下列部件:转车机、自由端中层路台支架及花铁板、自由端应急鼓风机、测速传感器箱体、排气侧的最外档路台支架及花铁板、排气侧的控制阀板增压器、拆除上述部件后主机的外形尺寸(见图 7-2-3)符合吊装要求。

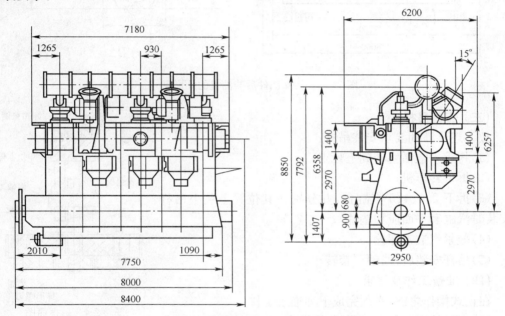

图 7-2-2 柴油机的外形尺寸

(二) 起吊设备及运输工具

(1)500t 的起重船:双钩,每只吊钩起吊能力为 2450kN,两钩中心距为 1800mm;

(2)吊索:6×37,直径 75mm,长 40m 的钢丝绳两根;

(3)吊具:采用图 7-2-4 所示的吊杆四根,作吊耳用,分别装在 2、3、4、5 汽缸上;

(4)气垫单元 44 只、空气管路一组、封盖板 28 块;

(5)顶高设备:980kN 的液压千斤顶 14 只、控制油泵一台、高压油管 28 根、保险楞木及木楔;

(6)牵引设备:49kN 的绞车一台、五门滑轮组一副、开口导向滑轮若干只(视拖移情况定);

(7)直径 36mm～38mm 的空气橡皮管共计 500m、导向角铁及限位装置。

所有的设备、工具在使用前必须经过检查,确认符合要求后,方可使用。

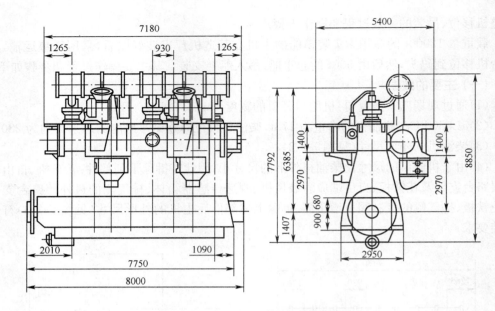

图 7-2-3 拆除部件后柴油机的外形尺寸

(三) 安装吊杆

按下述步骤和要求安装吊杆：

(1)将第一缸活塞转到上死点；

(2)拆下转车机；

(3)拆下 2、3、4、5 汽缸盖,并分别在其位置上装上吊杆(安装时汽缸套平面应加垫片)；

(4)敲紧汽缸盖螺栓；

(5)吊杆安装后,曲轴严禁转车。

(四) 准备工作及要求

在正式操作之前,必须完成下列准备工作：

(1)主机的安装拆除工作全部结束,并已具备将整机起身的条件；

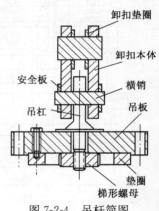

图 7-2-4 吊杆简图

(2)作业场地及主机移动时的通道必须整理完毕,保证畅通,地面铺设的钢板上面的电焊疤必须铲平、磨光,保证平整光滑；

(3)根据所采用的运输方法,核算其纵、横移牵引力,据此配备绞车、滑轮绳、钢丝绳等设备和工具；

(4)地面和码头受压的强度应确保柴油机能纵、横移顺利地进行；

(5)安装妥牵引设备和导向限位角铁,穿好滑轮组钢丝绳；

(6)船舶左右的吃水需调整到基本一致；

(7)机舱所有防碍主机吊入的扶梯、脚手架、结构件等物应在主机吊入前拆除；

(8)在主机到位附近安装前后、左右限位挡板；

(9)推力轴输出端的法兰面要包扎保护木板；

(10)准备好四根引棒及垫主机用的硬木垫片。

（五）整机顶起及安装气垫装置

在顶高操作前，必须清除周围垃圾铁屑。检查柴油机上的各零部件，必须安装紧固，机上不得堆放散装的管子、零部件、脚手板等物，以保证整机顶高、吊运安全。同时检查机座底脚螺栓，即底座底脚的安装是否可靠，并再次敲紧。按图7-2-5布置好顶高液压千斤顶，连接好油管，试泵捉漏，确认安全可靠后，即可按下列步骤操作：

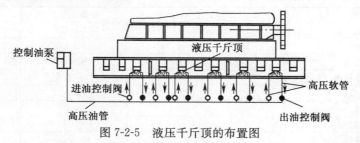

图7-2-5　液压千斤顶的布置图

（1）缓慢加压，将主机同步顶起，注意调整前后、左右位置的高度，防止单面顶起过高，要求保持基本一致；

（2）在顶高过程中，用木楔随升高垫实，进行保险；

（3）顶起到85mm～100mm时停止顶高，用木楔等保险好；

（4）拆除垫块，清理干净后，安装封盖；

（5）扫除干净底座下面的垃圾、铁屑等杂物；

（6）安装气垫单元；

（7）液压千斤顶同步下降，使柴油机坐落在气垫单元上；

（8）拆除全部液压千斤顶、油管。

（六）整机拖移

柴油机坐落在气垫单元上之后，接通气垫空气系统管系，通过减压阀调整空气压力，对气垫元件充气，当气垫元件胀起7mm～10mm左右时，用绞车将整机横移到中间，然后纵向牵引到交叉道，进行90°转弯，再纵向牵引到码头。在牵引过程中，必须随时注意根据地面情况调整空气压力，并注意观察绞车牵引力的变化。

（七）整机吊入船上安装

停好起重船的船位，按图7-2-6所示，连好吊索，拆除机座上的底脚螺栓，在油底壳前后、左右位置上各装三块保护木板，并扎牢，以便保护油底壳。做好吊运的一切准备工作之后，专人指挥起重船同步起升两只吊钩。起吊时，用绞车拉住柴油机的两端，防止柴油机转动，当油底壳脱离垫高底座后，才松开留住的钢丝绳，整机吊到一定高度后，停止升高，用拖轮把起重船拖至船舶机舱位置。定好船位后，缓慢下降吊钩。当柴油机吊入机舱洁净舱面时，由安置在机舱内四角位置的四只49kN的手拉葫芦牵引，调整主机的位置，缓慢下降，引入主机限为位挡板内。继续指挥起重船吊钩缓慢下降，同时

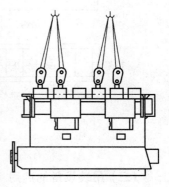

图7-2-6　吊索安装的示意图

调整两吊钩，使机座底平面与底座平行，当机座底平面离垫片约50mm时，在四只角上用引棒将主机定好位，然后缓慢下降吊钩，将主机坐落在垫片上。

起重船在吊装时,必须对起重船的作业区域进行封江,加强巡逻,以确保安全。

四、半整体组件吊装的实例

3500TEU 集装箱船用主机吊装实例演示

(一) 主要部件的重要参数

名　称	外型尺寸/mm	重　量	单　位
机座曲轴总成	14986×5069×4774	364.821	t/件
机架	15012×6525×4484	146.832	t/件
缸体总成	15002×9820×6986	393.073	t/件
十字头连杆组		15.227	t/组
曲轴轴承盖(下)		1.039	t/块
活塞		4.139	t/只
汽缸盖		8.57	t/只
贯穿螺栓		1.805	t/根
滚子链		3.917	t/3 根
排气总管(1)		9.93	t/根
排气总管(2)		8.15	t/根

(二) 吊装方案的依据

韩国现代(HHI)提供的文件:MAIN GINE DISPATCH PATTERN

图号:A14-212271-320

SHIP NO. SS1108/09/10/11/12/13

ENO NO. AA2031/2/3/4/2183/4

机座曲轴总成、机架、缸体总成,吊点分布如图 7-2-7 所示。

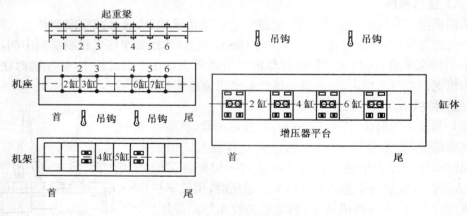

图 7-2-7　吊点分布

(三) 吊装设备的选用

上海港机 1 号:吨位:1000t

幅度:50°

跨距:42.5m

高度:64m

$$h = 13_{(船高)} + 21_{(吊索具)} + 7_{(最大机身高度)} + 5_{(裕度)} = 46m$$
$$H_{总} = 64m 大于 46m$$

依据港机 1 号技术数据满足吊装要求。

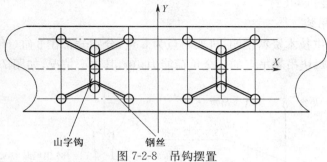

图 7-2-8 吊钩摆置

（四）机座、机架、缸体浮吊吊钩摆置图（见图 7-2-8）

（五）吊装提要

1. 机座曲轴总成吊装

①机座吊点选择

根据（HHI）提供技术资料说明，共设置 12 个吊点，吊点分别分布在 1 缸后、2 缸后、3 缸后、5 缸后、6 缸后、7 缸后，左右两则。由 12 根临时贯穿螺栓吊攀组成，每个吊攀吊点的安全负荷为 50t。其重心情况如图 7-2-9 所示。

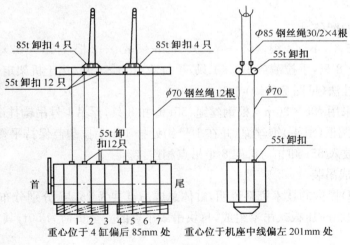

图 7-2-9 重心情况

②吊索具配备

钢丝绳 $\phi85 \times 30m \times 8$ 根、$\phi70 \times 20m \times 12$ 根、$(\phi11 \sim \phi15) \times (2m \sim 5m) \times 12$ 根。卸扣 85t×8 只，55t×24 只，手拉葫芦 2t×6 只（用于机座曲轴总成定位）。

③吊索具的挂法：见图 7-2-9

机座曲轴总成采用浮吊双钩起重梁吊装方法，起重梁上吊点用 $\phi85 \times 30m$ 8 根，1 号吊钩挂 4 根双头（滑头）$\phi85 \times 30/2m$ 钢丝绳，2 号吊钩挂 4 根双头（滑头）$\phi85 \times 30/2m$ 钢丝绳，4 只 85t 卸扣放置在 1 号钩 2 根为一组钢丝绳（滑头）的合并琵琶头内，4 只 85t 卸扣

261

放置在 2 号钩 2 根为一组钢丝绳（滑头）的琵琶头内，分别与起重梁吊点相连接。

下吊点用 φ70×20m×12 根，12 根钢丝绳分别挂双头，滑头处 φ70×20/2m，用 12 只 55t 卸扣与起重梁相连接，每根钢丝绳 2 只琵琶头为一组，用 12 只 55t 卸扣与机座曲轴总成吊具吊点相连接。

2. 机架总成吊装

根据 HHI 提供技术资料说明，机架吊点为 8 点，分别分布在 3 缸、6 缸。由两块临时压板式吊攀组成，每块吊攀吊点的安全负荷能力 40t，其重心情况，如图 7-2-10 所示。

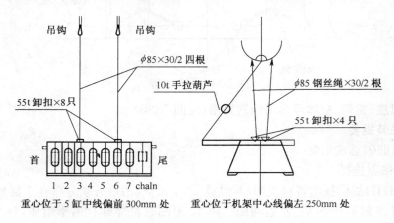

图 7-2-10　重心情况

①吊索具的配备

钢丝绳 φ85×30m×4 根，(φ11～φ15)×(2m～5m)×12 根，(φ28～φ32)×(2m～10m)×4 根，卸扣 55t×8 只，手拉葫芦 10t×1 只，手拉葫芦 2t×6 只（用于机架定位）。

②吊索的挂法（见图 7-2-10）

机架吊装采用 φ85×30m 4 根钢丝绳，55t 卸扣 8 只，浮吊 1 号吊钩挂两根（滑头）钢丝绳，2 号吊钩挂两根（滑头）钢丝绳，并在 1 号钩处挂 10t 手拉葫芦保持平衡。钢丝绳 8 只琵琶头内分别放入 55t 卸扣与机架 8 个吊点相连接。

3. 缸体总成吊装

根据（HHI）提供的技术资料说明，缸体总成吊点共为 16 点，分别分布在 1 缸、3 缸、5 缸、7 缸，由四块临时压板式吊攀组成，每块吊攀吊点的安全负荷为 50t，其重心情况，如图 7-2-11 所示。

①吊索具的配备

(φ34～φ36)×(12m～15m)×12 根，(φ34～φ36)×(4m～6m)×2 根，(φ11～φ15)×(2m～5m)×12 根，卸扣 85t、16 只，卸扣 20t、4 只，手拉葫芦 20t、2 只，手拉葫芦 2t、6 只（用与汽缸体定位）。

②吊索具挂法（见图 7-2-11）

缸体总成吊装，浮吊一号钩悬挂 φ85×30m 4 根双头（滑头）钢丝绳，并悬挂 20t 手拉葫芦，2 号吊钩悬挂 φ85×30m 4 根双头（滑头）钢丝绳并悬挂 20t 手拉葫芦，16 只 85t 卸扣分别布置在 16 只琵琶头内，与缸体总成 16 个吊点相连接。

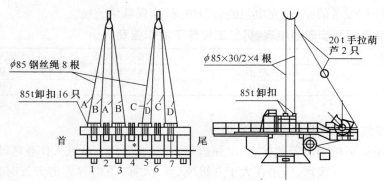

重心位于 4 缸中线偏后 79mm 处　重心位于缸体中线偏右 378mm 处

图 7-2-11　重心情况

(六) 吊索具选用负荷论证

包括每个吊点的受力计算;各吊索、吊具的核算;由于篇幅关系这里从略。

经过对缸体总成各吊点受力核算,钢丝绳、卸扣额定负荷大于各吊点的重力,满足吊运安全要求。

(七) 参与人员职责表

范　围	姓　名	职　责
吊运工程负责人	从略	组织吊运工程的实施,确保所有操作成员到岗,协调其他生产
水域责任人	从略	现场对气候、江面情况进行监视;协调浮吊与拖轮的工作
起重责任人	从略	现场组织吊运工程的实施,协调门机(浮吊)与起重的工作
吊运方案实施监督成员	从略	落实吊运工艺方案的执行,对吊运全过程实施技术监督
安全生产监督成员	从略	监督全过程的安全生产,操作人员的安全佩带等
指挥兼操作带班	从略	现场操作指挥,负责与浮吊指挥员的协调和配合工作
操作成员	×××等 10 人	明确吊装工艺操作过程,服从统一指挥

(八) 施工准备

(1)参加吊装工程作业人员,应取得特种作业操作证。

(2)召开技术交底会,将吊装工艺方案及注意事项向操作人员、门吊驾驶员、浮吊指挥员交底。

(3)清理吊运区域中的障碍物,确保吊运畅通和操作人员走道畅通。

(4)所有吊索具必须具有出厂质量证明文件,不得使用无质量证明文件或试验不合格吊索具。

(5)认真检查所用吊索具是否合格安全,做到层层把关(班组、工段、车间),按工艺要求摊放、检查吊索具。

(6)认真检查被吊物临时吊具螺栓、松紧状况及校正吊具方向,吊前加以紧固调整。

(7)检查通信设备的完好,充电池的备份情况,确保联络流畅。

(九)吊装日程及步骤顺序表(另见工程部下发作业表)

日　期	步骤顺序	主要操作人员	责任人(指挥)
2/4/2006	机座、机架	×××等10人	从略
4/4/2006	缸体	×××等10人	从略

(十)吊装技术要点及安全注意事项

(1)应对吊运区域划出警戒标志,加强监管,严禁非操作人员进入作业区域。

(2)浮吊在大于5级风、门吊在大于6级风(含)大雾、下雨等恶劣天气时禁止吊装作业。

(3)在吊装过程中需配置大功率拖轮稳住浮吊,使浮吊的移动性降至最低点,以保证吊装质量。

(4)现场操作由专人统一指挥,操作人员服从指令。

(5)操作人员安全穿戴必须规范,严格遵守安全各项规程。

(6)在起吊过程中,当部件离地面100mm左右时,应停止上升,检查各索具、吊具的受力情况,然后起升至300mm时,应停止上升,再下降300mm左右即停止,确认起重设备制动系统是否完好。

(7)在吊运过程中必须保证部件吊装时水平度。部件左右平衡度,依据计算可用手拉葫芦,或者穿绕滑车组方法来调整,部件前后倾斜度可用浮吊双钩来进行调整,但必须在部件吊入机舱,部件与部件对接间距300mm时进行调整。

(8)严禁任何操作人员随同被吊部件一起升降,被吊部件做底平面清洁工作时需按要求放置搁凳,搁凳受力需妥当。以确保操作人员安全,对于浮吊要随时掌握潮水的涨落情况。

(9)被吊部件移至机舱上方时,机舱下方必须撤离一切操作人员,在吊运过程中,吊钩的速度需缓慢匀速下降,每层甲板或者平台随着部件下降派专人望风,加强联系。必要时采取衬垫措施。

(10)吊装时必须随时注意江面来往船只情况,及时联系,派船巡视,警示或旗示来往船只。

(11)被吊部件下降至与部件对接处上方约300mm时,应停止下降,机舱四周需用手拉葫芦留妥,以防碰撞损坏机件,同时调整部件前后倾斜度、左右水平度,四周手拉葫芦随着部件缓慢下降变化而合理调节,当部件下降至与部件平面距离约100mm时,下降暂停,根据机装技术要求再一次调整位置,缓慢松下吊钩。

(12)吊装结束,拆除与部件连接点、手拉葫芦连接点、拆除起重机吊钩上的吊索具、手拉葫芦,吊索具经检查方可入库。

(十一)散件(精密)吊运质量提示

(1)涉及水上吊装,由于长江水流、风力等诸多因素,特别是主机内部主要部件吊装(如十字头连杆组、活塞、汽缸盖等),船舶移位性大,必要时需依靠拖轮稳住。

(2)吊装主机内部每一部件时,无论是船台、船坞或水上吊装,吊钩下必须悬挂手拉葫芦,以确保每一部件角度调整相似,缓慢下降,准确到位。

（3）对一些精度要求高的部件，必须采用衬垫措施，或者用衬套保护的钢丝绳，也可用尼龙吊装带进行捆绑，吊装。

（4）主机部件的运输必须充分了解路况，采取绑扎安全牢靠，确保万无一失。

第三节　船舶尾部的吊装工程

船舶尾部工程通常是指船舶在建造时，尾部分段定位后从轴、舵系的拉线、望光开始一直到螺旋桨安装妥，保险、保护装置（俗称将军帽）封妥；舵叶装妥为止。起重工在尾部工程中主要担负的工作有：钳工的镗孔设备到位及吊离、尾轴支承座吊装、尾轴的吊装、螺旋桨的吊装、舵设备的吊装、舵轴的吊装、舵叶的吊装等。由于近些年来新建船舶向大型化趋势发展，仍依靠老传统方法进行吊装，不但劳民伤财且速度慢。影响了造船进度。因此一些船厂，尤其是新建船厂都选购了数十万美元一套的工装设备。这套设备主要包括了根据新建船的需要组装拆卸的平台并且可以利用液压系统自由调节高低左右前后，而这些平台不但足以支承船舶尾部的大件安装，且可以将这些大件在平台上进行临时性固定。当然，也还有些船厂没花那么多钱去购买工装，只是根据需要制作了些简易工装平台。虽然没有液压系统予以支持，但也比早先的工艺来得方便多了。为了兼顾修船的需要，下面介绍还算比较原始的工艺，把这些原始的方法学会了，那些利用工装设备进行的尾部工程就迎刃而解了。

一、尾轴的拆卸和吊装

船舶在修理过程中需要修理尾轴，就要把尾轴从尾轴套筒中取出，送进车间修理，然后再上船安装。尾轴拆卸时，首先要搞清是向船体内抽拉（一般为单螺旋桨），还是向船体外抽拉（一般为双螺旋桨），根据具体情况因地制宜地备好工具。

尾轴向船体内抽拉，首先要拆除中间轴。根据船舶的具体条件，可采用吊运拆卸和滚动拆卸法拆卸中间轴。在高度许可的条件下，通常可采用吊运拆卸法，即在中间轴两端的上方挂手拉葫芦，利用手拉葫芦把中间轴吊移到一边，用木楞、木楔垫好。由于起吊高度的限制，无法挂手拉葫芦吊运时，可采用滚动拆卸法。预先铺好木墩（多数靠近中间轴，要滚动一边），分开轴的法兰以便取出垫圈或移出法兰上的凸肩。用千斤顶将轴顶起10mm左右，再在木墩和轴之间放上木楔，斜面向着轴要滚去的方向，将轴卸在木楔上，让其慢慢地滚到预定的地点，然后用木楔垫结实。随后，在尾轴套筒和尾轴法兰上安装支撑，加强固定，以备从尾轴锥端上取下螺旋桨。当螺旋桨和尾轴脱离开以后，即可抽拉尾轴。

抽拉尾轴应根据不同的船型，配置不同的工具抽拉。船舶机舱在中间的船只，拆卸工作一般都在地轴弄进行，由于受到高度的限制，可采用手拉葫芦拉尾轴。手拉葫芦按图7-3-1布置好，其1号位的手拉葫芦起吊高和留住的作用，其余工位的手拉葫芦起抽拉、留住的作用。首先，1号位的手拉葫芦把尾轴法兰端略微抬高，然后2号位的手拉葫芦的钩子连接法兰端的吊点，缓慢拉动2号位的手拉葫芦手链，1号位的手拉葫芦跟着慢慢松，使尾轴向前缓慢地移动。当吊点与2号位的起重链垂直后，脱去1号位手拉葫芦的吊钩，把3号位手拉葫芦的吊钩挂入吊点。此时，2号位手拉葫芦起留住作用，3号位手拉葫芦起抽拉作用。按照上述方法继续缓慢、平稳地进行抽拉，直至尾轴拉出尾轴筒为止。但是必须注意,在尾轴即将出尾轴套筒时,应用 2 号位的手拉葫芦与尾轴脱头,方可继续抽拉。在地轴弄抽拉地轴,有时由于在尾轴的轴线上面挂手拉葫芦,钢丝绳捆扎后在轴上面单点起吊抽拉,会遇到起吊高度不够。此时,可在同一吊点轴的两旁各挂一只手拉葫芦,捆扎轴后吊点为两个吊点,移至轴两边的轴心处的位置,以降低吊点位置的高度,解决高度不够的问题。在抽拉尾轴的过程中,当抽拉不动时,往往是由于顶端抬得过高而卡住,或横向拉力太小的原因。此时,切不可硬拉,可把抬高的手拉葫芦略微松一点,在尾轴顶端的前方挂一只手拉葫芦,用吊索穿在尾轴法兰的螺孔内与前方手拉葫芦的吊钩相连接,以增加横向拉力。

　　船舶的机舱在尾机型机舱时,由于拆卸尾轴的作业场地较高,此时可采用图 7-3-2 所示的方法,挂置滑轮组,配以风动绞车或电动绞车来完成抽拉工作,工作的过程与上述的方法基本相同。需要注意的是,在尾轴即将抽出后轴壳时,调换滑轮组 1 的动滑轮到尾轴末端时,为防止尾轴窜出,应在尾轴中间挂一只手拉葫芦保险后,方可进行。尾轴抽出以后,应根据船只的具体情况,确定进车间的吊运方案。若在机舱外板开工艺孔吊运的方法,接运时,一般是尾轴锥端先出孔,为了防止近锥端处的捆扎钢丝绳脱头,必须要用绳索保险好,以确保吊运的安全。

　　有的船舶的尾轴是往船外抽出的,如双螺旋桨船的尾轴。此时,通常可在船底的轴线延长线位置的上方,从后轴壳至船尾按一定的间距挂好手拉葫芦或滑轮组,供起吊、留住和抽拉用。在钳工拆除工作完毕以后,即可缓慢地把尾轴抽拉出后轴壳,然后起重机接吊至指定的地点(见图 7-3-3)。尾轴的安装与拆卸的操作程序相反。船舶在建造时安装后轴壳,通常是从船体外向里安装,宜采用从船体外向里安装后轴壳的方法,安装后轴壳,待在后轴壳安装进尾轴孔以后,再用撞山锤配合钳工把后轴壳就位。

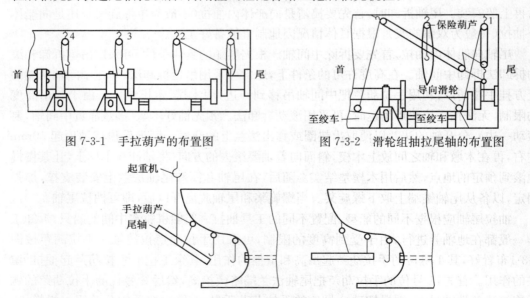

图 7-3-1　手拉葫芦的布置图　　　　图 7-3-2　滑轮组抽拉尾轴的布置图

图 7-3-3　尾轴往船体外抽拉的示意图

二、螺旋桨的拆卸和吊装

　　拆卸螺旋桨时,首先要搭好脚手板或固定妥工装平台,协助钳工拆除尾轴防护罩和尾

266

轴螺母(将军帽)。搭脚手时,应考虑留有螺旋桨转动的间隙,并要搭得牢固,能够承受在脚手板上放置较重的工具和松螺母等操作时的冲击力等负荷,若使用专用工装平台则可以减轻劳动强度,缩短修造船的周期。

拆卸时吊重的滑轮组与手拉葫芦的布置,对于小型船舶,一般螺旋桨和船尾底的距离较大,可在船底焊接吊环,根据情况挂 2 只～3 只手拉葫芦,一只在螺旋桨中心的船尾柱龙骨上,供拆卸时吊重用,其余的依次挂在船尾外板的吊环上,供接出螺旋桨用(见图 7-3-4)。对于大型船舶,通常由于螺旋桨与船底的距离很小,不可能在船底挂滑轮组或手拉葫芦,此时,一般采用在螺旋桨位置的侧外板旁各挂一副滑轮组。在拆卸时,两副滑轮组共同吊住螺旋桨的同一吊点,待螺旋桨脱离尾轴后,一副滑轮组缓慢收紧,另一副滑轮组跟着慢慢放松,直至螺旋桨移出船底,由起重机接住,吊至指定地点(见图 7-3-5)。

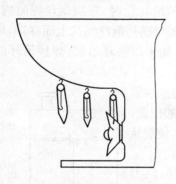

图 7-3-4　拆卸螺旋桨手拉
葫芦时船底的布置图

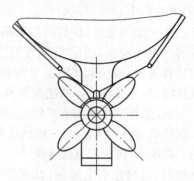

图 7-3-5　拆卸螺旋桨滑轮时船
旁的布置图

由于船舶的螺旋桨与尾轴的锥端配合得很紧,在拆卸前,需要使螺旋桨与尾轴锥端松动。对于铁梨木油封的船舶,可采取将尾轴螺母松掉三、四牙,然后用特制的千斤顶或铁楔,向外挤压螺旋桨。此时应注意,必须在尾轴法兰处采取加强固定措施,防止尾轴外移。对于采用油封的船舶,其螺旋桨上通常有拉出用的螺栓孔,因此可采用压板螺栓,把螺旋桨拉出。

在将螺旋桨挤离锥端前,应先用配置好的钢丝绳或链条,对螺旋桨进行捆扎,不论螺旋桨是几片叶子,一般均在螺旋桨的相邻两片叶子之间,绕"8"字形捆扎,然后用 B 型卸扣骑马在"8"形中,卸扣要用绳索保险好,以防吊运时卸扣走动,造成螺旋桨倾斜。而在船台拆、装时,螺旋桨必须与船台的倾斜度保持一致,否则拆、装时会造成困难,此时保险绳索起捆住卸扣的作用,更是不可少。在做好一切准备工作之后,就可利用滑轮组(或手拉葫芦)先将螺旋桨向船尾方向移动,让尾轴拉进船内,然后根据起重机接运的方向,渐渐地接出螺旋桨,由起重机接住。吊至指定的地点。

安装螺旋桨的方法和拆卸基本相似,只要按相反的程序进行即可。

拆装螺旋桨的一般应配备的重要工具,如大榔头(或撞山锤)、手拉葫芦 3 只～4 只或滑轮组两副、木滑轮组一副(挂撞山锤用)、捆扎钢丝绳一根(选用尼龙吊装带则更好)、B型卸扣一只、接用及挂滑轮组的吊索、卸扣若干(视具体情况定),根据拆卸方案,如需要,配备千斤顶一台。

三、舵的拆卸和吊装

舵的吊装一般可分为船台、船排、船坞和水上四种情况。其中水上吊装时，由于水的浮力及波浪的影响，较为困难。其余的吊装情况基本相类似，可利用起重机或挂滑轮组（或手拉葫芦）进行吊装。

拆舵首先要做好准备工作，同时要搭好脚手，使钳工能在脚手板上操作。根据所定的吊装方案，布置好起重工具。如采用滑轮组拆卸时，要在船旁两边各挂一副滑轮组，滑轮组的跑绳引入绞车。

用起重机或滑轮组吊装舵时，捆扎方法有用钢丝绳捆扎和绕吊环吊运两种。采用钢丝绳捆扎时，钢丝绳一般在舵腰中绕四道，然后用卸扣骑马在交叉捆扎钢丝绳中。捆扎时，主要看舵的中心要对正滑轮组。如采用三门以上的滑轮组时，穿绕钢丝绳时应注意，必须从当中一组开始穿，保持滑轮平衡。为了防止吊装时捆扎钢丝绳往上面移动，要在舵上兜底绑一根保险扣，俗称"落地千斤"（见图7-3-6）。如采用吊环吊装，焊接吊环的位置必须要选择正确，避免起吊时舵呈倾斜状态。

操作时，先用液压千斤顶把舵顶高，使舵销脱离舵托，拉紧两边的吊索，舵悬空在舵托上。然后，根据起重机接吊的位置，接吊一面的吊索渐渐拉紧，另一面的吊索跟着缓慢地松，使舵从船舷的一侧接出，再用起重机接住，吊至地面指定的地点。

修船时，有时在水上卸舵，此时要求水面风平浪静，风力不得超过三、四级。在拆卸前，必须切实检查工作现场，制定确实可靠的施工方案，保证施工安全。通常的操作方法是在舵杆上面拧入吊环，用一只卸扣把吊环与两根吊索相连接，其中一根吊索固定在已挂好的手拉葫芦上，另一根连接在一根撇缆绳上。钳工把零件拆好后，手拉葫芦渐渐向下松，松到舵杆洞口，用小艇到舵杆洞口捞起撇缆绳，拿出吊索，将吊索挂在起重机吊钩上，待吊钩上的吊索收紧后，舵机机舱内的手拉葫芦渐渐地向下松，起重机吊钩缓慢地上升，待舵接出来后，拆除手拉葫芦的吊索，用起重机吊至指定的地点就可以了。

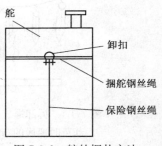

图 7-3-6　舵的捆扎方法

拆卸舵一般需配置的工具，如舵腰档捆扎钢丝绳、舵兜底保险钢丝绳、两只 B 型卸扣、两副滑轮组或手拉葫芦、液压千斤顶、撬杠。所选择的工具都必须经过计算，能够承受吊装的舵的重力，并经过检查，符合安全要求方可使用。

舵的安装和拆卸方法相似，只是把程序颠倒过来即可。

第四节　新建船舶船台纵向滑道下水

一、船台的主要形式和船舶下水的方法

（一）船台的主要形式

船台的主要形式有纵向机械化滑道和横向机械化滑道。纵向机械化滑道可分为直线型船排滑道、纵向两支点滑道、纵向斜船架滑道。直线型船排滑道又可分为整体式船排滑

道、分节式船排滑道。横向机械化滑道分为横向斜船架滑道和横向高低轨（或高低腿）滑道，横向斜船架滑道又可分为横向整体斜船架滑道、横向分节斜船架滑道、三层架横向斜船架滑道。

由于我国的中、大型船舶企业都面临着水岸沿线紧张的局面，因而基本上都采用了纵向牛油枋滑道或纵向钢珠滚动式滑道。滑道的坡度为 $1/15\sim1/22$，一般大型滑道取小值，小型滑道取大值。

（二）船舶下水方法分类概况

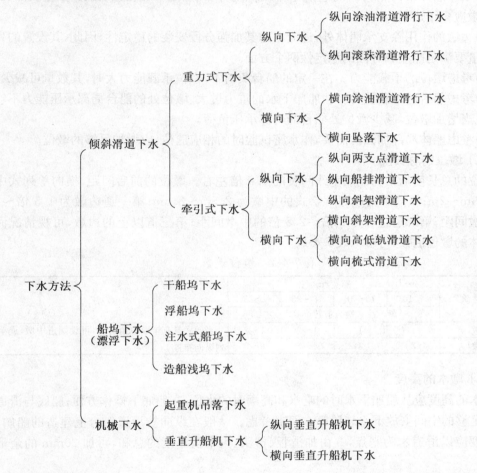

目前，我国的造船厂多采用重力式纵向涂油滑道滑行下水、重力式纵向滚珠滑道滑行下水及船坞下水的形式及方法。由于纵向涂油滑道滑行下水方法其他书籍已经介绍不少，再者此方法由于环境问题逐步退出造船舞台，这里就不再赘述了。下面我们就重力式纵向滚珠滑道滑行方法展开讨论。

二、排墩

目前在我国采用重力式纵向滚珠式滑道滑行下水法的各大船厂，用以保证在船台上支承船体并使船体向下水装置坐落的装置主要是中墩（龙骨墩）和边墩。这就要求中墩和边墩处在最大载荷下不但要能够承受下水船舶的重力和保证船体的不变形，而且能顺利和无障碍地工作。因此,中墩和边墩的条件,除了应有足够的强度、重力和体积小外,还应使它们的构造能使得拆除工作不但容易而且迅速。

在确定单只墩位的负荷面积时,主要应考虑与墩位工作负荷有关的因素,以不破坏船底的局部强度和船台的强度为重要依据,常见的有 $300 \times 300 \times 1200;400 \times 400 \times 1500$。

(一) 座墩的数量

具体的座墩数量应根据下列的原则确定:

(1)根据船体结构、船舶下水重力和船台负荷分布,确定中墩和边墩最少数量及部位。通常中墩应多于边墩。

(2)边墩的作用除支承船体外,还应考虑其加强分段安装的稳定性,因此,其设置的列数和数量要满足船舶和分段的稳定性两个方面。

(3)考虑墩位的承载能力。在一定的船台负荷下,墩位承载能力大时,其数量可减少。

(4)考虑船台的承载能力。在船舶下水的重力过大、墩位处的船台局部承压能力不够时,可适当增加墩位,减少墩位处船台的局部承压负荷。

(5)考虑船体局部加强的需要,作水密试验时的相应舱位,应增加足够的墩位。

(二) 墩位的总长度

墩位的总长度通常为船舶垂线间长的 0.9 倍左右。墩位的前后间距,横向单列式中墩为 1.5m~2m;纵向单列成"井"字式的中墩为 2.5m~3.5m;第一道边墩为 1.5 倍~2 倍的中墩间距;第二道边墩为 2 倍~2.5 倍的中墩间距;第三道以上的边墩,可视情况而定。具体的墩位道数,可参考表 7-4-1。

表 7-4-1　墩位道数

墩位性质	船宽/m				附　　注
	<10	10~18	18~25	>25	
	墩位道数				
中墩	1	1	1~2	1~2	当船底具有箱形中桁材时,可设两道中墩,成单列纵向布置
边墩	2	4	4~6	6~8	

(三) 墩木的高度

墩木的高度应从船舶下水时的吃水和高潮时的水位;在船底下操作方便;船底与滑道间能有足够的空间安放下水装置等方面来考虑。一般在纵向枋滑道船台上建造的船舶,墩木高度应以滑道木为基点,并由加滑板、楞头、大木楔厚度的总和,再加 20mm 的余量来确定。

(四) 墩木布置的要领

在布置墩木时应该掌握的要领:

(1)船舶上船台前,必须先对船台及滑道进行清洁整理,然后根据船舶的尺度,决定船舶在船台上的位置。在排墩木前定出船体中心线、肋骨检验线、船台大接缝位置和船的定位点。

(2)墩木位置应根据船舶的尺度和重力确定。大型和特殊船舶,必须要有墩木布置图;中小型船舶可根据船体的重力,参考横剖面图和基本结构图进行布置。

(3)墩位应尽可能布置在刚性构件和线型平缓处,并应能保证分段定位安装时的安全和稳定。

（4）一般中墩应横向排列，水泥墩组成"井"字形，其基础墩成纵向，以便拉船台中心线时能予通过。当船底具有箱形中桁材时，可设两道中墩。边墩应纵向排列，除支承船体外，其位置和数量还取决于分段安放的稳定性。常用墩木的承载能力一般为 392kN，"井"字形的墩位可允许承载 608kN。

（5）墩位应避免布置在船台大接缝、未经水密试验的焊缝、放水塞、海水阀、测深仪等吸出口处。

（6）如果船舶的方形系数较小，船体线型尖瘦，排列墩木有困难时，为了减少单位墩木的负荷，可在滑道上增设临时墩位，首尾区，左右二滑道间可架设下水钢梁，钢梁上设置墩楞。

三、重力式纵向滚珠式滑道滑行下水法的原理和操作要领

下水的主要工装设备有滑道、滑板、前后支架、钢珠、保距器及制动装置等，此外还应有一些辅助设备，如输送滑板用的小车、卷扬机，输送钢珠的盛器及钢珠回收箱，滑板连接板等。船舶下水的准备工作一切就绪后，先拆除支承船体重量的墩木，使船舶的全部重量转移到滑板传到钢珠递给滑道上，打开制动装置（止滑器），船舶就靠自身的重力带着滑板利用钢珠的滚动滑行下水。这种下水方法实用性很强，已被国内外广泛应用。但在下水过程中由于尾浮时会产生较大弯矩，尤其是使用有首支架下水，对纵向强度较弱的船舶是不利的。因此近些年来，用无首支架下水的方法比较流行。

船舶纵向下水过程中出现的力学现象不仅是决定船舶建造工艺要求的重要参考资料，而且关系到船体强度，也是下水过程中是否需要采取相应工艺措施的重要依据。

（一）船舶下水的基本条件

图 7-4-1 所示，重力 Q 的船坐落在倾角为 β 的滑道上，会产生两个分力：平行于滑道的下滑力 P_1 和垂直于滑道的正压力 P_2，它们分别为：

$$P_1 = Q\sin\beta$$
$$P_2 = Q\cos\beta$$

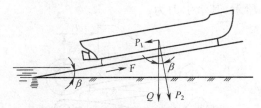

图 7-4-1　船舶坐落在滑道上受力图

要保证下水时，船舶在船台上能依靠本身的重力沿滑道下滑，必须使重力沿滑道的分力大于滑板和滑道之间的摩擦力 F。设滑道与滑板之间的静摩擦系数为 μ_0，则 $F = \mu_0 Q\cos\beta$，即 $Q\sin\beta > \mu_0 Q\cos\beta$，所以

$$\frac{\sin\beta}{\cos\beta} = \tan\beta > \mu_0$$

由此可见，船舶依靠重力下水的最基本必要条件是：滑道应具有足够的倾斜度（坡度），以克服滑板与滑道之间的摩擦力。选用坡度时，应根据典型船舶产品的下水重力，确保船舶能自行下滑，保证安全。同时还应考虑水域的宽度，因为坡度值过大，船舶的滑行速度很快，导致滑行的距离很远。以此确定最经济、最合适的滑道坡度。

滑道坡度确定以后，β 值即为定值。为此 μ_0 值必须控制在一定的范围内，一般 μ_0 的数值在 0.02～0.08 范围内，根据我国现有船台的资料来看，船台的坡度基本选定在 1/18～1/22；一般船舶下水时，在止滑器打开以后能自行下滑。若当止滑器打开以后，船舶仍然静止不动，这可能是由于开始滑动时的静摩擦系数过大，当遇到这种情况时，一般用预先装置好的滑轮组（俗称倒串葫芦）曳引或装设于滑板前端的液压千斤顶顶推滑板，产生初速度，甚至可用拖轮拖曳，保证船舶下滑。这种现象大多发生在新建船台的首制船舶下水。当用上述措施仍不能促使船舶下滑时，必须返工，寻找原因并解决之。

(二) 船台工装设备及一般工艺要求

1. 止滑器

当拆除支承船体重量的墩木后，船舶的全部重量就传递给了滑板、钢珠，使其有向下滑动的趋势（下滑力），此时，止滑器承受了减去摩擦力后的全部下滑力。

①止滑器的负荷计算。

止滑器的负荷（即承载能力）按下式计算：

$$P_0 = k(F - \mu N)/n$$

式中 P_0——每个止滑器的负荷(t)；

    k——不均匀系数，常取 1.6～2；

    μ——滑道和滑板之间的静摩擦系数；

    n——止滑器数目（指同一类止滑器的数目）；

    F——船舶下水重量沿滑道方向的分布(t)，$F = Q \cdot \sin\alpha$；

    Q——船舶下水重量(t)；

    N——下水船舶对滑道的正压力(t)，$N = Q \cdot \cos\alpha$；

    α——滑道倾角(°)。

②止滑器牵引力的计算。

当采用多级杠杆式止滑器时，其最后一级末端的受力，称为"牵引力"，以四级杠杆式止滑器为例，如图 7-4-2 所示，其牵引力为：

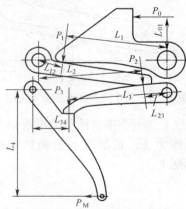

图 7-4-2 止滑器牵引力计算图

$$P_M = P_1 = P_3 \times L_{34}/L_4$$

其中 $P_3 = P_2 \times L_{23}/L_3$

                        $P_2 = P_1 \times L_{12}/L_2$

$$P_1 = P_0 \times L_{01}/L_1$$

式中　　P_M——止滑器牵引力；

　　　　P_1、P_2、P_3、P_4——各级产生的作用力；

　　　　P_0——止滑器负荷；

　　　　L_1、L_{01}…L_{34}、L_4——力臂。

③止滑器的安装位置。

止滑器的安装位置，一般可取在离首端2/5船长处。也可以根据船舶的大小，采用不同的取法。如对小型船，取位于舯前3个~5个肋距；对大、中型船，取位于舯前6个~8个肋距。

当安装两套止滑器时，辅助止滑器（一般为手敲式）应装于舯后。

2. 钢珠下水装置的组成（见图7-4-3）

①钢珠。

钢珠应采用高铬轴承钢的材料，制作的表面应该光洁，无凹坑和裂缝。直径公差及圆度均应符合国家标准。比较理想的直径在85mm~100mm之间，尤以直径90mm的钢珠使用较普遍。钢珠与轨板的摩擦系数在0.02~0.025之间，但由于保距器等原因，所以在进行计算时取0.04比较符合实际。

钢珠使用负荷按下式计算：

$$P_b = 4.9d^2(\text{N})，或\ P_b = 0.5d^2(\text{kg})$$

式中　　P_b——钢珠使用负荷；

　　　　d——钢珠直径（mm）。

对直径为90mm的钢珠，其正常使用负荷为39kN/个（4t/个）；根据经验，可承受船舶尾浮时的瞬时负荷为147kN/个（15t/个）。一般钢珠不会受到损伤。

②保距器。

保距器一般只需普通钢材如A3制作，它的形状，如图7-4-4所示。保距器的尺寸应根据滑道宽度而定，通常一根滑道并排两块保距器为妥，同时还要考虑2个人能抬动，其常用的尺寸约1000mm~1200mm×650mm~750mm左右。若厚度不够，保距器容易损坏。根据工艺要求，各个负荷区的保距器孔穴有所不同，但大多数船厂均采用了同一规格，即每平方米有24个孔穴，或者21~26之间。只是在置放钢珠时有所变化。

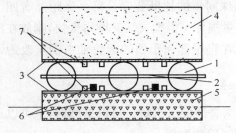

图7-4-3　滚珠小水装置的组成

1—钢珠；2—保距器；3—轨板；4—滑板；5—滑
道；6—滚轮；7—轨条。

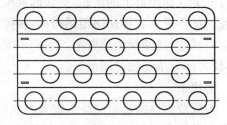

图7-4-4　保距器形状图

③轨板。

轨板由普通钢板如 A3 制成,它的使用负荷按下式计算:
$$P_\mathrm{m}=4.9\delta k(\mathrm{N}),或\ P_\mathrm{m}=0.5\delta k(\mathrm{kg})$$

式中　P_m——轨板的平均使用负荷;

　　　δ——钢板厚度(mm);

　　　k——系数,由轨板下的基底(滑道)材料或轨板上的滑板的材料而定。优质松木取 $k=18$,硬木取 $k=22$,混凝土取 $k=25$。

轨板厚度按下式估算:

$$\delta=0.32\sqrt{\frac{P_\mathrm{b}}{k}}(当\ P_\mathrm{b}\ 单位为\ \mathrm{N}\ 时)$$

式中　δ——轨板厚度(mm);

　　　P_b——钢珠使用负荷;

　　　k——系数,见上式。

普通轨板厚度常取 18mm(安全系数约为 2),尾浮区的轨板厚度常取 25mm～30mm(安全系数约为 1.5)。有些船厂为求施工方便全部采用 25mm 厚度的钢板,也是可以的。

④滑板。

可以是全部钢材结构的,也可以是铁木结构。它的宽度由滑道的宽度而定。每块滑板的长度应该有几种规格组成,但要视滑道的长度来决定某种长度为主要规格,如以 8m 长的滑板为主要规格,辅以 6m、5m、4m、3m 长的滑板若干块。也可以是以 6m 长的滑板为主要规格,辅以 5m、4m、3m 的滑板若干块。高度由船的基线在船台上的高度而定,通常为 500mm～600mm 之间。

⑤滑道。

滑道是高强度钢筋混凝土制成,它的宽度由新建船的下水重力决定。常见的有 1600mm,2000mm 等;它的高度一般以 900mm 居多;为减缓钢珠在滑道轨板上滚动时的刚性,应在混凝土表面与轨板之间垫上一层高强度橡皮,厚度在 5mm～8mm 之间。根据经验不宜过厚。两滑道之间的中心距根据主打产品船的宽度的 1/2～1/3。以 6m～8m 为好,最大可达 10m。

⑥滚轮。

安装在保距器上的滚轮,是帮助保距器与钢珠同步的辅助装置。每个保距器有四个滚轮。如不灵活它将使保距器滞后,使保距器大量损坏。但太灵活又跑得太快,刚放在滑道上它就跑,还使保距器脱节。人们根据经验现在将尾部保距器的滚轮轴由铜质改为钢质,使之部分滚轮轴只能滑行。

⑦轨条。

为规范钢珠的行走路线应设置轨条,其材料为普通的型钢材。可以是圆钢,也可以是型钢。具体参考尺寸如图 7-4-5 所示,(a)为圆钢,(b)为型钢。

轨条应按每列保距器配置。其配置方式有两种,如图 7-4-6 所示。其中(b)增加了 B_2、B_3 两条轨条,与(a)相比,可使保距器不受滚珠侧向力的影响,使用更为安全。

轨条的总数根据滑道(滑板)宽度所配置的保距器列数而定。

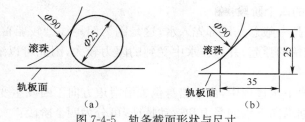

图 7-4-5 轨条截面形状与尺寸

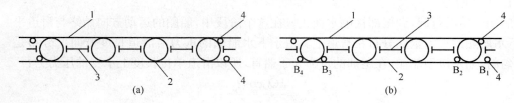

图 7-4-6 轨条的配置方式

1—滑板；2—滑道；3—保距器；4—轨条。

3. 滑道分段的原则与钢珠的配置要求

一艘船舶在下水过程中，它传递给船台各段的力是不相等的。所以配置钢珠的密度和保距器的类型也应该按不同的滑道区域进行布置。具体的分区情况如图 7-4-7 所示。

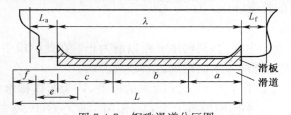

图 7-4-7 钢珠滑道分区图

L_f—船首伸出滑板长度；L_a—船尾伸出滑板长度；λ—滑板长度；L—滑道长度；$(L-\lambda)$—暴露部分长度。

滑道的分段原则与钢珠配置的关系如表 7-4-2 所列。

表 7-4-2 滑道分段的原则与钢珠配置要求表

l_1—尾浮滑程 l_s—全浮滑程

滑道分段符号	滑道分段长度	滑道负荷特征	钢珠配置要求	保距器配置要求
a	$l_1/2$	在滑板前端 L_f 范围内，考虑增加重力	每个钢珠平均受力 $2t\sim4t$	普通型
b	$(l_s-l_1)/2$ 或 $(l-l_1)/3$	尾浮区，承受前支架最大压力	每个钢珠平均受力 $10t\sim15t$	专用型，并考虑特殊连接
c	$\lambda-(a+b)$	在滑板后端 L_a 范围内，考虑增加 L_a 间重力	每个钢珠平均受力 $2t\sim4t$	普通型
d	$(L-\lambda)/2$		每个钢珠平均受力 $2t\sim4t$	普通型，并考虑特殊连接
e	$l_1/2-f$	负荷不稳定区	适当增加钢珠	
f	d			

（三）船舶下水的四个阶段

船舶纵向下水时，一般总是尾部先入水，这是因为船尾线型较船首肥胖，入水后浮力增加较快，船身能较快的浮起，并且在水中受到的阻力较大，因此可以缩短在水中的滑行距离。

船舶在直线滑道下水过程中，由于船身位置沿滑道方向不断发生变化，所产生的作用力也随之变化。根据纵向下水的受力和运动特征，可分为四个阶段：

1. 第一阶段

船舶开始滑行起，到尾部接触水面止。在这个阶段中，船舶的运动方向始终与滑道平行，下水船舶的重力全部分布在滑道上。由于下水船舶的重力沿滑道长度方向上分布是不均匀的，如尾机型船舶，在尾部的重力大于船首，所以滑道单位长度上承受的压力为：

$$P_C = \frac{kQ_C\cos\beta}{nL}$$

式中　　P_C ——滑道单位长度上承受的压力（kN/m）；

　　　　k ——滑道受力不均匀系数，一般取 $k=1.2\sim1.3$；

　　　　Q_C ——下水船舶的重力（包括下水装置的重力）（kN）；

　　　　β ——滑道倾斜度；

　　　　n ——滑道的排数；

　　　　L ——排滑板的长度（m）。

2. 第二阶段

船舶尾部接触水面产生浮力，到船尾上浮以前为止。在此阶段中，船舶的运动仍与滑道平行，浮力随着船舶的继续入水而增加。

从图 7-4-8 中可知，如果浮力 γVg（γ 为水的密度，V 为船体排水体积，g 为重力加速度），作用在浮心 C 上。下水船舶的重力为 Q_C，作用在重心 G 上，支架反力为 R。它们分别距首支架端点 A 的距离为 L_G、L_C、L_R，则力和力矩的平衡方程为：

$$Q_C = \gamma Vg + R$$
$$Q_C L_G = \gamma Vg L_C + L_R R$$

当船舶滑程增大到某一值时，浮力与重力对首支架端点产生的力矩相等，即 $\gamma Vg L_C = Q_C L_G$，尾部开始上浮。随着船舶的继续下滑，浮力对首支架端点产生的力矩就大于重力对首支架端点产生的力矩，即 $\gamma Vg L_C > Q_C L_G$，船尾就逐渐绕首支架端点旋转上浮。在此过程中，首支架承受的压力随着浮力的增加而增大。尾浮时，首支架承受的压力是相当大的，这种压力为瞬时的动载荷，对纵向强度较差的船舶是不利的，必须充分考虑到。船舶尾浮时，首支架应处于船台滑道的加强区，否则需采取相应的工艺措施。如在尾舱加载，使尾浮延迟，不仅能够减少首支架的压力，而且当船尾浮时，首支架可以处在加强区，保证船舶安全下水。

如果尾部入水后浮力不够大，当重心 G 点滑过滑道末端后，浮力对滑道末端的力矩 $\gamma Vg L_C$ 小于重力对滑道末端的力矩 $Q_C L_G$，则船舶就可能以滑道末端为支点发生尾弯现象（见图 7-4-9）。此时，将可能产生船舶冲入水底的事故，或由于滑道末端的压力过大，将使船底遭受很大的局部压力，使船底损伤或滑道末端损坏。

为了防止尾弯现象，一般可以采取以下几个方法。

①加大滑道的坡度，使尾部上浮的时间提早。但需注意，尾浮过早，将会使首支架的反力增加。

②延长水下部分滑道的长度，减小或消除尾弯力矩。

③待大潮位下水。大潮位的作用相当于加大滑道的下水部分。

④首部加压载使重心前移，或尾部加浮箱增大浮力。

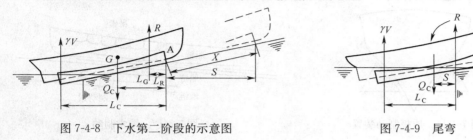

图 7-4-8　下水第二阶段的示意图　　　　　　　图 7-4-9　尾弯

3. 第三阶段

自船尾上浮到船自由浮起为止。在此阶段中可能出现下列情况：①当首支架经过滑道末端时，船已完全浮起，顺利地在水中滑行。②当首支架离开滑道末端时，浮力小于下水重力，即首吃水小于船舶自由浮起时的首吃水，首部将出现首跌落（见图7-4-10）。

船舶产生首跌落时首部结构以及首支架可能与船台末端相碰撞，所以在下水过程中应尽量避免首跌落现象的产生，应在下水前摸清河床情况和采取相应的工艺措施，避免首跌落的发生。

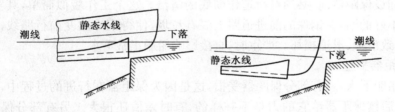

图 7-4-10　首跌落

首跌落现象的发生一般是由于滑道下水部分过短以及船舶重心偏前产生的，为此可采取：

①高潮位下水，保证在同一滑道长度内获得较大的水位。

②延长滑道水下部分的长度，其作用相当于高潮位下水。

③尾部加载，使重心移后，加大尾倾，减少首吃水，保证船舶顺利全浮。

4. 第四阶段

从船舶全部浮起到船舶停止滑行为止。在此阶段，因惯性力的作用，船舶将自由滑行，为了使船舶下水后的滑行路程在限制的范围内，必须采取下面的制动措施。

①锚制动：船舶下水时利用船首安装的锚机抛锚制动。此法使用方便，但需要抓准时机，才能收到较好的效果。

②盾板制动（见图7-4-11）：在舵或尾后的两侧用平板装成与横剖面平行的阻力板（盾板）依靠入水后在水中运动时所产生的水阻力而起到的制动作用。

盾板制动具有安装简便的优点，但其制动力的计算较困难，同时制动作用必须在船舶进入水后才能产生，所以一般多用于下水坡度大的小船。

③缆索制动（见图 7-4-12）：在船两侧地面上各固定一条地链（可用锚链、直径100mm～125mm的麻绳或直径75mm的钢丝绳），在首部两侧各固定一条船链，并向后以一定的间距用吊索悬于甲板上。船链与地链间用麻绳制动索相连。当船舶下滑时，制动索、吊索相继被拉紧断开，吸收滑动能量，达到制动的目的。此法的优点在于船舶开始滑动后不久，即可起制动作用，一般用于大船，但由于安装复杂，现在很少采用。

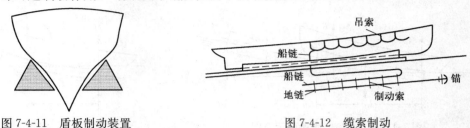

图 7-4-11　盾板制动装置　　　　　　　　　　图 7-4-12　缆索制动

（四）操作要领

1. 止滑器

在船舶下水的过程中，止滑器起着至关重要的作用。如果止滑器一旦失灵，后果不堪设想。因此必须在每次船舶下水前对止滑器进行拆卸、检查、润滑等保养工作，并对其控制装置进行实效试验。从止滑器到控制装置的路线要保证正确；止滑器打开的线路要确保畅通；止滑器的安装质量要保证，与滑板的配合平面应贴紧。

2. 滑道清洁

每次铺设保距器前，必须对滑道作彻底的清洁。这个工作貌似简单，其实很有难度。但如果做不好的话，在钢珠的前进道路上混有垃圾，使得钢珠改变前行路线，容易造成钢珠碎裂，导致滑板、滑道损坏。严重时，直接影响船舶正常下水。

3. 保距器平整

每次船舶下水，总有部分保距器受损，这是因为保距器在行进的过程中，钢珠传给它的力和前、后续保距器给它的力是不一样的，有时差值还很大。另有部分保距器滑进水里，此时由于船舶还在滑行，水流很大，也导致了部分保距器变形。这些变了形的保距器在再次使用前必须予以平整，否则容易与滑道或滑板接触（见图 7-4-6 所示保距器位置），也就是说，只允许保距器上的滚轮接触滑道，其他地方必须腾空。

4. 新船台

一座新建的船台，首制船的下水很重要，它要比成熟的船台船舶下水多做一些工作。这是因为滑道还未承受过负荷，轨板表面的硬度较差，当船舶的重量通过钢珠传递给它的时候，就会出现如图 7-4-13 所示把轨板压成凹槽的状况，因此而增加

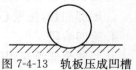

图 7-4-13　轨板压成凹槽

了船舶下水的启动难度。对此一般采取两种办法，一是让其承载时间短一点，最好是当日才拆除中墩。二是做好顶推装置的实施准备。首制船舶顺利下水后，钢珠将在轨板上留下较深的凹槽，这凹槽就是今后船舶下水的钢珠弹道。所以这凹槽的直线程度非常的重要。要保证其直线度，必须在排置保距器和滑板定位时规范要求，来不得半点马虎。前后滑板的接触面顶足，不然给于垫实也行。与止滑器配合的滑板定位也相当重要，若定不好，以后很难再想定好。

278

5. 船台保养

一般来说，新建的船台在完成了几次船舶下水的任务后，应该作一次比较全面的检查，并予以适时的保养。其中比较重要的内容就是滑道上的轨板及其固定螺栓。每块轨板的接缝及轨条的接口也是经常有问题的所在。

第五节　船舶进出坞

一、船舶进出干坞的操作工艺

（一）船舶进坞的操作工艺

船舶进入干坞前，船坞工作人员必须根据将要进坞的船舶线型图排妥坞墩，并予以固定。必须准备好拖轮、带缆艇、索具、靠把等各种工具设备。各种通信联络工具、信号旗（包括慢车旗）及需要配备的固定压载等，都能够安放在适当的位置。所有岗位必须配备具有责任心的操作人员，然后，即可通知向坞内灌水。

1. 灌水

在开始灌水时，阀门不可开的太大，以免因水流冲击过急，而使个别墩木浮动或移位，影响船舶的正确坐墩。在灌水过程中，船坞工作人员应当在现场观察灌水情况，并坚守到弄清楚所有墩木都是良好地固定在规定的位置，没有漂浮的物件，保证船舶坐墩时不致发生危险为止。尤其是在灌水到达墩木顶部时应加倍注意观察，因为此时容易观察到墩木的高度是否一致及有否浮动。

2. 开坞门

当坞内外的水位相等时，浮箱式坞门即可排水起浮。带好拖坞门的钢丝绳，把它从坞口移到坞口外侧或附近的码头上系牢。如果是卧倒式坞门，当坞内外水位差到达 0.5m时，即可开始灌水卧倒。卧倒时间的长短应有当时的潮汐的大小决定，水位高度不够则倒下较慢。

坞门开启，挂好进坞信号旗，即通知引船入坞的指挥人员，来往船只到此减速航行。

3. 曳船入坞

由于声呐导流罩、防摇鳍等突出部分装置的存在，船舶靠拢和进入坞必须事先研究、安排好。通常船舶进入坞内要偏离船坞中心线或在进坞之后超出墩木范围，所以应保持足够的船底与墩木之间的距离，以防止碰撞这些设备。图 7-5-1 所示，为某船厂操纵万吨级船舶进坞的拖轮配备和引船入坞的示意图。拖轮的数目、功率的大小应根据具体进坞船的大小、当时的风和水流的情况来具体决定。

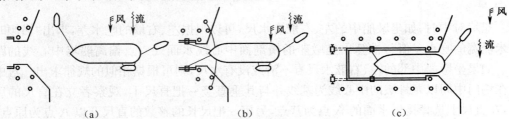

图 7-5-1　用牵引小车曳船进坞

用拖轮将进坞船拖至坞口,先带好艏缆(也称横水缆、涨水缆和顺缆)。两根缆索用带缆艇从坞口送到进坞船上。两根横缆(也称倒缆)在船头的两侧也同时带好(见图7-5-1(b)),起定船位的作用,然后指挥牵引船舶的进坞。

船首进入坞口之后继续前进的方式,根据船坞的设备不同,有两种方式:一种是应用坞壁牵引小车,由坞首绞车拖动牵引小车沿轨道前进而曳船入坞(见图7-5-1(c))。另一种是应用游线滑轮曳船进坞(见图7-5-2)。是在船坞两侧的地面安装两根钢丝绳作为游线(引导索),上挂专制的铁滑轮,同时在铁滑轮上用卸扣连接一般单门滑轮(约29.4kN),把从坞首绞车上放出的钢丝绳穿过单门滑轮而折向船首带缆桩上,用坞首绞车将船曳引进坞。同时在坞口带缆桩上带一根钢丝绳将滑轮留住,钢丝绳随着船舶前进的速度慢慢地松,以保持船首在船坞的中心,使船随游线滑轮渐渐地进入坞。

在操作过程中,一旦首缆挂好之后,船舶就准备在指挥人员的指挥下解脱首吊拖的拖轮。当船舶全长的2/3进入坞口之后,傍拖拖轮即可解脱。此时,坞口两侧绞车上放出的缆绳系到船尾系缆桩上(通过坞口两侧系缆桩上的铁滑轮),作为尾倒缆和对中时用。在操作过程中要采取防碰撞措施,不能损坏坞槛,因为坞槛一旦损坏,就需拦坝修理,工程量很大。

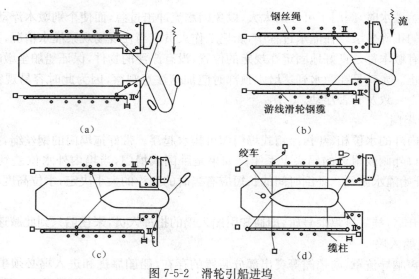

图7-5-2 滑轮引船进坞

船舶进坞后,通过四周缆绳稳定(见图7-5-3),做好定位工作后,即可排水坐墩。船舶坐墩时,由于横倾会造成坐墩船舶的中心线偏离龙骨墩的中心线,影响船舶的正确坐墩,甚至导致不幸的事故,根据统计80%的进坞船舶都有程度不同的横倾现象,需进行船坞对中。

船坞对中时,如坐墩船中的左、右舷有水尺,可以根据左、右舷的吃水差,求出"横倾时每米船宽的吃水差值",推算出坐墩船的横剖面中心线水面处一点偏离船坞中心线的距离。如果坐墩船中部的左、右舷水尺看不清或没有水尺,则可根据相似的规律求出。对中时在坞门中间以龙骨墩的中心线为基线并与其垂直竖一把直尺Ⅰ,观察者立在直尺的后面,在直尺上选择接近水面的A点为基点,另用一把尺长的整数的直尺Ⅱ以A点为原点,放成与座墩穿横剖面的中心线平行。量出Ⅱ尺的端点与Ⅰ尺的距离BC(见图7-5-4),用

BC 除 AB,即 AB/BC,则这是每米吃水的偏移差值,根据尾吃水估算船底中点 D 偏离船坞中心线的距离。例如,某船宽 20m,尾吃水为 4m,如Ⅱ尺长 500mm,BC 距离为 50mm,则每米吃水偏移差值为 100mm。则在调整船舶中心位置时,船向右偏移 400mm。这样当船舶坐墩后,船舶中心线与船坞中线就比较接近。船舶对中时必须掌握一个原则,即船向哪侧倾斜,就应偏离哪边。

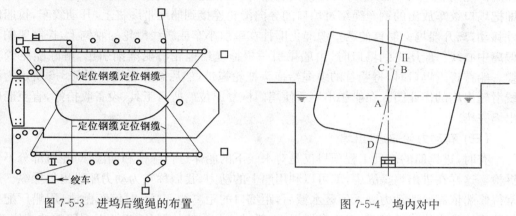

图 7-5-3 进坞后缆绳的布置   图 7-5-4 坞内对中

4. 关闭坞门及排水

进坞完毕就可关闭坞门。如为浮箱式坞门,则可用绞车把它从系泊处移至坞口原位,外侧两边留缆带好,内侧两边用绞车缆拉紧(见图 7-5-5)。开启灌水阀门,灌水下沉,外侧留缆跟着松,内侧绞车缆绞紧,使坞门贴紧坞口。如为卧式坞门,则关闭其放气阀门,打开进气阀门,利用压缩空气排出空气操作仓内的水,门即慢慢浮起(将出水面时略有停顿)。当坞门即将直立时关闭进气阀门,打开放气阀门,水又进入空气操作仓,使坞门固定于坞门座内,随即扣上保险钩,即可进行船坞的抽水。

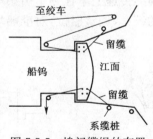

图 7-5-5 坞门缆绳的布置

在排水过程中,船与岸的相对位置在变动,缆绳松紧程度也在变化,应随时注意调整,使船舶处于中心位置,保证船舶正确坐墩。

5. 船底检查和补加支承物

坞内的水抽干后,应立即对所有墩木进行检查,若有腾空或不合适的墩木,应立即用垫木、木楔塞紧、打实,或加支撑甚至移动墩木,直到满意地贴紧为止,同时检查是否避开突出部分与船底的阀。一切合格后,才算已经安全坐墩。

(二)船舶出坞的操作工艺

船舶坞修工程完工后,即可出坞。船坞工作人员在接到出坞通知以后(一般须有检验单位的签证),应拆去坞内所有脚手板,对坞内进行仔细检查,固定好墩木等物,防止漂浮。

并且应对船舶的螺旋桨、舵、海底阀等再仔细检查一遍,确认可靠,即可灌水。如为坞箱式坞门则带好坞门缆绳及移坞门的车缆;拆除和船上联系的电缆、水管、风管;吊走上船过桥时收进船舷的吊挂支伸物等准备工作。当坞内外水位相等时,即开始移动浮起的坞门至附近码头系泊。如为卧倒式坞门,则当坞门内外水位相等或坞内外水位差为 0.5m 时,即可卧倒坞门。坞门开启后,即可指挥曳船出坞。曳船出坞的动力是利用坞口两侧的绞车,即把坞口绞车放出的钢丝绳绕过坞口的导向滑轮连接到船尾带缆桩上,开动绞车,拉船向外移动,离开船坞。船首的两根缆绳仍旧挂在牵引小车或游线滑轮的脱钩上,控制船舶不偏离中心线。船尾将到坞口时,由船尾引一根拖缆给拖轮将船渐渐引出,解除船尾绞车缆。船首将近坞口时,将船首的缆绳给拖头拖轮拖带,然后解除脱钩。图 7-5-6 所示为游线滑轮出坞的作业图。在船舶出坞后使坞门恢复原位。所有工具、设备收拾好,直至船舶出坞完毕。

(三) 有动力船舶进、出坞

有时,进坞船的修理工程项目仅是对水线下的船体进行除锈和油漆,对轮机部分不作拆检。这样在进出坞操纵中,就可以利用船上的动力,我们称它为动力船进出坞操纵。通常待修船依靠本船动力驶入厂区水域后,距坞口的距离约 500m 时停车抛锚,用船厂配备好的拖轮靠向待修的船,带好拖带缆绳,拖船进坞。拖轮的配备,应该根据船舶的吨位、风和水流的情况来决定。图 7-5-7 所示为某船厂在操纵一般小万吨级的船进坞时的拖轮配备,在一般情况下,该厂配备了三艘拖轮,一艘 900 匹马力的拖轮拖头,一艘 900 匹马力的拖轮傍靠在船尾顶推,一艘 400 匹马力的拖轮吊拖船尾。操纵时,先有拖头拖轮将进坞船的船头拨正航向并对准船坞中心线。当驶进坞口外约 30m~40m 时,尾部吊拖的拖轮开动车,以抵消进坞船的惯性并使其基本上稳定住。随即自船首引出一对缆绳用带缆艇传递上岸,先传上首侧,后传下尾侧,同时利用船上的绞车绞紧缆绳,并调整船首,使其对准船坞中心线。再将首缆通过撇缆绳传递上岸挂到牵引小车或游线滑轮上,并在船首带缆桩上围好。随后再次开动船上的绞车,调整船位,对准船坞中心线,并通知开动坞的首绞车,曳船进坞。

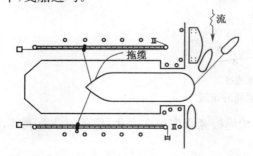

图 7-5-6 游线滑轮出坞的作业图

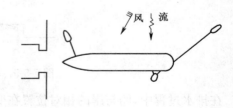

图 7-5-7 有动力的船舶进坞时拖轮的配备

进坞后的操作与无动力的船舶相同。一般当船舶约有 2/3 船长进入船坞时,应向船上抛向撇缆,把船坞两侧的尾缆牵出带好。此时尾部傍靠的拖轮可以解缆。此时靠绞车收放尾缆,调整中心位置。在当船尾到达坞壁的船位标志处时,由船头引出两根横缆系到坞边系缆桩上,利用船上的绞车调整中心位置。随后即可关闭坞门,开始抽水。

二、船舶进出浮船坞的操作工艺

浮船坞与干船坞不同之处是：能够接纳船长大于船坞长度的船舶（一般认为外伸部分不要超过进坞船舶的深度），只要不超过最大的举力；在进出坞作业时的空坞沉浮或抬船沉浮的过程中，都要求各部分受力均匀和避免纵横倾现象。为此，在船舶进出浮坞之前必须通过配载计算，确定坞修船搁墩的位置、各个浮箱所承受的重力、应提供的浮力大小和需排除的压载水数量等。使浮坞的各部分（浮箱）所获得的浮力能够与其所承受的自重及进坞船的重力之和保持平衡，并使由于进坞船的重心和浮坞的重心不在一垂直线上而产生的纵、横倾力矩，有与之相应的大小相等、方向相反的浮力差所形成的纵、横向力矩来与之平衡。

（一）配载计算的重要步骤

（1）确定进坞船在坞内停放的位置，除了考虑施工方便外，还应使船舶的重心尽量接近或位于浮船坞的中心线上，以减少抬船时产生的纵倾和横倾力矩。

（2）从图 7-5-8 所示的不同船型的重力分布曲线，根据进坞船的船型及浮坞各浮箱（包括浮箱之间的空挡）的长度所占据的重力分布曲线的范围而确定单位长度以及各个浮箱所承受的重力（一般取浮箱长度中心点的垂线与重力分布曲线的交点，作为该长度范围内的平均承重）。

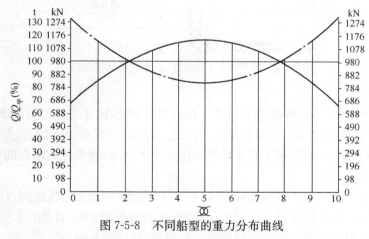

图 7-5-8　不同船型的重力分布曲线

注：1. $Q_{平}$＝空船加压载后之重力/两桩间长＝Q/L_T(kN/m)；2. 亦可用搁墩的长度代替 L_T。

（3）根据每个浮箱应提供的浮力大小，计算各浮箱应排除的空载水数量，用各浮箱的浮力来平衡所承受的重力。

（二）船舶进入浮船坞的操作过程

1. 操作人员

船坞操作人员进入各自的工作岗位、检查和调试、运转各种机械和设备。准备就绪后向中控室汇报。

2. 浮船坞灌水下沉

有些浮船坞因系泊地点的水深不够，需收绞抛在外挡的两个开锚，将浮船坞横移到达沉浮坑上面，才能灌水下沉。在沉坞时，水阀的开启应逐渐增大，不断加以调整，保持浮船坞的平衡。下沉的深度应根据进坞船的吃水而定,一般使船底与墩木面之间保持0.5m的距离,以保证进出船时的船舶不撞到墩木。

3. 曳船进坞

先用拖轮把进坞的船拖到坞尾下游。然后利用带缆艇把坞墙上放出的钢丝绳传到船首,系在带缆桩上,开动坞上的绞车,将船慢慢拖到坞尾。再把船首的缆绳传到坞墙上的牵引小车上,拖船入坞。当船首将到坞首时,即可解除绞车放出的钢丝绳;待船尾即将进船时,再把船首绞车放出的钢丝绳传到尾部作为横缆,以便对中。

有些浮船坞在其坞尾下游附近停靠一艘囤船,进坞船先停靠在此,并使进坞船的中心线与浮船的中心线基本接近,然后带缆引进坞。图7-5-9所示为某厂充分利用厂区码头水域,在坞尾下浮附近停靠一艘厂修船,进坞船停靠在厂修船外侧,其中心线与浮坞中心线基本接近。然后带缆牵引进坞。为避免损坏厂修船,在进坞船的船尾傍拖两艘900HP(约662kW)的拖轮,里面一艘顺车,外面一艘倒车,使进坞船与厂修船悬空直线驶进浮船坞。船首挂到牵引小车上的缆绳,其放出的长度,应考虑到船在坞内的位置,避免过长或过短,给定位对中造成麻烦。

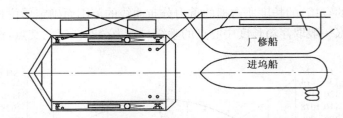

厂修船

进坞船

图 7-5-9　浮坞下游停靠的厂修船的进坞作业图

4. 排水抬船

船进坞对中定位以后,即可排水抬船。在排水过程中,由于进坞船与坞墙甲板的相对位置在慢慢变化,缆绳松紧也在跟着变化。为此,应随时注意收放缆绳,使船舶处于中心位置,配合对中。同时,应特别注意浮坞的纵倾和横倾情况,调整相应水仓的水位,保持浮坞的平衡。

当船坞的吃水低于龙骨墩顶部的高度,而高于浮船坞的抬船甲板的深度时的阶段,需特别注意浮坞四角的水位是否与计划水位相符,否则应调整相应水仓的水位。因为此刻仅有的水平面面积是浮船坞两侧坞墙所提供的面积,稳性系数最小。

如果浮坞是外移的,应在抬船甲板刚出水后,内移恢复到原来停泊处,再继续排水达到工作吃水为止。

5. 检查墩木

船抬好后,应立即对船舶坐墩情况进行初步检查,对个别尚未贴紧船底的楔木,需立即加入木楔打紧。对于比较瘦长的船舶,有时应在首尾加设天地撑,必须确定船已正常坐在坞墩上,然后解除船上的缆绳,进坞工作结束。

三、进坞前的准备工作

为了安全迅速地引船入坞,使船正确坐墩,并立即开展各项修理工程和缩短坞修周期,在船未进坞之前做好各项准备工作。

（一）进坞会议

在待修船进坞之前的若干天，由厂生产科主管人员主持召开有船方和厂方有关的车间人员参加的进坞会议，以利船方和坞方的配合和互相协调，明确各自的准备工作的具体内容。进坞会议一般包括以下几个方面：

(1)确定船舶进坞的具体日期与时间，以及进入那个船坞。

(2)要求船方提供进坞修理有关的技术资料，如提供进坞图（无进坞图时可提供线型图或总布置图），以便按照船型安排坞墩，并避免回声测探仪收发器、水压计程仪、船底塞、海底阀等部位坐落在坞墩上；提供舵结构图。与此同时，必须详细了解及参考该船上一次的进坞资料，从而确定本次的进坞墩位布置。

(3)协商引船入坞的操作方案，确定指挥信号以及联络方式。

(4)船方向厂方提出要求，例如，根据厂方所要求的吃水、纵倾与横倾是否需要调整倾侧的压载物等。

(5)明确船在坞期间应当遵守的条例。

（二）船方的准备工作

(1)按进坞会议上的要求，提供技术资料和图纸；

(2)尽量减少船舶的重力。减少纵横倾，使纵倾不超过 $1/100L$（船长）；横倾不超过 $1°$；

(3)收进突出在舷外的设备，如救生艇、舷梯等；

(4)封闭厕所，停止使用厨房、浴室、脸盆等；

(5)准备好绞缆设备；

(6)船上的主机、舵、起锚机如能使用，需准备就绪；如不能使用，通知厂方。

（三）坞方的准备工作

(1)拟订坞内的布置方案。为了更好地利用船坞，常常有几条船同时进坞，此时应根据各船的修理特点确定每艘船在坞内的位置、龙骨墩和边墩的高度、拖进坞和坐墩的程序。

(2)摆墩。根据进坞船的进坞图或线型图和总布置图等有关资料确定的坞墩的位置、数量及其高度，调整坞墩，并拆除声呐罩、测探仪罩、海底阀等舱底设备部位的墩木。坞墩的重要功能是把坐墩船舶的重力传递到船坞结构上，同时在坞和船之间提供一个足够高的空挡，以便于接近和保养。龙骨墩通常是固定的。边墩的布置要根据线型、船舶的大小或是否拆换底板而定。一般小型船舶进坞时，根据线型，在其中部型宽的 2/3 处，沿纵向各设一行边墩即可；中型船舶，需根据线型沿纵向各设两行边墩；大型船舶，则根据线型，沿纵向各设三行或三行以上的边墩，以保证坐墩后稳定性和有足够的强度来传递船舶的重力。一般平底船的边墩纵向间距为 4m～6m。最外两列边墩的横向距离一般不小于1/3船宽（尖底船不小于 1/2 船宽）。边墩在纵向支托船底的范围，约为船长的 1/3。为了加快摆墩的速度并保证摆墩的质量，摆墩时，人员可分两组同时进行，其中每组负责一边。这样可以避免由于疏忽，而使两边边墩重复同样的错误。也可以在完工后，互相检查，验收所摆好的边墩。为了保证船舶坐墩后船体的稳定性，对于线型比较复杂和瘦长的船，应在船两侧的横壁处，准备好横向支撑木。必要时，还应准备在舭水龙筋处加设的斜向支撑木(见图 7-5-10)。横向支撑木的长度，加设后应略呈倾斜，通常倾斜角度为 5°～10°，否则支撑木过短会失去作用。国外在修理军舰时尚使用(帽子)顶垫，即砍削木块使其符合线型，其高度误差为 6.4mm 左右，而龙骨墩的高度误差不超过 25mm 左右。摆好墩木后，还必须准备好船舶在坞内前后位置的定位器(浮标或浮筒)，以便表示首尾柱的位置。定位器是船舶进坞定位的导标，在坞内的位置必须正确无误。确定的

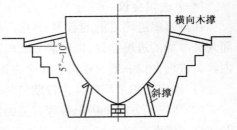

图 7-5-10　支撑木的布置

方法是根据进船坞的进坞图或有关资料。首先确定船尾柱在龙骨墩中心线上的位置，并用一点表示，然后再由此点向船首方向测量出船舶的最大长度，所得之点也用记号标在龙骨墩上。这两点之间的距离就是船舶的实际长度，并等于船首定位器与船尾定位器之间的距离。为了确定进坞后船舶在坞内的位置，可通过相当于船首柱的点，按垂直船坞中心线的方向放一只定位器，定位器的铅垂线必须恰好在龙骨墩的中心线上，并且与代表船首柱位置的一点相吻合。定位器通常制成浮标，可随着坞内的水位上升。船尾柱在坞内的位置，可通过尾柱点，沿横向拉一条线，在坞墙上作好标记表示。同时应以尾柱点为基准向船首测量出船底阀、测探仪罩、声呐罩等船底突出装置的位置，拆除该部位的龙骨墩。

(3)在坞首和坞门设置好船舶进坞后对中的中心线标杆或标志(浮船坞可在坞首设置十字线)。

(4)清理坞底，最主要的是把漂浮物清扫干净，把脚手板、多余的墩木等固定好位置，防止其漂浮移动。把脚手架移到坞外或卧倒坞墙边。

(5)准备牵引用的工具与索具，对牵引设备进行调试运转，对润滑部位加足润滑油。

(6)检查水泵与灌水装置，保证在进坞的各项准备工作完毕后，能正常运转。

(7)根据进坞船的大小、风向和水流情况，配置足够数量和功率的拖轮，并准备好带缆艇。

(8)按照港务监督有关的信号规定，悬挂进出坞的信号标志：

白天：应垂直悬挂进出坞的信号，即代号为 D 的旗一面。

夜间：垂直开启进出坞的信号环灯。

第六节　石油勘探船下水

一、石油勘探船简况

在当今的世界，能源消耗与日俱增。于是人们就将眼光投向了海洋。因为人们发现海洋中蕴藏着大量的石油及天然气。所以对海洋石油的钻探、开采和生产，就有着非常重大的意义。

海洋平台是在海洋上进行作业的场所。海洋石油的钻探与生产所需的平台，主要分钻井平台和生产平台两大类。在钻井平台上设钻井设备，在生产平台上设采油设备。平台与海底井口有立管相通。平台是进行海上钻井与采油作业的一种海洋工程结构。海洋

平台一般都高出海面,能够避免波浪的冲击。型式有三边形、四边形(见图 7-6-1)或多边形。上下两层甲板或单层甲板面供安装、储存钻井或采油设备用。

海洋平台又可分为固定式与移动式两大类,具体分类如下所列:

图 7-6-1　四边形平台

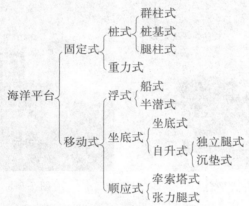

按功能,海洋平台的分类有钻井平台、生产平台、生活平台、储油平台、近海平台等。近日,中船集团公司七〇八所与中国石油集团海洋工程有限公司在北京签订了坐底式钻井平台和自升式钻井平台两项设计合同。这标志着我国开始向自主设计第四代钻井平台进军。此次签约的坐底式钻井平台作业水深 10m,最大钻井深度 7000m,平台长 70.8m,宽 36.4m、深 5.2m,设计拖航吃水 2.31m,适用于辽东湾、渤海湾、莱州湾海滩,以及泥质粉沙和淤泥质等地表承载力极低的海床条件海域,属无冰区作业。该平台以"胜利三号"坐底式钻井平台为母型,进行了 10 项优化。改进后的平台作业水深更深,作业面积更广,坐底稳性更强,一次坐底打井数将从原来的 8 口增至 16 口。值得一提的是,该平台除柴油机仍采用进口外,包括钻机、起重机等在内的其他设备均实现了国产化。

两大平台将于今年年底完成设计,明年 10 月底建成,用于大港油田、辽河油田和冀东油田等区域的海上石油勘探作业。2007 年 3 月 15 日清晨,凝聚着数代物探人梦想的"东方勘探一号"从天津塘沽港扬帆启航,前往上万公里之外的沙特阿拉伯进行 S-57 红海二维拖缆作业。"东方勘探一号"是一艘现代化的深海拖缆船。于 2007 年 1 月 16 日在大连交船下水,船长 65.82m、船宽 13.8m、排水量 2140t、航速

13.5kn。船上设有直升机升降平台,最大收放海底电缆水深为200m,铺设海底电缆长达30km;可在无限航区航行,续航力为6000n mile,作业自持力可达45天,全船配备局域网和闭路监视系统,具备较强的自动化作业能力。此行"东方勘探一号"首次单独在海外承担深海拖缆二维项目,实际开工时间为2007年4月1日。"东方勘探一号"船的成功远航,昭示着我国全面进军国际深海勘探业的发展已经步入了一个更高的新领域。

据国外权威机构预测,未来世界油气总储量的44%来自海洋深水区。目前在全球100多个进行海上油气勘探的国家中已有50多个在进行深海勘探。因此在今后一段时期内海上勘探将成为许多国家重点发展的新的经济增长热点。我国也将把提升海上勘探技术水平,加快海上船舶制造,加强深海作业能力建设列入今后发展的方向之一。

二、石油勘探船下水过程简介

图 7-6-2 自升式平台

图 7-6-3 导管架平台

图 7-6-4 建造的石油平台

图 7-6-5 平台建造的方式及场地

采用机械法下水的平台如图 7-6-6 所示。

此方法一般只限于起重机能够承载的重量范围内平台。

288

用数只拉索泵一端固定在平台上,另一端固定在支座上,然后收紧拉索,使之移动,直至下水。如图 7-6-8,图 7-6-9,图 7-6-10,图 7-6-11,图 7-6-12 所示。

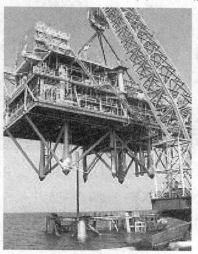

图 7-6-6　机械法下水平台

图 7-6-7　即将下水的海洋平台

图 7-6-8　下水的主要设备——机械拉索泵

图 7-6-9　拉索固定

图 7-6-10　拉索可以无限长

图 7-6-11　导管架平台（19200t）快下水了　　　　图 7-6-12　等候的方船

　　建造海洋平台的这种下水方式，是近些年常见的下水方法，但劳动强度相当大，如上述介绍的 19200t 的导管架平台，移动 240m 上方船整整花了 16h。

复 习 题

　　★1. 试描述船舶船体主要分段的特征和吊运特点。

　　★2. 试描述上层建筑整体吊装采用侧吊和尾吊的主要区别及优缺点的比较？

　　3. 试描述船体分段翻身上船台的操作程序。

　　★4. 船用主机吊装前，一般有哪些主要核算工作？

　　5. 船舶在建时的座墩分中墩和边墩，试描述边墩的作用。

　　★6. 船舶在船台上下水要防止出现首跌落现象，问什么原因会造成首跌落，采取何种措施可以避免？

第八章 起重吊运指挥

第一节 指挥人员与吊车司机的配合

一、指挥信号的类别和重要性

在起重吊装作业过程中，确保生产安全，是一项十分重要的工作。为了保证安全生产，国家制定和颁发了各项安全技术规程，并根据生产安全需要加强安全设备和不断地改善劳动条件。这些都促进了各企业的健康发展。保证了人民的生命财产。

由于起重吊装工作的特殊性，它不仅是一项繁重和紧张的操作，而且经常进行高空作业。吊装的物件动辄数十吨甚至数百吨；起重作业往往与安装工作并行推进，有赖于几方面协调配合，统一指挥，统一行动。因此，必须使用统一的指挥信号。所有工作人员都应该听从指挥，步调一致，有条不紊，从而保证起重吊装工作顺利进行。

指挥信号，常用的有四种，即：①手势信号，②色旗信号，③口笛信号，④音响信号。有时口笛信号和色旗信号或手势信号同时使用，而以手势信号和色旗信号为主指挥动作。口笛信号为辅，只是告知操作人员或驾驶员准备或注意信号。

目前，各大造船厂对信号的含意和表示方法没有统一规定，均有各自操作人员相互间形成默契的指挥信号，但一般都大同小异。我国于 1985 年 4 月 17 日发布并于 1986 年 3 月 1 日实施的《起重吊运指挥信号》(GB 5082—85)至今已有 20 多年。但不论使用哪种指挥信号，在开始起重吊装之前，应该向有关操作人员明确交待所用信号表示含义，并一经明确规定，必须严格遵守，不得任意变更，以致误会而发生事故。

二、指挥人员的基本要求及职责

首先要求当班指挥人员应该身体健康，工作状态良好。指挥人员应该根据本标准的信号与起重机的司机进行联系，发出的信号必须清晰、准确。指挥人员应站在让起重机司机能看清指挥信号的安全位置，并自己能看清负载的运行。若不能兼顾，则应增设中间指挥员以便逐级传递信号。一旦出现错传信号时，必须立即发出停止信号。在负载运行的过程中，指挥员有义务指挥负载避开障碍物及在人群的上空运行。负载降落前，指挥人员必须确认降落区域安全时，方可发出降落信号。当多人绑挂同一负载时，指挥人员应在起吊前做到呼唤应答，确认无误后方可发出起吊信号。若是指挥两台或两台以上的起重机作业，信号发出前必须明确是哪一台起重机听从指挥。在指挥负载起吊时，应先用"微动"信号指挥，当负载离开地面 200mm 左右时，确认安全时，再用正常速度起升。当负载降落到指定地点的接近处，也应用"微动"信号指挥。指挥人员应佩戴鲜明的标志如：标有

"指挥"字样的臂章、特殊颜色的安全帽、工作服等。

三、起重机司机的基本要求及职责

　　起重机司机必须遵守各项安全操作规程。明确被吊物件的重量。起吊前必须熟练掌握所使用的各种指挥信号，并与指挥人员密切配合。当指挥信号不明时，司机应发出"重复"信号询问，明确指挥意图后，方可执行指令。若发现指挥员违章或违规指挥时，司机有义务给于提醒并有权拒绝执行。司机在开车前必须鸣铃示警。在负载吊运过程中，若需要通过人员的上空，则应鸣铃要求地面人员撤离。在吊运过程中，司机对任何人发出的"紧急停止"信号都必须服从并执行。

四、指挥人员与司机之间的配合

　　（一）指挥人员发出"预备"信号时，要目视司机，司机接到信号在开始工作前，应回答"明白"信号。当指挥人员听到回答信号后，方可进行指挥。

　　（二）指挥人员在发出"要主钩"、"要副钩"、"微动"等手势或旗语时，要目视司机，同时可发出"预备"音响信号后，司机接到信号后，要准确操作。

　　（三）指挥人员在发出"工作结束"的手势或旗语时，要目视司机，同时可发出"停止"音响信号，司机接到信号后，应回答"明白"信号后方可离开岗位。

　　（四）指挥人员要求起重机微微移动时，可根据需要，重复给出信号。司机应按信号要求，缓慢平稳操纵设备。

第二节　手势信号

图 8-2-1　"预备"（注意）
手臂伸直，置于头上方，五指自然伸开，
手心朝前保持不动。

图 8-2-2　"要主钩"
单手自然握拳，置于头上，轻触头顶。

图 8-2-3 "要副钩"
一只手握拳,小臂向上不动,
另一只手伸出,手心轻触前
只手的肘关节。

图 8-2-4 "吊钩上升"
小臂向侧上方伸直,五指自
然伸开,高于肩部,
以腕部为轴转动。

图 8-2-5 "吊钩下降"
手臂伸向侧前方,与身体夹
角约为 30°,五指自然伸开,
以腕部为轴转动。

图 8-2-6 "吊钩水平移动"
小臂向侧上方伸直,五指并拢手心朝外,朝负载应运的方向,
向下指挥到与肩相平的位置。

图 8-2-7 "吊钩微微上升"
小臂伸向侧前上方,手心朝上高于肩部,
以腕部为轴,重复向上摆动手掌。

图 8-2-8 "吊钩微微下降"
手臂伸向侧前下方,与身体夹角约为 30°,
手心朝下,以腕部为轴,重复向下摆动手掌。

293

图 8-2-9 "吊钩水平微微移动"
小臂向侧上方自然伸出,五指并拢手心朝外,
朝负载应运行的方向,重复做缓慢的水平运动。

图 8-2-10 "微动范围"
双小臂曲起,伸向一侧,五指伸直,手心相对,
其间距与负载所要移动的距离接近。

图 8-2-11 "指示降落方位"
五指伸直,指出负载应降落的位置。

图 8-2-12 "停止"
小臂水平置于胸前,五指伸开,
手心朝下,水平挥向一侧。

图 8-2-13 "紧急停止"
两小臂水平置于胸前,五指伸开,
手心朝下,同时水平挥向两侧。

图 8-2-14 "工作结束"

双手五指伸开,在额前交叉。

图 8-2-15 "升臂"

手臂向一侧水平伸直,拇指朝上,余指握拢,

小臂向上摆动。

图 8-2-16 "降臂"

手臂向一侧水平伸直,拇指朝下,

余指握拢,小臂向下摆动。

图 8-2-17 "转臂"

转臂水平伸直,指向应转臂的方向,拇指指出,

余指握拢,以腕部为轴转动。

图 8-2-18 "微微升臂"

一只小臂置于胸前一侧,五指伸直,手心朝下,

保持不动,另一只手的拇指对着前手手心,

余指握拢,做上下移动。

图 8-2-19 "微微降臂"

一只小臂置于胸前一侧,五指伸直,手心朝上,

保持不动。另一只手的拇指对着前手手心,

余指握拢,做上下移动。

图 8-2-20 "微微转臂"

一只小臂向前平伸，手心自然朝向内侧。
另一只手的拇指指向前只手的手心，余指握拢作转动。

图 8-2-21 "伸臂"

两手分别握拳，拳心朝上，拇指分别指向两侧，
做相斥运动。

图 8-2-22 "缩臂"

两手分别握拳，拳心朝下，拇指对指，做相向运动。

图 8-2-23 "履带起重机回转"

一只小臂水平前伸，五指自然伸出不动。
另一只小臂在胸前作水平重复摆动。

图 8-2-24 "起重机前进"

双手臂先向前平伸，然后小臂曲起，五指并拢，
手心对着自己，做前后运动。

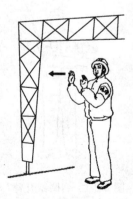

图 8-2-25 "起重机后退"

双小臂向上曲起，五指并拢，手心朝向起重机，
做前后运动。

图 8-2-26 "抓取"

两小臂分别置于侧前方,手心相对,
由两侧向中间摆动。

图 8-2-27 "释放"

两小臂分别置于侧前方,手心朝外,
两臂分别向两侧摆动。

图 8-2-28 "翻转"

一小臂向前曲起,手心朝上。另一小臂向前伸出,
手心朝下,双手同时进行翻转。

图 8-2-29 "微速起钩"

两小臂水平伸向侧前方,五指伸开,手心朝上,以腕
部为轴,向上摆动。当要求双机以不同的速度起升时,
指挥起升速度快的一方,手要高于另一只手。

图 8-2-30 "慢速起钩"

两小臂水平伸向侧前方,五指伸开,手心朝上,小臂以
肘部为轴向上摆动。当要求双机以不同的速度起升时,
指挥起升速度快的一方,手要高于另一只手。

图 8-2-31 "全速起钩"

两臂下垂,五指伸开,手心朝上,全臂向上挥动。

图 8-2-32 "微速落钩"

两小臂水平伸向侧前方,五指
伸开,手心朝下,手以腕部为
轴向下摆动。当要求双机以不
同的速度降落时,指挥降落速
度快的一方,手要低于另一只手。

图 8-2-33 "慢速落钩"

两小臂水平向侧前方,五指伸
开,手心朝下,小臂以肘部为
轴向下摆动。当要求双机以不
同的速度降落时,指挥降落速
度快的一方,手要低于另一只手。

图 8-2-34 "全速落钩"

两臂伸向侧上方,五指伸出,
手心朝下,全臂向下挥动。

图 8-2-35 "一方停止,一方起钩"

指挥停止的手臂作"停止"手势;
指挥起钩的手臂则作相应速度的起钩手势。

图 8-2-36 "一方停止,一方落钩"

指挥停止的手臂作"停止"手势;指挥落钩
的手臂则作相应速度的落钩手势。

第三节 旗 语 信 号

图 8-3-1 "预备"

单手持红绿旗上举。

图 8-3-2 "要主钩"

单手持红绿旗,旗头轻触头顶。

图 8-3-3 "要副钩"

一只手握拳,小臂向上不动,
另一只手拢红绿旗,旗头轻触
前只手的肘关节。

298

图 8-3-4 "吊钩上升"

绿旗上举,红旗自然放下。

图 8-3-5 "吊钩下降"

绿旗拢起下指,红旗自然放下。

图 8-3-6 "吊钩微微上升"

绿旗上举,红旗拢起横
在绿旗上,互相垂直。

图 8-3-7 "吊钩微微下降"

绿旗拢起下指,红旗横在绿旗下,互相垂直。

图 8-3-8 "升臂"

红旗上举,绿旗自然放下。

图 8-3-9 "降臂"

红旗拢起下指,绿旗自然放下。

图 8-3-10 "转臂"

红旗拢起,水平指向应转臂的方向。

图 8-3-11 "微微升臂"
红旗上举,绿旗拢起横在红旗上,互相垂直。

图 8-3-12 "微微降臂"
红旗拢起下指,绿旗横在红旗下,互相垂直。

图 8-3-13 "微微转臂"
红旗拢起,横在腹前,指向应转臂的方向;绿旗拢起,横在红旗前,互相垂直。

图 8-3-14 "伸臂"
两旗分别拢起,横在两侧,旗头外指。

图 8-3-15 "缩臂"
两旗分别拢起,横在胸前,旗头对指。

图 8-3-16　"微动范围"

两手分别拢旗,伸向一侧,其间距与
负载所要移动的距离接近。

图 8-3-17　"指示降落方位"

单手拢绿旗,指向负载应降落的
位置,旗头进行转动。

图 8-3-18　"履带起重机回转"

一只手拢旗,水平指向侧前方,另只手持旗,水平重复挥动。

图 8-3-19　"起重机前进"

两旗分别拢起,向前上方伸出,
旗头由前上方向后摆动。

图 8-3-20　"起重机后退"

两旗分别拢起,向前伸出,
旗头由前方向下摆动。

图 8-3-21　"停止"

单旗左右摆动,
另外一面旗自然放下。

图 8-3-22 "紧急停止"
双手分别持旗，同时左右摆动。

图 8-3-23 "工作结束"
两旗拢起，在额前交叉。

第四节 口笛信号

口笛信号是起重吊装作业经常使用的指挥信号，器具一般是哨子，材料可以是铜质的，也可以是塑料或者其他材料，但必须要声音洪亮。起重机司机的应答信号的工具一般是电铃或者是电喇叭等。

一、符号解释

（一）"——"表示大于一秒钟的长声符号。
（二）"●"表示小于一秒钟的短声符号。
（三）"○"表示停顿的符号。

二、指挥信号

（一）"预备"、"停止"
一长声——
（二）"上升"
二短声●●
（三）"下降"
三短声●●●
（四）"微动"
断续短声●○●○●○●
（五）"紧急停止"
急促的长声———

三、起重机司机的应答信号

（一）"明白"、"服从指挥"
一短声●

（二）"重复""没领会指挥意图"

二短声●●

（三）"注意"

长声————

第五节 起重吊运指挥语言

近些年来,造船厂用对讲机与起重机司机联系并进行指挥起重吊装工作已日益渐多。但同时也带来了负面问题——一个频道多人使用。因此有必要对其指挥语言进行规范,才能最大限度的降低因通信问题而造成的事故。

在用对讲机进行指挥时,必须明确要指挥哪一台起重机进行动作。所以在发出动作指令前必须加上车号名,例如,3#龙门吊主钩上升一点、1#龙门吊开始、"港机浮吊"结束。

指令发出后,就应松开按钮,切不可长时间摁着不放。

一、开始、停止工作的语言

起重机的状态	指 挥 语 言	起重机的状态	指 挥 语 言
开始工作	开始	工作结束	结束
停止和紧急停止	停		

二、吊钩移动语言

吊钩的移动	指 挥 语 言	吊钩的移动	指 挥 语 言
正常上升	上升	正常向后	向后
微微上升	上升一点	微微向后	向后一点
正常下降	下降	正常向右	向右
微微下降	下降一点	微微向右	向右一点
正常向前	向前	正常向左	向左
微微向前	向前一点	微微向左	向左一点

三、转台回转语言

转台的回转	指 挥 语 言	转台的回转	指 挥 语 言
正常右转	右转	正常左转	左转
微微右转	右转一点	微微左转	左转一点

四、臂架移动语言

臂架的移动	指 挥 语 言	臂架的移动	指 挥 语 言
正常伸长	伸长	正常升臂	伸臂
微微伸长	伸长一点	微微升臂	升一点臂
正常缩回	缩回	正常降臂	降臂
微微缩回	缩回一点	微微降臂	降一点臂

复 习 题

1. 常用的指挥信号有哪几种?

2. 起重司机必须服从专人统一指挥,对其他人发出的任何指令都不予理睬,这句话对不对?

3. 手势指挥信号中"两小臂水平置于胸前,五指伸开,手心朝下,同时水平挥向两侧"是什么意思?

4. 在旗语指挥信号中"吊钩微微上升"怎么表示?

5. 在口笛指挥信号中"二短声"是什么意思?

6. 用对讲机指挥信号中要求吊钩"微微上升",怎么指挥?

★7. 对起重指挥人员有哪些基本要求?

第九章 起重作业的现场操作规程和安全规定

第一节 起重作业的现场操作规程

一、内容和范围

本操作规程对吊运工作现场的起重作业人员、环境方面作了安全和技术的规定。适用于各在造、在修的船舶、船台、船坞、码头等区域,其他地域可参照执行。

二、关于对起重作业人员的规定

(一)起重工

(1)必须持有市安全生产监督管理局颁发的特种作业操作证,方可上岗独立操作。

(2)作业长、班组长、带班负责人、现场作业指挥员还应具有相应的技术职级资格。

(3)作业时必须按安全规范穿戴并着统一识别服装。执行 CB 3660—1997 中的相关规定。

(4)两人及两人以上的群体作业,必须明确作业带班负责人和现场作业指挥员。

(5)狭隘舱室作业,必须委派不少于两人参与作业,他们必须持有操作证和技术职级证书,还应懂得医疗、消防常识和急救措施。

(6)高空作业,应该挑选思维相对灵活、身体比较敏捷的人员参加。他们必须持有操作证和技术职级证书,并且没有恐高症及心脑疾病状况。参照执行 CB 3785—1997 中的有关条文。

(7)水上作业,应该选派不惧怕水的人员参加。他们必须持有操作证和技术职级证书,还应知晓有关风、浪、潮涌等知识。

(8)作业前,检查通信设备。统一频道,使之通畅。

(9)作业时,不准站立并敦促其他人不准站立在下风。

(10)使用吊具、索具时,执行国标 GB 5976—86、GB/T 8918—1996、GB 10603—1996 中的相关规定,或参照执行国家其他关于卸扣、钢丝绳的使用规定及条文。

(二)轻型起重机械的操作者

(1)轻型起重机械的操作者也可以由起重工兼任,必须持有操作证和技术职级证书。

(2)熟悉整个工艺方案、设备、人员的配置及操作程序。

(3)熟悉所使用的轻型起重机械的工作原理,做到"三好四会"。

(4)听从现场作业指挥员的指挥,若光线阴暗或其他原因致使指挥信号不明,操作者应暂停操作。待明白无误地领会指挥员的意图后,方可继续操作。

(三)起重机械司机

(1)必须持有市质量技术监督局颁发的特种设备作业人员证,方可独立上岗操作。

（2）熟悉所使用的起重机械的各种性能，做到"三好四会"。

（3）作业前，应了解工艺方案，明白操作程序。检查设备的安全装置、控制机构、制动系统及钢丝绳等，并进行试运转。

（4）应该拒绝未穿统一识别服的人员使用起重机械进行吊运作业。

（5）吊运时，必须听从现场作业指挥员的指挥，若光线阴暗或其他原因致使指挥信号不明，操作者应暂停操作。待明白无误地领会指挥员的意图后，方可继续操作。

（6）在吊运过程中，任何人发出紧急停止信号，都应服从。

（7）应警告或敦促人员离开下风位置。被吊物运行时，不允许从人群的上方通过。

（8）不允许故意利用安全限位装置停机。

（9）在吊运作业中，若遇突然停电或电压下降，应将所有控制器手柄扳回零位，并立即发出信号，通知下方人员避开，不得离开驾驶室，等待通电正常。

（10）若有需要离开驾驶室时，应先卸除吊物，并将吊钩升到安全高度，将各控制器扳回零位，切断电源。方可离开。

（11）有主、副钩两套起升装置的起重机，其主、副钩不应同时开动。

（12）汽车起重机作业时，应将支撑脚着落在坚实的地面或加垫的木块、钢板上，并保持机体处于水平状态。移动前，应将支撑脚收好，并将臂杆放在专设的支架上，吊钩及变幅的钢丝绳按规定收紧，方可行驶。

（13）浮吊起重机作业，应执行国家港监的《水上安全监督手册》有关条例，并满足最低额定配员，确认各工作人员到岗，方可开动机器，进行起重吊运作业。

三、关于对作业环境及条件方面的规定

（一）恶劣天气
（1）室外起重吊运作业应予停止。

（2）在地面轨道上露天作业的起重机，应停止作业，并将起重机锚定住。

（3）水上浮吊，应停止作业，必要时应加固缆绳，固定吊钩。

（二）重大物件吊运
（1）应对作业区四周设置安全警示标志或者落实现场监护人员履行监护职责。并对存在的事故隐患及时采取整改措施。

（2）应错开与其他工种的立体交叉作业。

（3）指挥通讯系统灵敏可靠，畅通无阻。

（三）高空作业
（1）环境整洁，所有室外通道均应设置围、栏杆，没有障碍物。走道地面上应没有积雪、润滑油等助滑物质。

（2）活动零部件，应作临时固定。

（3）使用的工具和小零件必须妥善携带或放置。

（四）浮吊作业
（1）根据吊物的大小、精密程度、起吊难度等确定浮吊的选用及是否需要封港。

（2）根据水域的特点，当日的气候条件，确定是否需要拖轮协助稳住浮吊和船舶。是否需要抛锚、加固缆绳等。

（五）狭隘舱室作业

根据作业强度及作业时间,确定是否临时加装鼓风机等强通风设备。

（六）有臂架的起重机作业

其臂架、吊具、辅助用具、钢丝绳、缆风绳、被吊物等应与高压输电线保持一定的距离。其距离按 $S=0.01(U-50)+3$ 计算;式中 S—距离,单位为 m;U—电压,单位为 kV。

（七）作业完毕后

应该做到工完、料净、场地清,实现文明生产。

第二节　起重作业的有关安全规定

一、安全规定的大纲

（1）为加强起重、吊运作业的安全管理,规范员工安全行为和提高操作技能,防止事故的发生,特制定本规定。

（2）本规定适用范围是:造、修船及其他相关作业过程中,一般物体或设备的吊运等,大型或特殊物件的吊装参照大件吊装管理规定及工艺相关内容。

二、起重吊运人员的基本要求

（1）年满 18 周岁,具有初中以上文化程度;

（2）体检应符合国家现行体检表所列项目的要求,两眼视力（包括校正视力,下同）各不低于 0.7（起重机起升高度在 20m 以上,两眼视力各不低于 1.0）,无色盲及其他不适于起重、吊运作业的疾病或生理缺陷;

（3）熟悉掌握本工种安全技术知识和基本操作技能,经特种作业培训考核合格,取得操作证的人员。

三、起重、吊运作业人员的安全要求

（一）生产组织者的安全管理要求

（1）必须严格执行"五同时",即:计划、布置、检查、总结、评比生产的同时,计划、布置、检查、总结、评比安全工作;

（2）在布置生产任务时,应结合具体工程对操作人员明确作业内容、程序以及有关安全注意事项;

（3）工作前,先检查作业现场及周围环境的安全状况,并落实安全措施（如:防护栏杆、扶梯、安全网、脚手架、板等）;

（4）对现场照明设备情况及照明度进行检查,保持吊装作业现场光线良好;

（5）各级生产组织管理者,尤其是班组长,应了解每个操作人员的身体状况,合理安排生产任务。

（二）起重工的安全操作要求

（1）必须持证上岗;

（2）必须严格遵守"起重十不吊"的规定;

（3）作业前应弄清作业内容、工艺要求、安全操作要领及注意事项，应保持充沛的精力，身体不适应注意休息；

（4）正确穿戴好个人防护用品，进入生产现场应带好安全帽，穿好专用的起重识别服，高处作业应系好安全带，水上作业应穿好救生衣，并应做到相互督促；

（5）根据作业要求，计算被吊物的重量，选择合适的吊索具，并对吊索具、作业现场认真检查，落实安全措施，并注意观察人员动态；

（6）吊挂重物时，吊挂绳之间的夹角不得大于120°，以防脱钩，特殊物件应选用专用吊钩；

（7）与起重机驾驶员密切联系，指挥时必须做到手势信号准确无误，音响信号清晰准确，多人操作时，必须确定专人指挥；

（8）起重指挥人员应选择的位置：

①与起重机驾驶员之间视线清楚；

②应始终清楚地看到被吊物；

③当被吊物向指挥人员靠近时，不应构成伤及人体的危险；

④高处作业时，还应执行有关高处作业安全管理的规定。

（9）吊运物件不准从有人的上空越过，因特殊情况作业人员必须进入被吊物下方操作的，应事先与起重机驾驶员联系，并在被吊物下架设支撑装置或采取安全措施；

（10）吊运物件进出船舱时，起重工应通知无关人员避开，并时刻注意吊物动态，确保安全。物件吊运到位卸钩后，必须确保吊钩、钢丝绳安全升离舱口；单人指挥无法完成的作业，应在有关部位设置协助指挥人员，并确保指挥信号的传递准确无误；

（11）吊运中途不得停留或将物体长时间悬吊在空中，遇有突发情况（停电、机械故障等），在吊物下应立即拉好警戒围栏和设专人监护，并及时撤离吊物下的作业人员，严禁行人和各种车辆从吊物下穿越；

（12）吊运时，不得抽吊物体；

（13）卸下的物件，应垫好垫木，不得压在电气线路或管道上面，禁止堵塞通道，堆放时要整齐平稳；

（14）堆放重叠物体时，应垫好衬垫物，不准强行抽拉钢丝绳。对于易滚动的物件在堆放或叠放时，应放好制动斜塞；

（15）工作结束后，必须检查吊索具的完好与否，并要分开存放，做好标志；

（16）绳、链接触的被吊物体锐角处应加保护衬垫物，避免绳、链在吊运中被割裂；

（17）滚运物体时，应有专人指挥，牵引绳周围不准站人。滚运中和移动滚杠时，防止压伤手和脚；

（18）装卸、搬运易燃易爆物品时，禁止随身携带火柴、打火机等可能引起燃烧的物品；

（19）物体堆放要整齐，不得超出堆物线，保持道路畅通。

（三）起重机械驾驶员的安全操作要求

（1）驾驶员必须严格遵守"起重十不吊"的规定，必须持证上岗；

（2）作业前，应对作业现场、安全装置、控制机构、制动器及钢丝绳等进行检查，并进行试运转；

（3）工作时要精力集中，严禁酒后操作；

(4)开车前和被吊物体移动范围内有人时,必须鸣号;

(5)操作中,禁止用安全装置停车;

(6)多级指挥时,驾驶员只听从第一级指挥员的指令。但当任何人发出危险信号时,驾驶员应立即停车;

(7)吊运过程中,被吊物体在无阻挡情况下应离地0.5m,越过地面上放置的设备或其他物件时,应高于地面设备或其他物件0.5m以上;

(8)发现被吊物体上有浮物或站人时,应拒绝起吊。对不穿戴起重识别服的专业人员的指挥,应拒绝服从;

(9)被吊物接近或到达额定起重量时,吊运前应先检查制动器,并用小高度、短行程试吊后,再平稳吊运;

(10)起重机在运行时,不得进行检查、维修和调整;进行维修、保养、调整时,应切断电源,并挂警示牌;

(11)门式、门座式起重机的行走机构和汽车、轮胎、履带起重机的回转机构的最凸出部位与障碍物之间应留有不小于0.4m的安全距离;

(12)起重机不得在架空输电线路下面工作,在架空输电线路一侧工作时,臂架、吊具、辅具、钢丝绳、缆风绳及重物等与输电线路的最小水平距离不应小于表9-2-1规定。

表9-2-1　与输电线路的最小水平距离

线路电压/kV	<1	1~35	60	110	154	220	330
最小距离/m	1.5	3	3.1	3.6	4.1	4.7	5.3

(13)上、下起重机应从专用梯子上下,双手拉好扶手栏杆,不准从其他起重机上跨越,不准穿高跟鞋或拖鞋上班,禁止无关人员登上起重机;

(14)当驾驶员在操作中遇到突然断电时,操作手柄必须回到零位;

(15)起重机上有两人操作时,启动起重机或离开工作岗位都必须通知对方;

(16)驾驶员必须认真做好交接班工作,作好当天工作情况及起重机运行情况的记录;

(17)工作完毕后,停车要规范,露天的起重机还必须使用夹轨钳或铁鞋等安全装置进行锚定;当风力大于6级时,应停止作业,并将起重机锚定住;遇有大雨、大雾、大雪等恶劣天气时,也应停止工作。

(四)着装要求

(1)着装应为符合公司规定发放的服式,起重指挥必须穿专用起重识别服;

(2)使用公司发放的安全帽,帽带必须扣紧;

(3)高处作业时必须系好安全带;

(4)水上作业时必须穿好救生衣;

(5)穿好防护鞋。

四、吊索具、辅助设备的使用规定

(一)起重常用吊索具和辅助设备的使用要求

(1)根据吊运物体重量和吊索具夹角,正确配置使用吊索具,严禁在超负荷和受冲击载荷的情况下使用,选用的吊索具必须具有产品合格证;

（2）员工借用吊索具时应检查其是否合格、有无破损，若有问题应立即调换；

（3）吊索具使用后，应妥善保管，严禁与腐蚀性的物品混放；

（4）吊索具使用部门必须对吊索具定期检查，做好记录，经检查已达到报废标准的吊索具，严禁使用，按规定程序进行处理；

（5）钢丝绳不准采取套绳、结扣和拉挂等方式使用；

（6）钢丝绳在使用过程中应严防发生扭结、压扁、弯折、碰电等现象；

（7）当吊物处于工作位置最低点时，钢丝绳在卷筒上的缠绕不少于 3 圈；

（8）钢丝绳应定期检查，钢丝绳报废按国标 GB 6067 规定执行，凡经检查合格的钢丝绳应涂上公司规定的色标；

（9）纤维吊索具应防止受潮、虫蛀、腐蚀，使用后应置于干燥通风处，妥善保管；

（10）不得使用多接头进行吊挂作业，以防滑脱和爪钩变形；

（11）不允许两根链条交叉缠绕使用或将链条用作捆扎，在链条出现扭扣咬节现象时，应及时理顺，否则不准使用；

（12）使用焊接环形链必须经 50％ 额定破断拉力的检测，凡出现裂纹、塑性变形（伸长率达 5％）和链环直径磨损达原直径的 10％ 均应报废；

（13）卸扣的螺栓拧紧后，应适当回拧 1/4 圈～1/2 圈，卸扣不允许进行焊接修补，也不准将卸扣焊接在其他物件上使用，严禁用其他材料的螺栓取代卸扣配套螺栓。

（二）钢板挂钩、钢板卡子使用规定：

（1）起吊中、小型钢板应采用四点起吊方法操作，且每对挂钩的钢索必须贯穿相连，使其受力后自动拉紧，以防滑脱；

（2）吊运大型钢板，宜采用平衡架起吊法操作；

（3）严禁用钢板卡子进行单边吊运操作；

（4）挂钩的开口发现变形时，应停止使用；

（5）挂钩连接销子应经常检查，直径磨损极限为 5％；

（6）钢板挂钩不应起吊重量小于许用载荷 20％ 的物件。

（三）钢板夹钳使用规定：

（1）仅限于垂直起吊；

（2）操作时，钢板必须放到钳口底后，再将锁紧凸轮锁紧；

（3）夹钳在不工作时，应使锁紧凸轮处于放松状态；

（4）当吊运钢板从垂直位置到水平放下时，锁紧凸轮应在钢板下面；

（5）一个夹钳只能吊运一块钢板。

（四）磁性吊具使用操作规定：

（1）磁性吊具在起吊时，应先试吊，确认符合要求后，方可继续进行操作；

（2）被吊物体在没有完全落地前，不得操作脱磁开关放落物体；

（3）除电磁吊外，其他磁性吊具均不得进行重叠吊运作业；

（4）凹凸不平、波浪型、弓型钢材均不得采用磁性吊具进行作业；

（5）磁性吊具必须置于吊物的重心位置，物体的斜度必须控制在 5°以下；

（6）磁性吊具与被吊物间的吸着面不得夹有杂物、灰尘和油水等；

（7）起吊较长物件，建议使用长吊杆进行多点起吊，并注意吊物负荷的均衡性；

（8）磁性吊具用完后，应妥善放置于平整铁板上；

（9）除永磁吊外，凡磁性吊具必须配备应急供电装置，对于蓄电池式磁性吊不得横置或倒放；

（10）磁性吊具吊运物件时，禁止从人或设备上方运行。

五、起重机械安全管理

（一）卷扬机

（1）卷扬机应安装在平整无障碍物处，其支承面的安装必须牢固、可靠；

（2）卷筒应与导向滑轮中心线对正，卷筒轴心线与导向滑轮轴线的距离须满足下列安全规定：无槽卷筒应不小于卷筒长度的 20 倍，有槽卷筒应不小于卷筒长度的 15 倍；

（3）卷扬机启动前，应对钢丝绳、离合器、制动器、棘轮、棘爪等进行仔细检查，确认完好方可启动操作；

（4）卷扬机作业必须进行试吊，启动后运转需要缓慢均匀，严禁突然加速，防止绞扭或碰撞，拉紧的钢丝绳两侧危险区域内不准有人员停留或穿越；

（5）卷扬机应有二次保护装置的应急开关，线路绝缘良好，接地可靠。

（二）千斤顶

（1）操作时受力点应选择准确，支承应稳固，基础平整坚实，顶头面应采取防滑措施；

（2）操作千斤顶必须用专用手柄，严禁锤敲物击；

（3）千斤顶不能作为长时间支撑物用，起顶重物时，应采取随起随垫枕木的方法，使千斤顶的受力得到缓解；

（4）发现千斤顶倾斜时，应立即停止操作，松开调整后，方能继续操作；

（5）使用螺旋千斤顶，螺杆不得旋尽，螺纹若有磨损，应降低规格使用或报废；

（6）多台千斤顶联合作业时，应有专人指挥，其动作应同步均衡，受力一致。

（三）滑轮

（1）应仔细检查滑轮和滑轮轴的磨损度，轮槽底直径磨损量达钢丝绳直径的 50％ 必须报废，滑轮槽壁磨损达原壁的 20％、轮槽不均匀磨损大于 3mm 应报废；

（2）滑轮轴及壳有裂纹、轮缘有破损均应报废；

（3）滑轮应经常进行检查，如发现有异常现象必须纠正；

（4）应经常加油保护。

六、起重葫芦

（一）电动葫芦

（1）电器部分须符合国标 GB 6067 的安全要求；

（2）上升限位装置及控制器的点压系统均应灵活、可靠，不允许将上升限位装置当作开关来使用；

（3）电动葫芦必须设有过卷扬限制器的装置，制动装置必须安全可靠，制动面严禁有油污等杂物；

（4）电动葫芦的钢丝绳、吊钩、安全装置、控制器等每月进行一次检查，并定期进行保养。

（二）手动葫芦

(1)手动葫芦严禁超负荷使用，每台只限一人操作，悬挂的支撑点必须能承受起吊的重量（包括葫芦自重）；

(2)用多台手动葫芦同时起吊一件物件时，应合理布置起升点，并统一指挥；如拉不动，应马上停止操作，检查原因，确认安全后，方能继续操作；

(3)操作手动葫芦，用力应均匀，作业前均应试吊，检查制动器的可靠性；

(4)手动葫芦的部件应保持完好，并经常进行检查，报废标准按国标 GB 6067 执行。

第三节　造船区域 5S 管理要求

一、材料堆放、预处理区域

序　号	内　容	要　求
（一）整　理		
1	及时处理不需要的东西	· 无用的文件（不涉及保密）、报纸、过期杂志等及时清理，至少每月处理一次 · 废油漆桶、废油漆灰、废灰要每天清理
2	废纸循环再用	· 收集废纸，双面使用 · 内部沟通尽量使用电子文件，减少用纸
3	私人物品减至最低	· 行车驾驶室内物品摆放按规定放置 · 办公桌除水杯等必要用品外，物品尽量减少
4	备用备件	· 备品备件分类摆放在料架上 · 废弃的备件应处理掉
5	过期油漆处理	· 每周检查一次油漆是否过期 · 过期油漆一周内通过物资部处理
6	劳防用品	· 每月按规定发放劳防用品
7	整理场地周围的环境	· 及时整理乱停、乱放及清扫车场杂物
（二）整　顿		
1	所有东西都有一个清楚的标识和位置	· 自行车停放整齐 · 安全帽要放在指定地点 · 更衣室内毛巾、衣物、鞋等摆放整齐 · 各备件要有明确的标识
2	明确联系方式	· 作业区人员的电话、地址都有电脑记录
3	工具箱整齐有序	· 工具箱摆放位置明确 · 箱内物品摆放整齐 · 所用工具用好要摆放到原位
4	整洁的通告板	· 落实责任人，及时更新信息 · 重要公式及时张贴
5	设备归位	· 设备停止运行需将设备电源、气源、水源关闭
6	标准化的车辆状况表	· 版面格局分标识，落实责任人，及时更新信息
7	油桶定位管理	· 油桶不淋雨、不泄漏、不污染

序号	内　容	要　求
		（三）清　扫
1	每人清理自己的工作范围	• 设备保持整洁 • 包干区无杂物 • 驾驶室内干净无灰尘，保持车辆干净 • 每天工作结束前进行 5min 5S 活动
		（四）清　洁
1	卫生间清洁	• 确保无堵塞 • 基本无异味 • 无积水
2	车辆、设备保养	• 每天进行车辆、设备点检、保养，保证设备正常运行
		（五）素　养
1	按公司规定着装，仪容整洁	• 工作服保持整洁，行姿、坐资、站姿端正
2	节省能源	• 休息时间将照明电源、气源关闭 • 电灯、电脑、水龙头及时关闭 • 下班前及时关闭饮水机电源
3	文明就餐	• 遵守劳动纪律，不提前吃饭，不迟到早退 • 保持就餐秩序，不插队 • 不乱倒饭菜
4	对上述 4S 的执行情况不断督促检查	• 发现问题及时提出 • 主管人员作不定期检查
5	良好的工作态度	• 严格遵守公司班前会管理规定 • 作业区间行文和沟通，相互支持，有礼在先 • 避免同事之间争吵
6	及时处理事情	• 工作按轻重缓急有序进行 • 不囤积工作 • 主动报告工作进度

二、材料加工作业区域

序号	内　容	要　求
		（一）整　理
1	场地整理	• 划出整板堆放场地、按切割生产需求堆放于指定位置，做到堆放整齐 • 划出各种零件堆放场地，零件按分段号、零件号整齐堆放于指定位置，堆放处作出明确标识 • 区分余料、废料，做到有明确统一标准，并划分出专门区域堆放 • 氧乙炔瓶划出指定位置存放，有醒目的禁烟标志

序号	内　容	要　求
	（一）整　理	
2	工具箱整理	・工具箱统一编号、统一色标、责任人明确 ・工具箱内物品按类别摆放整齐 ・工具箱保持清洁,上面不准摆放杂物,特别是茶杯等个人物品
3	常用小型设备、工夹具、易耗品等整理	・半自动切割机、角焊机、送丝机等应有统一编号,妥善保管,不使用时存放于指定位置
4	吊索具整理	・永磁铁、吊夹、吊钳、钢丝绳等起重工具做好日点检记录,并存放于指定位置 ・永磁铁、吊夹具等统一色标,注明编号
5	保持绿色通道畅通	・车辆、龙门吊等一律不得占用绿色通道,保持绿色通道畅通 ・所有物料的堆放不得超出黄线 ・板材,特别是 T 排面板、腹板等长零件因生产需要确实要占用绿色通道时,必须有"临时占用"的醒目标识
	（二）整　顿	
1	垃圾分类	・按易燃品、非易燃品和危险废弃物分类存放 ・明确责任人
2	看板管理	・各班组必须有自己的宣传管理园地 ・各班组宣传管理园地样式必须统一,内容须及时更新且反映最近生产、质量、安全及文明生产等情况
3	车辆停放	・铲车、卡车、拖拉机等机动车作业结束后必须停放指定位置 ・助动车、自行车、卡车等车辆一律走指定车道,不得在车间内随意行驶、停靠
	（三）清　扫	
1	作业区场地	・各班组根据划分的包干区定人、定时、定点做好工作场地的清扫 ・做到工完、料净、场地清 ・平板车、龙门吊导轨凹槽内每日清扫,保持整洁 ・绿色通道定期油漆,斑马线洁净、光亮 ・人人在下班后做到带走一份垃圾
2	垃圾桶管理	・所有油漆桶当垃圾桶使用时必须统一色标 ・垃圾桶要及时清理,周围保持干净
	（四）清　洁	
1	设备保养	・所有大型设备必须每天擦拭、润滑,等离子切割机必须按时出灰 ・电焊机内部部件每周必须清洁一次,外部保持光洁 ・设备上所有配电柜必须定期擦拭,做到无积灰配电柜内部一些配件必须定期除灰,防止短路

序号	内 容	要 求
		（四）清 洁
2	各类管系、管路检查	·气管、接口等定期检查,发现问题及时维修、更换 ·管系、管路定期擦拭,做到无积灰
3	消防栓、灭火器检查	·消防栓、灭火器等定期检查,发现缺损,及时保修 ·消防栓、灭火器箱定期擦拭,做到内外清洁
		（五）素 养
1	热爱本职岗位	·严格遵守岗位的相关规章制度 ·工作认真,团结互助,增强集体荣誉感 ·岗位责任心强,立足本职岗位,提高岗位技能
2	定点吸烟	·定点、定时吸烟,严禁在禁烟区吸烟
3	文明就餐	·遵守公司劳动纪律,不提前用餐,不迟到早退 ·遵守食堂规定,不插队 ·餐后自觉清理餐具,不乱倒剩饭剩菜
4	讲"诚信"、讲"道理"	·文明用语,诚恳做事,尊敬同事 ·凡事重事实,以理服人 ·树立起为他人服务的意识,要讲诚信

三、平直作业区域

序号	内 容	要 求
		（一）整 理
1	安全通道	·绿色通道、快速通道及两侧警戒线区域无任何杂物 ·严禁占用安全通道
2	各类管线及电焊皮带	·现场无"跑冒漏"现象 ·严禁气源接头空放 ·高压线架空 ·管线泄露处须立即维修或更换 ·皮带破损处须立即用电胶布包裹 ·管线及皮带在工作结束后要求圈好后放置在指定位置 ·每日检查动能源接头,如有遗失立即补充 ·管线皮带整理整齐,不杂乱
3	自行车	·自行车必须停放在指定区域 ·非自行车停放区域严禁停放自行车 ·车间内自行车严禁停放
.4	工具箱	·车间内必须使用作业区规定工具箱,严禁私自制作 ·工具箱摆放在指定位置,严禁擅自移动 ·工具箱内只存放规定物品,无关物品或工具另行放置 ·工具箱门须及时关闭 ·工具箱顶部、底部及周围区域无杂物

序号	内 容	要 求
	(一)整 理	
5	作业工具、夹具	·按作业标准及岗位要求配置工具 ·损坏的工具、夹具应立即维修或更换 ·多余的工具、夹具及时归还仓库 ·工具、夹具存放在指定位置 ·长时间不使用的工具存放在专门的位置
6	设备、设施	·焊机定置管理 ·临时胎架在使用结束后应及时清除 ·周期性使用的临时胎架应放置在指定位置 ·装配焊接门架上专用焊机保持完好 ·焊机损坏部件及时维修或更换 ·台车、门架轨道区域无杂物 ·台车、门架移动后立即整理胎架下方 ·损坏的卷帘门、柔性升降门、配电柜门、保护栏杆、扶梯等应及时维修或更换
7	托盘	·托盘内无废料或垃圾 ·损坏或不规范的托盘立即清除 ·临时托盘及时周转 ·固定托盘(如存放马板、工艺板)按作业区规定布置 ·垫木及时清理并放置在指定位置
8	垃圾箱	·垃圾箱定置管理 ·垃圾箱周围及下方无杂物 ·垃圾箱内存放的垃圾按规定放置,超出垃圾箱高度、长宽的垃圾须经过处理后放置 ·垃圾分类,多余垃圾箱请示后处理
9	公共设施	·损坏的公共照明灯立即更换或维修 ·卫生间设施确保完好 ·卫生间内无垃圾杂物
10	标识管理	·过期的标语、现场看板及时更新 ·无效的标识立即清除 ·损坏的标识及时维修或更换 ·现场使用的测量表格、流程表定期清理,上缴或保存
11	生产物资	·现场使用的焊材按指定位置放置或保存 ·衬垫等间歇使用的生产物资存放在公共位置 ·多余零件及时整理,要求在分段结束后材料整理完毕 ·多余零件整理后应放置在托盘内 ·不制造不需要的物品 ·现场临时补料后留下的铁水、挂渣立即清除 ·CO_2 单面焊结束后反面的衬垫立即清除 ·焊接结束后渣壳立即清除 ·多余的舾装件及时返还仓库或处理

序号	内　容	要　求
		（二）整　顿
1	工具箱	• 工具箱内按照用途放置整齐有序 • 每个工具箱在门的右上角都有清楚的标识,注明工具箱用途、责任人、所属班组 • 工具箱放置在指定区域,摆放成直线,不能斜放、歪放
2	生产物资整顿	• 焊材定点整齐放置,要求按照托盘直线摆放,对于有区域限制的,摆放范围必须在区域界线（黄线）以内 • 焊材放置处有标识 • 马板、工艺板、周期性使用辅助工装（如胎架、吊马等）要求放置在指定托盘内,并用黄色油漆标识 • 现场使用的零件要求整齐放置,尤其是加工板,须在确保安全的前提下放置整齐 • 舾装件要求放置在指定托盘内,摆放整齐 • 完工后的部件首先必须确保安全、不倾斜,不占用安全通道,其次要求尽量整齐放置 • T排、加工板等使用门架或专用托架的生产物资须放置整齐,并在看板上标明名称、数量、材质、规格等信息
3	设备、设施	• 所有设备在醒目位置标明责任人、所属班组长、所属区域 • 设备、设施摆放整齐,不斜放,铭牌完好,标识清楚 • CO_2 焊机、手弧焊焊机要求定置管理,放置在二层平台以上区域,埋弧焊机必须放置在专用工具箱内,临时使用的焊机放置区域须经所属区域现场工程师确定 • 所有的行车、铲车、龙门吊、门架、自动装配装置、自动焊接装置在作业结束后停放至指定位置,并确认能源关闭 • 所有的门窗在作业结束后确认关闭,重要区域的门窗标明责任人 • 除固定门架外的送丝机在作业结束后放置在工具箱
4	工夹具、托盘	• 日常使用的个人工具集中整齐放置在个人工具箱内,每日清点确认,保证作业顺利进行 • 公用工具集中放置在公用工具箱内,在班组醒目位置标明公用工具的清单及存放位置 • 日常使用的夹具吊索放置在指定区域,并表明使用范围及日常点检责任人 • 托盘放置整齐有序,不超过指定界线 • 压铁等大型工夹具放置在流水线后道预舾装工位
5	清洁用具整顿	• 拖把、扫把统一放置在公用工具箱内 • 长柄扫把、拖把、铲子等悬挂整齐放置 • 垃圾桶地面放置 • 旧抹布及时清理,新抹布整齐堆放

317

序号	内 容	要 求
\multicolumn{3}{c}{（三）清 扫}		
1	每人清理自己的工作范围	·作业结束后，当日作业区域无灰尘、生产垃圾、废钢 ·个人使用的工具箱内外及周围无灰尘、无污垢 ·每天作业结束前进行 10min 5S 活动 ·公共区域集体负责清扫，班长负责及安排
2	作业现场清扫	·所有设备每日清扫积灰 ·设备死角部分的清扫 ·定期清扫配电柜、焊机内、操作台内积灰 ·门切挂渣、废料每日清扫 ·FCB 焊接装置每日清扫衬垫及作业台面垃圾 ·纵骨焊接装置每日清扫作业区域内的焊接渣壳、衬垫等 ·装配作业结束后立即清扫废钢、挂渣及焊条头
3	垃圾箱定位	·确保地面及垃圾箱无垃圾 ·每日清除生产垃圾箱 ·定期清除特殊垃圾如废钢、危险品
\multicolumn{3}{c}{（四）清 洁}		
1	车辆、设备保养	·每天进行车辆、设备点检、保养，保证设备正常运行
\multicolumn{3}{c}{（五）素 养}		
1	规范吸烟	·定时、定点吸烟 ·公共场所严禁吸烟，严禁吸游烟
2	节约能源	·现场动能源接头开关、水龙头及时关闭，班长现场检查 ·行车内空调温度设置适当 ·焊条、焊材节约使用，减少浪费 ·每日车间内夜间作业结束后关闭顶灯，开启值班灯 ·车间动能源使用尽量减少
3	5S 标准更新	·对现有标准不完善的地方随时更新 ·部分区域的 5S 标准无法用文字表达的使用照片等形式标识管理依据
4	对上述 4S 的执行情况不断督促检查	·通过日报形式，发现问题及时提出 ·主管现场工程师随时检查 ·作业长每日现场巡查
5	良好服务态度	·严格遵守公司班前会管理规定 ·对下道工序提出的任何意见都能虚心的接受或解释 ·对外来人员认真负责的提出作业区危险源、安全注意点 ·及时向上道反馈问题或意见 ·与上级、同事、下级关系融洽、避免争吵
6	准时生产	·坚决服从上级工作安排 ·不怠工、认真执行生产指令和管理规定 ·主动向直接上级报告工作进度，认真自检 ·工作按重要程度处理，不耽误重要或紧急工作

序号	内　容	要　求
	（五）素　养	
7	按公司规定着装、仪容整洁	·每日作业前规范穿戴劳防用品 ·衣服整洁、无污垢 ·坐、行姿势端正 ·待人礼貌，热情大方
8	持续推进 5S 至习惯化	·各级主管不断教导督促 ·以养成习惯为工作目标

四、曲面作业区域

序号	内　容	要　求
	（一）整　理	
1	场地	·分段零件堆放整齐 ·分段脱胎后，场地及时整理 ·场地上垃圾、废钢分类处理 ·胎架及时复原
2	废纸箱回收	·堆放整齐，不得混入垃圾 ·及时回收
3	废钢回收	·废钢及时进废料箱 ·废钢不得混入垃圾
4	备用钢丝绳	·指定区域专门堆放 ·远离火种
5	焊机	·二层平台定置管理 ·机动焊机定点放置
6	工装夹具	·定点放置 ·标明规格
7	自行车	·定点放置 ·不得随意穿行生产区域
	（二）整　顿	
1	托盘	·根据需要依次进场 ·指定区域堆放 ·专人接收
2	工具箱	·指定区域摆放 ·柜内要求摆放整齐 ·开启后，及时关闭箱门
3	吊索具	·指定区域摆放 ·标识清楚 ·每月点检 ·用后归位

序号	内　容	要　求
		（二）整　顿
4	安全通道	·畅通不堆杂物 ·标识清晰
5	消防设备	·定期检查,保证合格 ·分类合理,醒目摆放
6	舾装件	·根据需要依次进场 ·指定区域堆放 ·专人接收
7	原材料	·指定区域堆放 ·专项专用
		（三）清　扫
1	焊渣、药粉、衬垫	·焊渣及时清除 ·药粉及时清扫 ·衬垫用好及时清除,进垃圾箱
2	垃圾箱定位	·垃圾箱分类 ·垃圾及时清理,不能过满 ·垃圾箱按"垃圾"、"废钢"依次摆放 ·垃圾箱摆放成直线
3	绿色通道	·畅通无杂物 ·干净基本无灰尘 ·电焊皮带须架空
4	绿化带	·无杂物 ·无生活垃圾
5	公共区域	·材料堆放有序 ·无生活垃圾
6	卫生间清洁	·确保不堵塞 ·基本无异味 ·无积水
		（四）清　洁
1	清洁工具箱	·箱顶无杂物 ·四面无污物 ·无灰尘
2	节省能源	·上班氧、乙炔、冷风无泄露 ·下班及时关闭电源、动能 ·无空放
3	保养行车	·坚持每周一大揩,每天一小揩 ·及时添加润滑油 ·每天点检 ·无积灰

序号	内　容	要　　求
\multicolumn{3}{c}{（四）清　洁}		
4	保养焊机	·每周设备保养 ·及时维修 ·无积灰
\multicolumn{3}{c}{（五）素　养}		
1	按公司规定着装，仪容整洁	·去工作现场穿戴安全帽、手套、安全带等劳防用品 ·工作服干净无污垢 ·行姿、坐姿、站姿端正
2	定点吸烟	·定点、定时吸烟 ·办公室、会议室禁止吸烟
3	文明就餐	·遵守劳动纪律，不提前吃饭，不迟到早退 ·保持就餐秩序，不插队 ·不乱倒饭菜
4	良好的工作态度	·严格遵守公司班前管理规定 ·团结协作，相互支持 ·相互关照，相互提醒 ·讲究谦让，不要扯皮 ·服从安排，统一指挥
5	及时处理事情	·遵守操作规程，不违章 ·发现问题，及时报告 ·主动报告工作进度

五、外场作业区域

序号	内　容	要　　求
\multicolumn{3}{c}{（一）整　理}		
1	各劳务队区域内整理	·自行车摆放在规定位置 ·通道上指示清晰 ·电焊机、工具箱摆放规范 ·舾装件摆放整齐 ·小组立材料摆放指定位置 ·整理所有的废料余料，摆放整齐
2	工具箱整理	·整理工具箱内的物品 ·合理分配工具箱内的空间
3	办公室整理	·办公桌除水杯等必要用品外，私人物品尽量减少 ·内部沟通尽量使用电子文件，减少用纸 ·纸尽量双面使用 ·图纸摆放在固定位置

序号	内　容	要　求
	(二)整　顿	
1	所有东西都有一个清楚的标识和位置	• 明确标示组立区域位置 • 标示施工场地通道 • 标明废料、垃圾放置位置 • 工具箱、设备箱按单位划分位置并划线 • 标示设备名称，移动设备危险区域 • 零部件按组立区域位置放置 • 明确标示零部件临时摆放位置 • 合理安排分段摆放位置
2	明确联系方式	• 每人一份部门内部联络电话 • 办公桌前张贴公司内线电话号码 • 办公桌前张贴工作联系电话
3	柜内图纸整齐有序	• 柜内图纸摆放整齐，立位放置，提高收容率
4	办公桌椅归位	• 下班或长时间离开凳子推入办公桌下面，桌面物品归位
	(三)清　扫	
1	外场各劳务队区域内清扫	• 胎架内无杂物 • 区域通道，场地上无杂物 • 区域内余料、废料清理 • 工具箱上下清扫 • 每天工作结束前进行 5min 5S 活动
2	垃圾斗定位	• 垃圾及时清理，不能过满 • 确保垃圾分类
3	集装箱办公室清洁	• 确保地面无垃圾 • 地面清洁 • 桌面无灰尘
	(四)清　洁	
1	车辆、设备保养	• 每天进行车辆、设备点检、保养，保证设备正常运行
	(五)素　养	
1	按公司规定着装	• 去工作现场穿戴安全帽、手套、鞋、安全带等劳防用品 • 工作服干净无污垢 • 行姿、坐姿、站姿端正
2	节省能源	• 各劳务对区域内下班后，水、气、电源及时关闭 • 电灯、电脑、水龙头及时关闭 • 下班前及时关闭饮水机电源 • 空调温度设置逗当
3	对上述 4S 的执行情况不断督促检查	• 发现问题及时提出 • 主管人员作不定期检查
4	定点吸烟	• 定点、定时吸烟 • 办公室、会议室严禁吸烟

序号	内　容	要　求
（五）素　养		
5	文明就餐	• 遵守劳动纪律，不提前吃饭，不迟到早退 • 保持就餐秩序，不插队 • 不乱倒饭菜
6	良好的服务态度和沟通技巧	• 严格遵守公司班前会管理规定 • 接听电话礼貌，长话短说，废话不说 • 尽量为不在场的同事接听电话 • 文明用语，有问有答，尊老爱幼 • 部门间行文和沟通，相互支持，有礼在先 • 避免同事之间、部门之间争吵
7	及时处理事情	• 工作按轻重缓急有序进行 • 不囤积工作 • 主动报告工作进度

第四节　经验与教训

一、某船厂新建船舶未能顺利下水的事故

1. 经过

2004 年 10 月 28 日，某船厂举行了隆重而盛大的船舶在新建船台上的下水典礼。集团公司的领导、当地政府的领导、船级社的领导以及船东等方面的代表都发表了热情洋溢的讲话。然而，当所有的典礼程序按规定结束后，最后打开制动器，新建船舶却没有按设想顺利下水。此时，在场的所有起重操作人员启动了应急预案。使用助推油泵将新建船舶推行了 700 多毫米，新建船舶还是不能自行下滑。至此当日的下水工作以失败而宣告结束。经过重新奋战，兄弟厂家的支援，该船于当年 11 月 9 日顺利下水。

2. 点评

我们在前面已经讲过，船舶下水是依靠自身的重力在有斜度的船台上产生的下滑力克服摩擦阻力后自行下滑的。船舶不能自行下滑无非是摩擦阻力大于下滑力。该船厂采用的是钢珠滑道板下水形式。按理说钢珠与滑道板的摩擦系数只有 0.02～0.04，船台的坡度为 1/21，按照计算只要摩擦系数小于 0.4，船舶就可以自行下滑。经过拆解分析，主要原因是保距器的挡珠孔圈凸出部分过高，使得许多钢珠不能正常受力而滚动。这时已经不再是设想中的滚动摩擦，而是滑动摩擦，其静摩擦系数达到 0.5，故不能下水。保距器等工装设备制造质量粗糙，平整度差，是这次事故的次要原因。另外，新建船台的首制船舶下水应该慎之又慎，需要经过一系列的必要实效试验。这也应该是我们吸取的教训之一。

二、某船厂吊装船用主机坠落的事故

1. 经过

2005 年 8 月 21 日，某船厂按计划实施吊装船舶主机的作业。该主机的吊装采用半

整体组件的方法。首先吊第一件——曲轴组合体总成,它的重量达 364.821t。选用 500 吨级的浮式起重机进行吊装,当将曲轴组合体总成吊至机舱进入舱口围时,卸扣、贯穿螺栓吊具突然断裂,致使曲轴组合体从 15m 高空坠落,导致两名待机定位的钳工当场死亡,出现了机毁人亡的惨烈事故。

2. 点评

出现这起不幸的机毁人亡事故,使人感到不寒而栗。直到现在熟悉这起事故的人们都不愿再提起这事,不敢回忆那可怕的一幕。然而,我们应该正视现实,从中吸取教训才有可能避免发生类似性的重复事故。事后,上级领导、政府有关部门对此给与了高度的重视,做了大量的调查研究,仔细地分析了各种可能性。断裂的 55t 卸扣虽然是最近刚从正常渠道购进的,但没有按照国家标准对其进行拉力试验等方法验收。事后也证明材质未达到有关标准,热处理也欠火候,是这起事故的主要原因。此外我们还应该从这起事故中引以为戒的有:应该仔细阅读来自柴油机生产厂家的柴油机发运方案中的有关技术要求,消化每个环节中的技术因子。如贯穿螺栓吊具之间的夹角不大于 15°等;根据所示重心位置,计算出各个吊点的负荷,配置吊索具时应留有一定的安全余量(一般为 120%)[1];指挥时,要清楚地知道各吊点的计算负荷,控制好两吊钩的实际承载,并尽可能的让两吊钩吊点保持水平,位置高低差不宜过大;要稳住浮式起重船,不能任其摇晃。

三、一些起重伤害事故实例

事故案例(一):

1. 经过

1994 年 4 月 21 日,某厂职工杨××[2](女,34 岁)、马××(女,40 岁)、张××(女,35 岁)、徐某某(女,33 岁)等人在某造船厂 2# 船台钢平台下进行清扫整理场地工作。中午 12 时左右,运输处平板车由起重工朱某某跟车,装了 10 捆锚链到船台下。下午 1:30 左右,100t 高吊准备卸平板车上的锚链。由于锚链没有重量标记,跟车起重工朱某某错误估计锚链重量,使用吊车上原有的四根直径 15mm 钢丝绳(小钩上二根长的钢丝绳单头挂在钩上,二根短钢丝绳双头挂在钩上),分别穿扎了 10 捆锚链,并将两根长钢丝绳一头分别与小钩上的两根短钢丝绳用卸扣连接,然后指挥高吊起吊。当高吊将吊物转向 2# 船台东南角上空时,起吊锚链的两根直径 15mm 钢丝绳突然断裂,被吊的 10 捆(重 29.91t)锚链,从高空坠落砸在正坐在平台下休息待工的 4 位辅助工身上,造成杨××、马××、张××三人当场死亡,徐某某重伤。

2. 点评

起重工朱某某在吊运锚链过程中,对锚链重量估计错误,使用二根直径 15mm 钢丝绳,超负荷起吊 29.91 吨重的锚链,直接造成了事故的发生。

起重"十不吊"中第一条明确规定,"超过额定负荷不吊"。起重工朱某某怕麻烦,凭经验冒险用二根 15mm 钢丝绳超负荷起吊 29.91t 锚链,造成钢丝绳断裂,发生砸死三人、重伤一人的重大事故,教训是极为深刻的。熟悉起吊设备的基本性能和各种吊索具的最大

---

[1] 指额定安全载荷的基础上。

[2] 姓后带××者均已死亡,姓后带某某者均还活着以示区别。

324

允许负荷量是每一个起重工必须具备的基本知识。为此,必须严格执行对起重指挥、吊装人员进行安全技术培训并经考核合格后持证上岗的规定。同时,对作业现场必须加强监管,在吊运作业范围内和吊物下不得有人停留和通过,确保起重作业的安全。

事故案例(二):

1. 经过

1996年9月21日8时许,某船厂装配工朱某某等四人根据工长安排,在"华达山"轮船首右侧外挡铁脚手架上安装半圆钢(ϕ80mm×2m)。当半圆钢吊到"华达山"轮甲板后,装配工朱某某看到作业区下方12m处江面上有一艘机动驳船,船上另一单位数名劳务工在捞污油。朱某某当即吹哨子要求他们避让,见他们离开后,朱某某等4人开始安装半圆钢。朱让另一人拿来一根铁棒(ϕ14mm×600mm)作撬棒,在脚手架上撬动铁脚手挂链和船舶系缆,以使半圆钢安装到位。10:30左右,朱某某站在铁脚手架上,左手抓住船傍外板,右手紧握铁棒撬动时,由于用力过猛失控,致使铁棒从手中滑脱,坠落的铁棒正巧垂直击中重返作业区下方的驳船上捞污油的外来劳务工顾××(男,27岁)后脑侧。经送医院抢救无效,于当日下午17时死亡。

2. 点评

朱某某用力过猛失控,使铁棒从手中脱落,击中外来劳务工后脑,是造成事故的直接原因。

致死的外来劳务工对作业区环境的危险性认识不足,对上方有人操作,要求避让没引起重视,离开后又重新进入该区域作业,是造成事故的主要原因。

立体交叉作业时,因上层物体坠落,是物体打击伤害事故常见的因素。在这起事故中,朱某某虽然对下方作业者进行警告,要求避让,但开始作业后却疏于观察,未采取有效的防物体坠落措施。此外,外来劳务工的流动性很大,对他们缺少日常的安全教育,不少人未经严格的安全培训就上岗操作。如受害人明知上方有人进行作业,受警告后仍以侥幸心理冒险进入危险区作业,造成惨祸发生,这样的教训足以使人猛醒。

事故案例(三):

1. 经过

1994年9月30日下午,某建筑装饰有限公司在某房产工地上,井架吊篮上升到二楼,因装载钢筋超出吊篮过长,安全棚阻挡着钢筋不能上升,叫2名职工从二楼吊篮内整理钢筋,整理好后2人没有离开吊篮,站在吊篮内招手示意上升,原来开卷扬机的职工到厕所去,叫另一名职工郭某代开卷扬机,吊篮升到五层楼面时,泥工班长叫郭某把吊篮下降到二楼,将二楼两辆空斗车放进吊篮内,因吊篮停层的位子较高,空斗车无法推进去,这时站在吊篮内的一名职工将头伸出吊篮外看望,下面泥工班长叫郭某再把吊篮降下来一点,吊篮起动时,吊篮内职工头没及时缩回,被夹在内外层的角铁之间当场死亡。

2. 点评

井架吊篮内不准乘人,2名职工到吊篮内整理钢筋,结束后没有出来就开始作业,严重违反了有关规定。加上卷扬机的操作也是无证人员代开,可见现场安全管理十分混乱,职责不明,违章操作随处可见。

假如安全教育工作抓到实处,人人都树立起安全生产的思想,安全管理工作井然有序,违章作业人人制止,职工的自我保护意识强烈,这类事故也就不可能发生了。

事故案例(四):

1. 经过

1996年3月13日下午3时许,某技术开发公司派两辆卡车来公司仓库提钢管,吊车司机潘某(退休工人)见吊车司机倪某下吊机小便,即上吊车操作,地面装卸工挂好钩后,指挥起吊,潘某起吊时看到卡车龙门架上和卡车尾部已装好的钢管上分别站着一人,潘某误认为是装卸工(两人均为卡车司机),潘某所吊钢管距卡车上装的钢管约1m左右高度,吊车上方与卡车上钢管平行,潘某看到站在龙门架上的人手向下摆动,认为是叫他将钢管下放,但此时,在没看清原站在卡车尾部的人站立的位置,即将钢管放下,当放下至距卡车上钢管约40cm左右时,听到有人叫喊才停机,此时已将卡车上尾部的柏××压伤,急送医院治疗,经医生诊断为腰椎粉碎性骨折,即住院治疗,一月后因医治无效而死亡。

2. 点评

退休工人潘某无证操作开吊车,尽管潘某已有30年开吊车的经验,但由于未参加近期复训,安全专业知识生疏,盲目操作。在没有看清起吊现场的情况下,自以为是,听凭别人的指挥,将站在钢管下方的人压伤。

柏××不懂起重吊运的专业知识,站位不对又不会自我保护,在意外的情况下发生了事故。在整个吊运过程中,没有专人负责指挥也是造成这事件的原因之一。

要避免类似事故的发生,一定要坚持四个严禁:"严禁违章操作、严禁违章指挥、严禁违反劳动纪律、严禁无知蛮干"。只有坚持四个严禁,才能避免和杜绝各类事故的发生,才能真正做到安全生产,从而为社会主义的建设做出贡献。

事故案例(五):

1. 经过

2000年2月29日,罗定市某工程队工人钟××(男,23岁)、桂某某、徐某某3人在某造船厂BD13(S)分段上作业。由于生产任务紧,既没有在分段两侧设置安全防护栏和安全脚手架,3人也没有带齐应当配备的装配工具。约上午10:55,3人开始安装BD13(S)分段的第二块肋板。桂某某在肋板北侧割球扁钢余量,钟××在肋板南侧点焊、固定。徐某某在胎架下检查肋板的垂直度时,发现肋板倾斜角度不对。此时,本应使用"双头拉索螺丝"等工具调整肋板垂直度。但因未带工具,于是,徐某某企图用行车挂钩斜拉肋板矫正安装角度。但遭到行车工梁某某的拒绝。徐某某随即找到起重工李某,要李某强行指挥行车帮助调正肋板垂直度。李某遂根据徐某某的意思指挥行车,由于是斜拉移动肋板,造成肋板点焊崩裂而弹起。肋板弹出荡起的冲击力过大,将手攀肋板、身体附在该肋板上的钟××一起弹出。钟虽然头戴安全帽,但头部刚好被挤压在车间内焊机平台钢搁架的边缘和肋板之间,导致头部开放性重型颅脑损伤,经抢救无效死亡。

2. 点评

首先是违章指挥,用行车斜拉移动肋板,导致肋板点焊崩裂,将钟××弹出,造成事故。其次是不按工艺要求操作,不带必需的工具,贪图"省事",违反操作规程且徐某某违章瞎指挥,李某不仅不制止,反而盲目服从瞎指挥,是事故的管理原因。

这是一起典型的违章作业导致的伤亡事故。起重"十不吊"明确规定,"歪拉斜挂不吊",这是每个起重工必须遵守的基本原则。当徐某某要求起重工李某歪拉肋板移动安装角度时,李某非但不制止,反而按照徐某某的意思去指挥吊装以致使肋板崩焊弹出荡击造成事故,教训是非常深刻的。

作业人员在进入工地进行操作前,必须带好所需的工具、用品,这是基本常识,也是保证生产正常进行和安全操作必不可少的条件。因为少带了"双头拉索螺丝",就投机取巧采取"代用办法",在遭人拒绝后,还一意孤行,这样的违章早晚要出事故。

复 习 题

1. 从安全角度出发,对高空作业者有哪些要求?

2. 从安全角度出发,对水上作业者有哪些要求?

★3. 有一高压输电线的电压为 22 万 V,问我们起重作业的区域至少与其保持多少距离?

4. 吊挂重物时,吊挂绳之间的夹角绝不允许超过多少度?

5. 作业人员如工作需要必须进入被吊物下方操作的怎么办?

6. 对起重作业人员的着装有什么要求?

7. 作为从事起重作业的人员,应该具有哪些基本素养?

附录一　习题答案

第　一　章

1. 所谓起重作业，就是根据科学原理，利用各种设备（吊运工具及辅助设施）将50 kg以上的物体根据生产需要从A处移至B处的活动；从事起重作业的工人叫起重工。

2. 中国的造船产量在全世界排第三位。

3. 船舶的船长(L)有总长、垂线间长和设计水线长。

总长(L_{OA})：自船首最前端至船尾最后端平行于设计水线的最大距离。

垂线间长(L_{PP})：首垂线(F. P)与尾垂线(A. P)之间的水平距离，一般情况下，如无特别说明，习惯上所说的船长常指垂线间长。

设计水线长(L_{WL})：设计水线面与船体型长面首尾端交点之间的水平距离。

型宽(B)：船体型表面（不包括船体外板厚度）之间垂直于中线面方向度量的最大距离。

型深(D)：在船舶型表面的甲板边线最低点处，自平板龙骨上表面至上甲板边板的下表面的垂直高度。

4. 船体水线下的型排水体积V与船长L、型宽B以及相应水线吃水d所构成的长方体体积之比，即$C_B = \dfrac{V}{L \cdot B \cdot d}$。

5. 我不伤害他人，我不被他人伤害，自己不伤害自己。

6. 上风：起重作业中，不管发生什么情况物体都不可能移动到的地方。

下风：起重作业中，物体在突发和失控的情况下有可能移动到的地方。作业人员或其他人员不应停留在下风位置。

7. 力的三要素：力的大小，方向和作用点。

8. 1公斤(kg)＝9.8牛顿(N)　　　　　1吨(t)＝1000公斤(kg)

1磅(lb)＝0.4536公斤(kg)　　　1海里(n mile)＝1852米(m)

1英寸(in)＝25.4毫米(mm)　　　1盎司(OZ)＝28.3459克(g)

1节(kn)＝0.514米/秒(m/s)　　　6级强风＝10.8米/秒(m/s)～13.8米/秒(m/s)

1公里(km)＝1000米(m)

第　二　章

1. 不对，磨损量达到原高度的10%就应报废。

2. 对，因为材料的许用正应力$[\sigma] > [\tau]$（材料的许用剪应力），材料的抗拉最小面积

$S>A$（抗剪最小面积），又有校核公式 $\sigma=P/S_{min}\leqslant[\sigma],\tau=P/A_{min}\leqslant[\tau]$；（式中 P 为计算载荷，S_{min} 为抗拉最小面积，A_{min} 为抗剪最小面积）。所以我们只需校核剪切强度即可。

3. 使用马鞍式，抱合式等绳夹的共同要领是两个螺母交错旋紧直至将钢丝绳压扁 $1/3$，两个螺母的旋紧程度应该相等。

4. 索具螺旋扣的型式包括：OO 型：用于不经常拆卸的场合；

　　　　　　　　　　　　　　CO 型：用于一端经常拆卸而另一端无须常拆卸的场合；

　　　　　　　　　　　　　　CC 型：用于经常拆卸的场合。

5. 滑轮组绳索长度的确定有公式：$L=n(h+3d)+l+10$

由题意已知：$d=0.28m,h=12m,n=6,l=20m$

$L=6(12+3\times0.28)+20+10=107.04m$

6. 滑轮组为滑轮的组合，它是由定滑轮和动滑轮通过绳索连贯地绕过两滑轮而组成，用于简单的起重和吊装设备，同时亦可用于较复杂的各种起重机械的组成部分。定滑轮固定在某一固定支点，工作时，轮轴位置不变，仅改变力的方向，亦不能省力，其作用力的行程与荷重的行程相等。动滑轮工作时随荷重升降而上下移动，可以省力。滑轮组中，滑轮数愈多，则越省力，同时其提升速度也相应减慢。

7. 千斤顶是一种可用较小力量就能把重物顶高、降低或移动的简便起重工具。

8. 碰到举重量不够或行程不够时(1)如有条件换大举重量的则换大的千斤顶，若没条件，则可考虑数只并联使用，使用时注意保持千斤顶的协调性，一致性，以保持同步及受力均匀。(2)若要顶出相当大的高度时，必须分几次顶升，此时采用枕木坐垫承载顶起的重物，缩回千斤顶，重复数次，直至完成，若为横向距离时，则可考虑数只千斤顶串联使用，但必须保证同心度的要求以确保安全。

9. 夹钳夹持的安全厚度为最大开口的 $1/4$ 以上，安全吊运负荷应为最大许用载荷的 20% 以上。

10. 两侧钢丝绳的夹角不大于 $60°$，同侧钢丝绳夹角不大于 $30°$。

第 三 章

1. 轴会出现距离重心较远的一端翘起的倾斜状况，因为吊起时吊钩有与重心成一垂线的趋势。应在翘起端的吊点接一段适当长的索具，使之水平。

2. 由软至硬的顺序是 $6\times61+1;6\times37+1;6\times19+1$。

3. 钢丝绳使用后，应存放在清洁、干燥的通风处，应避免暴晒夜露，存放处必须远离电焊作业区及化学品(尤其是酸类)堆放点。

4. 应考虑到①要有足够的强度来承受最大的负荷。

　　　　　　②有足够抵抗挠曲和磨损的强度。

　　　　　　③能够承受实际冲击载荷。

　　　　　　④不利的环境，例如，温度、潮湿、酸的侵蚀等。

5. 钢丝绳的经验估算公式为 $T=9d^2$ 由题意已知 $d=26mm$

　　则 $T=9\times26^2=6084kg$。

6. 麻绳主要用于(1)绑扎构件；(2)吊起较轻的构件；(3)起吊构件或重物时，用以拉紧以保持被吊物的稳定和就位;(4)吊重量不大的起重桅杆缆风绳等;(5)一般仅限于手动操作(经过滑轮)拉起不大的载荷。

7. 麻绳的许用拉力经验公式:$S=(5\sim7)d^2$(当$d<22$mm,公式括号中取大值,当$d>$22mm,公式括号中取小值)

由题意:知$d=18$mm 时 $S=7d^2=7\times19^2=2527$N

$d=24$mm 时 $S=5d^2=5\times25^2=3125$N

8. 尼龙绳具有质量小、柔软、耐油、耐腐蚀、不怕虫蛀;并具有弹性,能减少冲击,吸水率具有 4% 等优点。

9. 应选择报废。

10. 检查的主要内容有(1)磨损;(2)裂纹;(3)变形;(4)氧化反应。

11. AB 的受力为 12.99t;AC 的受力为 8.97t。

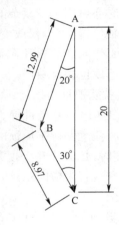

12. 合力大小为 86.9kN,与 F_1 的夹角为 37°,方向如下图。

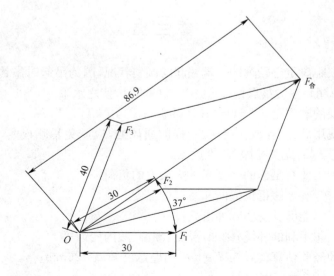

第 四 章

1. 质量的计算公式：$M=\gamma\cdot V$ 重量的计算公式：$G=M\cdot g$

式中 G——物体的重量(kg)；

M——物体的质量(t)；

γ——材料的密度(t/m³)；

V——物体的体积(m³)。

2. 低碳钢的密度为 7.85t/m³。

3. 圆柱体的体积计算公式 $V=0.7854d^2\cdot h$ 或 $V=\dfrac{\pi}{4}d^2\cdot h$。

4. 求物体的质量有计算法、估算法、比较法三种。

5. $G=M\cdot g$ 式中 G 表示重力，M 表示质量，g 是重力加速度。重力随物体在地球上位置的不同而稍有不同，如 1kg 的物体在地球的一般位置时，其重力为 9.8N，而在赤道的重力是 9.7805N，在北极的重力是 9.8322N。

6. 物体的重心，就是物体各部分重力的合成中心。

7. 有悬挂法、计算法和称重法三种方法。

8. 由于均匀材料，所以在 y 方向，重心在 y 轴上，现求 x 方向的重心，各部分重心至 x 轴的距离容易求得：$x_1=50，x_2=150，x_3=260$

$$x_c=\frac{120^2\times100\times50+100^2\times100\times150+60^2\times120\times260}{100\times120^2+100^2\times100+60^2\times120}=116.41\text{mm}。$$

9. 根据力矩平衡原理：$\sum M_O=0$　设重心距 O 点距离为 x_cm，则 $9\times10-16\times x_c=0$，$x_c=5.625$m，轴的重心距 O 点为 5.625m。

10. 吊点位置选择的原则：

(1)吊运有起吊耳环的物件时，吊点应用原设计耳环。

(2)吊圆钢、圆木和轴等长形的物件时，两吊点应选在与重心对称的两点上。

(3)吊长形物件时，四个起吊点应在与重心对称的四边的点上。

(4)多根吊索吊装时，吊点一般应在以重心为中心的周围的对称的位置上。

第 五 章

1. 起重机械的基本参数包括①额定起重量 Q；②起升高度 H；③跨度 L 和轨距 l；④幅度 R；⑤额定工作速度(起升速度、运行速度、变幅速度、旋转速度)。

2. 电动卷扬机使用完毕后①应符合 5S 管理要求，做到工完、料净、场地清；②钢丝绳收进卷筒，各滑轮检查后入库；③通知电工拆除电源线，待电气筒全部冷却后，盖上帆布罩或入库；④如当日未全部完成作业，应采取在卷扬机上盖妥帆布罩等防雨措施。

3. 采取的办法有①增加配重，这种办法对结构、基础、轮压等方面都是不利，因此一般不过多增加；②彻底修改设计参数，如对起重量、幅度等数值进行修改，或增加轨距或轮距的数值,使稳定性得到改善。

4. 门座起重机的工作幅度是指从吊钩最大前伸点到最大后缩点的距离。

5. 龙门式起重机与桥式起重机的主要区别在桥架部分,它在主梁的两端有两个高大的支承腿,大车行走车轮就装在支承腿的底梁上,沿着铺设在地面上的轨道作直向运行。

6. 起重机在负载下运行,突然制动,其惯性力会引起起重机的剧烈振动,钢丝绳也有可能经受不住过大的冲击负荷而导致破断,因此需要起重机继续运动一段缓冲距离,从而减轻起重机的振动和钢丝绳的冲击负荷。

第 六 章

1. 有关系,绳夹之间的间距约为钢丝绳直径的 8 倍左右。

2. 起重作业的方法有扛、撬、撞、拉、滑、转、滚、吊、翻转、顶、卷等。

3. 采取的措施:①在起吊绳索与机件接触部位用麻袋、橡胶、木块等隔垫物保护;②将钢丝绳吊索用橡胶管套好,使用方便,可省去加垫操作时间;③将钢丝绳吊索用麻袋布包妥或用尼龙管套好;④用合成纤维吊装带作为吊索以替代钢丝绳;⑤用专用工具如平衡梁,专用吊索等起吊,适用于精密设备或成批生产的场合。

4. 载重汽车的高度,从地面起,不得超过 4m;装载后的宽度每边不得超过前叶子板或后轮胎边缘 20cm;装载后的长度,车上货物伸出车箱前后的总长度不得超过 2m。

5. 注意事项:①使用滚杠的数量和间距应根据重物的重量来决定,选用的滚杠直径要一样,长短尽量一致,其长度按搬运物件两端伸出 0.3m～0.4m 为宜;②这些工具板的厚度,必须能够承受设备产生的重力;③滚运的道路要平整,坑沟及高坎要修平;④重物的重心应放在下走板中心,牵引物体的绳索位置不要太高;⑤拖运物件时,有牵引钢丝绳造成的危险区域,严禁有人通过。此时摆放滚杠人员应在设备前进方向的右侧。

第 七 章

1. ①底部分段:形状规则、结构坚固、刚度较好,重心较低,翻身吊运一般不需加强,可以临时重叠堆放;②舷部分段:面积较大,吊运和翻身应选择与主骨架一致的方向,但下胎架应采取加强措施,重叠堆放需用楞木垫好,防止变形;③甲板分段:面积大,结构刚度差,除了采取平衡梁吊运外,还可根据分段结构和舱口的大小采取加强,可以腾空和着地翻身,重叠堆放时应采取措施,防止变形;④半立体分段:呈开门箱形,内部结构复杂,横向强度较差需采取加强,应腾空翻身;⑤上层建筑分段:体积大,板薄、刚度差,下胎前需加强,否则吊运时易变形;⑥首尾分段:形状复杂,重心不易估计,翻身难度较大,不能重叠堆放。

2. 侧吊:起重船吊起上层建筑后,把起重机移位到被吊船舶机仓位置的舷旁,起重船与被吊船舶垂直,然后安装上层建筑。优点:占用厂区岸线长度小。缺点:要求厂区水域面宽阔,起重船定位较困难,同时因起重船靠近航道,江面上船舶来往航行,会引起起重船本身摇摆,影响上层建筑的安装。艉吊:起重船吊起上层建筑后,移位到被安装上层建筑的艉后方,与被吊船舶成一直线,而后安装上层建筑。优点:对厂区水域面的宽度要求不高,起重船处于被安装船舶的后方,并紧靠码头,可以直接依靠起重船自身的设备进行转向,不需要变更系泊位置和拖轮来摇曳,定位方便,远离航道,江中来往的船只所引起的波浪对起重船的影响比较小。缺点:占用厂区岸线的长度较长。

3. 船体分段翻身上船台的一般操作程序如下:

(1)分段起吊前先检查分段是否完全脱离胎架,不属于分段的部件,杂物等是否已被全部清理。再检查吊索、卸扣的规格是否正确,是否完好。

(2)平吊移位:将主副吊钩所用的吊索,一一对应挂好,再用卸扣将分段与吊索连接好,随后起升吊钩至钢丝绳拉紧,然后根据计算吊重开始缓慢起升,至分段离开胎架300mm 左右。再将分段平移到翻身场地准备翻身。

(3)分段翻身:主吊钩开始上升,副吊钩保持距地面0.5m~1m,当分段翻转 90°时,此时副吊钩已不受力,可拆掉副吊钩(横舱壁上的),将其移至分段上面板副吊点处,与此处的吊攀连接。随后主、副钩同时起升,当观测到分段下端不能碰到地面时,主吊钩停止上升,开始下降,直到主副吊钩同处一水平面后,主副钩再同时一起下降到要求的高度,分段翻身到此结束。

(4)分段上船台:分段停留在要求的高度,两部门吊开始向船台方向动,此时门吊停止起升、变幅、旋转等所有动作。当分段到达大合拢的位置上方后,主副吊钩要调整高度,保持与船台坡度平行,再缓慢下降至到达大合拢位置为止。

4. 主要核算工作一般有①外型尺寸的核算;②重力的核算;③高度的核算;④起重船幅度核算;⑤吊索具安全负荷的校核。

5. 边墩的作用除支承船体外,还应考虑其加强分段安装的稳定性。

6. 当首支架离开滑道末端,浮力小于下水重力,即首吃水小于船舶自由浮起时首吃水,首部将出现跌落。产生这样的现象是因为滑道下水部分过短,以及船舶重心偏前。应避免首跌落现象,为此可采取如下措施:①高潮位下水,保证在同一滑道长度内获得较大的水位;②延长滑道下水部分的长度,其作用相当于高潮位下水;③尾部加载,使重心移后,加大尾倾,减少首吃水,保证船舶顺利全浮。

第 八 章

1. 常用的指挥信号有①手势信号;②色旗信号;③口笛信号;④音响信号。

2. 不对。因为在吊运过程中,司机对任何人发出的"紧急停止"信号都必须服从并执行。

3. 紧急停止。

4. 绿旗上举,红旗拢起横在绿旗上,互相垂直。

5. 上升。

6. 上升一点。

7. 指当班指挥人员应该身体健康,工作状态良好,指挥人员应根据本标准的信号与起重机的司机进行联系,发出的信号必须清晰、准确。指挥人员应站在让起重机司机能看清指挥信号的安全位置,并自己能看清负载的运行,在负载运行的过程中,指挥员有义务指挥负载避开障碍物及在人群的上空运行。负载降落前,指挥人员必须确认降落区域安全时,方可发出降落信号,当多人绑挂同一负载时,指挥人员应在起吊前做到呼唤应答,确认无误后方可发出起吊信号,若是指挥两台或两台以上的起重机作业,必须在信号发出前明确是哪一台起重机听从指挥,在指挥负载起吊时,应先用"微动"信号指挥,当负载离地200mm左右时,确认安全时,再用正常速度起升,当负载降落到指定地点的接近处,也应用"微动"信号指挥,指挥人员应佩带鲜明的标志如:标有"指挥"字样的臂章、特殊颜色的安全帽,工作服等。

第 九 章

1. 必须持有操作证和技术职级证书,并且没有恐高证及心脑疾病状况。

2. 必须持有操作证和技术职级证书,不惧怕水,知晓有关风、浪、潮涌等常识。

3. 至少与其保持 4.7m 的距离。

4. 吊挂重物时,吊挂绳之间的夹角在任何情况下绝不允许超过 120°。

5. 应事先与起重机驾驶员联系,并在被吊物下架设支撑装置或采取安全措施。

6. 正确穿戴好个人防护用品,进入生产现场应带好安全帽,穿好专用的起重识别服,高处作业应系好安全带,水上作业应穿好救生衣,并应做到相互督促。

7. ①年满18周岁,具有初中以上文化程度;②体检应符合国家现行体检表所列项目的要求;③熟悉掌握本工种安全技术知识和基本操作技能,经特种作业培训考核合格,取得操作证。④良好的工作态度;⑤按公司规定着装,仪容整洁;⑥文明就餐,定点吸烟;⑦节约能源;⑧及时完成上级交给的生产任务等。

附 录 二

表 3-1-6　国家新版标准钢丝绳主要规格 GB/T 8918—1996

钢丝绳结构:6×19S＋FC　　6×19W＋FC　　6×19W＋IWR　力学性能

钢丝绳公称直径	钢丝绳公称抗拉力强度/MPa							
	1570		1670		1770		1870	
	钢丝绳最小破断拉力							
d	纤维芯钢丝绳	钢芯钢丝绳	纤维芯钢丝绳	钢芯钢丝绳	纤维芯钢丝绳	钢芯钢丝绳	纤维芯钢丝绳	钢芯钢丝绳
mm	kN							
6	18.60	20.10	19.80	21.40	21.00	22.60	22.20	23.90
7	25.30	27.30	27.00	29.10	28.60	30.80	30.20	32.60
8	33.40	35.70	35.20	38.00	37.30	40.30	39.40	42.60
9	41.90	45.20	44.60	48.10	47.30	51.00	49.90	53.90
10	51.80	55.80	55.10	59.40	58.40	63.00	61.70	66.50
11	62.60	67.60	66.60	70.60	70.60	76.20	74.60	80.50
12	74.60	80.40	79.30	84.10	84.10	90.70	88.80	95.80
13	87.50	94.40	93.10	98.70	97.70	106.00	104.00	112.00
14	101.00	109.00	108.00	114.00	114.00	123.00	120.00	130.00
16	132.00	143.00	141.00	149.00	149.00	161.00	157.00	170.00
18	167.00	181.00	178.00	189.00	189.00	204.00	199.00	215.00
20	207.00	223.00	220.00	233.00	233.00	252.00	246.00	266.00
22	250.00	270.00	266.00	282.00	282.00	304.00	298.00	322.00
24	298.00	321.00	317.00	336.00	336.00	362.00	355.00	383.00
26	350.00	377.00	372.00	294.00	394.00	425.00	417.00	450.00
28	406.00	438.00	432.00	457.00	457.00	494.00	493.00	521.00
(30)	466.00	503.00	495.00	525.00	525.00	567.00	555.00	599.00
32	530.00	572.00	564.00	598.00	598.00	645.00	631.00	681.00
(34)	598.00	646.00	637.00	675.00	675.00	728.00	713.00	769.00
36	671.00	724.00	714.00	756.00	756.00	816.00	799.00	862.00
(38)	748.00	807.00	795.00	843.00	843.00	909.00	891.00	961.00
40	828.00	894.00	881.00	934.00	934.00	1000.00	987.00	1060.00

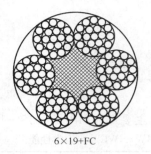

6×19+FC   6×19+IWS

6×19(b)类 直径 3mm~46mm

钢丝绳结构:6×19+FC   6×19+IWS   力学性能

钢丝绳公称直径	钢丝绳公称抗拉力强度/MPa							
	1570		1670		1770		1870	
	钢丝绳最小破断拉力							
d	纤维芯钢丝绳	钢芯钢丝绳	纤维芯钢丝绳	钢芯钢丝绳	纤维芯钢丝绳	钢芯钢丝绳	纤维芯钢丝绳	钢芯钢丝绳
mm	kN							
3	4.33	4.69	4.61	4.98	4.89	5.28	5.16	5.58
4	7.71	9.33	8.20	8.87	8.69	9.40	9.18	9.93
5	12.00	13.00	12.80	13.80	13.50	14.60	14.30	15.50
6	17.30	18.70	18.40	19.90	19.50	21.10	20.60	22.30
7	23.90	25.50	25.10	27.10	26.60	28.70	28.10	30.40
8	31.20	33.30	32.80	35.40	34.70	37.60	36.70	39.70
9	39.50	42.20	41.50	44.90	44.00	47.50	46.50	50.20
10	48.80	52.10	51.20	55.40	54.30	58.70	57.40	62.00
11	59.00	63.00	62.00	67.00	65.70	71.10	69.40	75.10
12	70.20	75.00	73.80	79.80	78.20	84.60	82.60	89.40
13	82.40	88.00	86.60	93.70	91.80	99.30	97.00	104.00
14	95.60	102.00	100.00	108.00	106.00	115.00	112.00	121.00
16	124.00	133.00	131.00	141.00	139.00	150.00	146.00	158.00
18	158.00	168.00	166.00	179.00	176.00	190.00	186.00	201.00
20	195.00	208.00	205.00	221.00	217.00	235.00	229.00	248.00
22	236.00	252.00	248.00	268.00	263.00	284.00	277.00	300.00
24	281.00	300.00	295.00	319.00	312.00	338.00	330.00	357.00
26	329.00	352.00	346.00	374.00	367.00	379.00	388.00	419.00
28	382.00	408.00	401.00	434.00	426.00	460.00	450.00	486.00
(30)	439.00	469.00	461.00	498.00	489.00	528.00	516.00	558.00
32	499.00	533.00	524.00	567.00	556.00	601.00	587.00	635.00

钢丝绳公称直径	钢丝绳公称抗拉力强度/MPa							
	1570		1670		1770		1870	
	钢丝绳最小破断拉力							
d	纤维芯钢丝绳	钢芯钢丝绳	纤维芯钢丝绳	钢芯钢丝绳	纤维芯钢丝绳	钢芯钢丝绳	纤维芯钢丝绳	钢芯钢丝绳
mm	kN							
(34)	564.00	602.00	592.00	640.00	628.00	679.00	663.00	717.00
36	632.00	675.00	664.00	718.00	704.00	761.00	744.00	804.00
(38)	704.00	752.00	740.00	800.00	784.00	848.00	828.00	896.00
40	780.00	833.00	820.00	887.00	869.00	940.00	918.00	993.00
(42)	860.00	919.00	904.00	978.00	958.00	1030.00	1010.00	1090.00
44	944.00	1000.00	992.00	1070.00	1050.00	1130.00	1110.00	1200.00
(46)	1030.00	1100.00	1080.00	1170.00	1140.00	1240.00	1210.00	1310.00

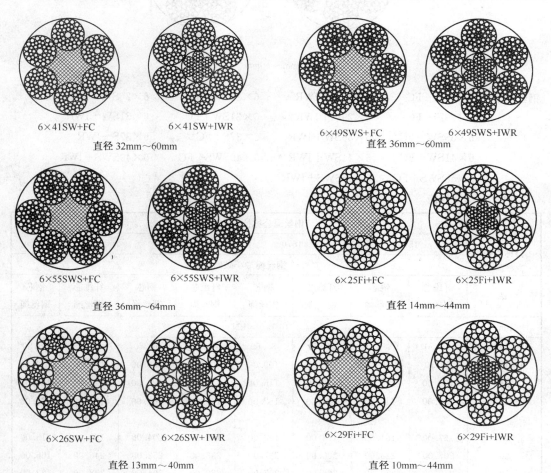

6×41SW+FC 6×41SW+IWR 6×49SWS+FC 6×49SWS+IWR

直径 32mm～60mm 直径 36mm～60mm

6×55SWS+FC 6×55SWS+IWR 6×25Fi+FC 6×25Fi+IWR

直径 36mm～64mm 直径 14mm～44mm

6×26SW+FC 6×26SW+IWR 6×29Fi+FC 6×29Fi+IWR

直径 13mm～40mm 直径 10mm～44mm

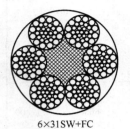

6×31SW+FC

6×31SW+IWR

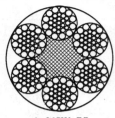

6×36SW+FC

6×36SW+IWR

直径 12mm～46mm   直径 12mm～60mm

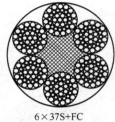

6×37S+FC

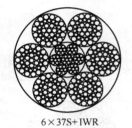

6×37S+IWR

直径 10mm～60mm

钢丝绳结构:6×25Fi+FC   6×25Fi+IWR   6×26SW+FC   6×26SW+IWR

6×29Fi+FC   6×29Fi+IWR   6×31SW+FC   6×31SW+IWR

6×36SW+FC   6×36SW+IWR   6×37S+FC   6×37S+IWR

6×41SW+FC   6×41SW+IWR   6×49SWS+FC   6×49SWS+IWR

6×55SWS+FC   6×55SWS+IWR

力学性能

钢丝绳公称直径	钢丝绳公称抗拉力强度/MPa							
	1570		1670		1770		1870	
	钢丝绳最小破断拉力							
d	纤维芯钢丝绳	钢芯钢丝绳	纤维芯钢丝绳	钢芯钢丝绳	纤维芯钢丝绳	钢芯钢丝绳	纤维芯钢丝绳	钢芯钢丝绳
mm	kN							
12	74.60	80.40	79.39	85.60	84.10	90.70	88.80	95.80
13	87.50	94.40	93.10	100.00	98.70	106.00	104.00	112.00
14	101.00	109.00	108.00	116.00	114.00	123.00	120.00	130.00
16	132.00	143.00	141.00	152.00	149.00	161.00	157.00	170.00
18	167.00	181.00	178.00	192.00	189.00	204.00	199.00	215.00
20	207.00	223.00	220.00	237.00	233.00	252.00	246.00	166.00
22	250.00	270.00	266.00	287.00	282.00	304.00	298.00	322.00

钢丝绳 公称直径	钢丝绳公称抗拉力强度/MPa							
	1570		1670		1770		1870	
	钢丝绳最小破断拉力							
d	纤维芯 钢丝绳	钢芯 钢丝绳	纤维芯 钢丝绳	钢芯 钢丝绳	纤维芯 钢丝绳	钢芯 钢丝绳	纤维芯 钢丝绳	钢芯 钢丝绳
mm	kN							
24	298.00	321.00	317.00	342.00	336.00	362.00	355.00	383.00
26	350.00	377.00	372.00	401.00	394.00	425.00	417.00	450.00
28	406.00	438.00	432.00	466.00	457.00	494.00	483.00	521.00
(30)	466.00	503.00	495.00	535.00	525.00	567.00	555.00	599.00
32	530.00	572.00	564.00	608.00	598.00	645.00	631.00	681.00
(34)	598.00	646.00	637.00	687.00	675.00	728.00	713.00	769.00
36	671.00	724.00	714.00	770.00	756.00	816.00	799.00	862.00
(38)	748.00	807.00	795.00	858.00	843.00	909.00	891.00	961.00
40	828.00	894.00	881.00	951.00	934.00	1000.00	987.00	1060.00
(42)	913.00	985.00	972.00	1040.00	1030.00	1110.00	1080.00	1170.00
44	1000.00	1080.00	1060.00	1150.00	1130.00	1210.00	1190.00	1280.00
(46)	1090.00	1180.00	1160.00	1250.00	1230.00	1330.00	1300.00	1400.00
48	1190.00	1280.00	1260.00	1360.00	1340.00	1450.00	1420.00	1530.00
(50)	1290.00	1390.00	1370.00	1480.00	1460.00	1570.00	1540.00	1660.00
52	1400.00	1510.00	1490.00	1600.00	1570.00	1700.00	1660.00	1800.00
(54)	1510.00	1620.00	1600.00	1730.00	1700.00	1830.00	1790.00	1940.00
56	1620.00	1750.00	1720.00	1860.00	1830.00	1970.00	1930.00	2080.00
(58)	1740.00	1880.00	1850.00	1990.00	1960.00	2110.00	2070.00	2230.00
60	1860.00	2010.00	1980.00	2140.00	2100.00	2260.00	2220.00	2390.00
(62)	1990.00	2140.00	2110.00	2280.00	2240.00	2420.00	2370.00	2550.00
64	2120.00	2280.00	2250.00	2430.00	2390.00	2580.00	2520.00	2720.00

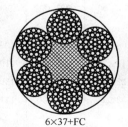

6×37+FC
直径 5mm～66mm

6×37+IWR
直径 5mm～66mm

钢丝绳结构:6×37+FC　　6×37+IWR

钢丝绳公称直径	钢丝绳公称抗拉力强度/MPa							
	1570		1670		1770		1870	
	钢丝绳最小破断拉力							
d	纤维芯钢丝绳	钢芯钢丝绳	纤维芯钢丝绳	钢芯钢丝绳	纤维芯钢丝绳	钢芯钢丝绳	纤维芯钢丝绳	钢芯钢丝绳
mm	kN							
5	11.50	12.50	12.30	13.30	13.00	14.10	13.70	14.90
6	16.60	18.00	17.70	19.10	18.70	20.30	19.80	21.40
7	22.60	24.50	24.10	26.10	25.50	27.60	27.00	29.20
8	29.60	32.00	31.50	34.00	33.40	36.10	35.30	38.10
9	37.50	40.50	39.30	43.10	42.20	45.70	44.60	48.30
10	46.30	50.00	49.20	53.20	52.20	56.40	55.10	59.60
11	56.00	60.60	59.60	64.40	63.10	68.30	66.70	72.10
12	66.60	72.10	70.90	76.70	75.10	81.30	79.40	85.90
13	78.20	84.60	83.20	90.00	88.20	95.40	93.20	100.00
14	90.70	98.10	96.50	104.00	102.00	110.00	108.00	116.00
16	118.00	128.00	126.00	136.00	133.00	144.00	141.00	152.00
18	150.00	162.00	159.00	172.00	169.00	182.00	178.00	193.00
20	185.00	200.00	197.00	213.00	208.00	225.00	220.00	238.00
22	224.00	242.00	238.00	257.00	252.00	273.00	266.00	288.00
24	266.00	288.00	283.00	306.00	300.00	325.00	317.00	343.00
26	313.00	338.00	333.00	360.00	352.00	381.00	372.00	403.00
28	363.00	392.00	386.00	417.00	409.00	442.00	432.00	467.00
(30)	416.00	450.00	443.00	479.00	469.00	508.00	496.00	536.00
32	474.00	512.00	504.00	545.00	534.C0	578.00	564.00	610.00
(34)	535.00	578.00	569.00	615.00	603.00	652.00	637.00	689.00
36	600.00	649.00	638.00	690.00	676.00	731.00	714.00	773.00
(38)	668.00	723.00	711.00	769.00	753.C0	815.00	796.00	861.00
40	741.00	801.00	788.00	852.00	835.00	903.00	882.00	954.00
(42)	816.00	883.00	869.00	939.00	921.00	996.00	973.00	1050.00
44	896.00	969.00	953.00	1030.00	1010.00	1090.00	1060.00	1150.00
(46)	980.00	1050.00	1040.00	1120.00	1100.00	1190.00	1160.00	1260.00
48	1060.00	1150.00	1130.00	1220.00	1200.00	1300.00	1270.00	1370.00
(50)	1150.00	1250.00	1230.00	1330.00	1300.00	1410.00	1370.00	1490.00
52	1250.00	1350.00	1330.00	1440.00	1410.00	1520.00	1490.00	1610.00

（续）

钢丝绳公称直径	钢丝绳公称抗拉力强度/MPa							
	1570		1670		1770		1870	
	钢丝绳最小破断拉力							
d	纤维芯钢丝绳	钢芯钢丝绳	纤维芯钢丝绳	钢芯钢丝绳	纤维芯钢丝绳	钢芯钢丝绳	纤维芯钢丝绳	钢芯钢丝绳
mm	kN							
(54)	1350.00	1460.00	1430.00	1550.00	1520.00	1640.00	1600.00	1730.00
56	1450.00	1570.00	1540.00	1670.00	1630.00	1770.00	1720.00	1870.00
(58)	1550.00	1680.00	1650.00	1790.00	1750.00	1890.00	1850.00	2000.00
60	1660.00	1800.00	1770.00	1910.00	1870.00	2030.00	1980.00	2140.00
(62)	1780.00	1920.00	1890.00	2040.00	2000.00	2170.00	2120.00	2290.00
64	1890.00	2050.00	2010.00	2180.00	2130.00	2310.00	2250.00	2440.00
66	2010.00	2180.00	2140.00	2320.00	2270.00	2450.00	2400.00	2590.00

参 考 文 献

[1] 国家标准局. 中华人民共和国国家标准—起重吊运指挥信号. 1985.

[2] 杨文渊. 实用起重吊装手册. 上海：上海科学技术出版社. 1993.

[3] 中国标准出版社第二编辑室，冶金工业信息标准研究所. 钢丝钢丝绳及相关标准汇编. 北京：中国标准出版社，2001

[4] 沙慧忠，梁开成. 起重工艺学. 哈尔滨：哈尔滨船舶工程学院出版社，1985.

[5] 张庆江. 起重工工艺学. 哈尔滨：哈尔滨船舶工程学院出版社，1985.

[6] 国家机械工业委员会技术工人教育研究中心，天津市机械工业管理局教育教学研究室. 起重工. 北京：机械工业出版社，1987.